ULTIMATE SPIDER-MAN

LEKTIONEN FÜRS LEBEN

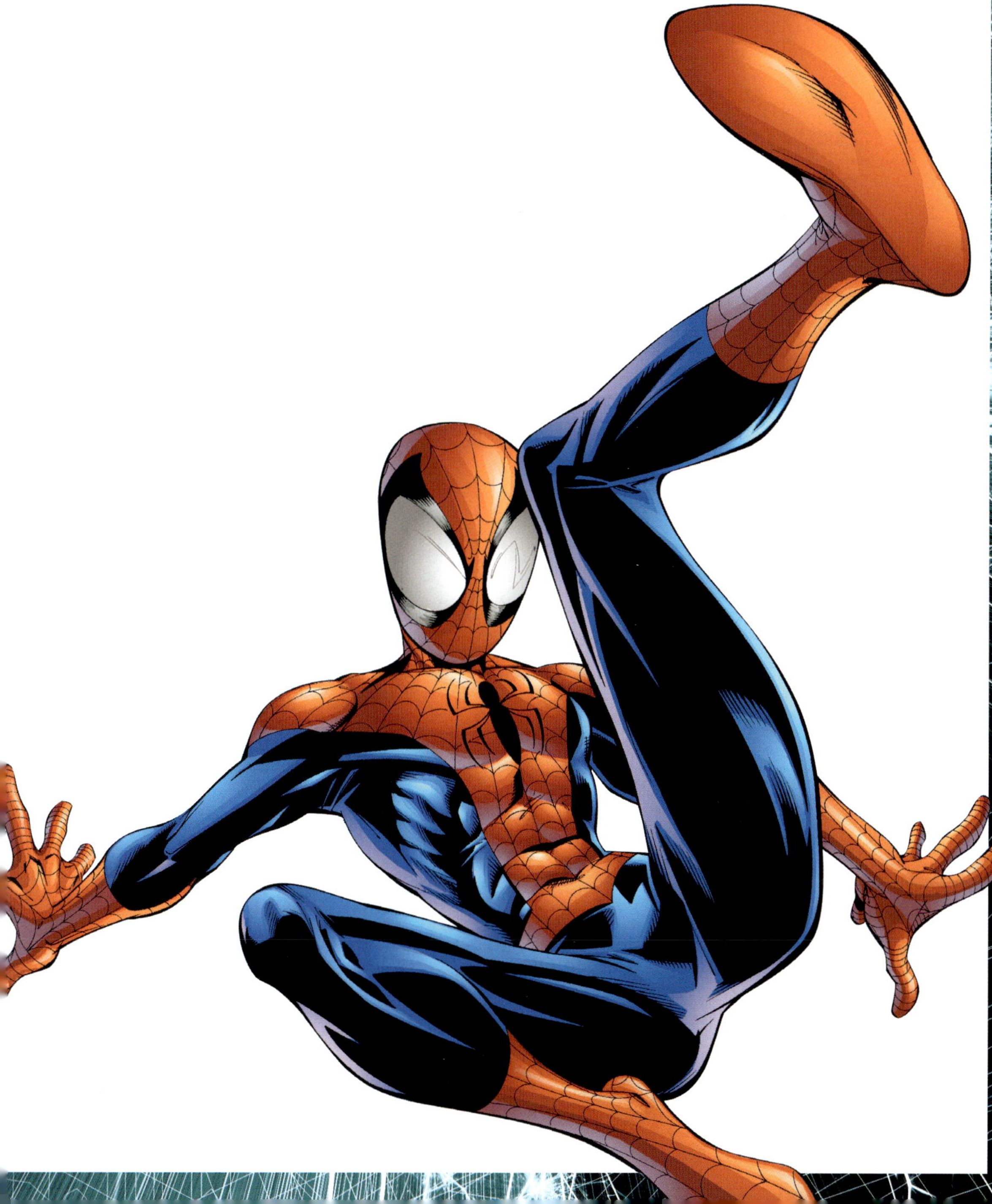

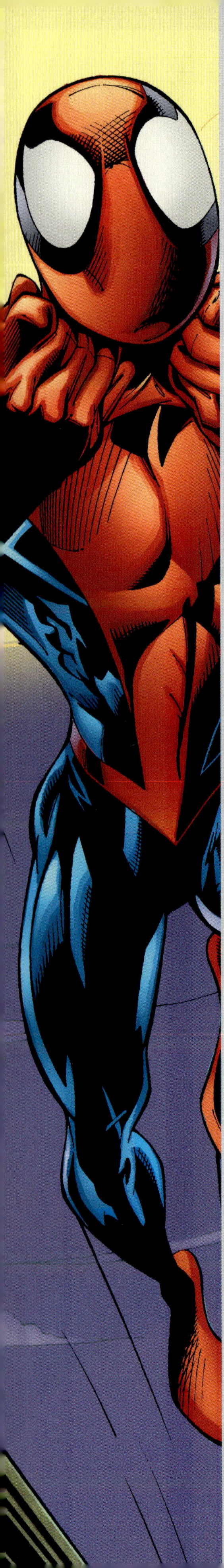

INHALT

ULTIMATE SPIDER-MAN

LEKTIONEN FÜRS LEBEN

BRIAN MICHAEL BENDIS
BILL JEMAS
STORY

MARK BAGLEY
ZEICHNUNGEN

DAN PANOSIAN (4)
ART THIBERT
TUSCHE

STEVE BUCCELLATO (1-2)
COLORGRAPHIX (3)
MARIE JAVINS (3)
JC (4-7)
FARBEN

FRANCESCA SALVATORI
STUDIO RAM
LETTERING

MICHAEL STRITTMATTER
ÜBERSETZUNG

LARA CASTLE
RALPH MACCHIO
BRIAN SMITH
REDAKTION USA

C. B. CEBULSKI
CHEFREDAKTEUR USA

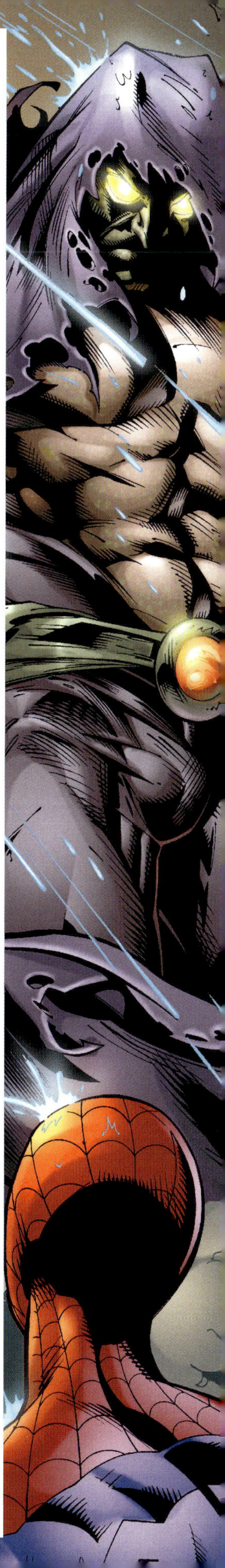

MARVEL MUST-HAVE: ULTIMATE SPIDER-MAN – LEKTIONEN FÜRS LEBEN erscheint bei **PANINI COMICS**, Schloßstraße 76, D-70176 Stuttgart. Druck: Lito Terrazzi Industria Grafica. Pressevertrieb: Stella Distribution GmbH, D-22297 Hamburg. Direkt-Abos auf **www.paninicomics.de.** Anzeigenverkauf: BLAUFEUER VERLAGSVERTRETUNGEN GmbH, info@blaufeuer.com. Es gilt die Anzeigenpreisliste Nr. 18 vom 01.10.2020. Geschäftsführer **Hermann Paul**, Publishing Director Europe **Marco M. Lupoi**, Finanzen **Felix Bauer**, Marketing Director **Holger Wiest**, Marketing **Fabio Cunetto**, Vertrieb **Alexander Bubenheimer**, Logistik **Ronald Schäffer**, PR/Presse **Steffen Volkmer**, Publishing Manager **Lisa Pancaldi**, Redaktion **Christian Endres, Harald Gantzberg, Matthias Korn, Anja Seiffert, Kristina Starschinski, Ilaria Tavoni, Daniela Uhlmann**, Übersetzung **Bernd Kronsbein, Michael Strittmatter**, Proofreading **Daniela Uhlmann**, Lettering **Francesca Salvatori, Studio RAM**, grafische Gestaltung **Marco Paroli, Barbara Sarti**, Art Director **Mario Corticelli**, Redaktion Panini Comics **Annalisa Califano, Beatrice Doti**, Prepress **Cristina Bedini, Andrea Lusoli, Nicola Soressi**, Repro/Packager **Alessandro Nalli** (coordinator), **Mario Da Rin Zanco, Valentina Esposito, Luca Ficarelli, Linda Leporati**. Deutsche Edition bei Panini Verlags-GmbH unter Lizenz von Marvel Characters B.V. Cover von **Joe Quesada**, *Ultimate Spider-Man* (2000) 1 Variant-Cover-Edition.

Bibliografische Information der Deutschen Nationalbibliothek
Die Deutsche Nationalbibliothek verzeichnet diese Publikation in der Deutschen Nationalbibliografie; detaillierte bibliografische Daten sind im Internet über dnb.d-nb.de abrufbar.

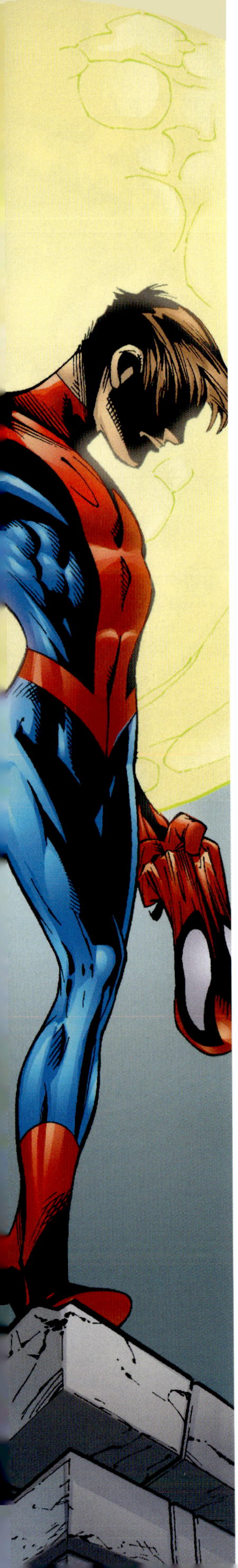

ULTIMATIVE NEUINTERPRETATION

Anfang der 2000er sollten die ersten Blockbuster mit den **X-Men** und **Spider-Man** das Superhelden-Kino revolutionieren. Doch seit Ende der 1990er befand sich Marvel als Verlag und Unternehmen in einer schweren finanziellen Krise. Man wollte und musste mit den Comics unbedingt wieder Neuleser sowie eine junge Generation erreichen, die keinen Zugriff auf z. B. ein halbes Jahrhundert Spidey-Comic-Historie hatten. Um einen attraktiven, leicht zugänglichen Einstiegspunkt in die Welt der Marvel-Bildergeschichten zu kreieren, entwickelte **Bill Jemas** deshalb die Idee des **Ultimativen Universums**: eine eigenständige Parallelwelt-Realität, in der die bekannten Geschichten der noch viel bekannteren Helden möglichst modern, frisch, aufregend und überraschend neu interpretiert wurden.

Autor **Brian Michael Bendis** wurde mit der Aufgabe betraut, die Legende von **Peter Parker** aufzufrischen. Als Leitfaden diente ihm das klassische Material von Spider-Mans Schöpfern **Stan Lee** und **Steve Ditko** aus den 1960ern, allerdings setzte Bendis auf eine möglichst zeitgemäße und peppige Inszenierung: ein aktuelles Setting zum neuen Millennium, lebensechte Dialoge und eine dekomprimierte Erzählweise. Der zeichnende Fanliebling und Spider-Man-Veteran **Mark Bagley**, der in den 1990ern einer der beliebtesten Wandkrabbler-Künstler jener Ära geworden war, kleidete das flotte Drama und die fette Action, mit denen Bendis die Origin bzw. Herkunftsgeschichte und die Anfänge von Spider-Man ins 21. Jahrhundert holte, in entsprechend plakative und griffige Bilder. Natürlich ist das Ganze am Ende noch immer die Geschichte des Bücherwurms Peter Parker, der von einer durch die Wissenschaft veränderten Spinne gebissen wird, so besondere Fähigkeiten und Kräfte erhält und auf bittere Weise die Lektion von großer Kraft und großer Verantwortung lernen muss. Doch wie Bendis und Bagley diese archetypische Superhelden-Story aufbereitet haben, mit neuen Details, Zusammenhängen und Wendungen versahen und zu einer eigenen Mythologie machten, das war wirklich stark. Zumal Bendis, anders als Lee und Ditko, den Green Goblin **Norman Osborn** von Beginn an als Schlüsselfigur dieser „überarbeiteten" Spider-Man-Legende 2.0 installierte und Spideys klassischem Erzfeind so noch mehr Relevanz gab.

Heute wissen wir: Die Saga um den **Ultimativen Spider-Man** wurde ein großer Erfolg. Am Ende schuf das Kreativteam sogar eine der am längsten laufenden Serien in der Geschichte von Spider-Man. Bendis setzte die Geschicke seines Parallelwelt-Netzschwingers anschließend mit anderen Künstlern fort, und nicht zuletzt sollte er Peter Parker im Ultimativen Universum sterben lassen und mit **Miles Morales** hier eine Marvel-Ikone der nächsten Generation auf die Reise schicken. Somit liegen also sogar Miles' Ursprünge im Jahr 2000 und in dieser schwungvollen Neufassung der klassischen Geschichte Peter Parkers, die sich ihre Würdigung als moderner Marvel-Meilenstein und MARVEL MUST-HAVE in jederlei Hinsicht verdient hat.

Christian Endres

OHNMÄCHTIG

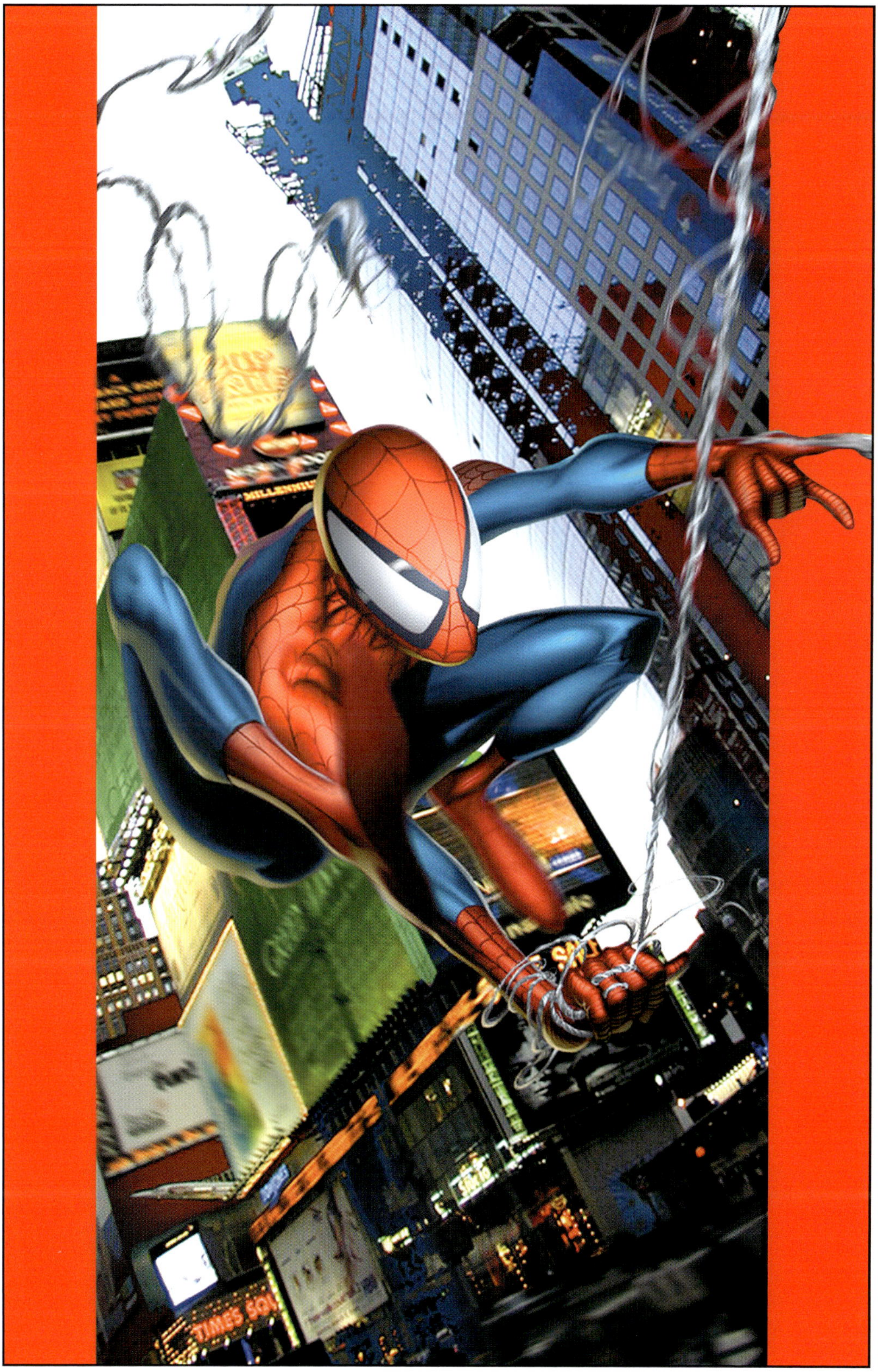

Ultimate Spider-Man (2000) 1
Cover von **JOE QUESADA**

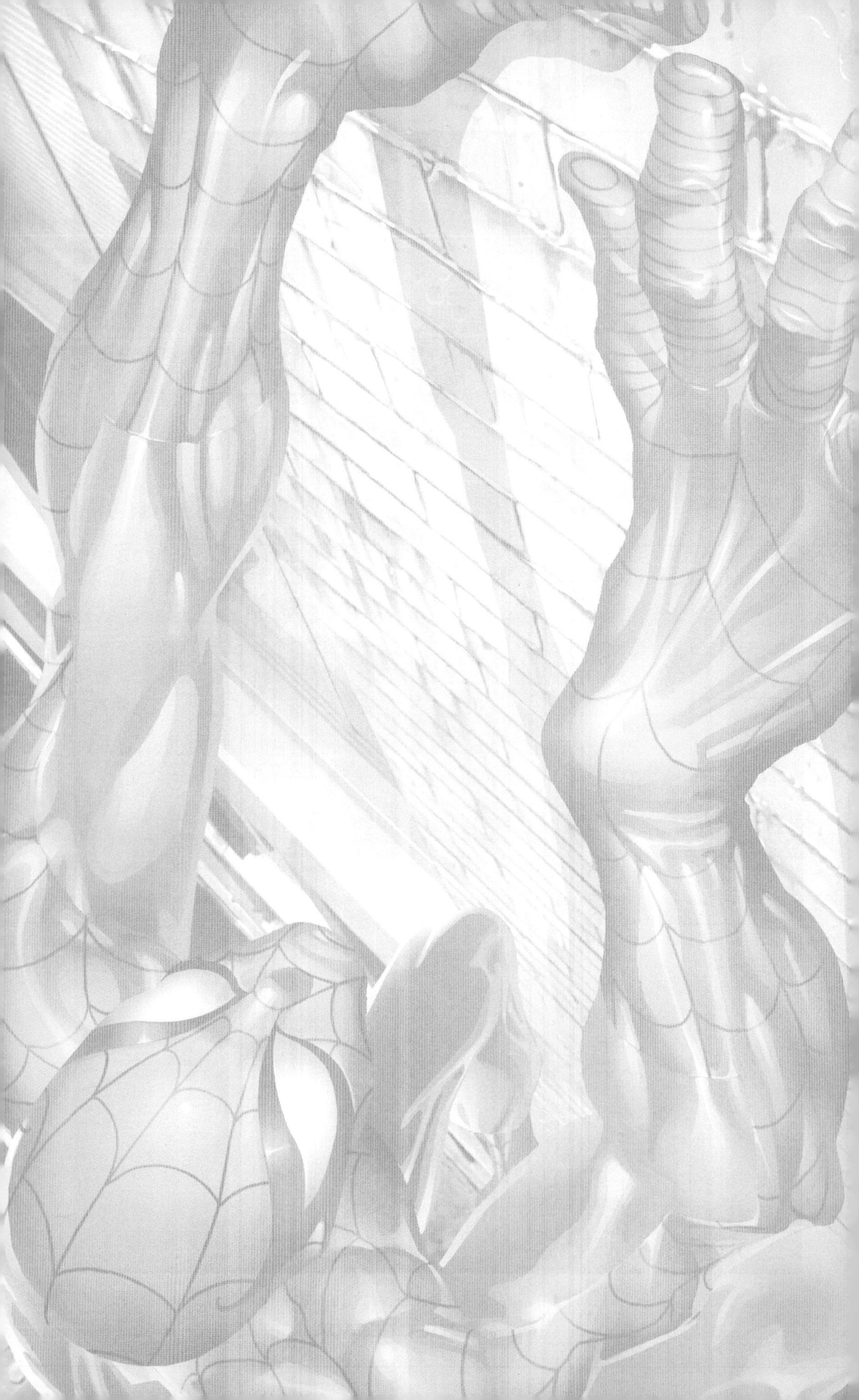

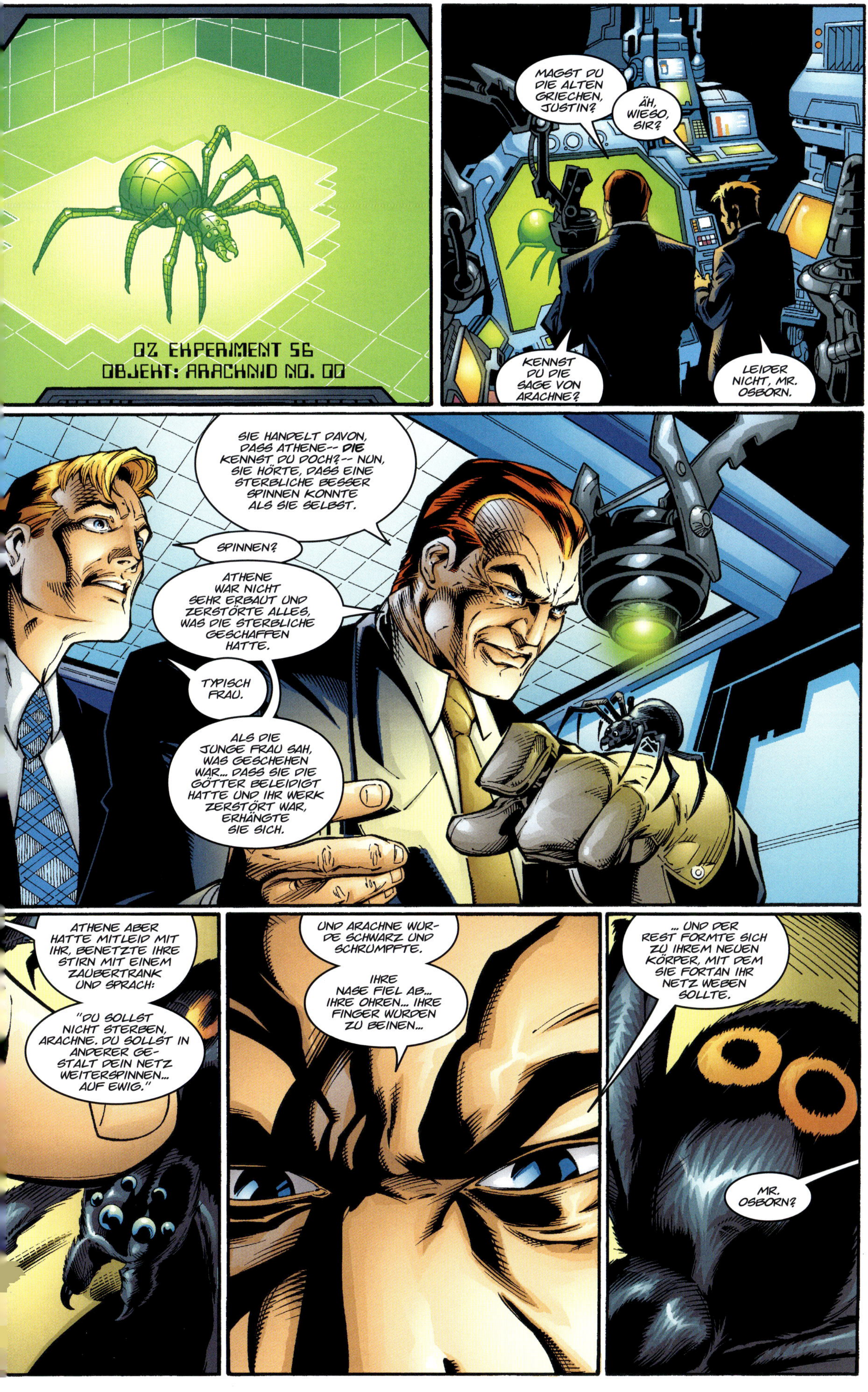
OZ EXPERIMENT 56
OBJEKT: ARACHNID NO. 00
MAGST DU DIE ALTEN GRIECHEN, JUSTIN?
ÄH, WIESO, SIR?
KENNST DU DIE SAGE VON ARACHNE?
LEIDER NICHT, MR. OSBORN.
SIE HANDELT DAVON, DASS ATHENE-- **DIE** KENNST DU DOCH?-- NUN, SIE HÖRTE, DASS EINE STERBLICHE BESSER SPINNEN KONNTE ALS SIE SELBST.
SPINNEN?
ATHENE WAR NICHT SEHR ERBAUT UND ZERSTÖRTE ALLES, WAS DIE STERBLICHE GESCHAFFEN HATTE.
TYPISCH FRAU.
ALS DIE JUNGE FRAU SAH, WAS GESCHEHEN WAR... DASS SIE DIE GÖTTER BELEIDIGT HATTE UND IHR WERK ZERSTÖRT WAR, ERHÄNGTE SIE SICH.
ATHENE ABER HATTE MITLEID MIT IHR, BENETZTE IHRE STIRN MIT EINEM ZAUBERTRANK UND SPRACH:
"DU SOLLST NICHT STERBEN, ARACHNE. DU SOLLST IN ANDERER GESTALT DEIN NETZ WEITERSPINNEN... AUF EWIG."
UND ARACHNE WURDE SCHWARZ UND SCHRUMPFTE.
IHRE NASE FIEL AB... IHRE OHREN... IHRE FINGER WURDEN ZU BEINEN...
... UND DER REST FORMTE SICH ZU IHREM NEUEN KÖRPER, MIT DEM SIE FORTAN IHR NETZ WEBEN SOLLTE.
MR. OSBORN?

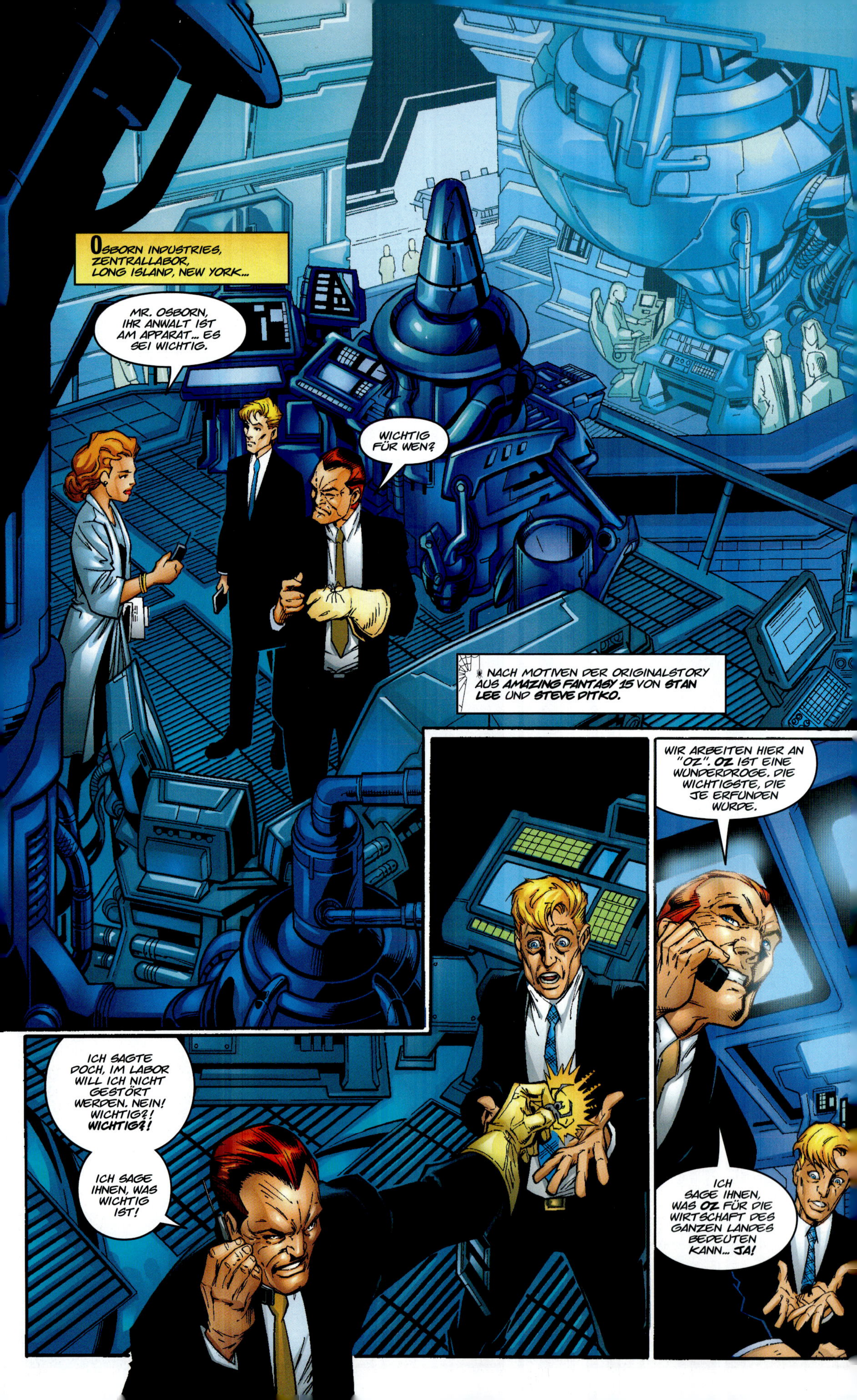
OSBORN INDUSTRIES, ZENTRALLABOR, LONG ISLAND, NEW YORK...
MR. OSBORN, IHR ANWALT IST AM APPARAT... ES SEI WICHTIG.
WICHTIG FÜR WEN?
NACH MOTIVEN DER ORIGINALSTORY AUS AMAZING FANTASY 15 VON STAN LEE UND STEVE DITKO.
WIR ARBEITEN HIER AN "OZ". OZ IST EINE WUNDERDROGE. DIE WICHTIGSTE, DIE JE ERFUNDEN WURDE.
ICH SAGTE DOCH, IM LABOR WILL ICH NICHT GESTÖRT WERDEN. NEIN! WICHTIG?! WICHTIG?!
ICH SAGE IHNEN, WAS WICHTIG IST!
ICH SAGE IHNEN, WAS OZ FÜR DIE WIRTSCHAFT DES GANZEN LANDES BEDEUTEN KANN... JA!

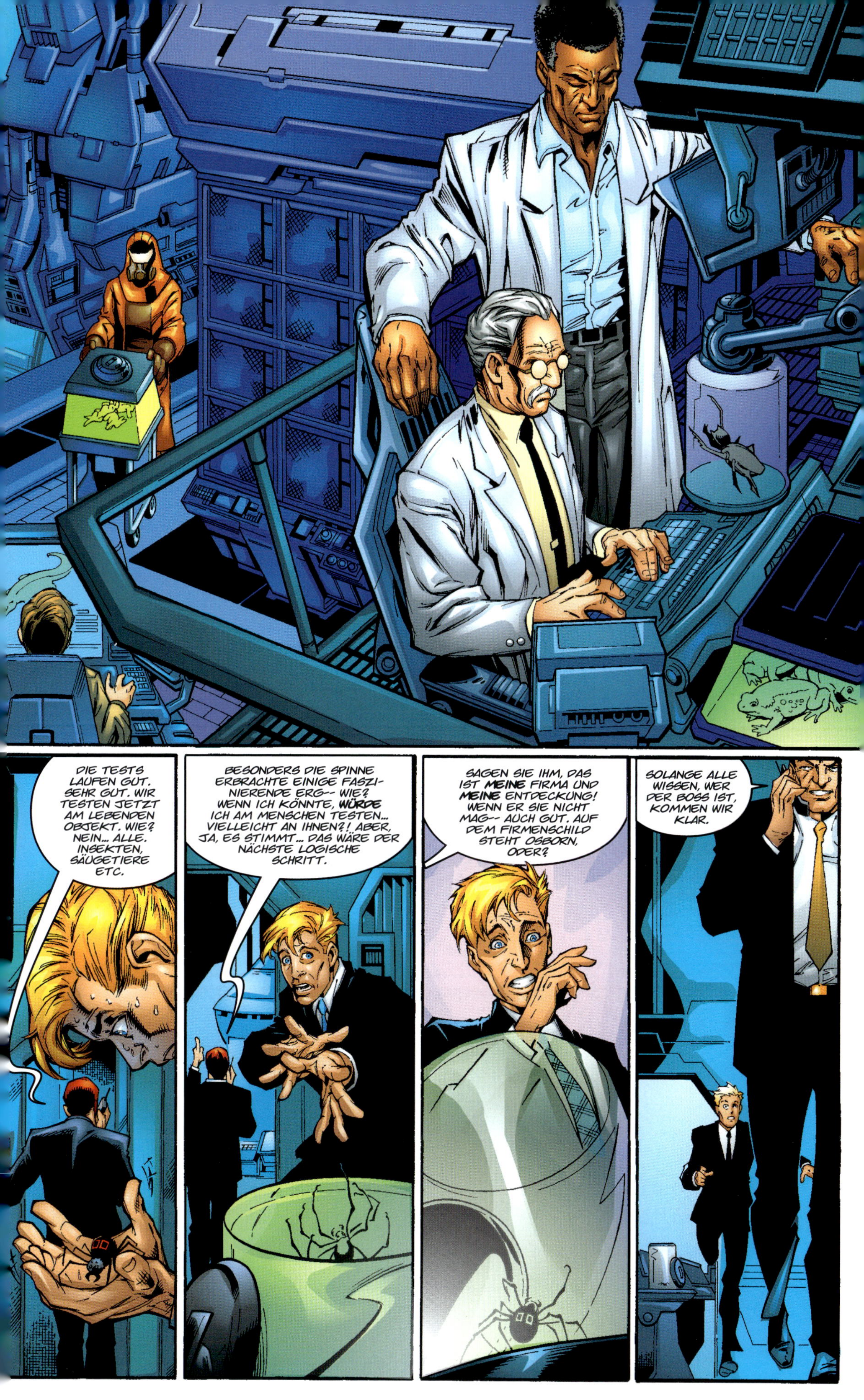
DIE TESTS LAUFEN GUT. SEHR GUT. WIR TESTEN JETZT AM LEBENDEN OBJEKT. WIE? NEIN... ALLE. INSEKTEN, SÄUGETIERE ETC.
BESONDERS DIE SPINNE ERBRACHTE EINIGE FASZINIERENDE ERG-- WIE? WENN ICH KÖNNTE, WÜRDE ICH AM MENSCHEN TESTEN... VIELLEICHT AN IHNEN?! ABER, JA, ES STIMMT... DAS WÄRE DER NÄCHSTE LOGISCHE SCHRITT.
SAGEN SIE IHM, DAS IST MEINE FIRMA UND MEINE ENTDECKUNG! WENN ER SIE NICHT MAG-- AUCH GUT. AUF DEM FIRMENSCHILD STEHT OSBORN, ODER?
SOLANGE ALLE WISSEN, WER DER BOSS IST, KOMMEN WIR KLAR.

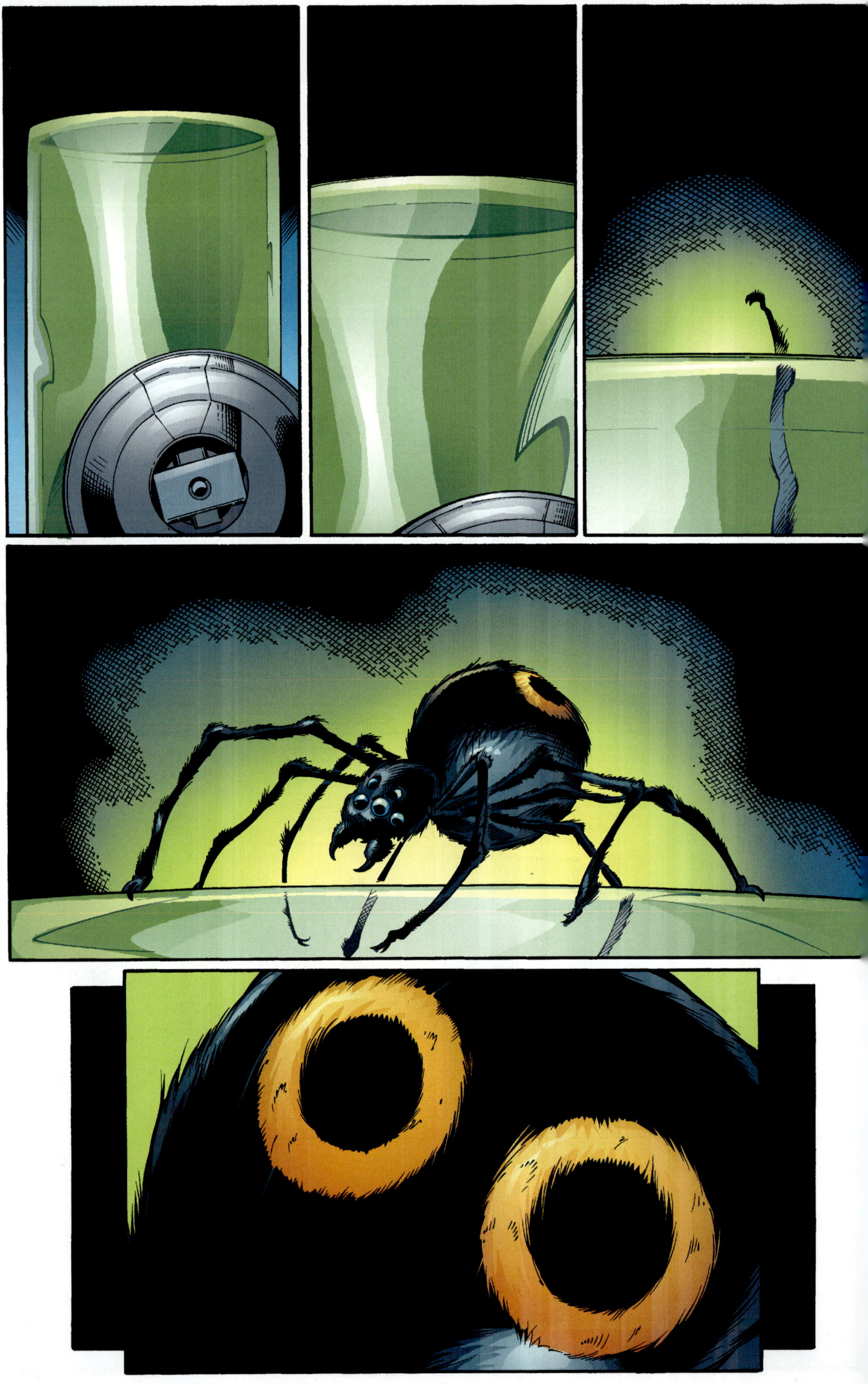

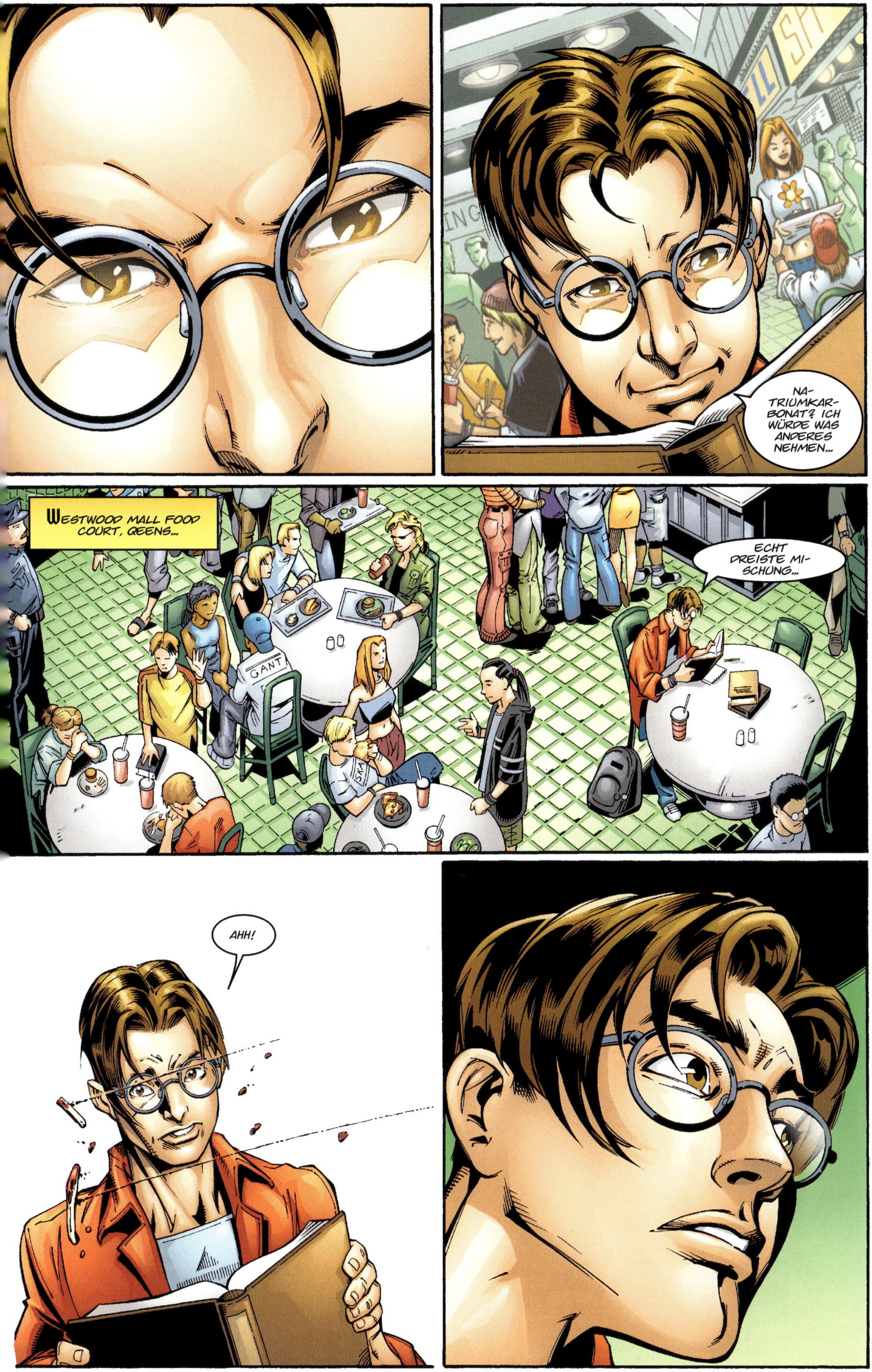
NA-
TRIUMKAR-
BONAT? ICH
WÜRDE WAS
ANDERES
NEHMEN...
WESTWOOD MALL FOOD
COURT, QEENS...
ECHT
DREISTE MI-
SCHUNG...
GANT
AHH!

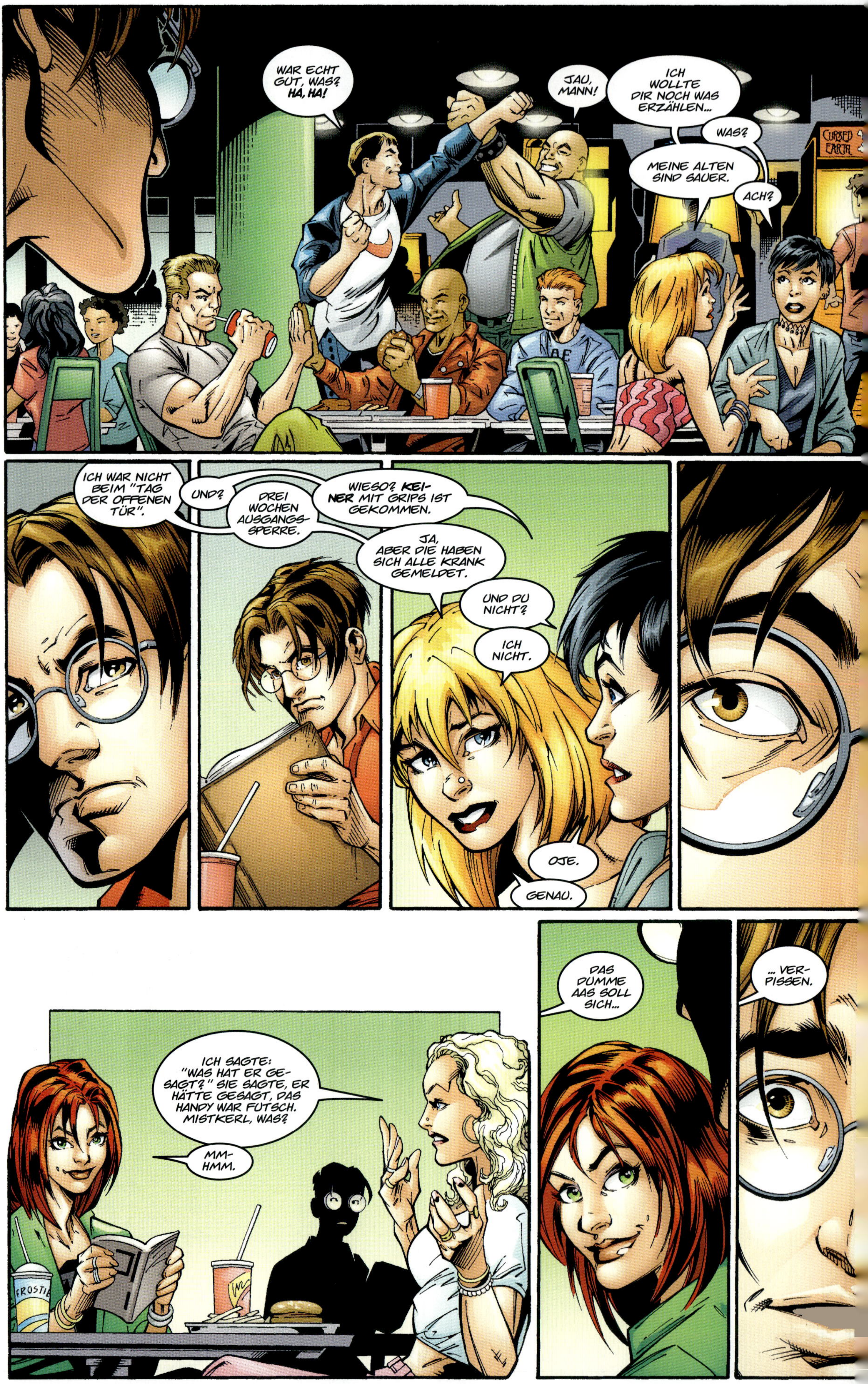
WAR ECHT GUT, WAS? HA, HA!
JAU, MANN!
ICH WOLLTE DIR NOCH WAS ERZÄHLEN...
WAS?
MEINE ALTEN SIND SAUER.
ACH?
CURSED EARTH
ICH WAR NICHT BEIM "TAG DER OFFENEN TÜR".
UND?
DREI WOCHEN AUSGANGS-SPERRE.
WIESO? KEI-NER MIT GRIPS IST GEKOMMEN.
JA, ABER DIE HABEN SICH ALLE KRANK GEMELDET.
UND DU NICHT?
ICH NICHT.
OJE.
GENAU.
ICH SAGTE: "WAS HAT ER GE-SAGT?" SIE SAGTE, ER HÄTTE GESAGT, DAS HANDY WAR FUTSCH. MISTKERL, WAS?
MM-HMM.
FROSTIE
DAS DUMME AAS SOLL SICH...
... VER-PISSEN.

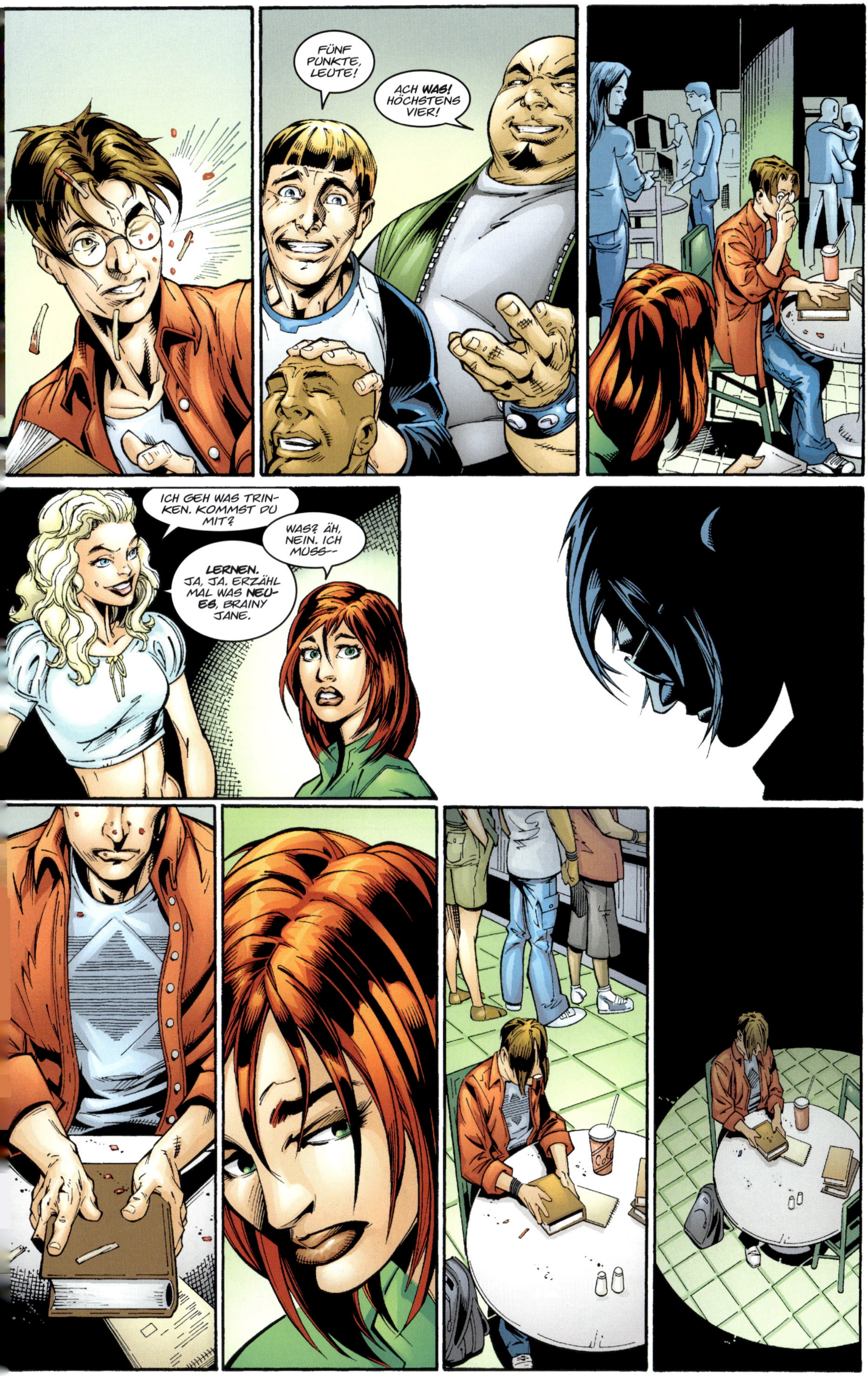
FÜNF PUNKTE, LEUTE!
ACH WAS! HÖCHSTENS VIER!
ICH GEH WAS TRINKEN. KOMMST DU MIT?
WAS? ÄH, NEIN. ICH MUSS--
LERNEN. JA, JA. ERZÄHL MAL WAS NEUES, BRAINY JANE.

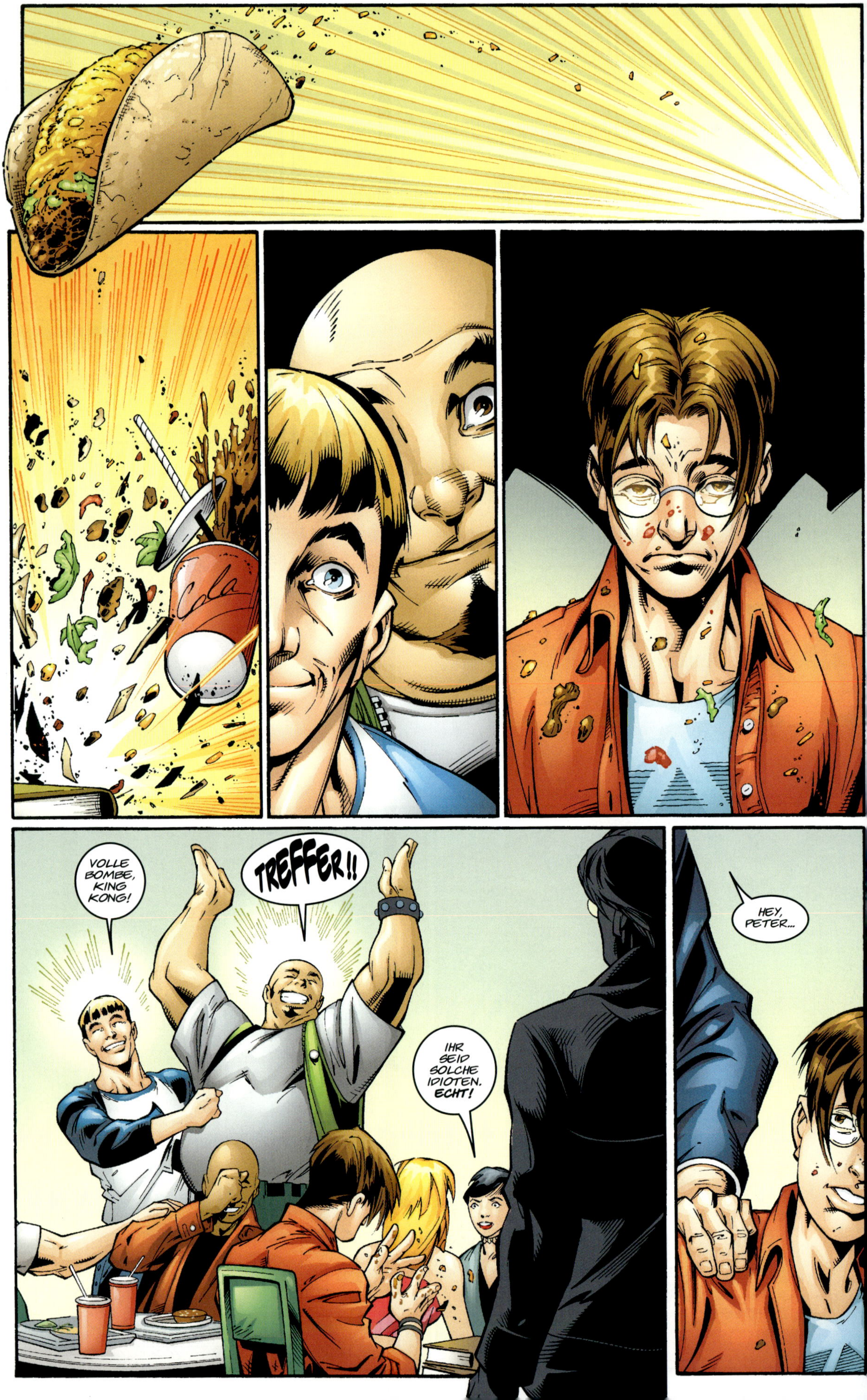
VOLLE BOMBE, KING KONG!
TREFFER!!
IHR SEID SOLCHE IDIOTEN. ECHT!
HEY, PETER...

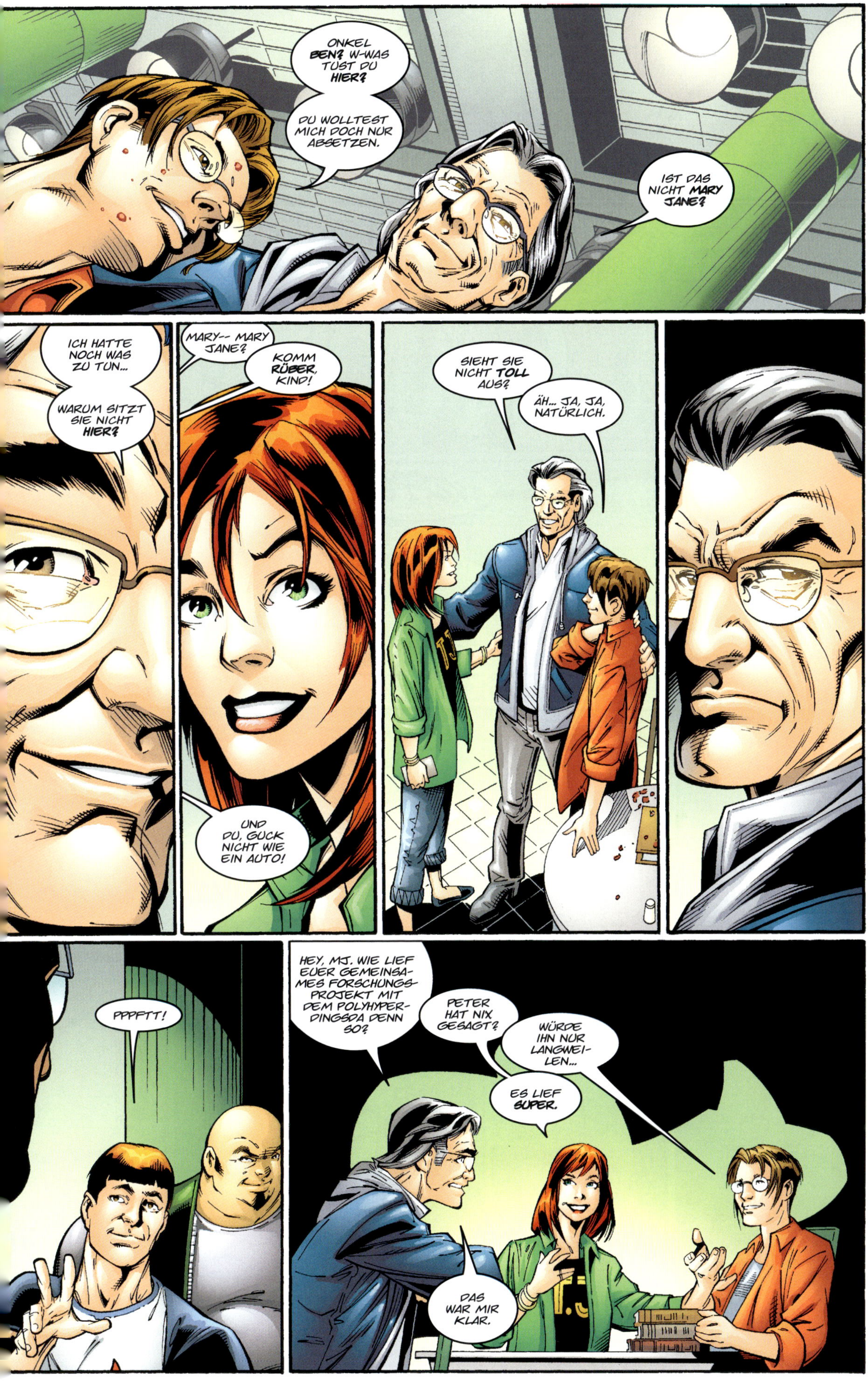
ONKEL BEN? W-WAS TUST DU HIER?
DU WOLLTEST MICH DOCH NUR ABSETZEN.
IST DAS NICHT MARY JANE?
ICH HATTE NOCH WAS ZU TUN...
WARUM SITZT SIE NICHT HIER?
MARY-- MARY JANE?
KOMM RÜBER, KIND!
UND DU, GUCK NICHT WIE EIN AUTO!
SIEHT SIE NICHT TOLL AUS?
ÄH... JA, JA, NATÜRLICH.
PPPFTT!
HEY, MJ. WIE LIEF EUER GEMEINSAMES FORSCHUNGS-PROJEKT MIT DEM POLYHYPER-DINGSDA DENN SO?
PETER HAT NIX GESAGT?
WÜRDE IHN NUR LANGWEILEN...
ES LIEF SUPER.
DAS WAR MIR KLAR.

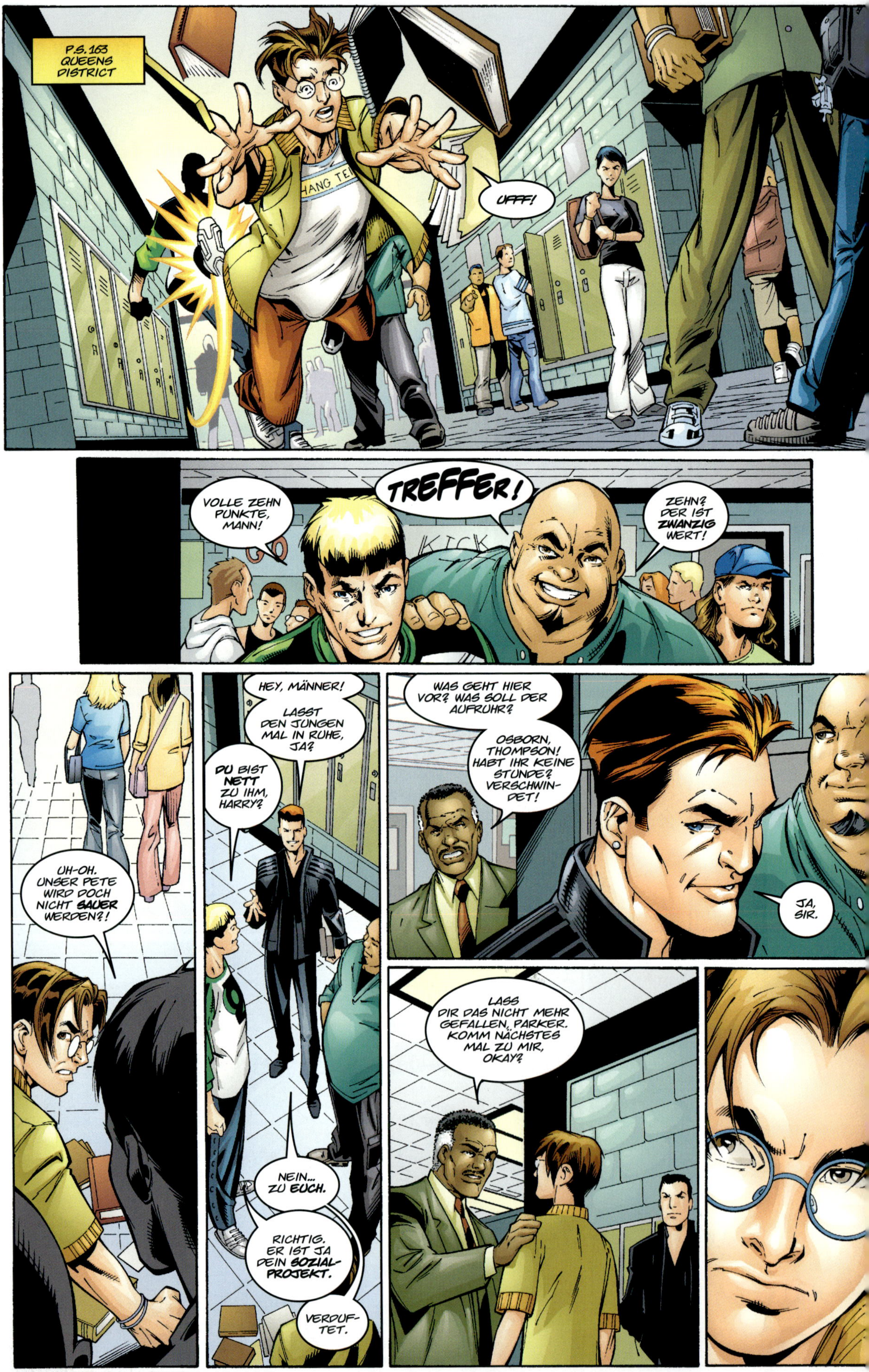
P.S. 163 QUEENS DISTRICT
UFFF!
VOLLE ZEHN PUNKTE, MANN!
TREFFER!
ZEHN? DER IST ZWANZIG WERT!
UH-OH. UNSER PETE WIRD DOCH NICHT SAUER WERDEN?!
HEY, MÄNNER!
LASST DEN JUNGEN MAL IN RUHE, JA?
DU BIST NETT ZU IHM, HARRY?
NEIN... ZU EUCH.
RICHTIG. ER IST JA DEIN SOZIALPROJEKT.
VERDUFTET.
WAS GEHT HIER VOR? WAS SOLL DER AUFRUHR?
OSBORN, THOMPSON! HABT IHR KEINE STUNDE? VERSCHWINDET!
JA, SIR.
LASS DIR DAS NICHT MEHR GEFALLEN, PARKER. KOMM NÄCHSTES MAL ZU MIR, OKAY?

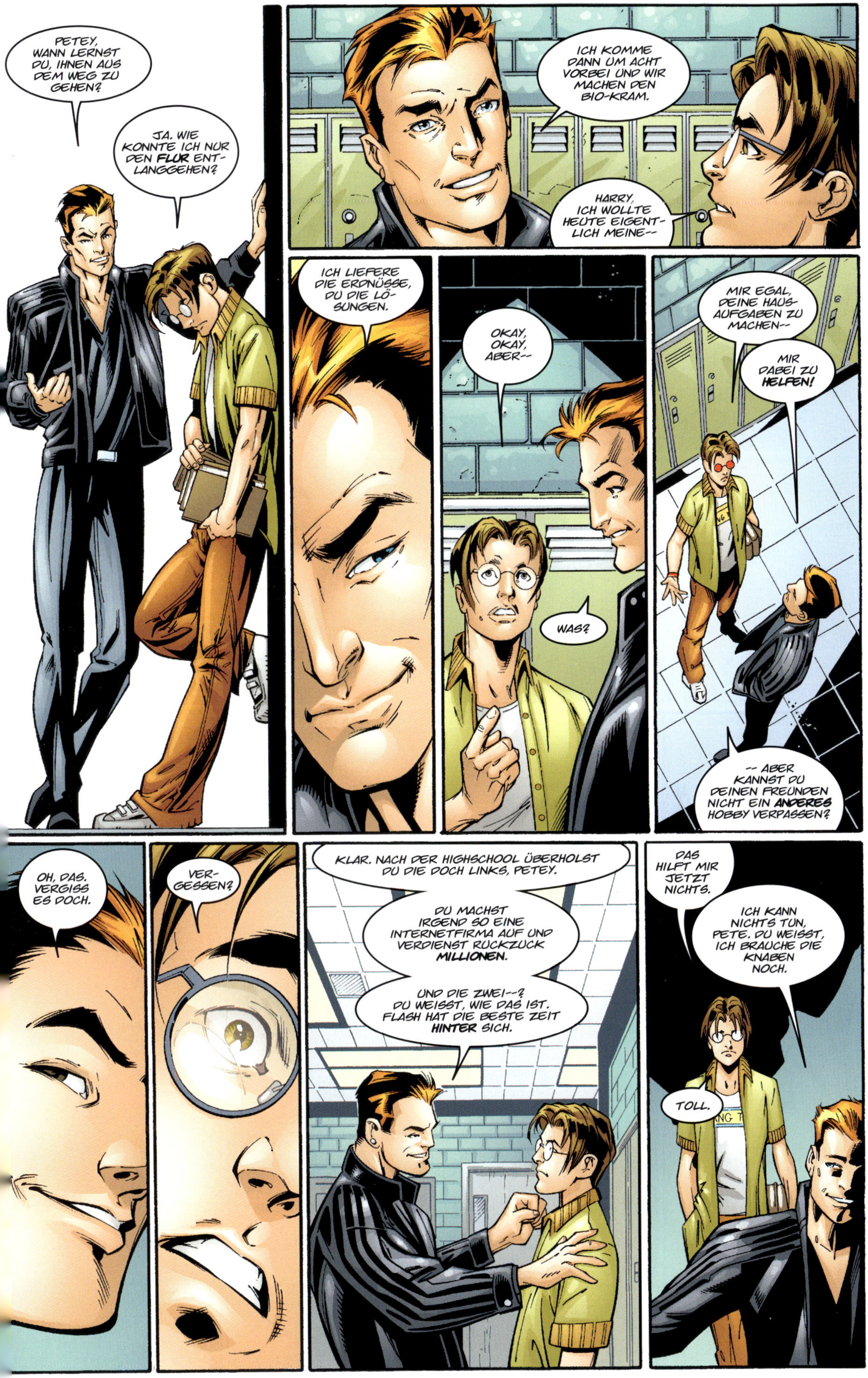

PETEY, WANN LERNST DU, IHNEN AUS DEM WEG ZU GEHEN?
JA. WIE KONNTE ICH NUR DEN FLUR ENTLANGGEHEN?
ICH KOMME DANN UM ACHT VORBEI UND WIR MACHEN DEN BIO-KRAM.
HARRY, ICH WOLLTE HEUTE EIGENTLICH MEINE--
ICH LIEFERE DIE ERDNÜSSE, DU DIE LÖSUNGEN.
OKAY, OKAY, ABER--
WAS?
MIR EGAL, DEINE HAUSAUFGABEN ZU MACHEN--
MIR DABEI ZU HELFEN!
-- ABER KANNST DU DEINEN FREUNDEN NICHT EIN ANDERES HOBBY VERPASSEN?
OH, DAS. VERGISS ES DOCH.
VERGESSEN?
KLAR. NACH DER HIGHSCHOOL ÜBERHOLST DU DIE DOCH LINKS, PETEY.
DU MACHST IRGEND SO EINE INTERNETFIRMA AUF UND VERDIENST RUCKZUCK MILLIONEN.
UND DIE ZWEI--? DU WEISST, WIE DAS IST. FLASH HAT DIE BESTE ZEIT HINTER SICH.
DAS HILFT MIR JETZT NICHTS.
ICH KANN NICHTS TUN, PETE. DU WEISST, ICH BRAUCHE DIE KNABEN NOCH.
TOLL.

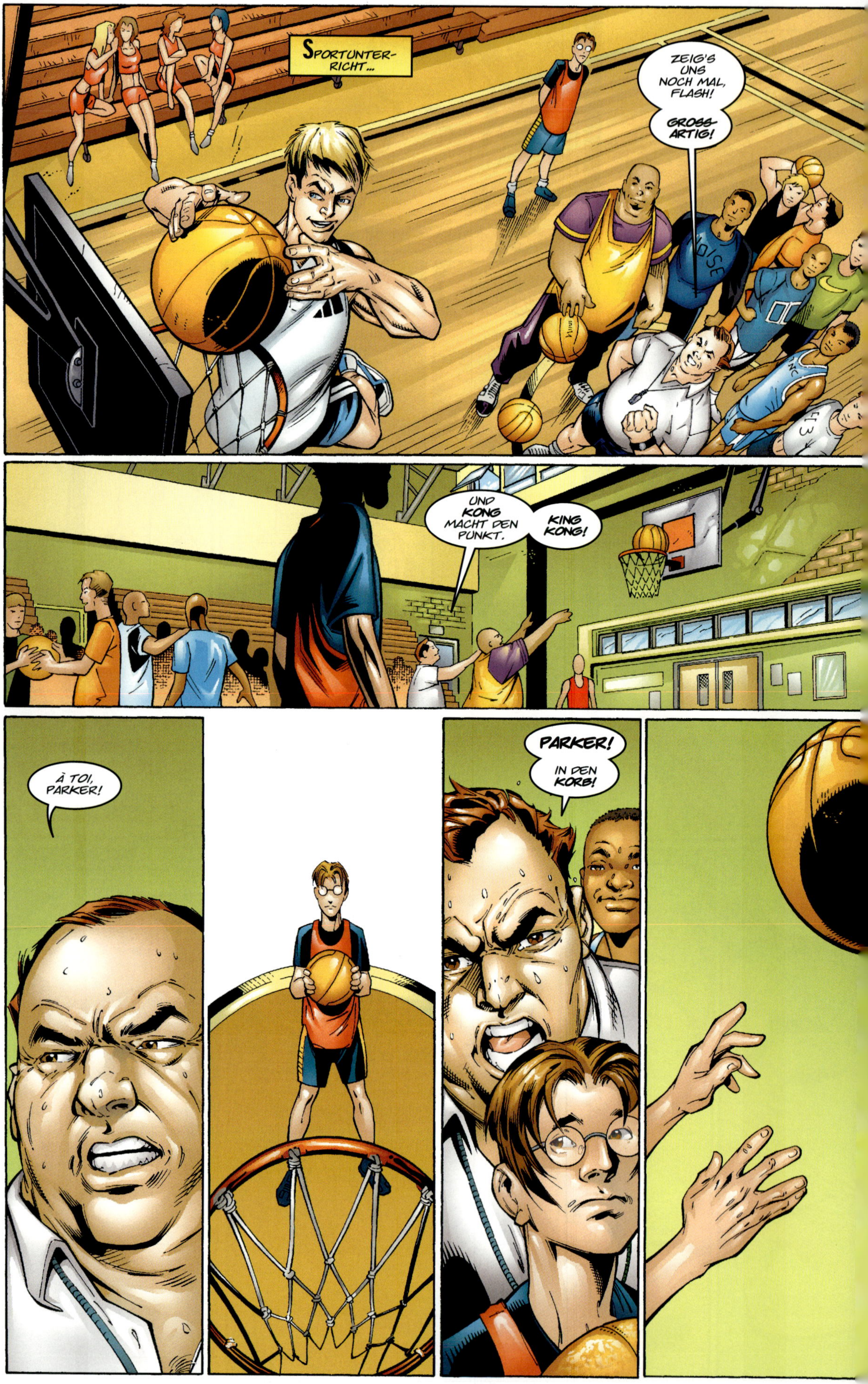
SPORTUNTERRICHT...
ZEIG'S UNS NOCH MAL, FLASH!
GROSSARTIG!
UND KONG MACHT DEN PUNKT.
KING KONG!
À TOI, PARKER!
PARKER!
IN DEN KORB!

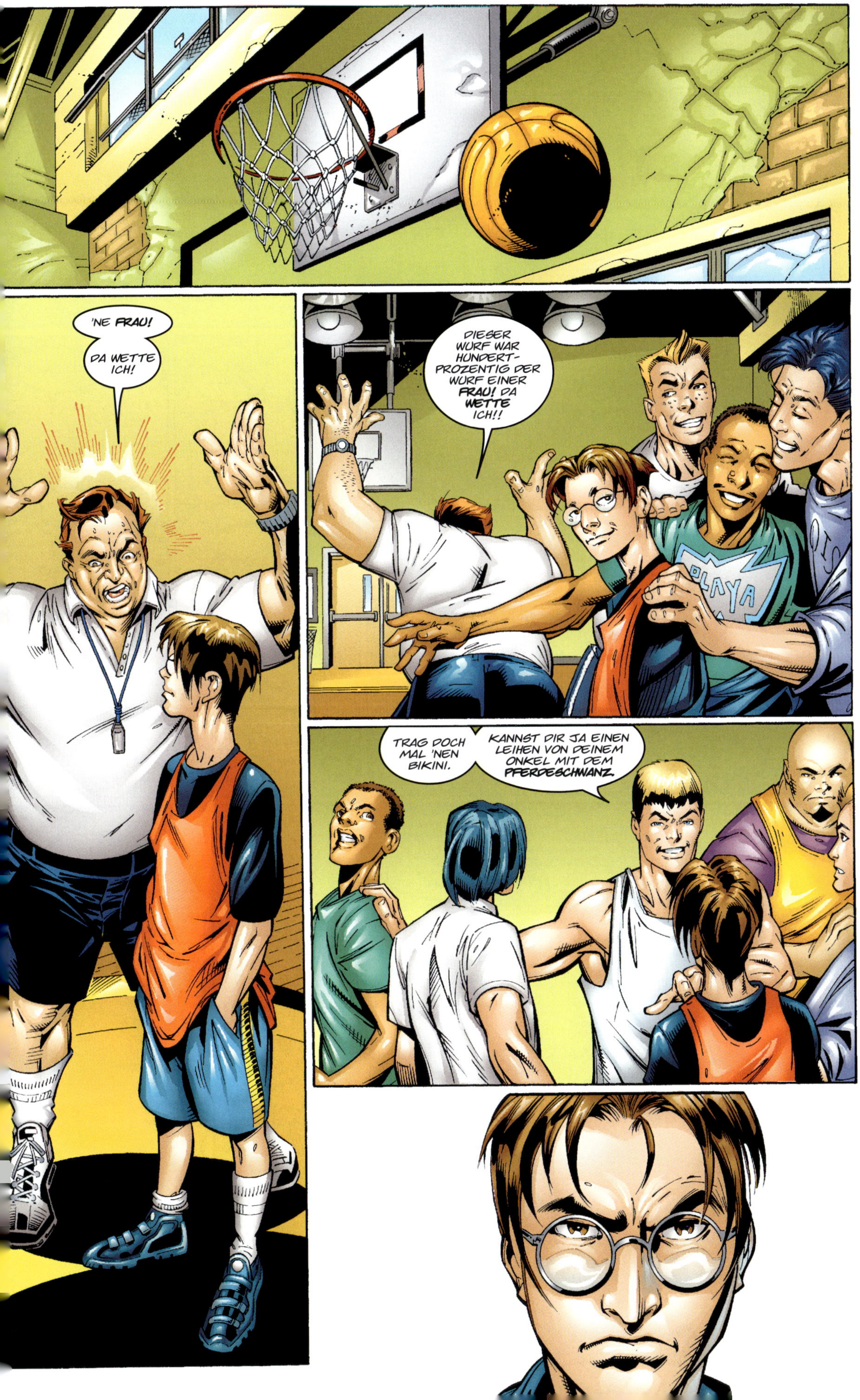
'NE FRAU!
DA WETTE ICH!
DIESER WURF WAR HUNDERTPROZENTIG DER WURF EINER FRAU! DA WETTE ICH!!
TRAG DOCH MAL 'NEN BIKINI.
KANNST DIR JA EINEN LEIHEN VON DEINEM ONKEL MIT DEM PFERDESCHWANZ.

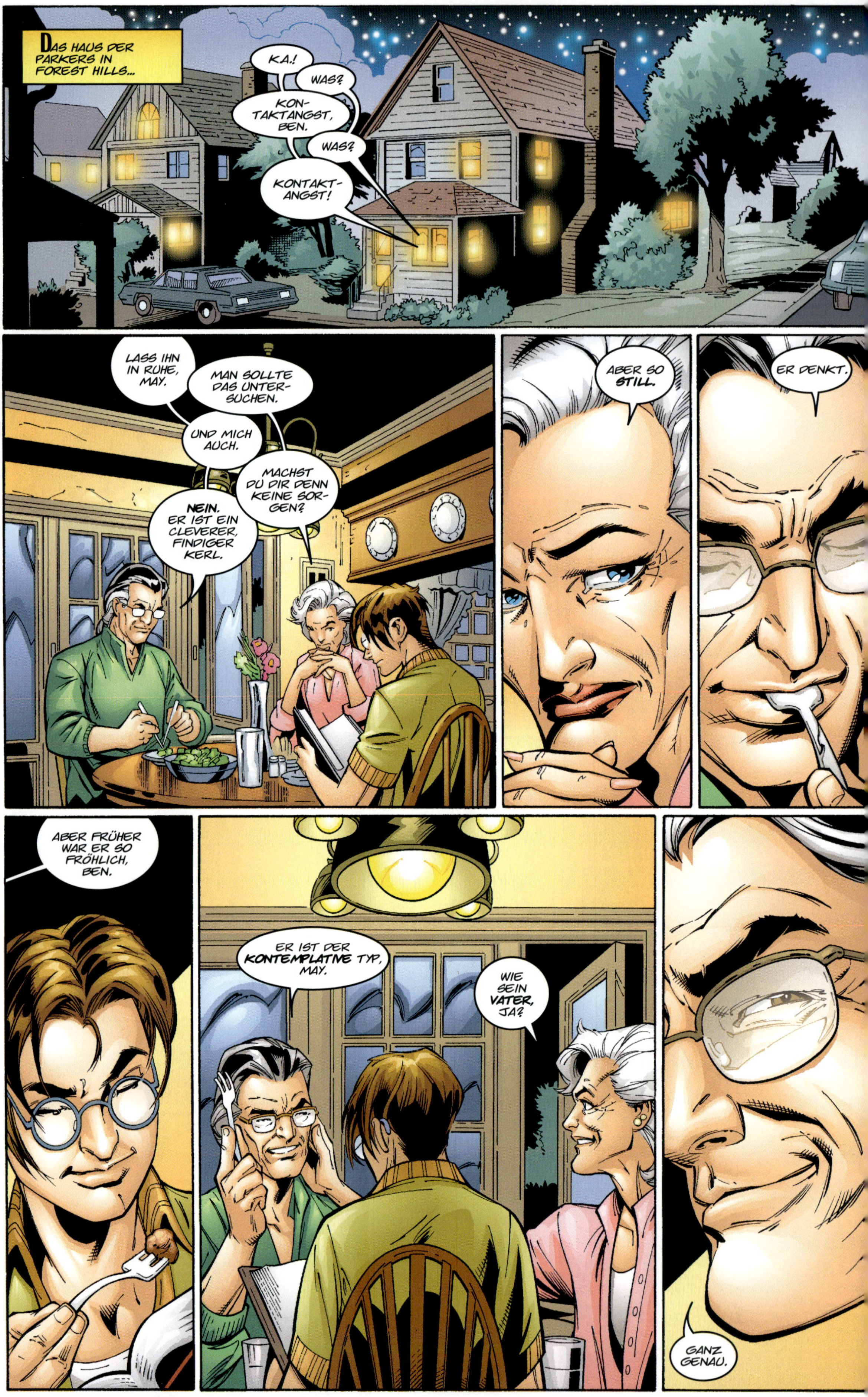

DAS HAUS DER PARKERS IN FOREST HILLS...
K.A.!
WAS?
KONTAKTANGST, BEN.
WAS?
KONTAKTANGST!
LASS IHN IN RUHE, MAY.
MAN SOLLTE DAS UNTERSUCHEN.
UND MICH AUCH.
MACHST DU DIR DENN KEINE SORGEN?
NEIN. ER IST EIN CLEVERER, FINDIGER KERL.
ABER SO STILL.
ER DENKT.
ABER FRÜHER WAR ER SO FRÖHLICH, BEN.
ER IST DER KONTEMPLATIVE TYP, MAY.
WIE SEIN VATER, JA?
GANZ GENAU.

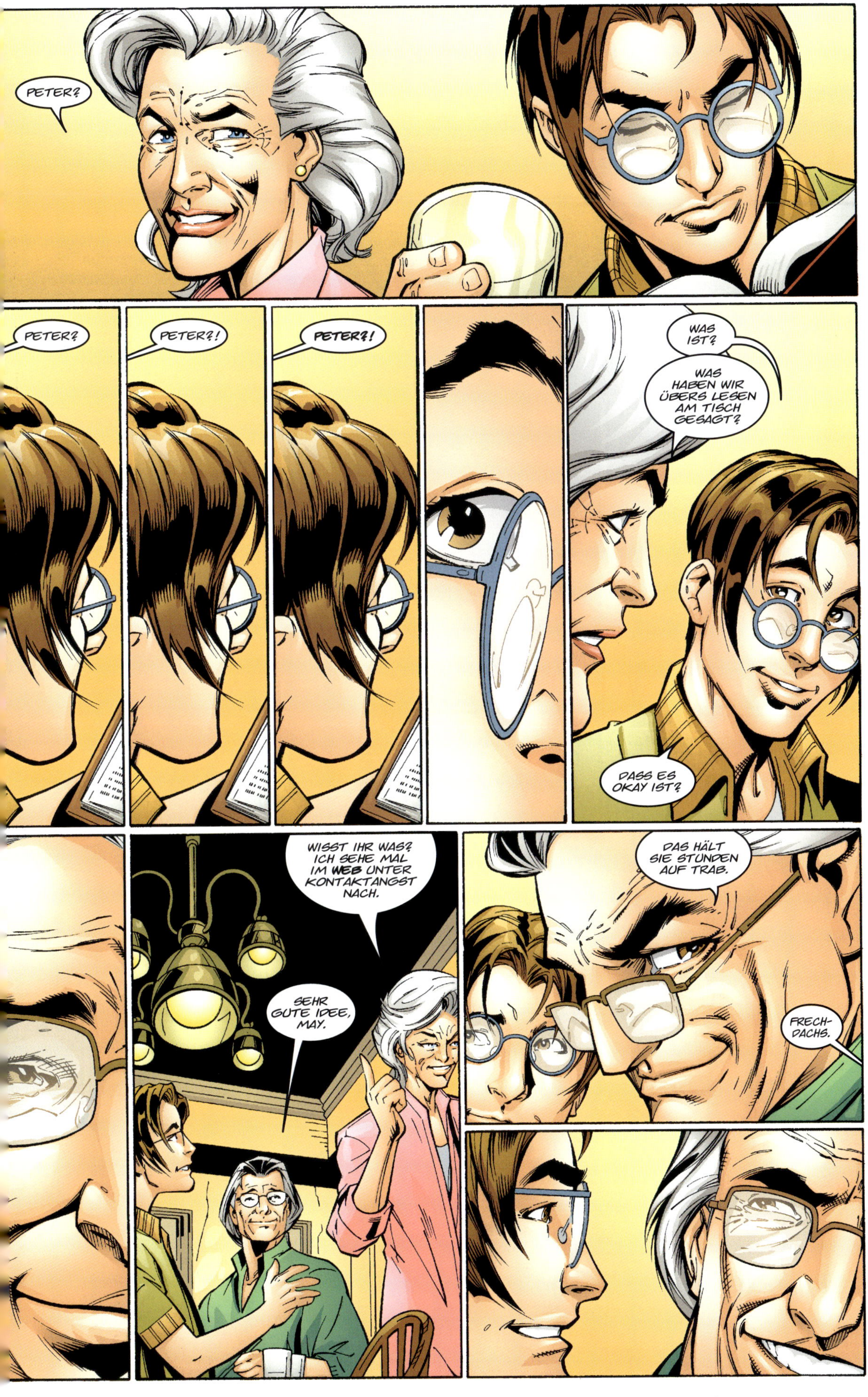
PETER?
PETER?
PETER?!
PETER?!
WAS IST?
WAS HABEN WIR ÜBERS LESEN AM TISCH GESAGT?
DASS ES OKAY IST?
WISST IHR WAS? ICH SEHE MAL IM WEB UNTER KONTAKTANGST NACH.
SEHR GUTE IDEE, MAY.
DAS HÄLT SIE STUNDEN AUF TRAB.
FRECH-DACHS.

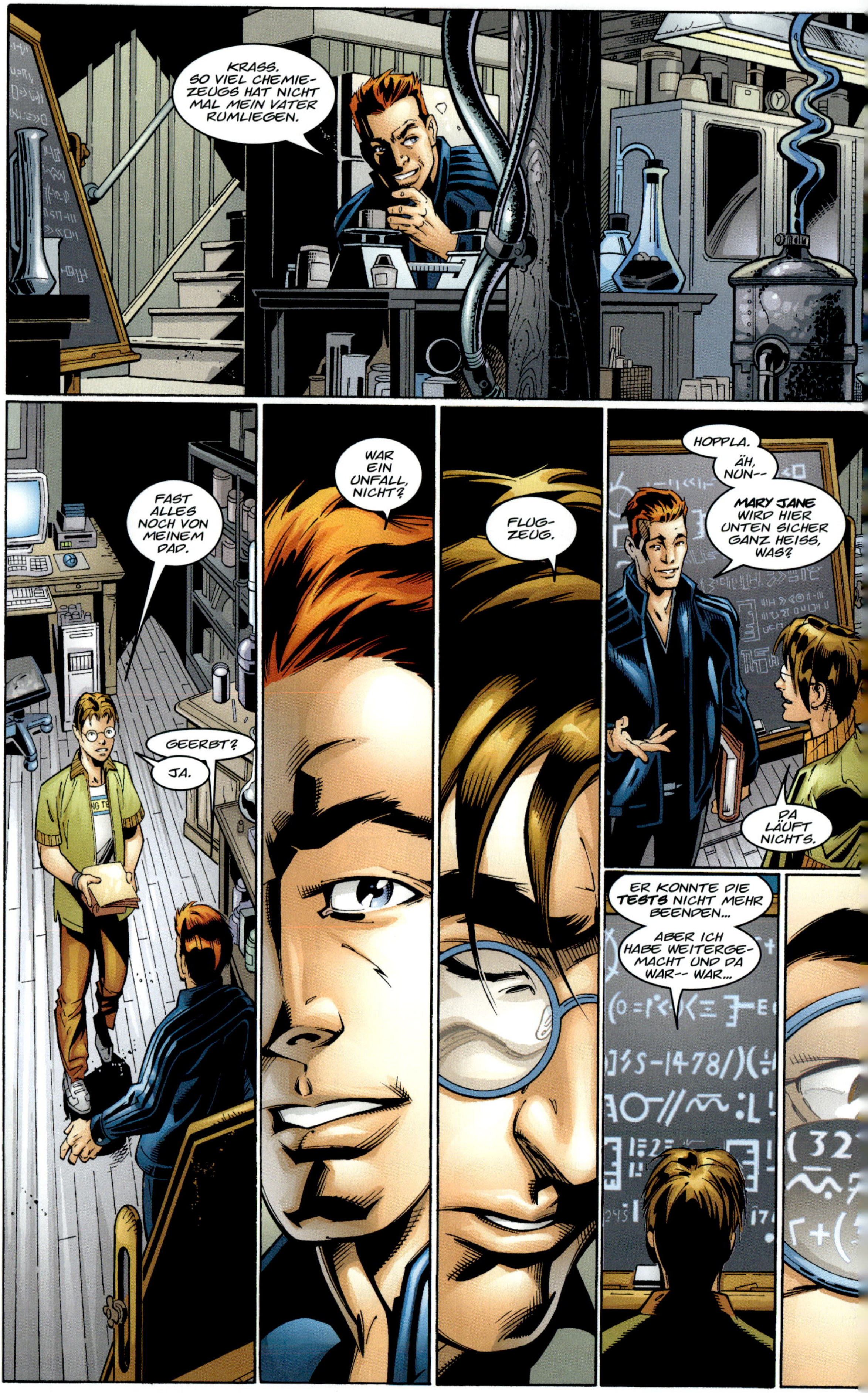

KRASS. SO VIEL CHEMIEZEUGS HAT NICHT MAL MEIN VATER RUMLIEGEN.
FAST ALLES NOCH VON MEINEM DAD.
GEERBT?
JA.
WAR EIN UNFALL, NICHT?
FLUGZEUG.
HOPPLA.
ÄH, NUN--
MARY JANE WIRD HIER UNTEN SICHER GANZ HEISS, WAS?
DA LÄUFT NICHTS.
ER KONNTE DIE TESTS NICHT MEHR BEENDEN...
ABER ICH HABE WEITERGEMACHT UND DA WAR-- WAR...

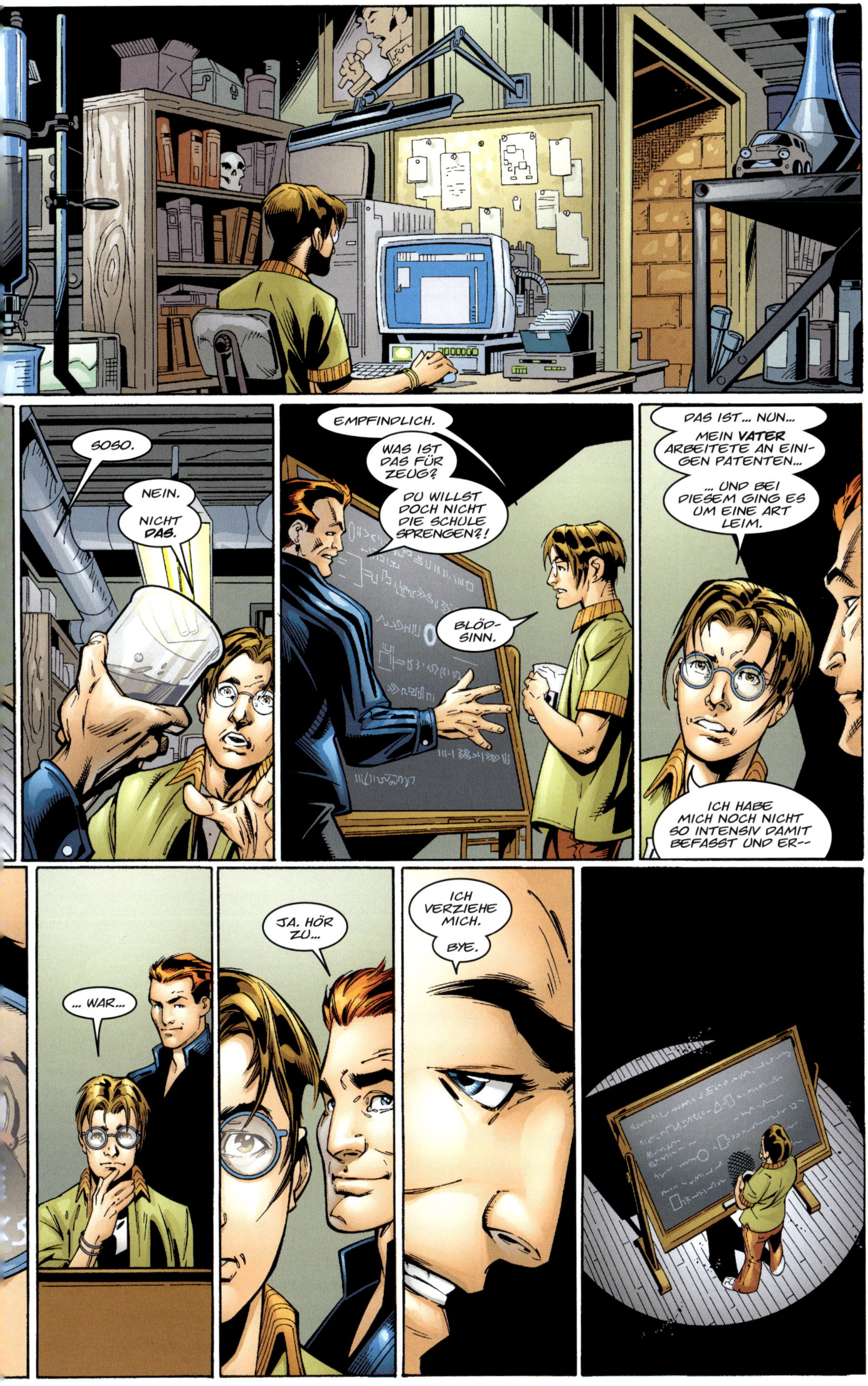
SOSO.
NEIN.
NICHT DAS.
EMPFINDLICH.
WAS IST DAS FÜR ZEUG?
DU WILLST DOCH NICHT DIE SCHULE SPRENGEN?!
BLÖD-SINN.
DAS IST... NUN...
MEIN VATER ARBEITETE AN EINI-GEN PATENTEN...
... UND BEI DIESEM GING ES UM EINE ART LEIM.
ICH HABE MICH NOCH NICHT SO INTENSIV DAMIT BEFASST UND ER--
... WAR...
JA. HÖR ZU...
ICH VERZIEHE MICH.
BYE.

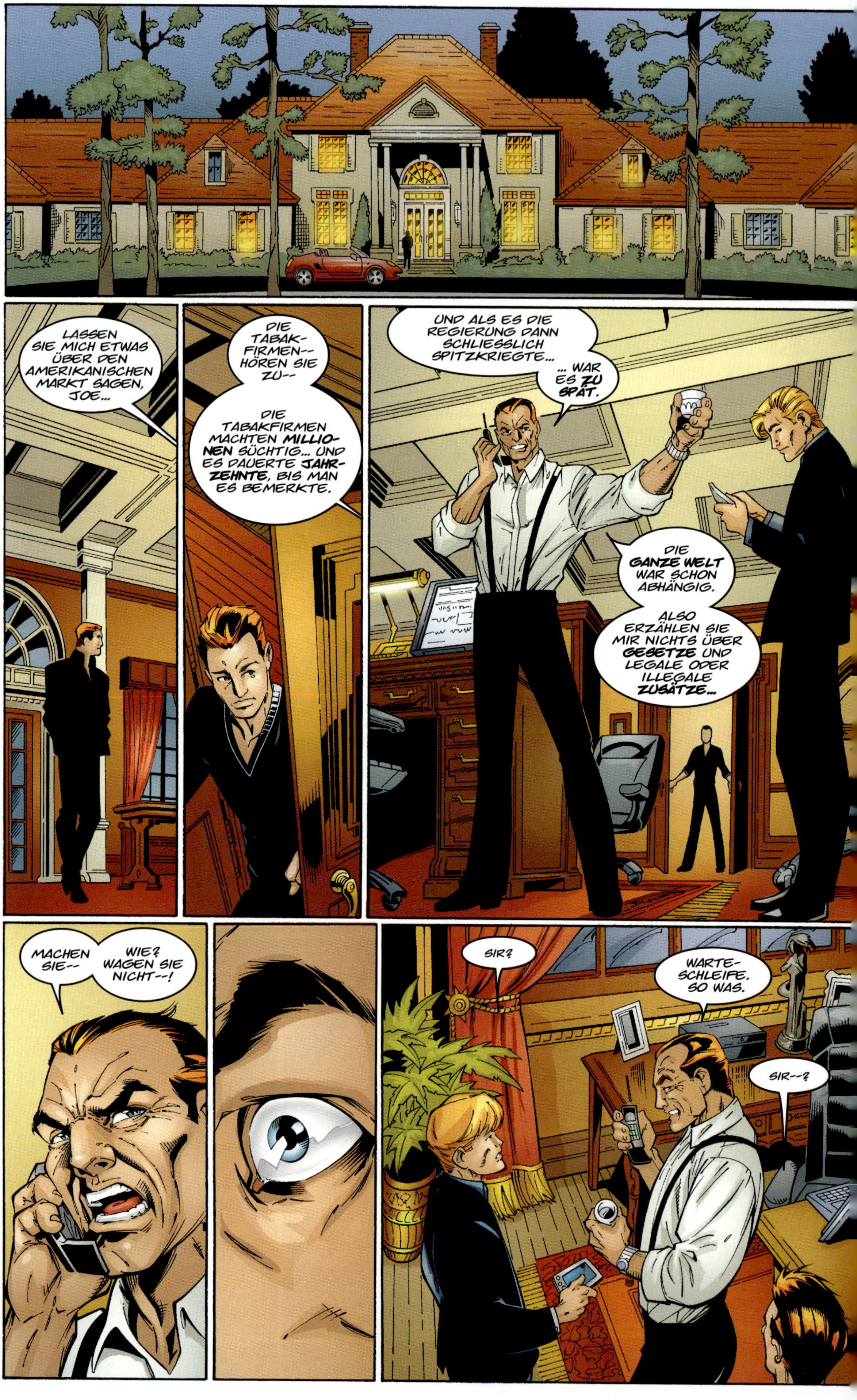
LASSEN SIE MICH ETWAS ÜBER DEN AMERIKANISCHEN MARKT SAGEN, JOE...
DIE TABAKFIRMEN-- HÖREN SIE ZU--
DIE TABAKFIRMEN MACHTEN MILLIONEN SÜCHTIG... UND ES DAUERTE JAHRZEHNTE, BIS MAN ES BEMERKTE.
UND ALS ES DIE REGIERUNG DANN SCHLIESSLICH SPITZKRIEGTE...
... WAR ES ZU SPÄT.
DIE GANZE WELT WAR SCHON ABHÄNGIG.
ALSO ERZÄHLEN SIE MIR NICHTS ÜBER GESETZE UND LEGALE ODER ILLEGALE ZUSÄTZE...
MACHEN SIE--
WIE? WAGEN SIE NICHT--!
SIR?
WARTESCHLEIFE. SO WAS.
SIR--?

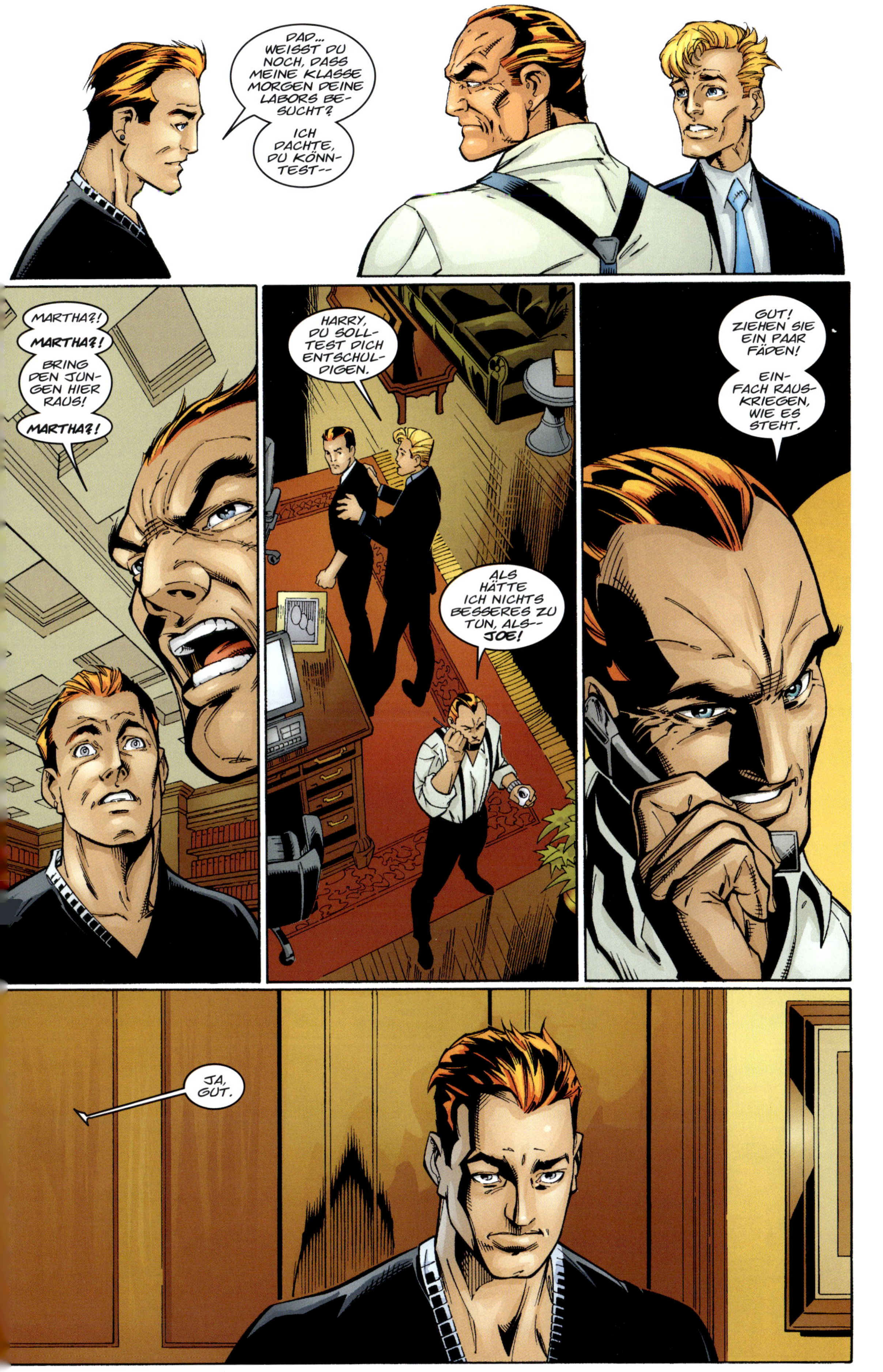
DAD... WEISST DU NOCH, DASS MEINE KLASSE MORGEN DEINE LABORS BESUCHT?
ICH DACHTE, DU KÖNNTEST--
MARTHA?!
MARTHA?!
BRING DEN JUNGEN HIER RAUS!
MARTHA?!
HARRY, DU SOLLTEST DICH ENTSCHULDIGEN.
ALS HÄTTE ICH NICHTS BESSERES ZU TUN, ALS-- JOE!
GUT! ZIEHEN SIE EIN PAAR FÄDEN!
EINFACH RAUSKRIEGEN, WIE ES STEHT.
JA, GUT.

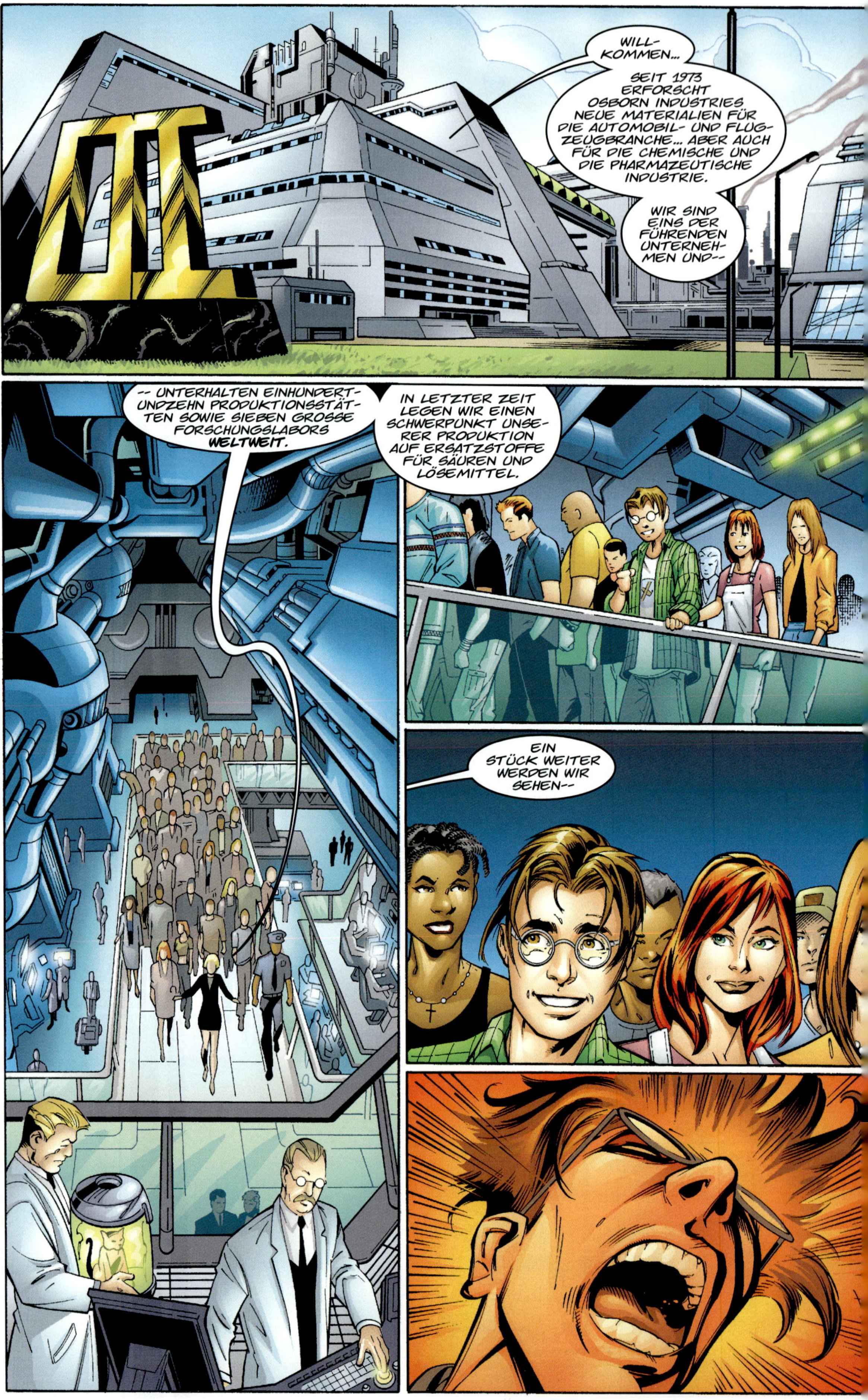
WILL-KOMMEN...
SEIT 1973 ERFORSCHT OSBORN INDUSTRIES NEUE MATERIALIEN FÜR DIE AUTOMOBIL- UND FLUGZEUGBRANCHE... ABER AUCH FÜR DIE CHEMISCHE UND DIE PHARMAZEUTISCHE INDUSTRIE.
WIR SIND EINS DER FÜHRENDEN UNTERNEHMEN UND--
-- UNTERHALTEN EINHUNDERTUNDZEHN PRODUKTIONSSTÄTTEN SOWIE SIEBEN GROSSE FORSCHUNGSLABORS **WELTWEIT.**
IN LETZTER ZEIT LEGEN WIR EINEN SCHWERPUNKT UNSERER PRODUKTION AUF ERSATZSTOFFE FÜR SÄUREN UND LÖSEMITTEL.
EIN STÜCK WEITER WERDEN WIR SEHEN--

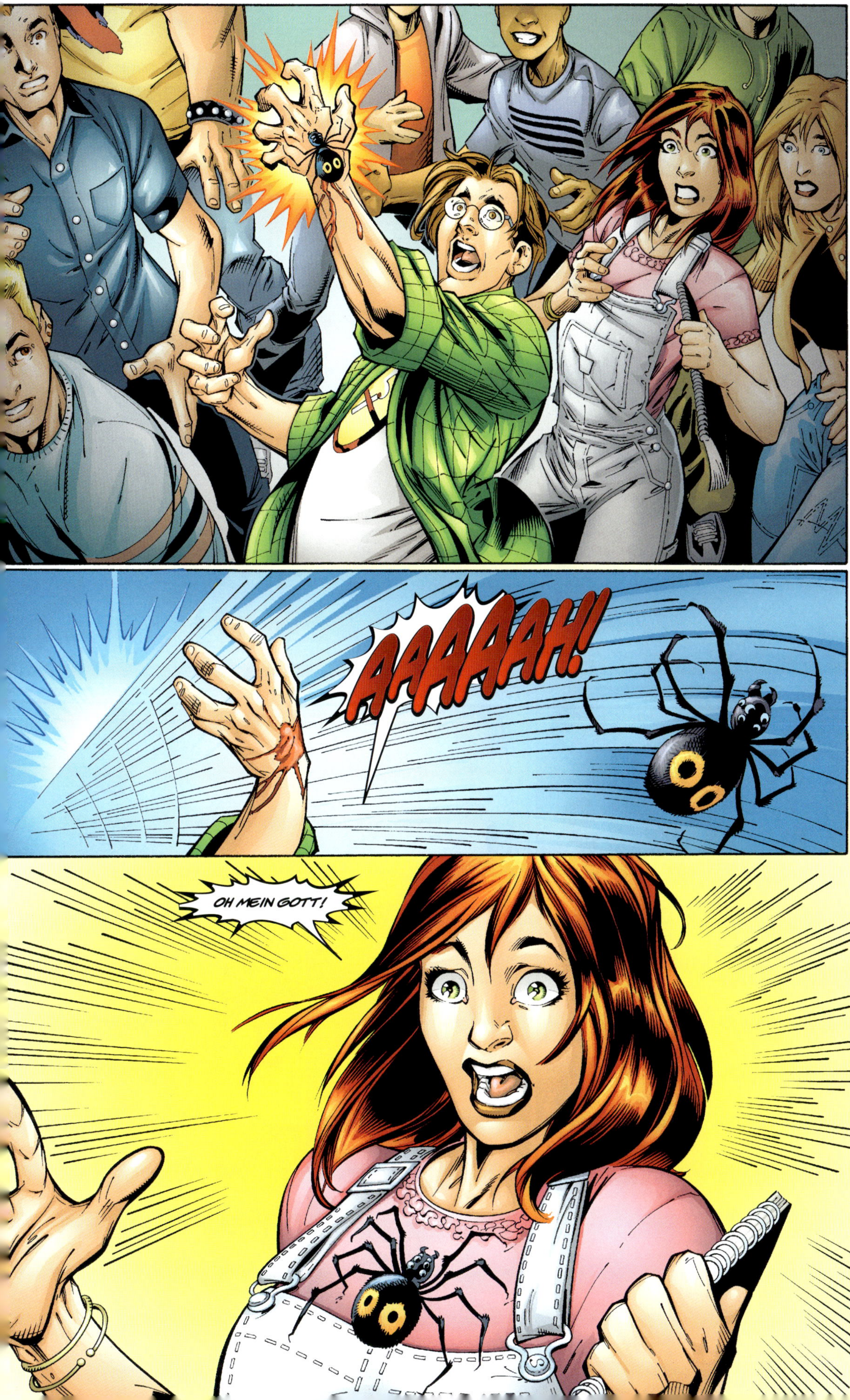
AAAAAH!
OH MEIN GOTT!

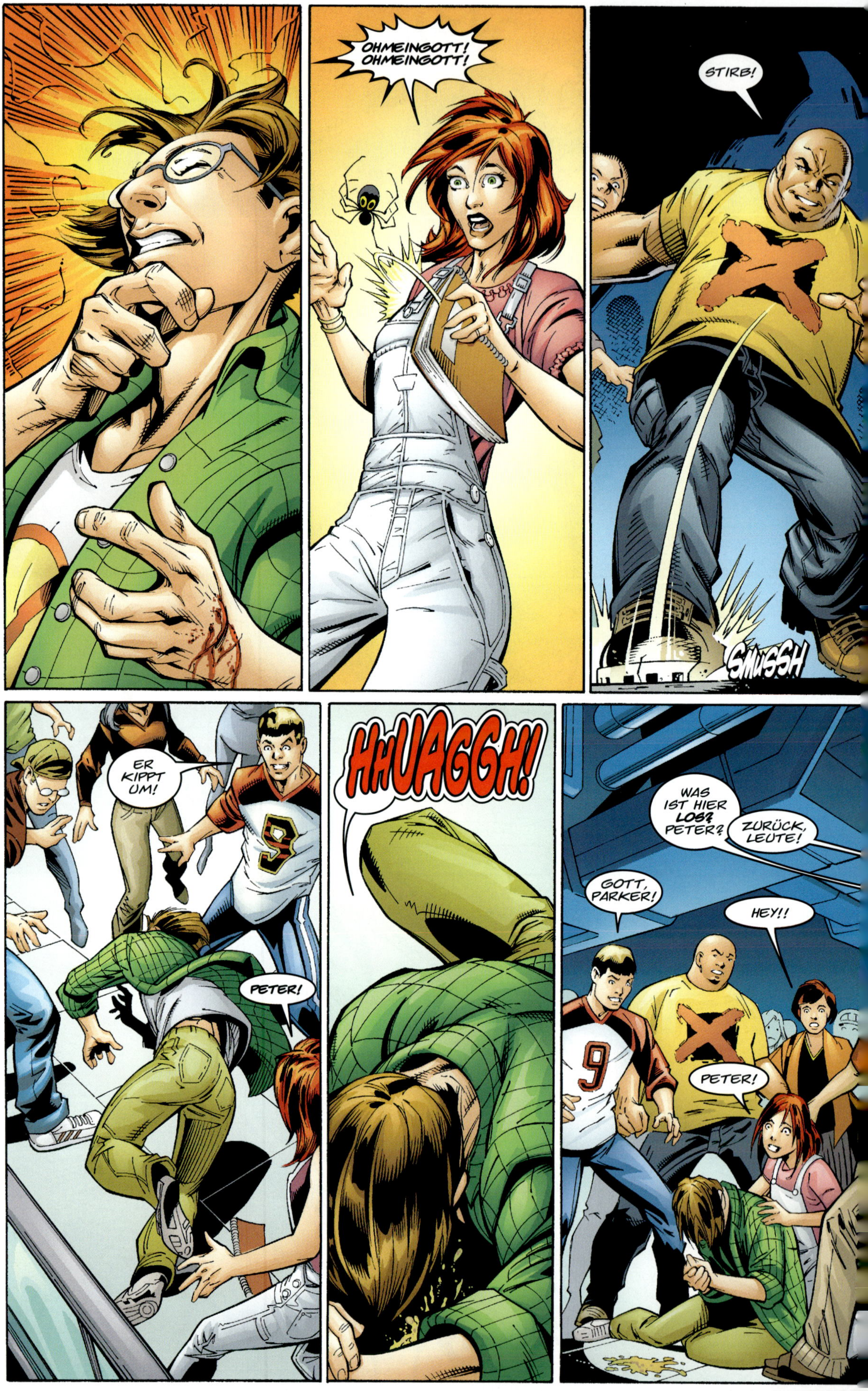
OHMEINGOTT! OHMEINGOTT!
STIRB!
SMUSSH
ER KIPPT UM!
PETER!
HHUAGGH!
WAS IST HIER LOS? PETER?
ZURÜCK, LEUTE!
GOTT, PARKER!
HEY!!
PETER!

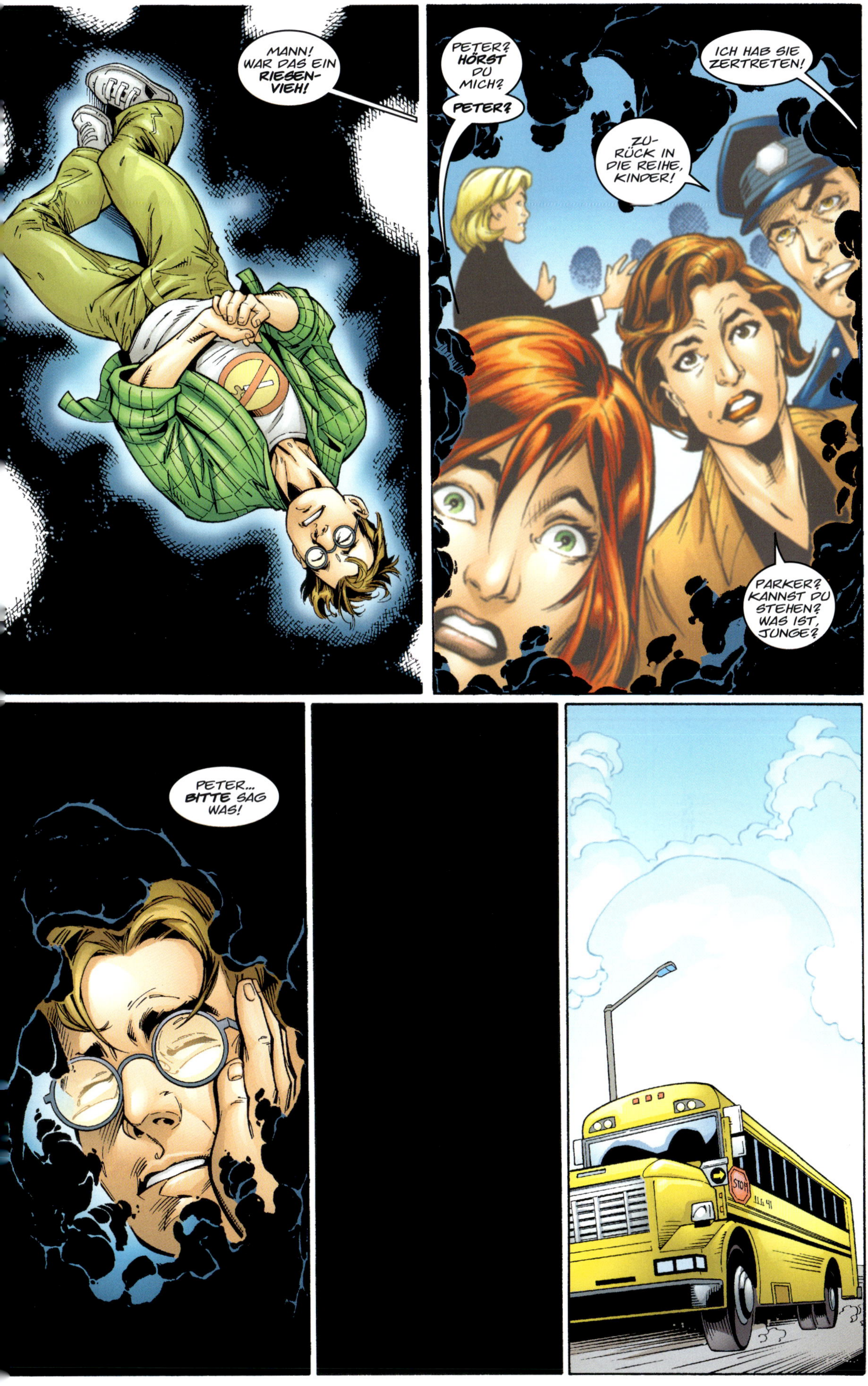
MANN! WAR DAS EIN RIESEN-VIEH!
PETER? HÖRST DU MICH?
PETER?
ICH HAB SIE ZERTRETEN!
ZURÜCK IN DIE REIHE, KINDER!
PARKER? KANNST DU STEHEN? WAS IST, JUNGE?
PETER... BITTE SAG WAS!
STOP

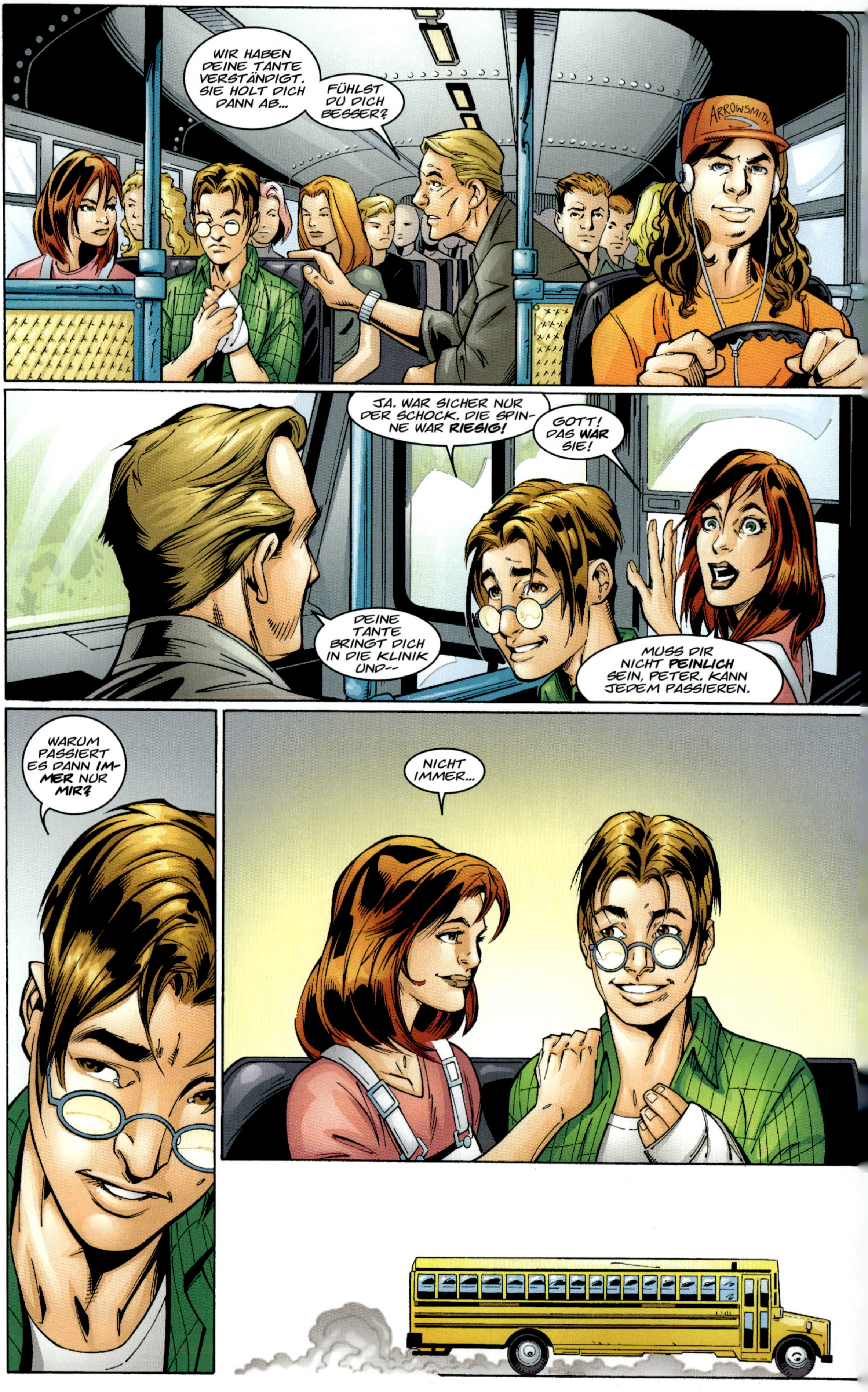
WIR HABEN DEINE TANTE VERSTÄNDIGT. SIE HOLT DICH DANN AB...
FÜHLST DU DICH BESSER?
ARROWSMITH
JA. WAR SICHER NUR DER SCHOCK. DIE SPINNE WAR RIESIG!
GOTT! DAS WAR SIE!
DEINE TANTE BRINGT DICH IN DIE KLINIK UND--
MUSS DIR NICHT PEINLICH SEIN, PETER. KANN JEDEM PASSIEREN.
WARUM PASSIERT ES DANN IMMER NUR MIR?
NICHT IMMER...

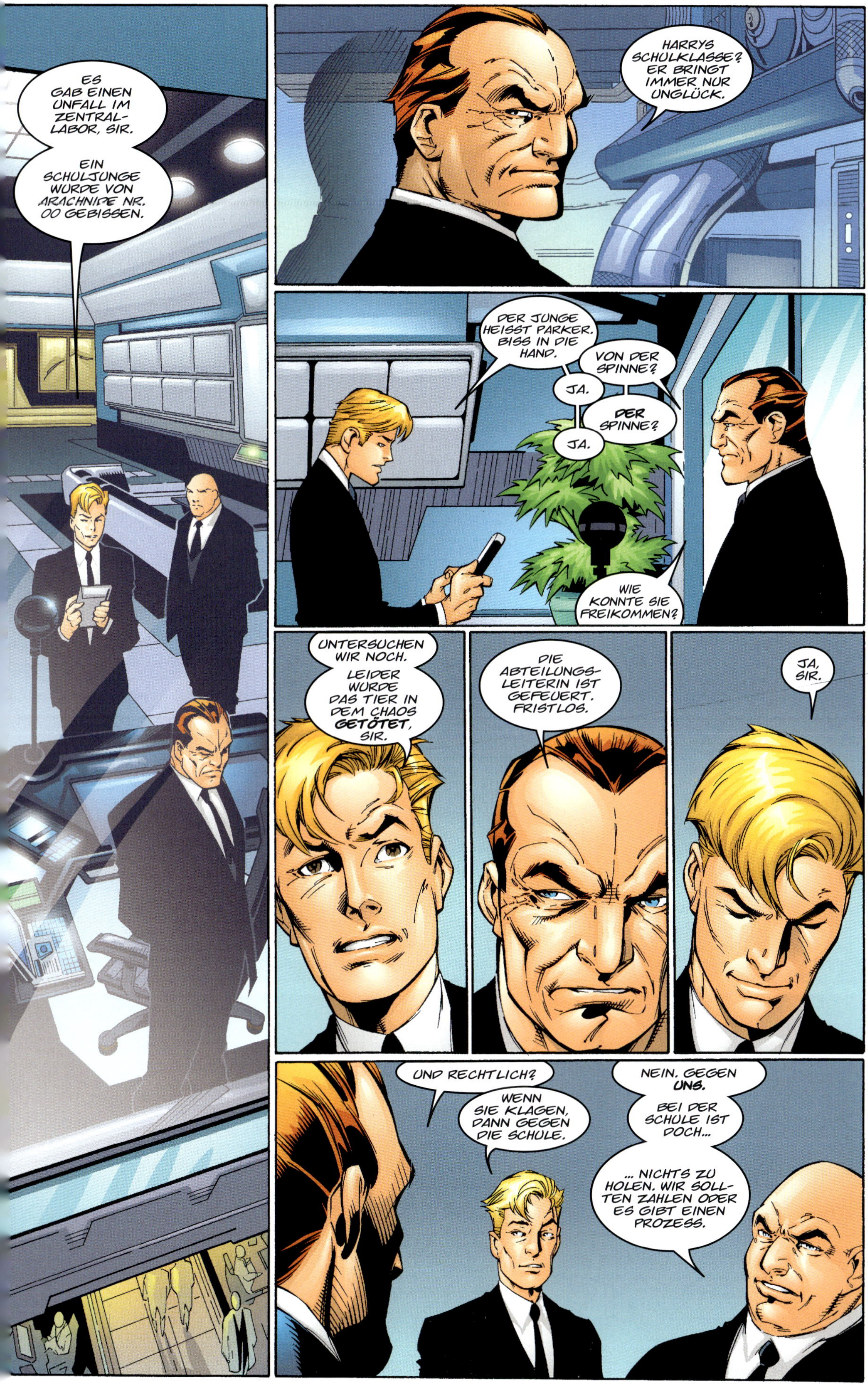
ES GAB EINEN UNFALL IM ZENTRAL-LABOR, SIR.
EIN SCHULJUNGE WURDE VON ARACHNIDE NR. 00 GEBISSEN.
HARRYS SCHULKLASSE? ER BRINGT IMMER NUR UNGLÜCK.
DER JUNGE HEISST PARKER. BISS IN DIE HAND.
VON DER SPINNE?
JA.
DER SPINNE?
JA.
WIE KONNTE SIE FREIKOMMEN?
UNTERSUCHEN WIR NOCH.
LEIDER WURDE DAS TIER IN DEM CHAOS GETÖTET, SIR.
DIE ABTEILUNGS-LEITERIN IST GEFEUERT. FRISTLOS.
JA, SIR.
UND RECHTLICH?
WENN SIE KLAGEN, DANN GEGEN DIE SCHULE.
NEIN. GEGEN UNS.
BEI DER SCHULE IST DOCH...
... NICHTS ZU HOLEN. WIR SOLLTEN ZAHLEN ODER ES GIBT EINEN PROZESS.

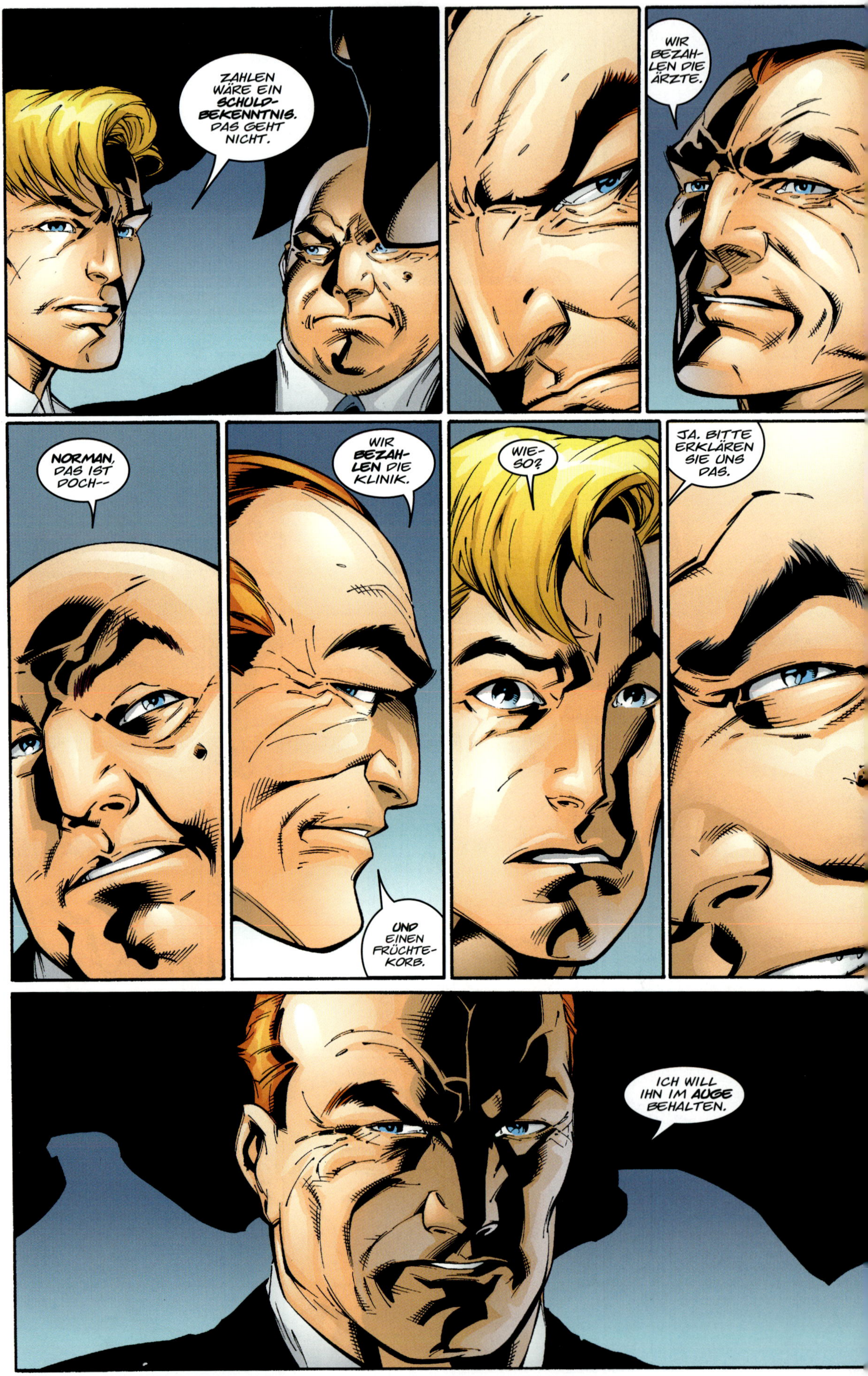
ZAHLEN WÄRE EIN SCHULDBEKENNTNIS. DAS GEHT NICHT.
WIR BEZAHLEN DIE ÄRZTE.
NORMAN, DAS IST DOCH--
WIR BEZAHLEN DIE KLINIK.
UND EINEN FRÜCHTEKORB.
WIESO?
JA. BITTE ERKLÄREN SIE UNS DAS.
ICH WILL IHN IM AUGE BEHALTEN.

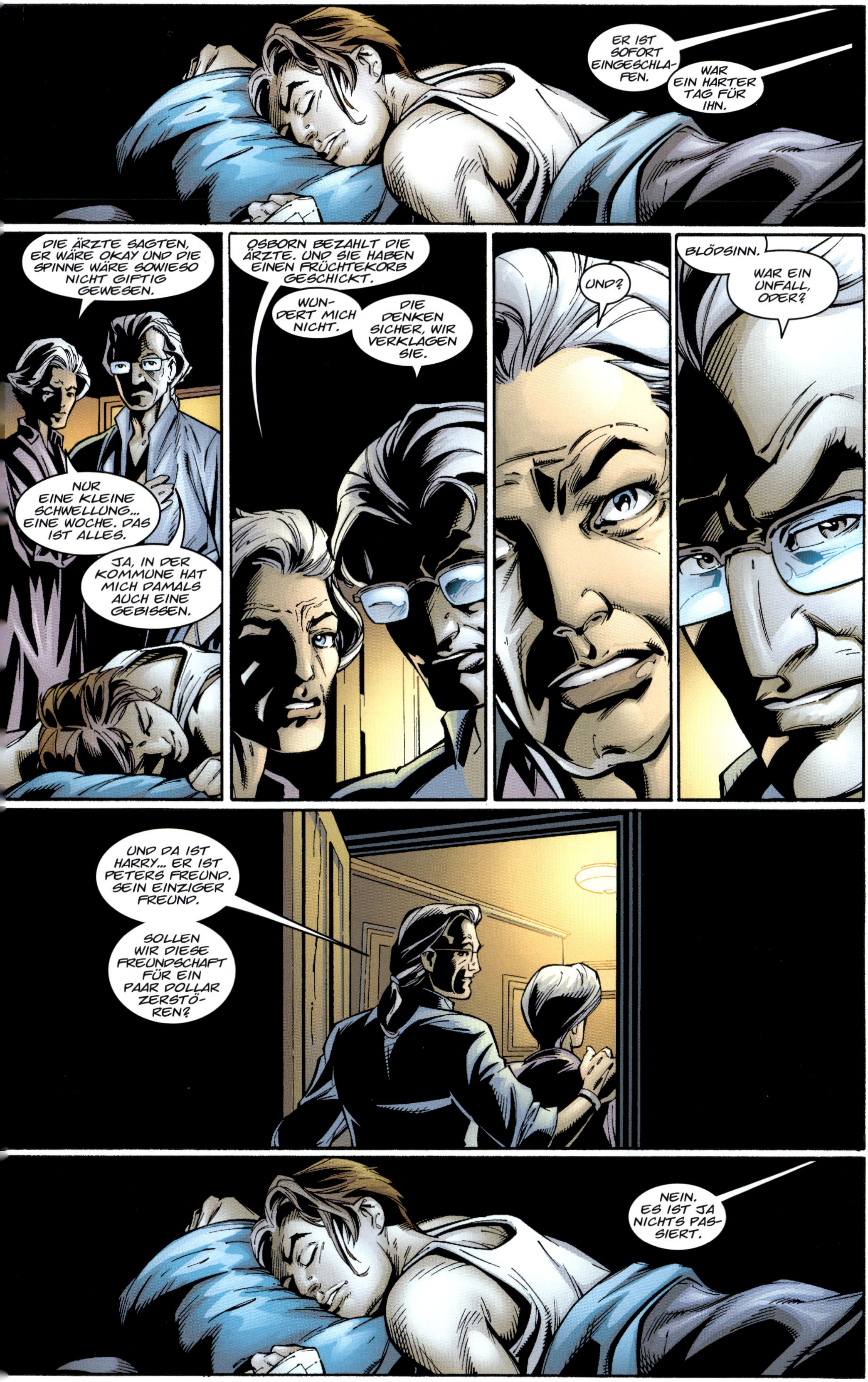
ER IST SOFORT EINGESCHLA-FEN.
WAR EIN HARTER TAG FÜR IHN.
DIE ÄRZTE SAGTEN, ER WÄRE OKAY UND DIE SPINNE WÄRE SOWIESO NICHT GIFTIG GEWESEN.
NUR EINE KLEINE SCHWELLUNG... EINE WOCHE. DAS IST ALLES.
JA, IN DER KOMMUNE HAT MICH DAMALS AUCH EINE GEBISSEN.
OSBORN BEZAHLT DIE ÄRZTE. UND SIE HABEN EINEN FRÜCHTEKORB GESCHICKT.
WUN-DERT MICH NICHT.
DIE DENKEN SICHER, WIR VERKLAGEN SIE.
UND?
BLÖDSINN.
WAR EIN UNFALL, ODER?
UND DA IST HARRY... ER IST PETERS FREUND. SEIN EINZIGER FREUND.
SOLLEN WIR DIESE FREUNDSCHAFT FÜR EIN PAAR DOLLAR ZERSTÖ-REN?
NEIN. ES IST JA NICHTS PAS-SIERT.

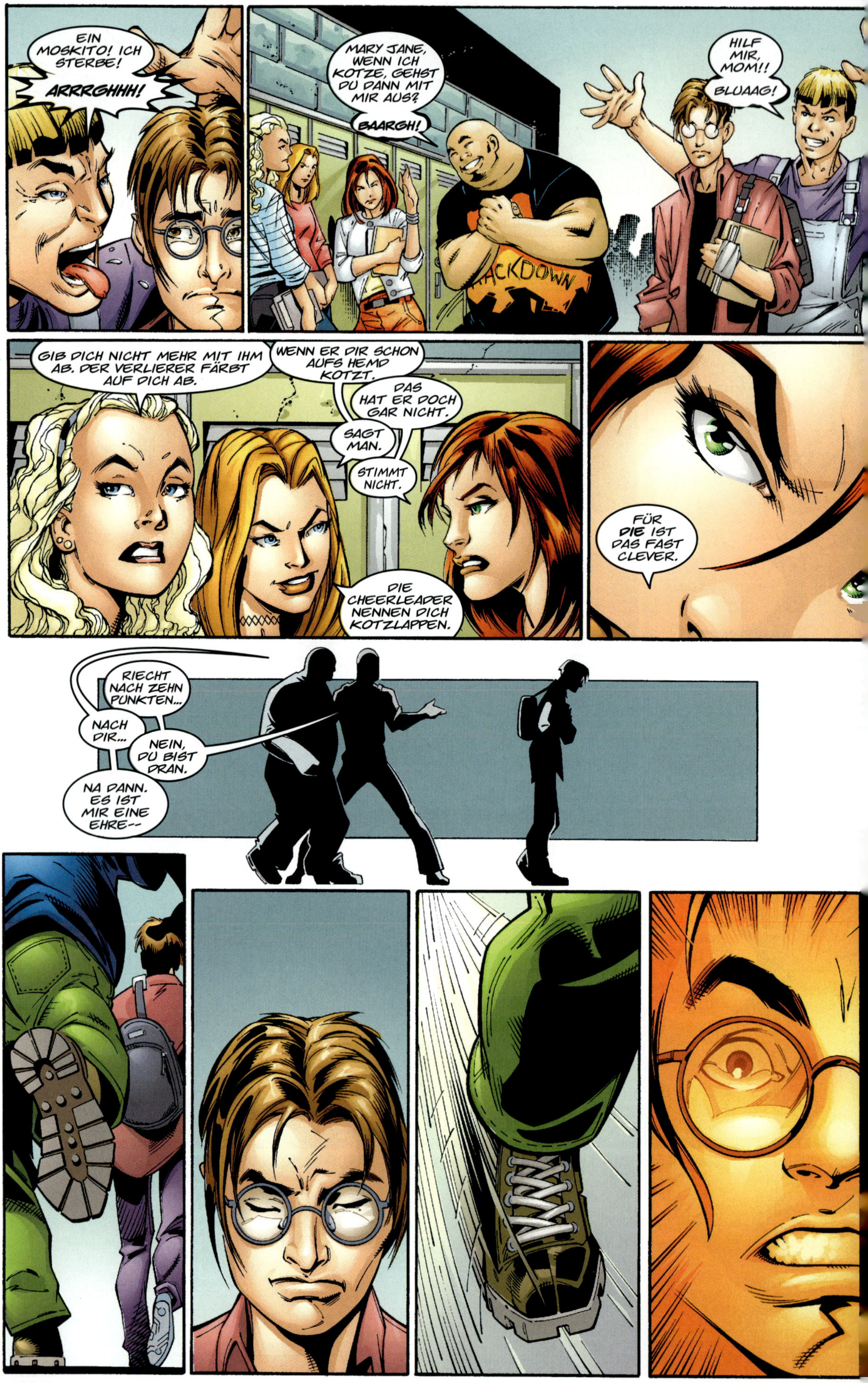

EIN MOSKITO! ICH STERBE!
ARRRGHHH!
MARY JANE, WENN ICH KOTZE, GEHST DU DANN MIT MIR AUS?
BAARGH!
HILF MIR, MOM!!
BLUAAG!
GIB DICH NICHT MEHR MIT IHM AB. DER VERLIERER FÄRBT AUF DICH AB.
WENN ER DIR SCHON AUFS HEMD KOTZT.
DAS HAT ER DOCH GAR NICHT.
SAGT MAN.
STIMMT NICHT.
DIE CHEERLEADER NENNEN DICH KOTZLAPPEN.
FÜR DIE IST DAS FAST CLEVER.
RIECHT NACH ZEHN PUNKTEN...
NACH DIR...
NEIN, DU BIST DRAN.
NA DANN. ES IST MIR EINE EHRE--

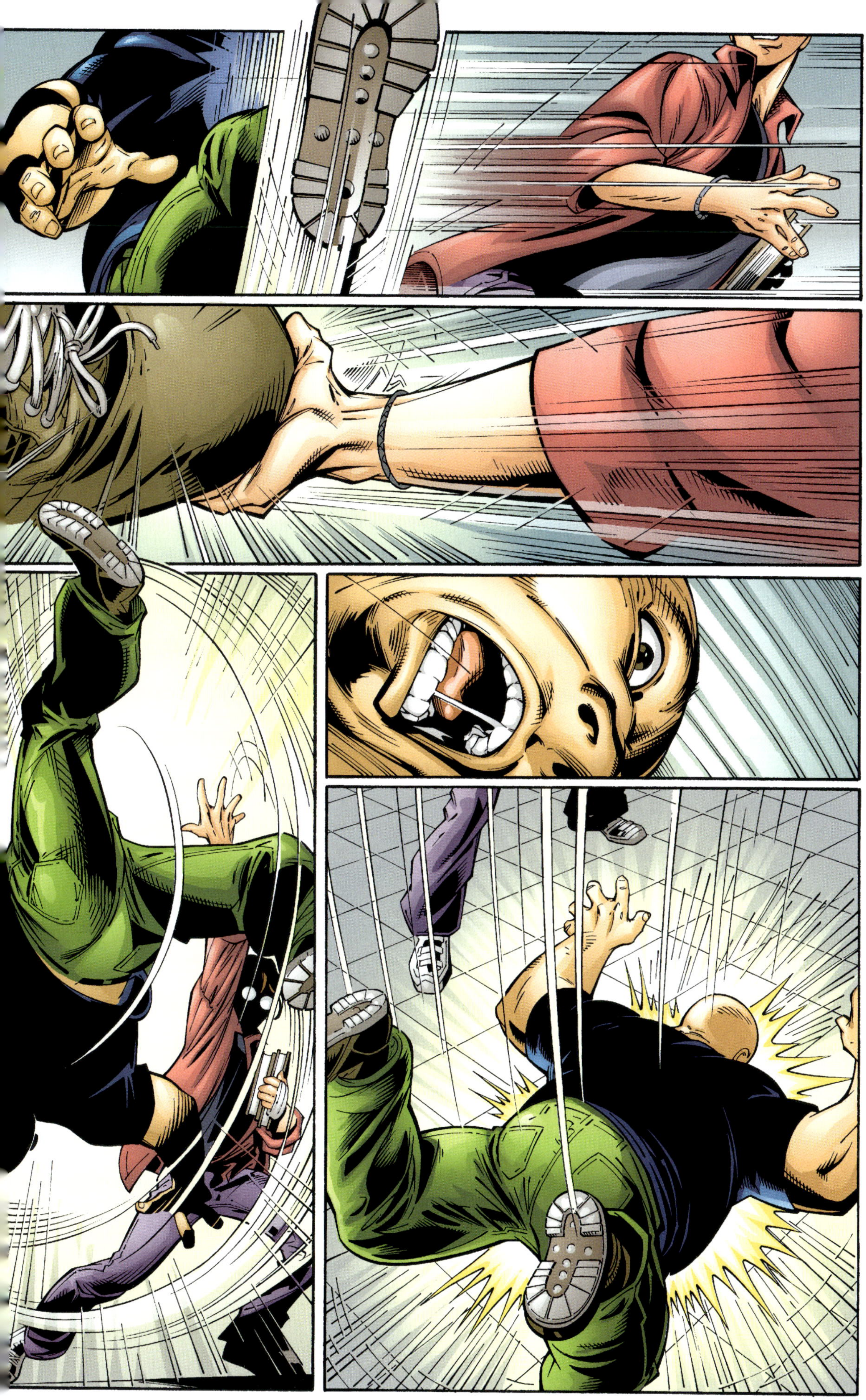

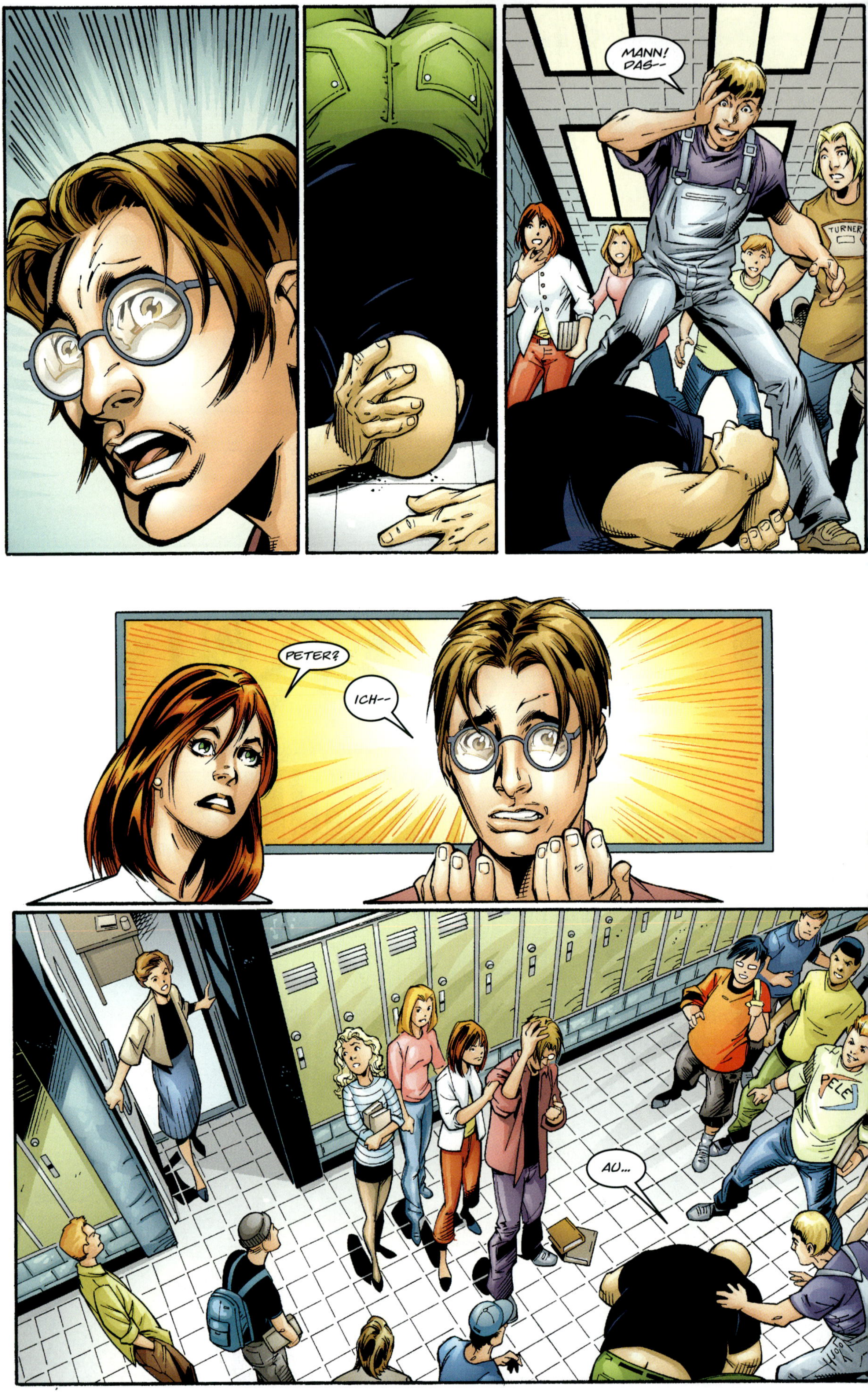
MANN! DAS--
PETER?
ICH--
AU...

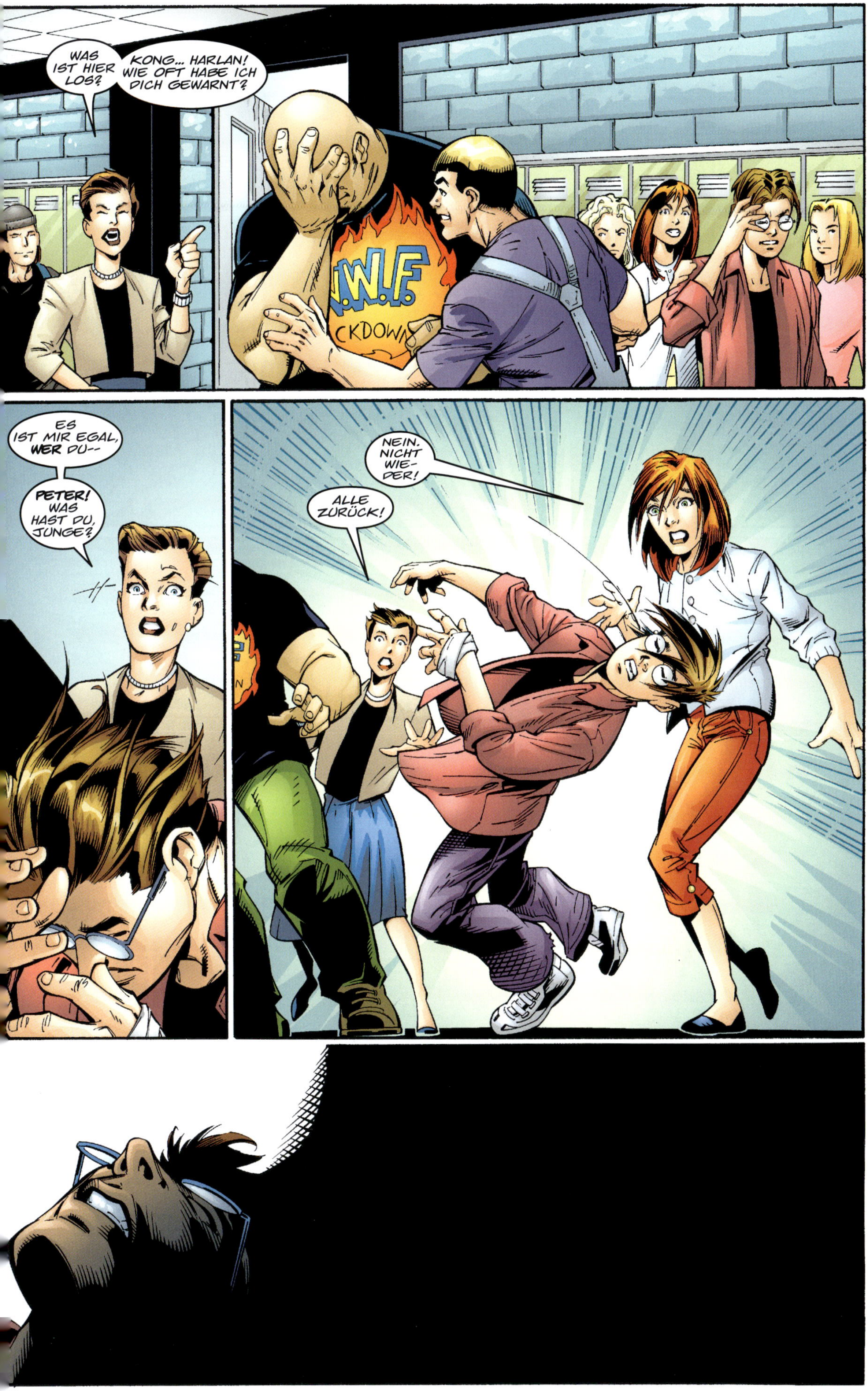

WAS IST HIER LOS?
KONG... HARLAN! WIE OFT HABE ICH DICH GEWARNT?
W.W.F.
CKDOWN
ES IST MIR EGAL, WER DU--
PETER! WAS HAST DU, JUNGE?
NEIN. NICHT WIE-DER!
ALLE ZURÜCK!

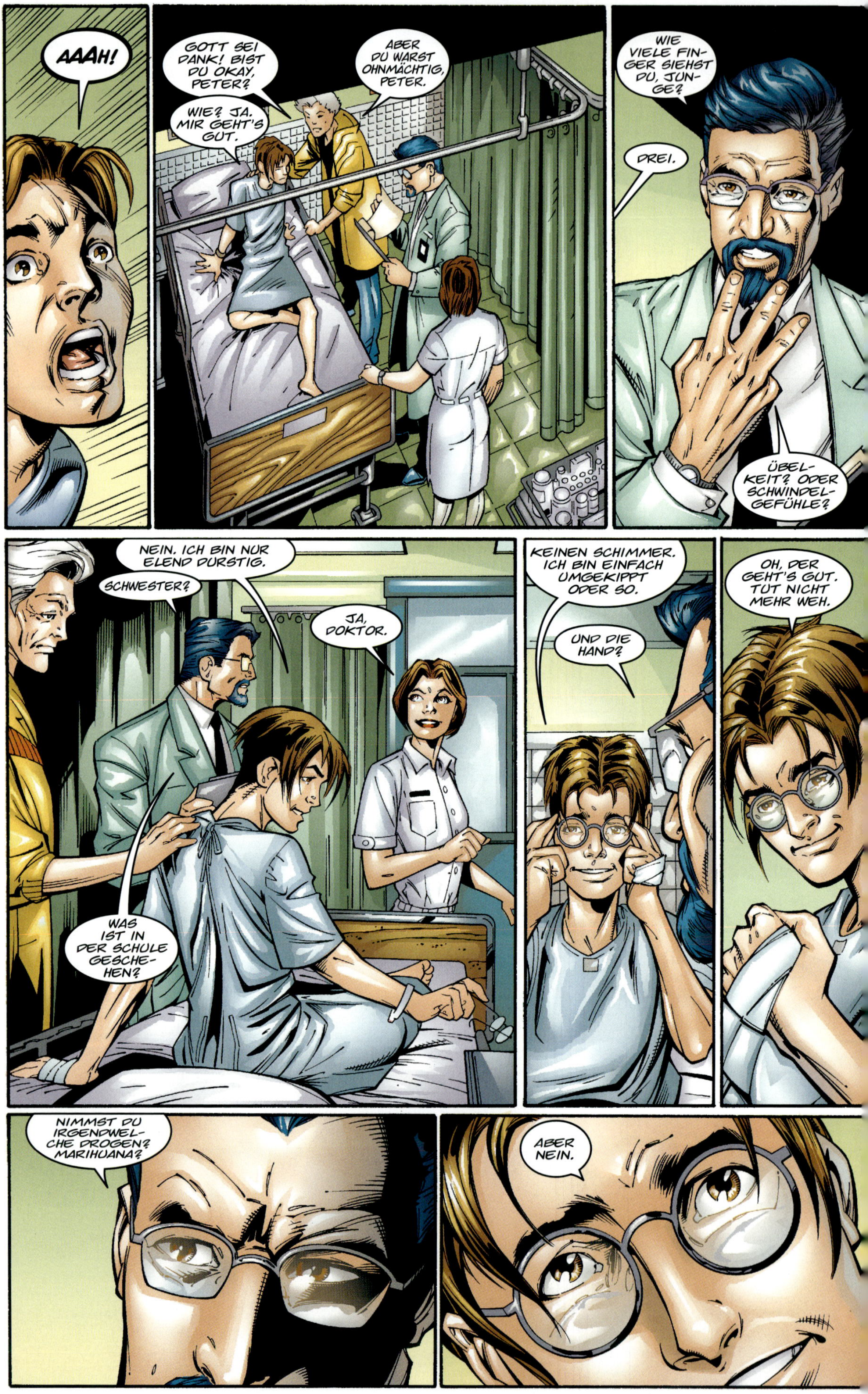
AAAH!
GOTT SEI DANK! BIST DU OKAY, PETER?
WIE? JA. MIR GEHT'S GUT.
ABER DU WARST OHNMÄCHTIG, PETER.
WIE VIELE FINGER SIEHST DU, JUNGE?
DREI.
ÜBELKEIT? ODER SCHWINDELGEFÜHLE?
NEIN. ICH BIN NUR ELEND DURSTIG.
SCHWESTER?
JA, DOKTOR.
WAS IST IN DER SCHULE GESCHEHEN?
KEINEN SCHIMMER. ICH BIN EINFACH UMGEKIPPT ODER SO.
UND DIE HAND?
OH, DER GEHT'S GUT. TUT NICHT MEHR WEH.
NIMMST DU IRGENDWELCHE DROGEN? MARIHUANA?
ABER NEIN.

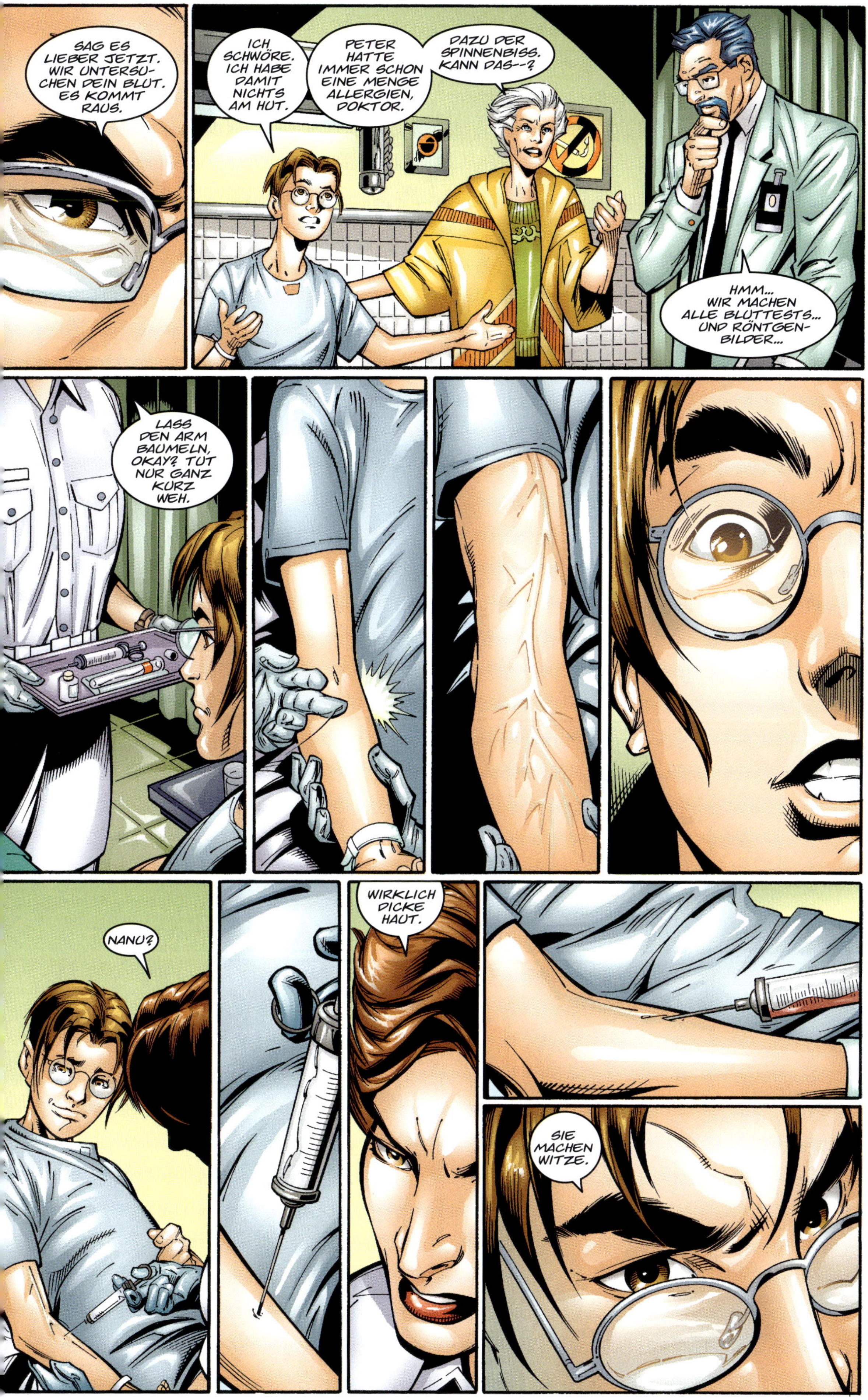
SAG ES LIEBER JETZT. WIR UNTERSUCHEN DEIN BLUT. ES KOMMT RAUS.
ICH SCHWÖRE. ICH HABE DAMIT NICHTS AM HUT.
PETER HATTE IMMER SCHON EINE MENGE ALLERGIEN, DOKTOR.
DAZU DER SPINNENBISS. KANN DAS--?
HMM... WIR MACHEN ALLE BLUTTESTS... UND RÖNTGENBILDER...
LASS DEN ARM BAUMELN, OKAY? TUT NUR GANZ KURZ WEH.
NANU?
WIRKLICH DICKE HAUT.
SIE MACHEN WITZE.

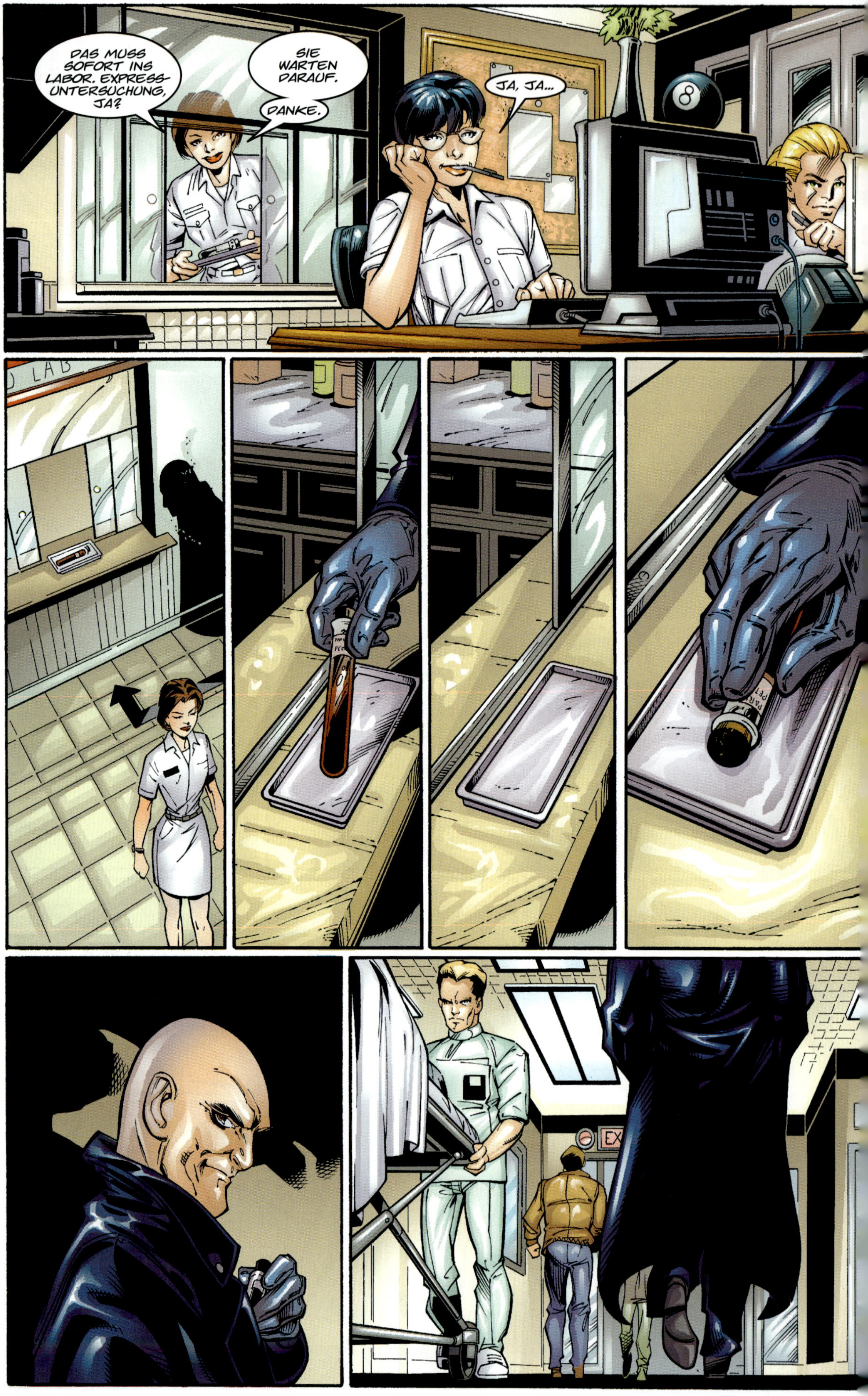
DAS MUSS SOFORT INS LABOR. EXPRESS-UNTERSUCHUNG, JA?
SIE WARTEN DARAUF.
DANKE.
JA, JA...

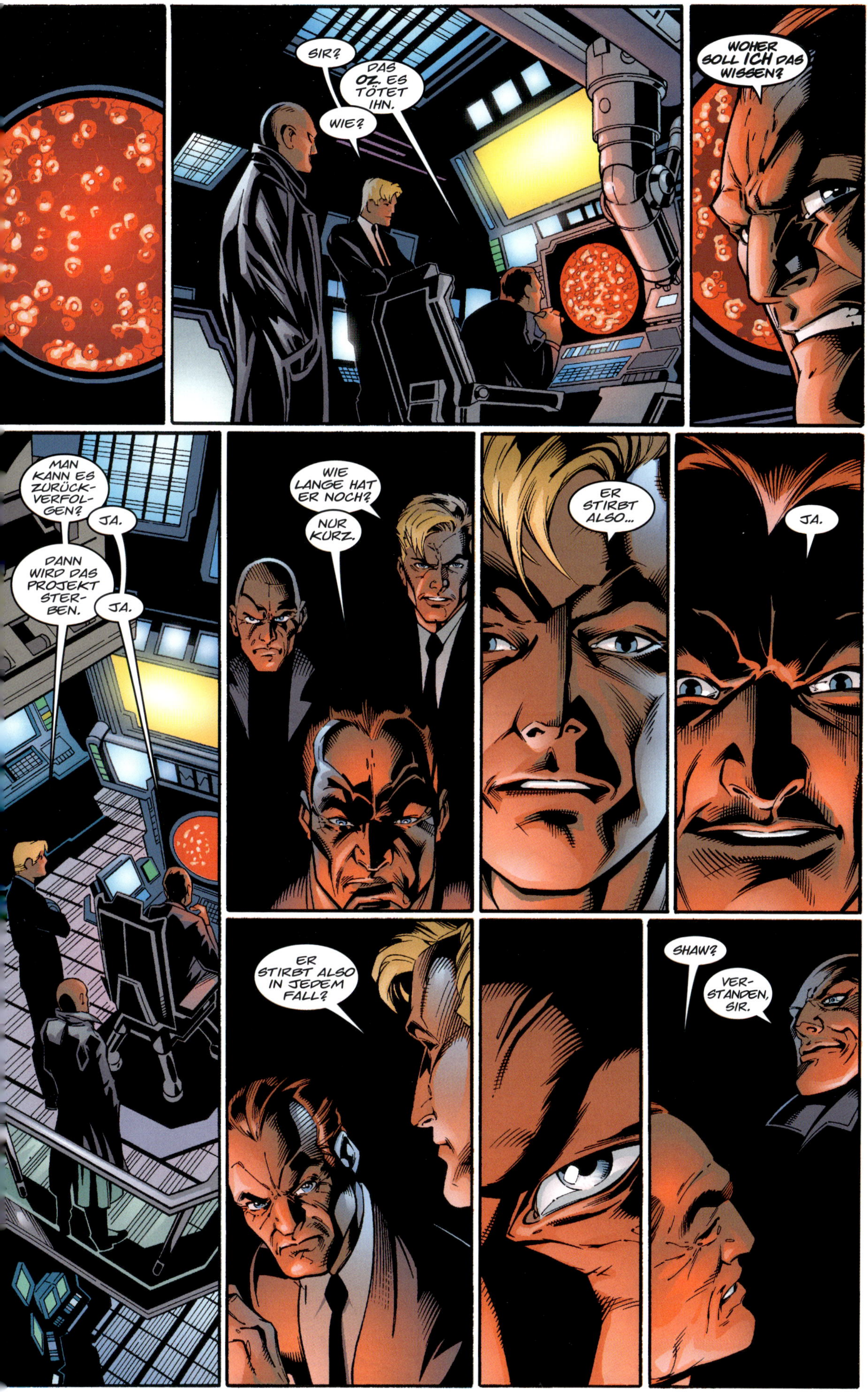
SIR?
DAS OZ. ES TÖTET IHN.
WIE?
WOHER SOLL ICH DAS WISSEN?
MAN KANN ES ZURÜCK-VERFOL-GEN?
JA.
DANN WIRD DAS PROJEKT STER-BEN.
JA.
WIE LANGE HAT ER NOCH?
NUR KURZ.
ER STIRBT ALSO...
JA.
ER STIRBT ALSO IN JEDEM FALL?
SHAW?
VER-STANDEN, SIR.

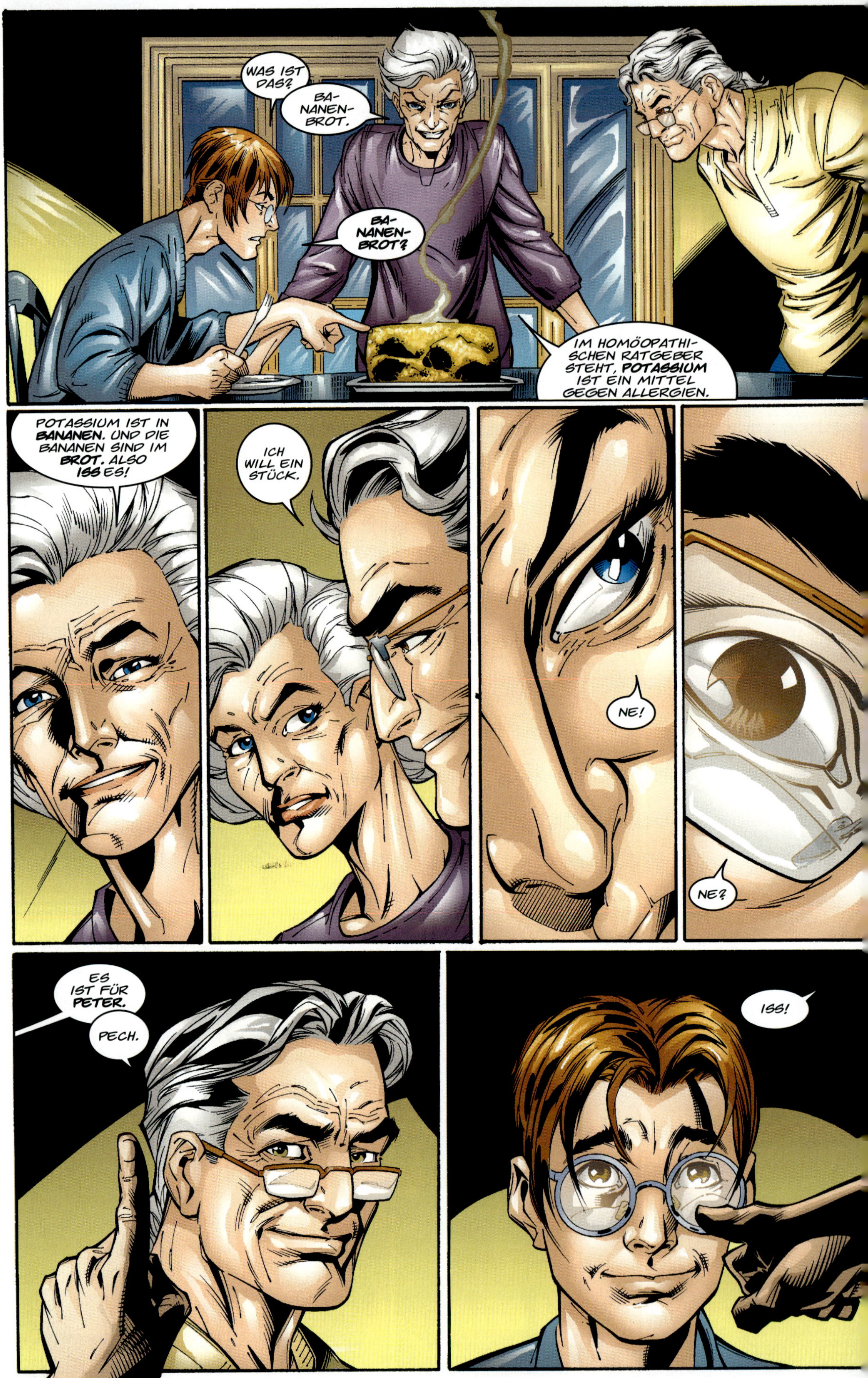
WAS IST DAS?
BA-NANEN-BROT.
BA-NANEN-BROT?
IM HOMÖOPATHI-SCHEN RATGEBER STEHT, **POTASSIUM** IST EIN MITTEL GEGEN ALLERGIEN.
POTASSIUM IST IN **BANANEN**. UND DIE BANANEN SIND IM **BROT**. ALSO **ISS** ES!
ICH WILL EIN STÜCK.
NE!
NE?
ES IST FÜR **PETER**.
PECH.
ISS!

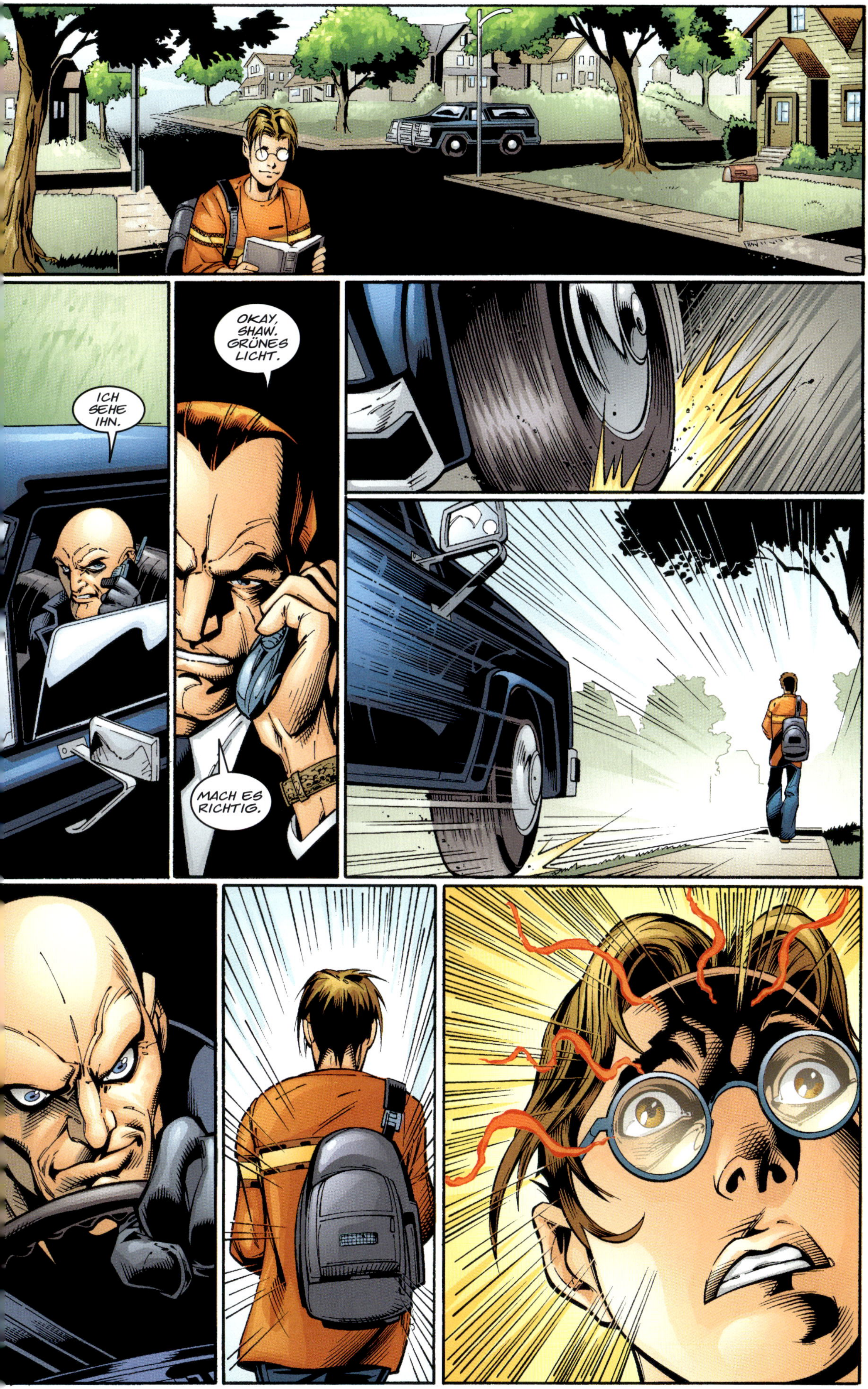
ICH SEHE IHN.
OKAY, SHAW. GRÜNES LICHT.
MACH ES RICHTIG.

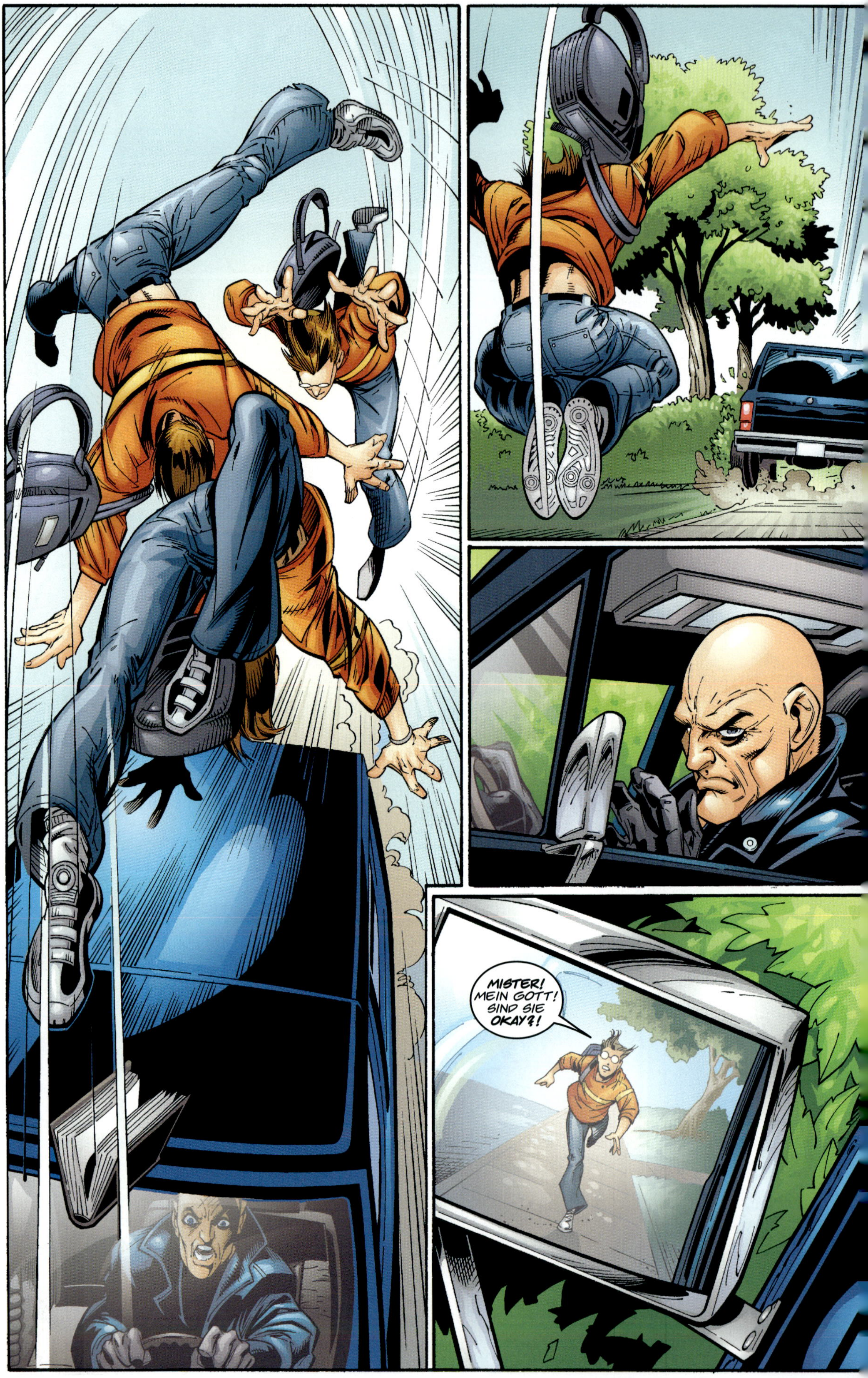
MISTER! MEIN GOTT! SIND SIE OKAY?!

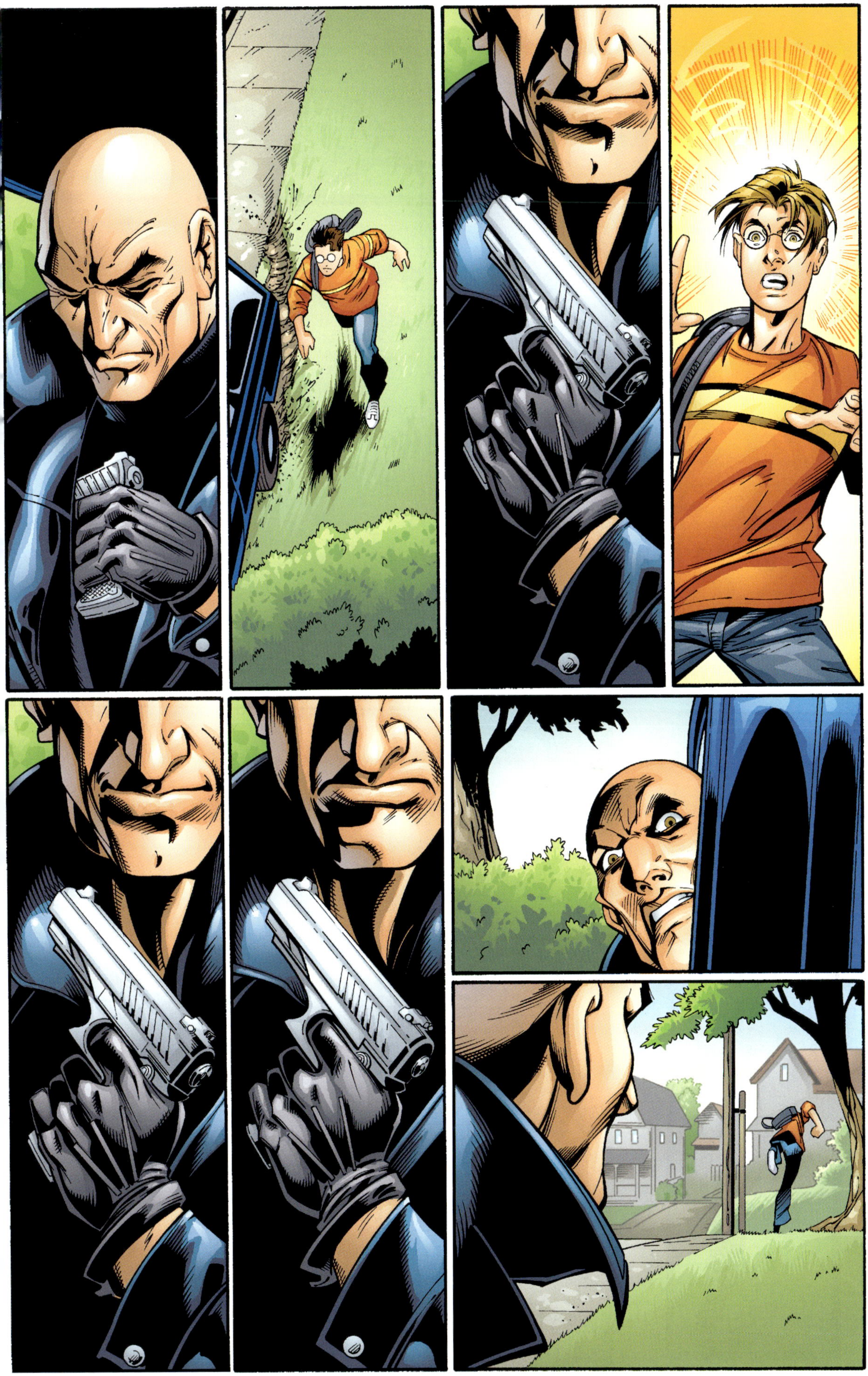

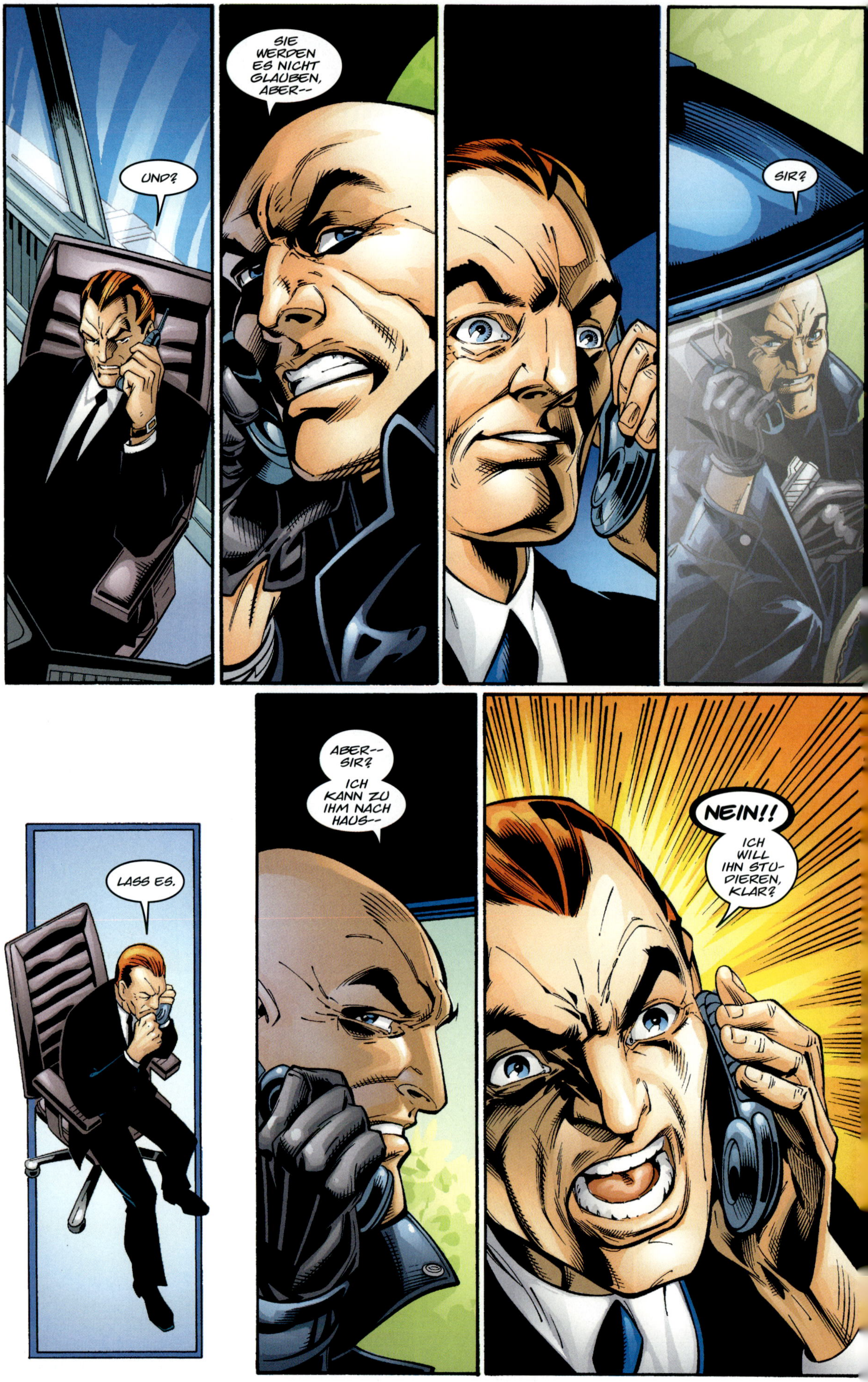
UND?
SIE WERDEN ES NICHT GLAUBEN, ABER--
SIR?
LASS ES.
ABER-- SIR? ICH KANN ZU IHM NACH HAUS--
NEIN!! ICH WILL IHN STUDIEREN, KLAR?

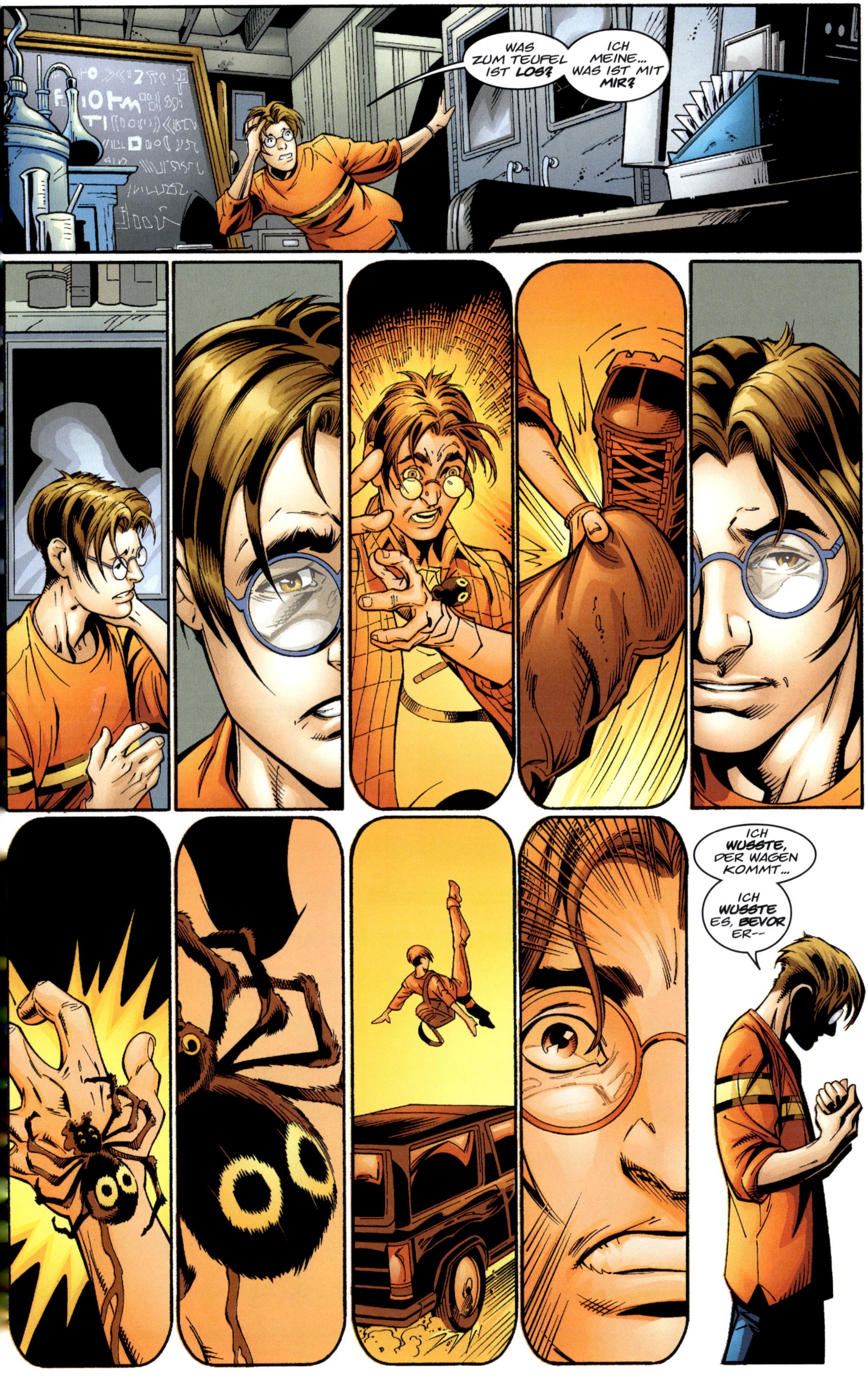
WAS ZUM TEUFEL IST LOS?
ICH MEINE... WAS IST MIT MIR?
ICH WUSSTE, DER WAGEN KOMMT...
ICH WUSSTE ES, BEVOR ER--

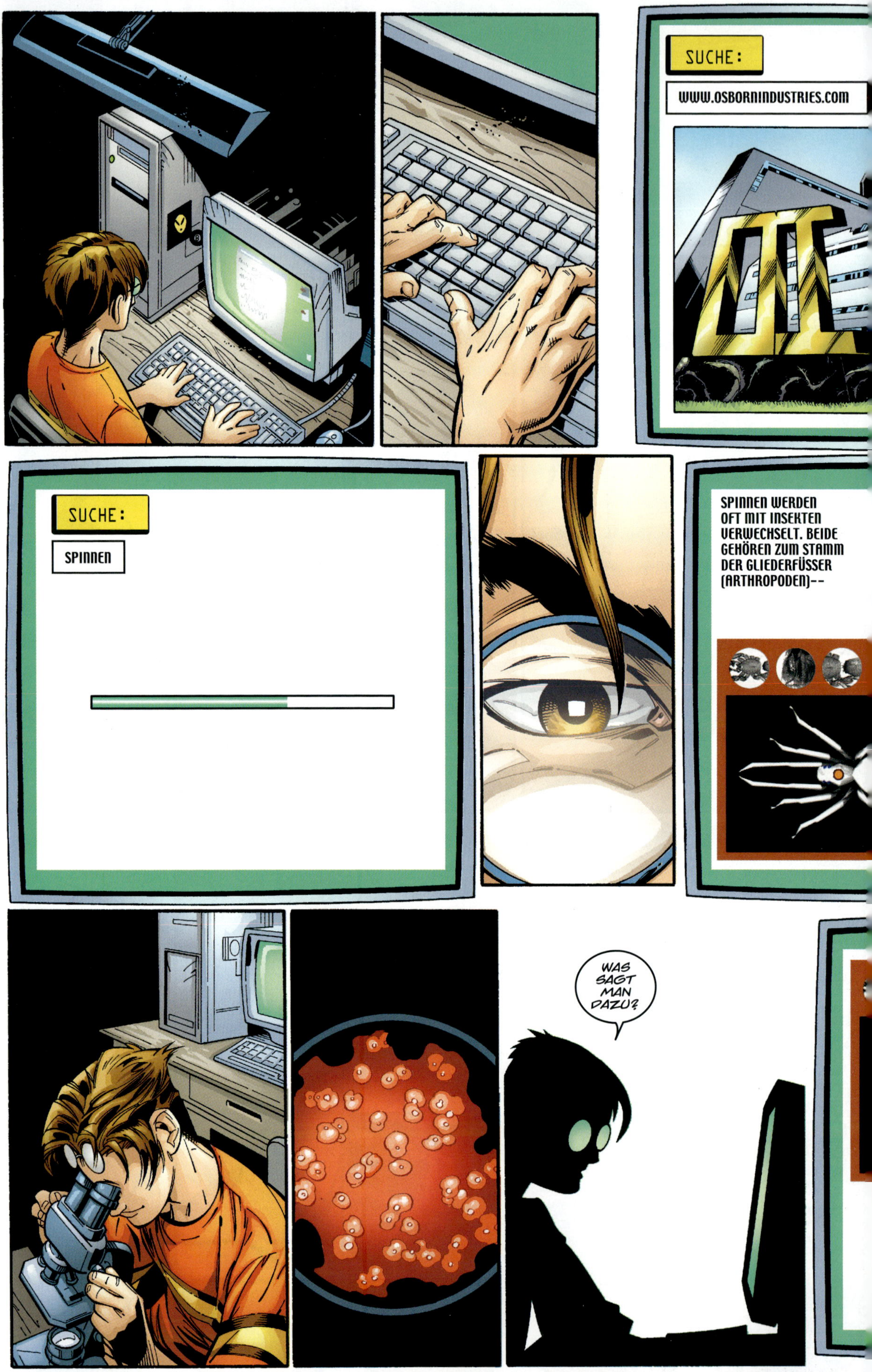
SUCHE:
WWW.OSBORNINDUSTRIES.COM
SUCHE:
SPINNEN
SPINNEN WERDEN OFT MIT INSEKTEN VERWECHSELT. BEIDE GEHÖREN ZUM STAMM DER GLIEDERFÜSSER (ARTHROPODEN)--
WAS SAGT MAN DAZU?

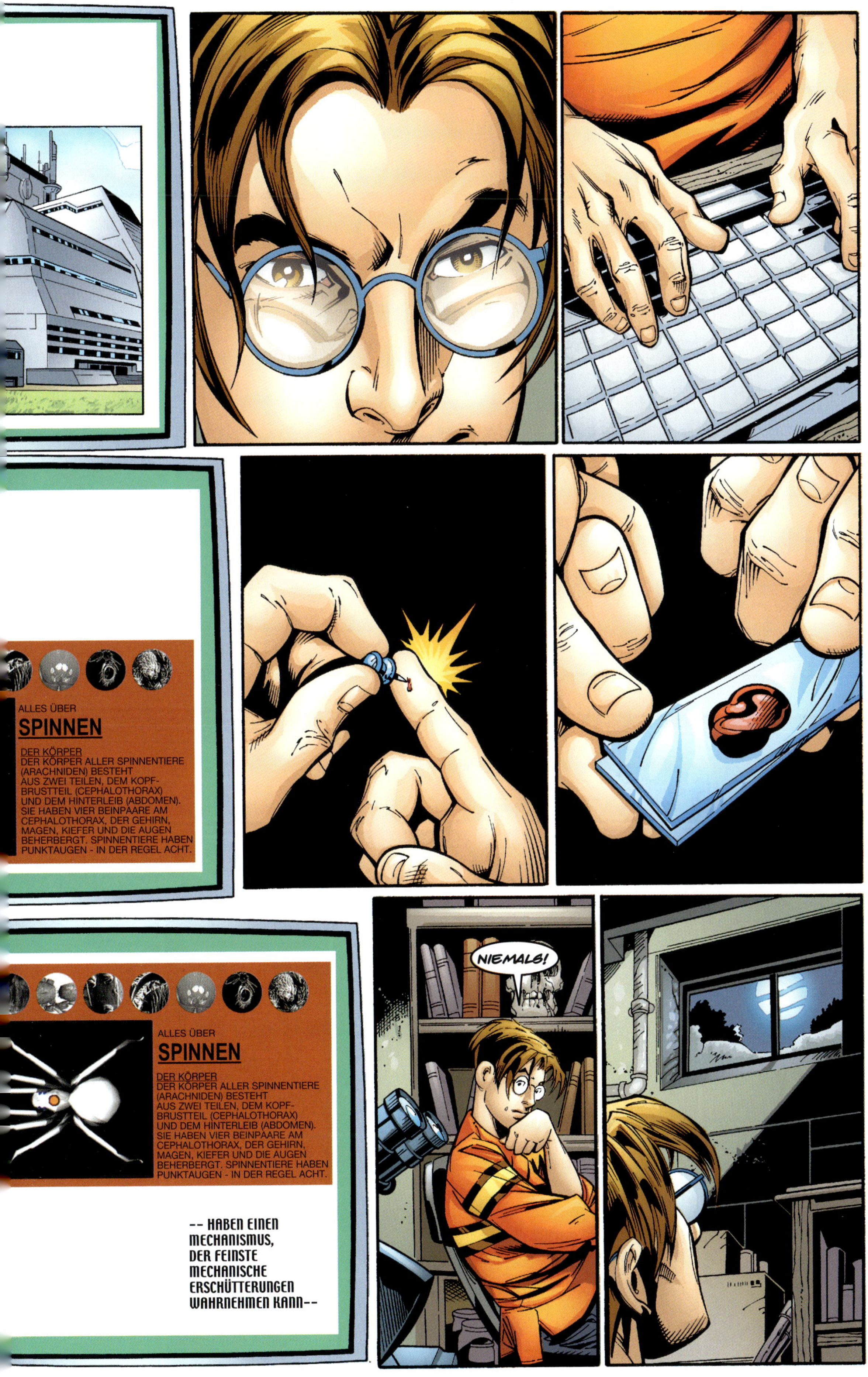
ALLES ÜBER
SPINNEN
DER KÖRPER
DER KÖRPER ALLER SPINNENTIERE (ARACHNIDEN) BESTEHT AUS ZWEI TEILEN, DEM KOPF-BRUSTTEIL (CEPHALOTHORAX) UND DEM HINTERLEIB (ABDOMEN). SIE HABEN VIER BEINPAARE AM CEPHALOTHORAX, DER GEHIRN, MAGEN, KIEFER UND DIE AUGEN BEHERBERGT. SPINNENTIERE HABEN PUNKTAUGEN - IN DER REGEL ACHT.
ALLES ÜBER
SPINNEN
DER KÖRPER
DER KÖRPER ALLER SPINNENTIERE (ARACHNIDEN) BESTEHT AUS ZWEI TEILEN, DEM KOPF-BRUSTTEIL (CEPHALOTHORAX) UND DEM HINTERLEIB (ABDOMEN). SIE HABEN VIER BEINPAARE AM CEPHALOTHORAX, DER GEHIRN, MAGEN, KIEFER UND DIE AUGEN BEHERBERGT. SPINNENTIERE HABEN PUNKTAUGEN - IN DER REGEL ACHT.
-- HABEN EINEN MECHANISMUS, DER FEINSTE MECHANISCHE ERSCHÜTTERUNGEN WAHRNEHMEN KANN--
NIEMALS!

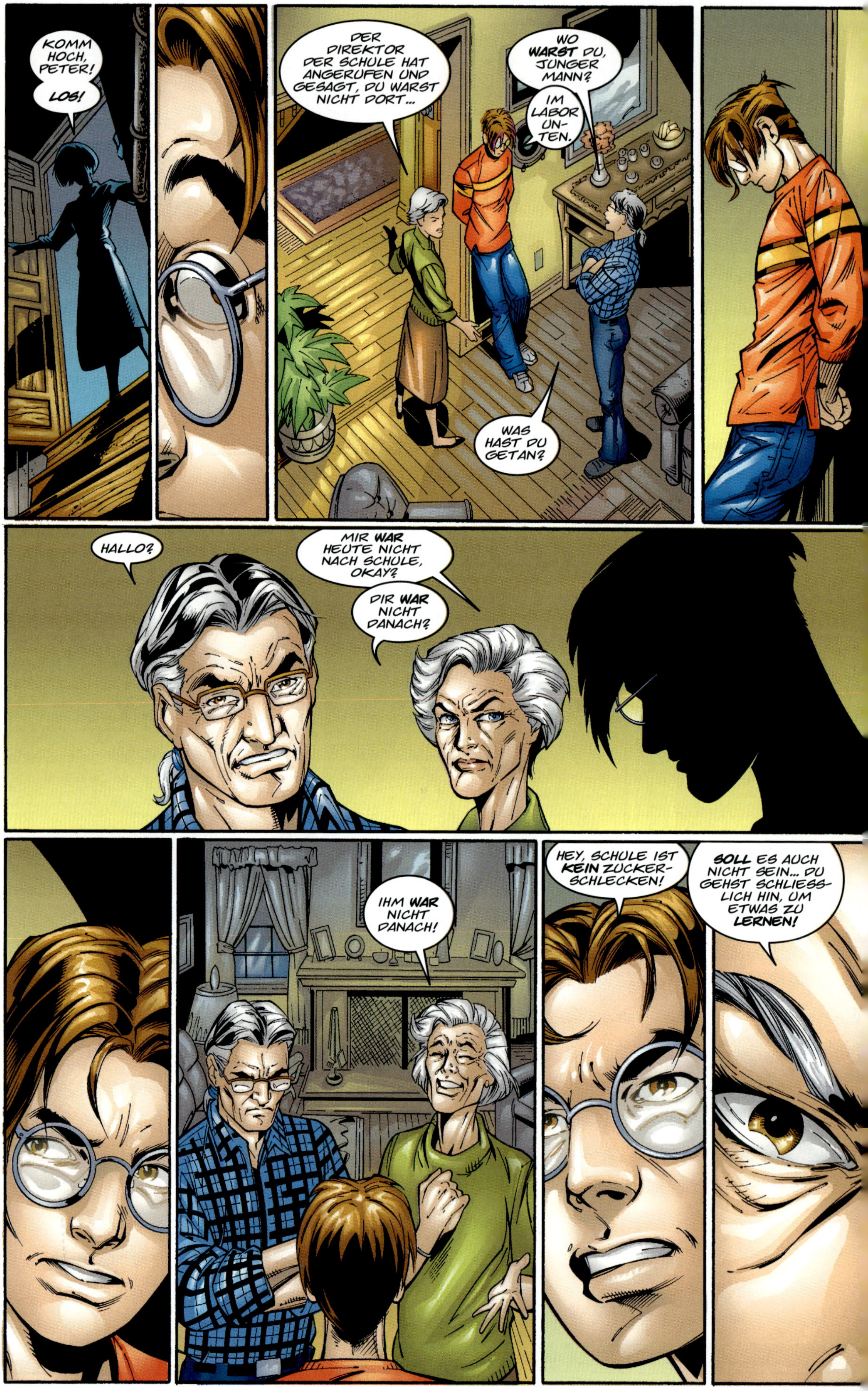
KOMM HOCH, PETER!
LOS!
DER DIREKTOR DER SCHULE HAT ANGERUFEN UND GESAGT, DU WARST NICHT DORT...
WO WARST DU, JUNGER MANN?
IM LABOR UNTEN.
WAS HAST DU GETAN?
HALLO?
MIR WAR HEUTE NICHT NACH SCHULE, OKAY?
DIR WAR NICHT DANACH?
IHM WAR NICHT DANACH!
HEY, SCHULE IST KEIN ZUCKERSCHLECKEN!
SOLL ES AUCH NICHT SEIN... DU GEHST SCHLIESSLICH HIN, UM ETWAS ZU LERNEN!

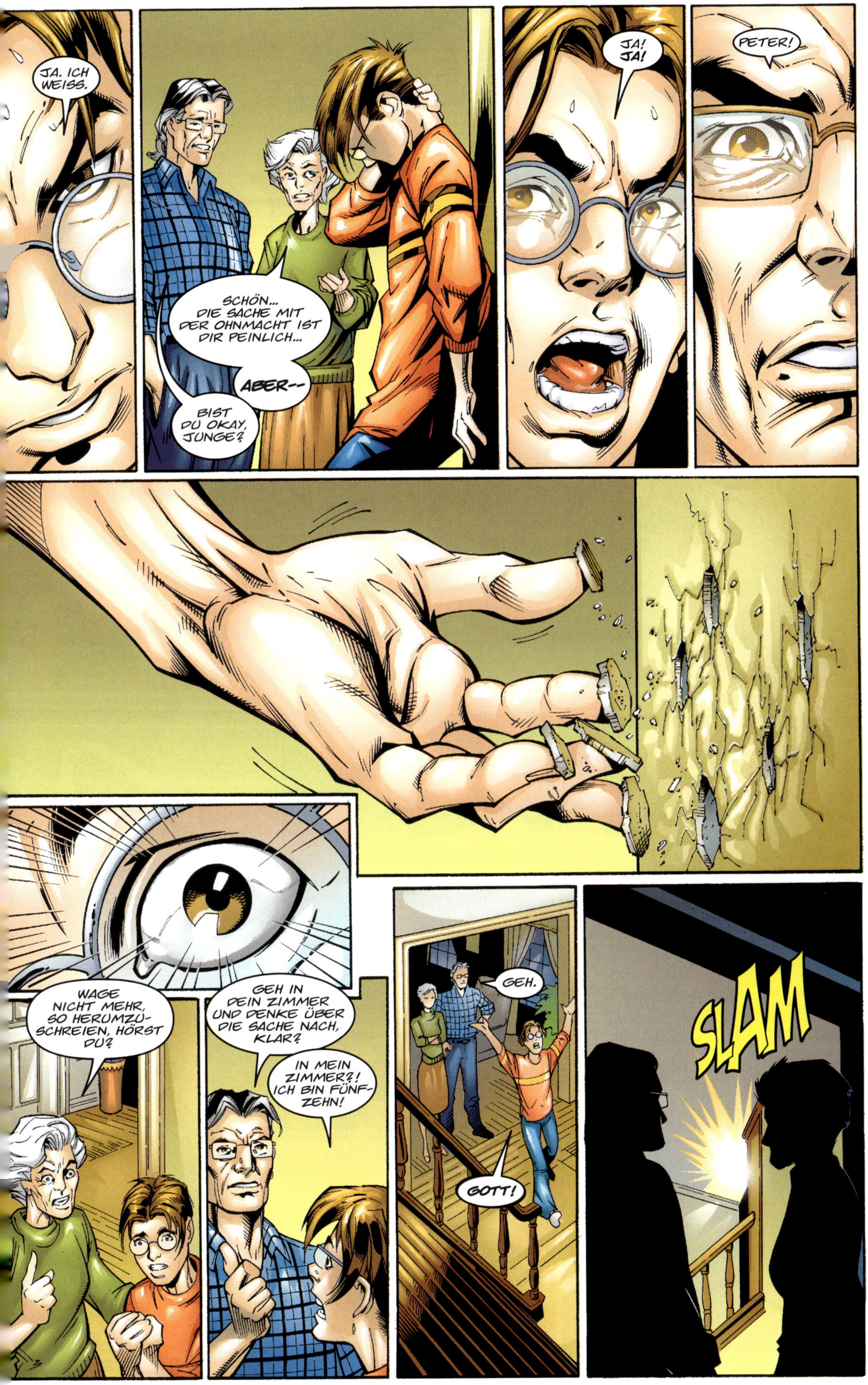
JA. ICH WEISS.
SCHÖN... DIE SACHE MIT DER OHNMACHT IST DIR PEINLICH...
ABER--
BIST DU OKAY, JUNGE?
JA! JA!
PETER!
WAGE NICHT MEHR, SO HERUMZU-SCHREIEN, HÖRST DU?
GEH IN DEIN ZIMMER UND DENKE ÜBER DIE SACHE NACH, KLAR?
IN MEIN ZIMMER?! ICH BIN FÜNF-ZEHN!
GEH.
GOTT!
SLAM

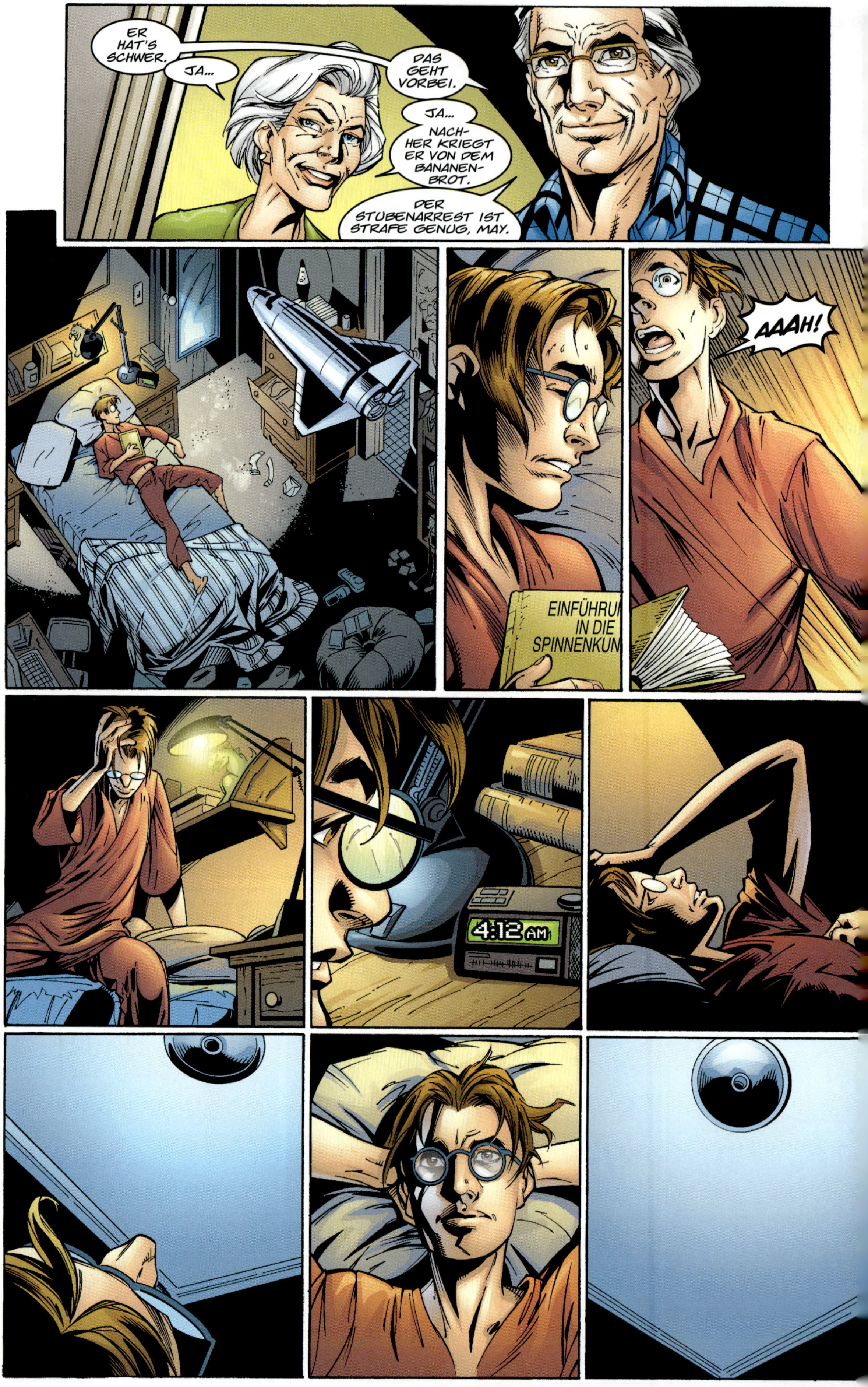
ER HAT'S SCHWER.
JA...
DAS GEHT VORBEI.
JA... NACHHER KRIEGT ER VON DEM BANANENBROT.
DER STUBENARREST IST STRAFE GENUG, MAY.
AAAH!
4:12 AM

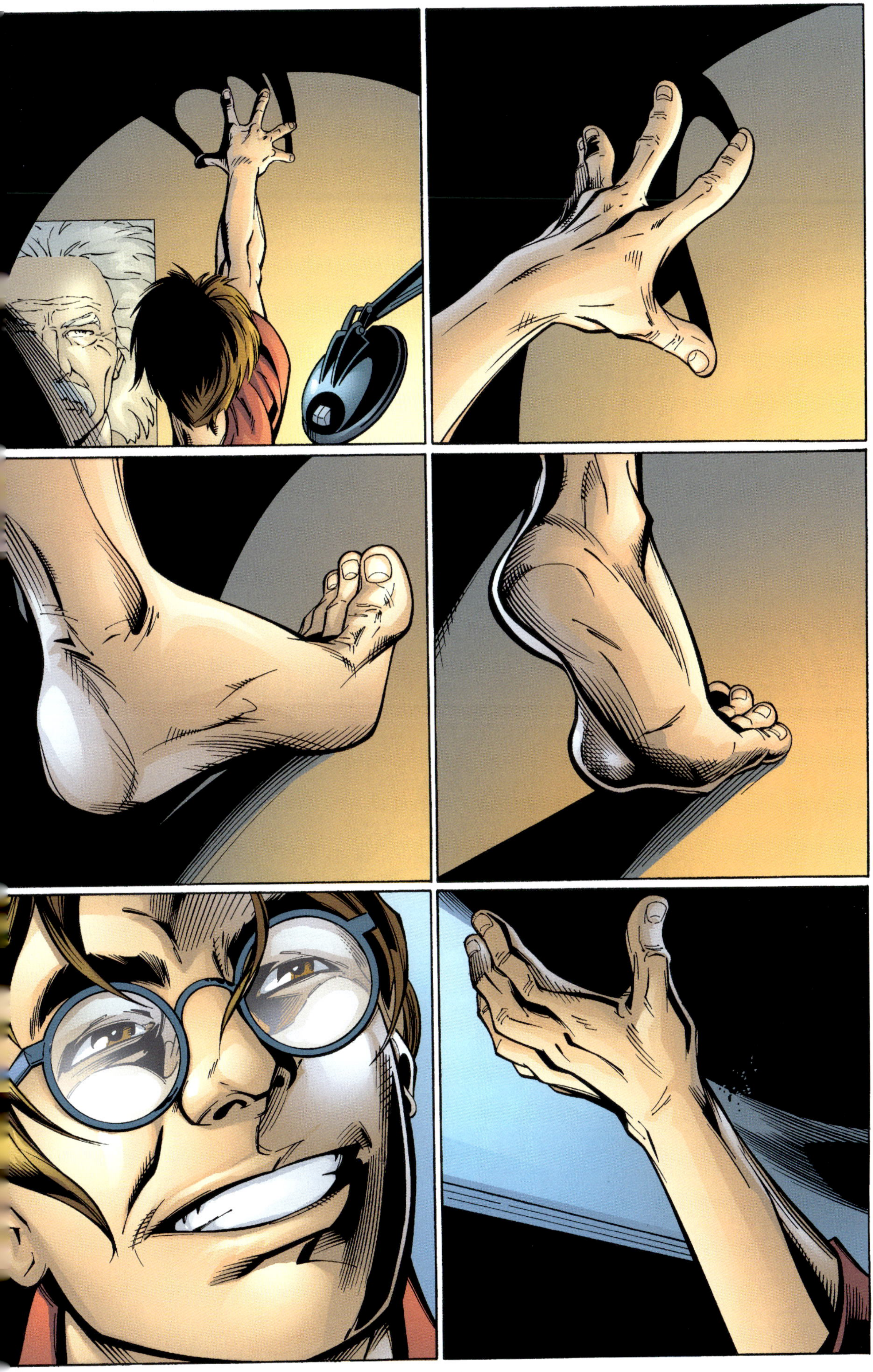

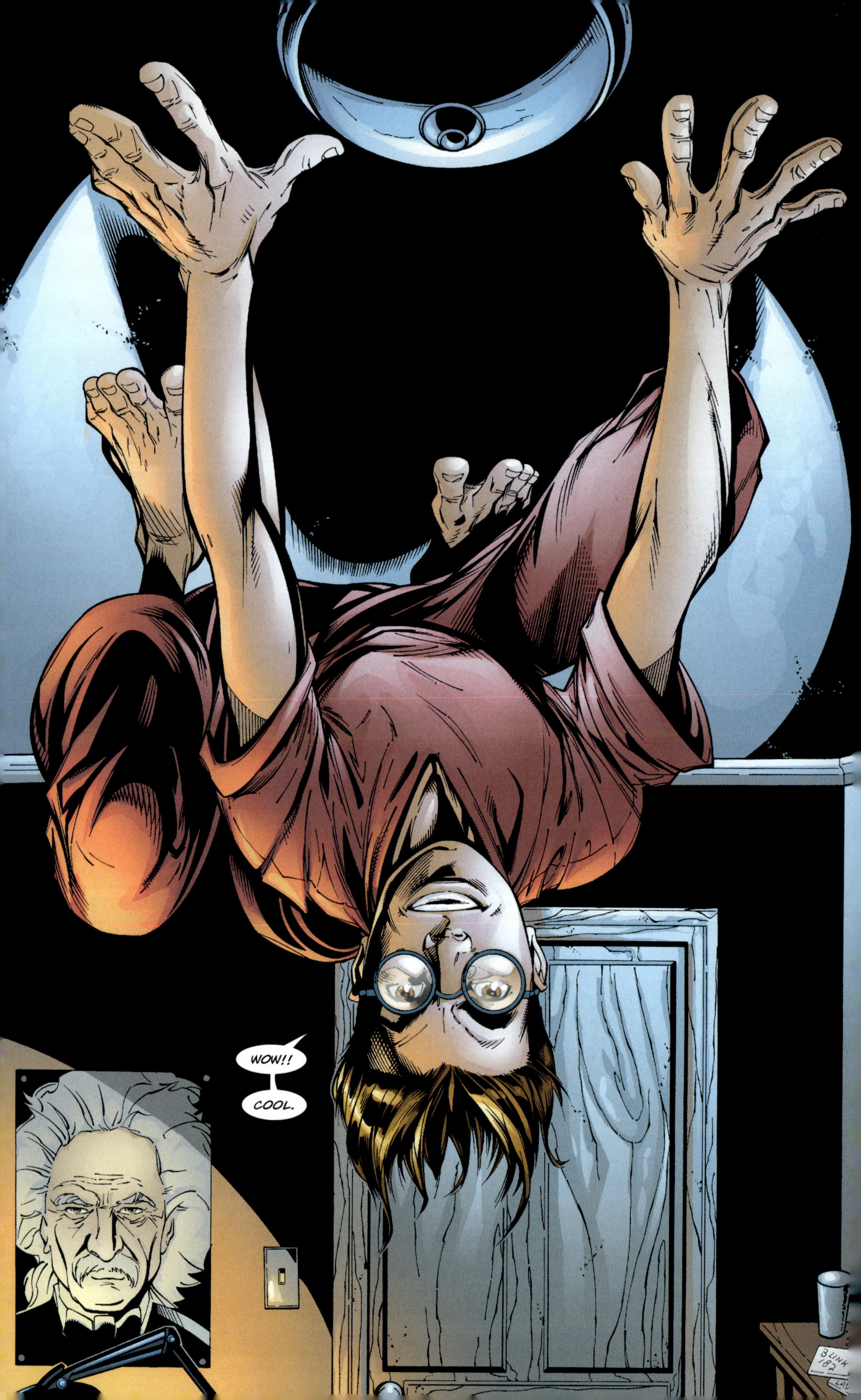
WOW!!
COOL.
BLINK 182

WACHSTUMSPROBLEME

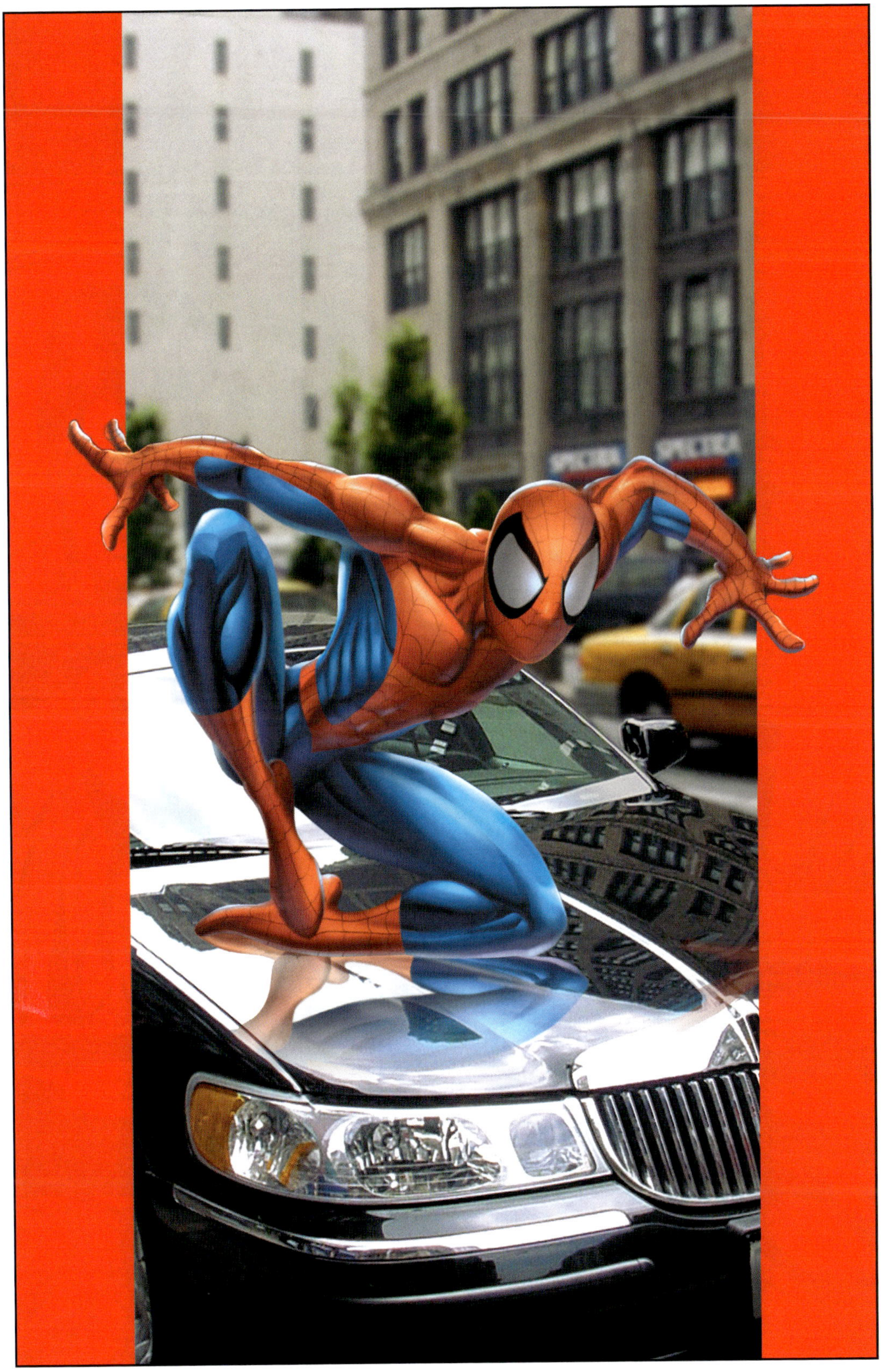

Ultimate Spider-Man (2000) 2
Cover von **MARK BAGLEY**

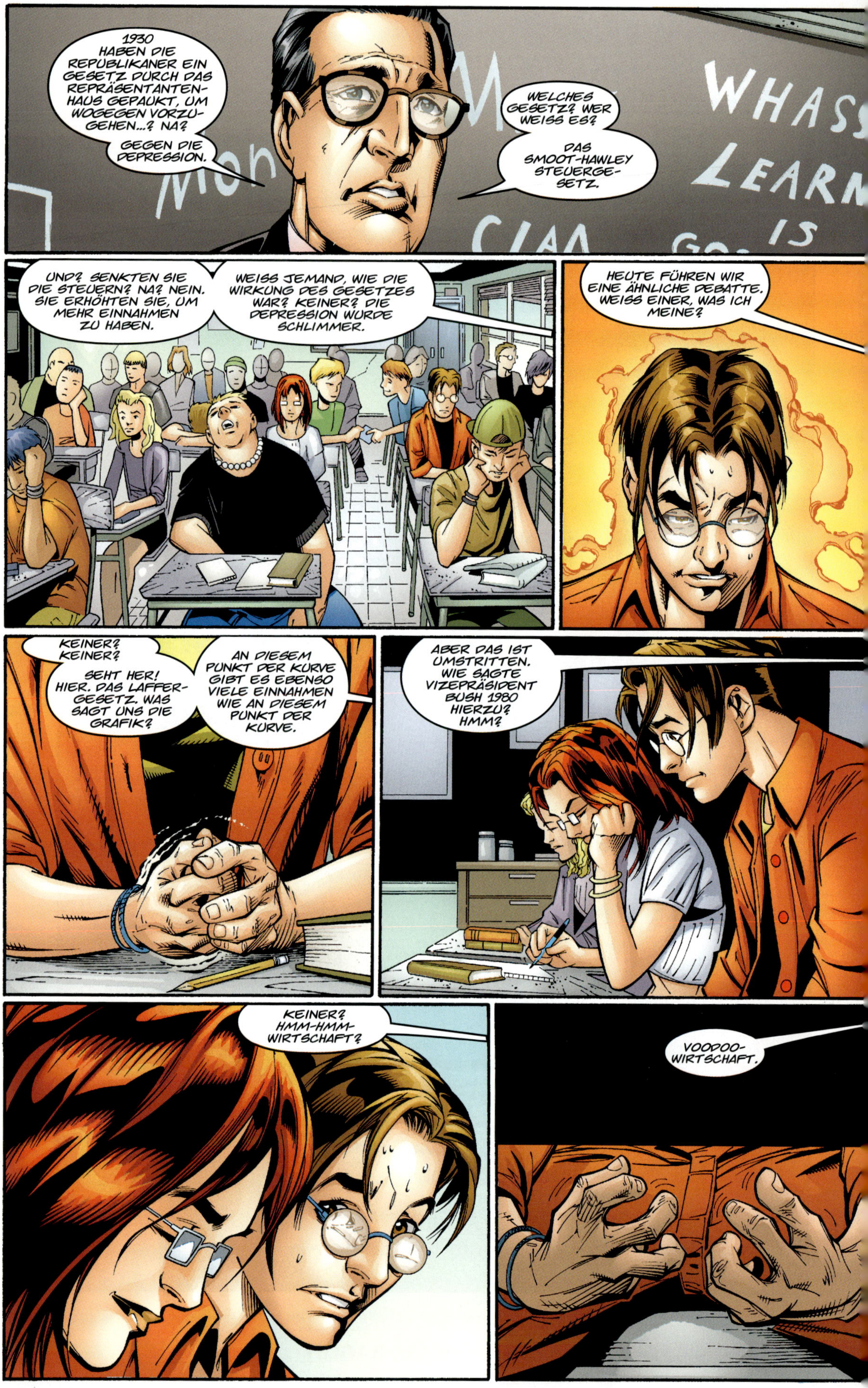
1930 HABEN DIE REPUBLIKANER EIN GESETZ DURCH DAS REPRÄSENTANTENHAUS GEPAUKT, UM WOGEGEN VORZUGEHEN...? NA?
GEGEN DIE DEPRESSION.
WELCHES GESETZ? WER WEISS ES?
DAS SMOOT-HAWLEY STEUERGESETZ.
WHASS LEARN IS
UND? SENKTEN SIE DIE STEUERN? NA? NEIN. SIE ERHÖHTEN SIE, UM MEHR EINNAHMEN ZU HABEN.
WEISS JEMAND, WIE DIE WIRKUNG DES GESETZES WAR? KEINER? DIE DEPRESSION WURDE SCHLIMMER.
HEUTE FÜHREN WIR EINE ÄHNLICHE DEBATTE. WEISS EINER, WAS ICH MEINE?
KEINER? KEINER?
SEHT HER! HIER. DAS LAFFER-GESETZ. WAS SAGT UNS DIE GRAFIK?
AN DIESEM PUNKT DER KURVE GIBT ES EBENSO VIELE EINNAHMEN WIE AN DIESEM PUNKT DER KURVE.
ABER DAS IST UMSTRITTEN. WIE SAGTE VIZEPRÄSIDENT BUSH 1980 HIERZU? HMM?
KEINER? HMM-HMM-WIRTSCHAFT?
VOODOO-WIRTSCHAFT.

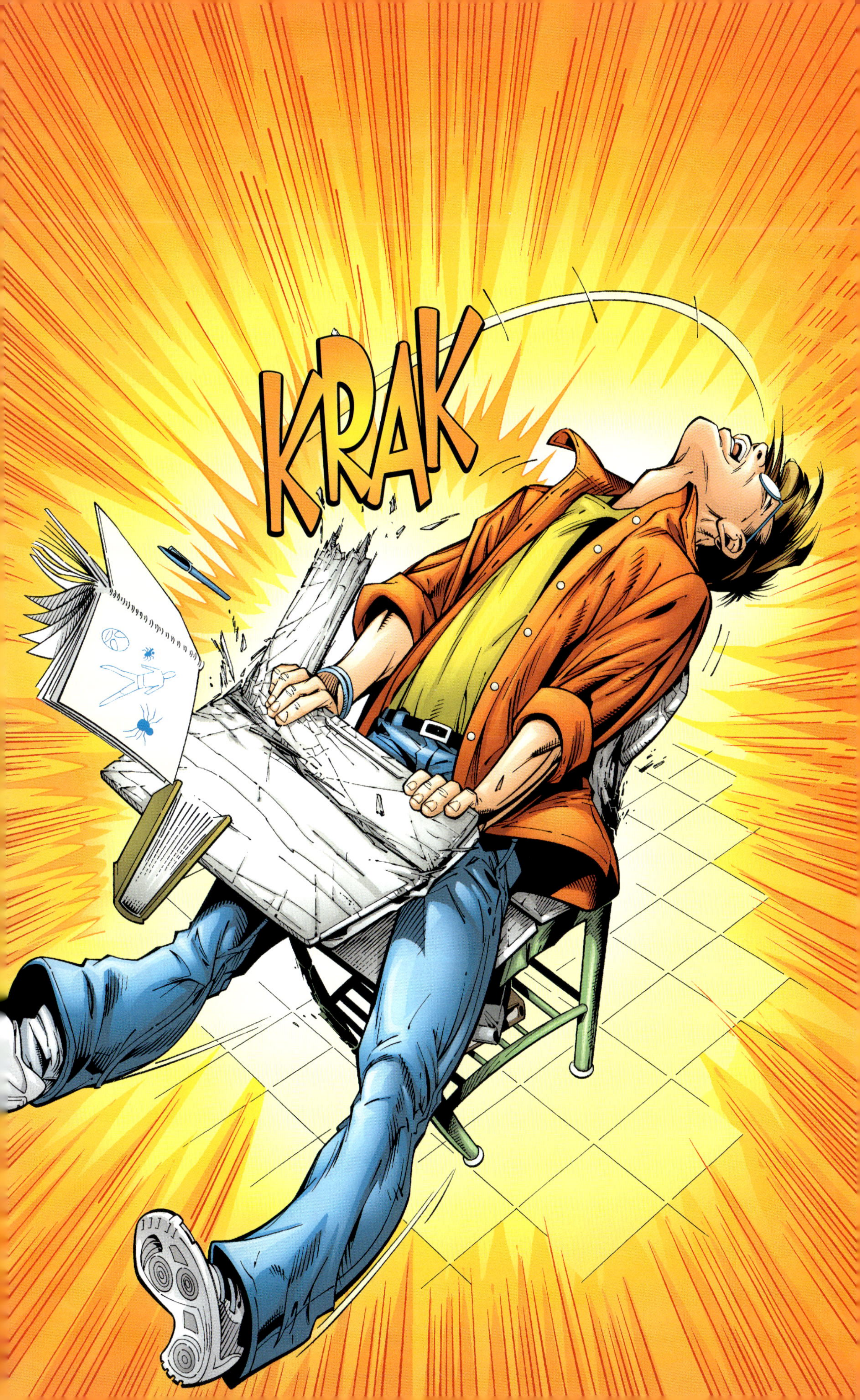
KRAK

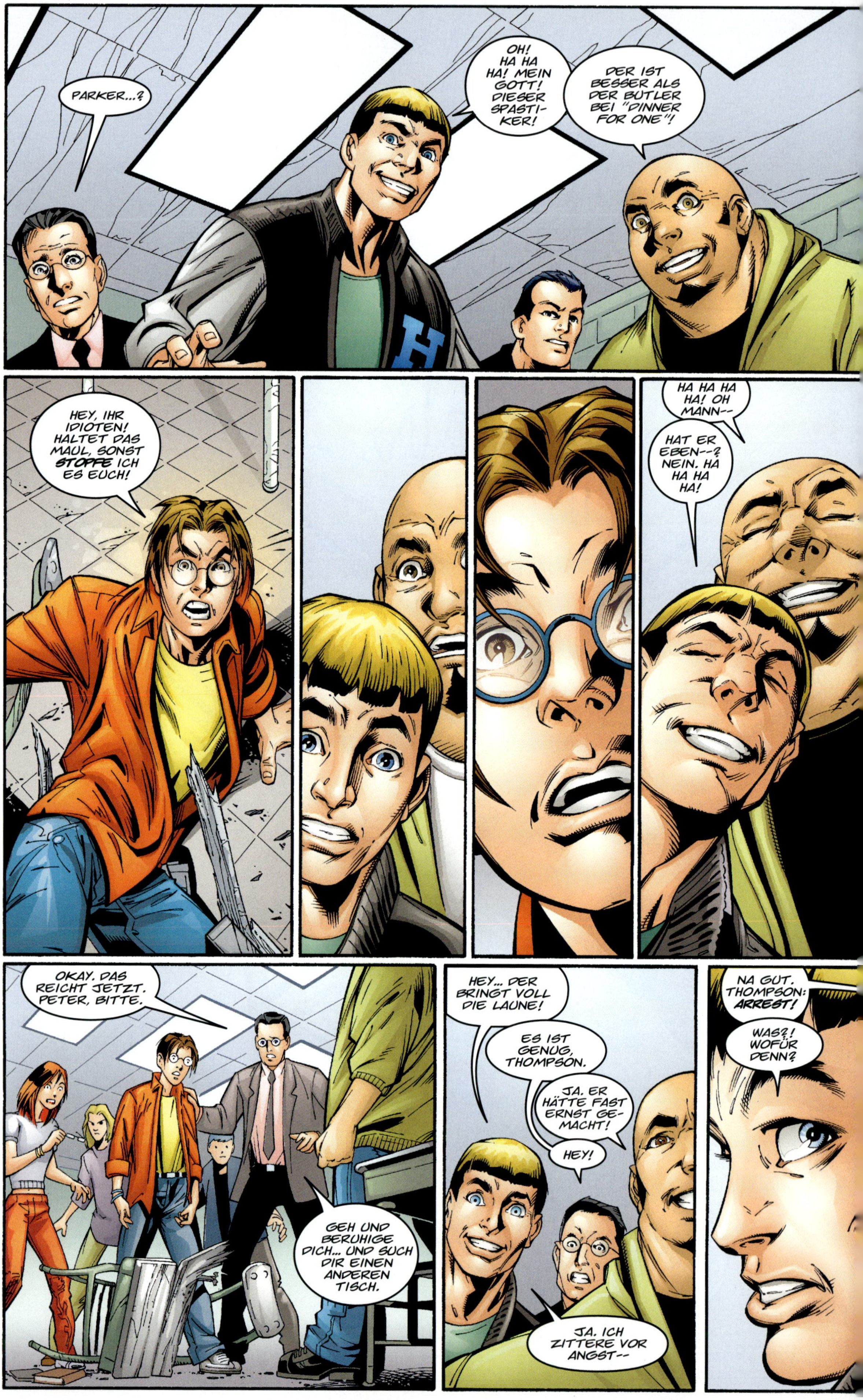

PARKER...?
OH! HA HA HA! MEIN GOTT! DIESER SPASTI-KER!
DER IST BESSER ALS DER BUTLER BEI "DINNER FOR ONE"!
HEY, IHR IDIOTEN! HALTET DAS MAUL, SONST STOPFE ICH ES EUCH!
HA HA HA HA! OH MANN--
HAT ER EBEN--? NEIN. HA HA HA HA!
OKAY. DAS REICHT JETZT. PETER, BITTE.
GEH UND BERUHIGE DICH... UND SUCH DIR EINEN ANDEREN TISCH.
HEY... DER BRINGT VOLL DIE LAUNE!
ES IST GENUG, THOMPSON.
JA. ER HÄTTE FAST ERNST GE-MACHT!
HEY!
JA. ICH ZITTERE VOR ANGST--
NA GUT. THOMPSON: ARREST!
WAS?! WOFÜR DENN?

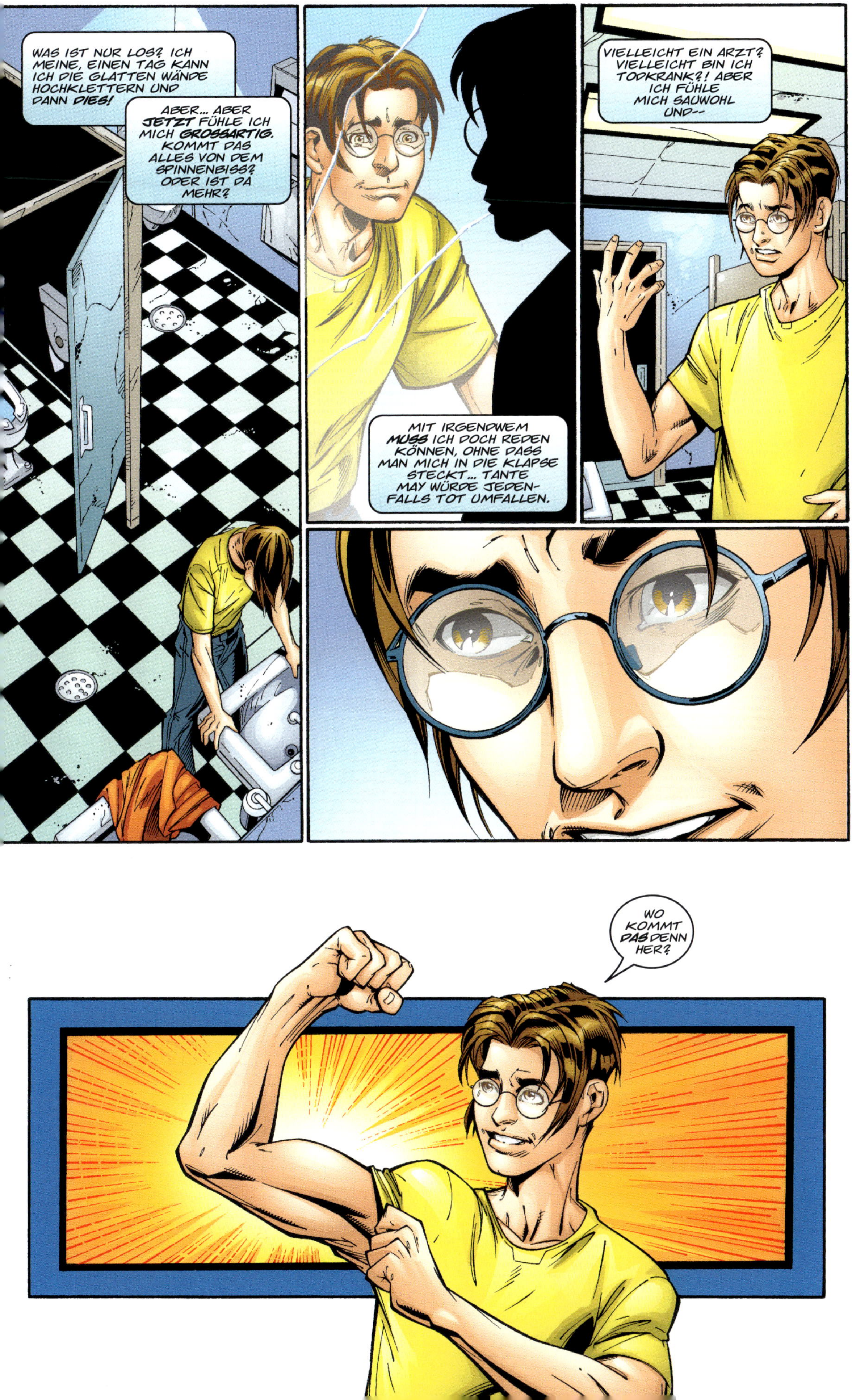
WAS IST NUR LOS? ICH MEINE, EINEN TAG KANN ICH DIE GLATTEN WÄNDE HOCHKLETTERN UND DANN DIES!
ABER... ABER JETZT FÜHLE ICH MICH GROSSARTIG. KOMMT DAS ALLES VON DEM SPINNENBISS? ODER IST DA MEHR?
MIT IRGENDWEM MUSS ICH DOCH REDEN KÖNNEN, OHNE DASS MAN MICH IN DIE KLAPSE STECKT... TANTE MAY WÜRDE JEDENFALLS TOT UMFALLEN.
VIELLEICHT EIN ARZT? VIELLEICHT BIN ICH TODKRANK?! ABER ICH FÜHLE MICH SAUWOHL UND--
WO KOMMT DAS DENN HER?

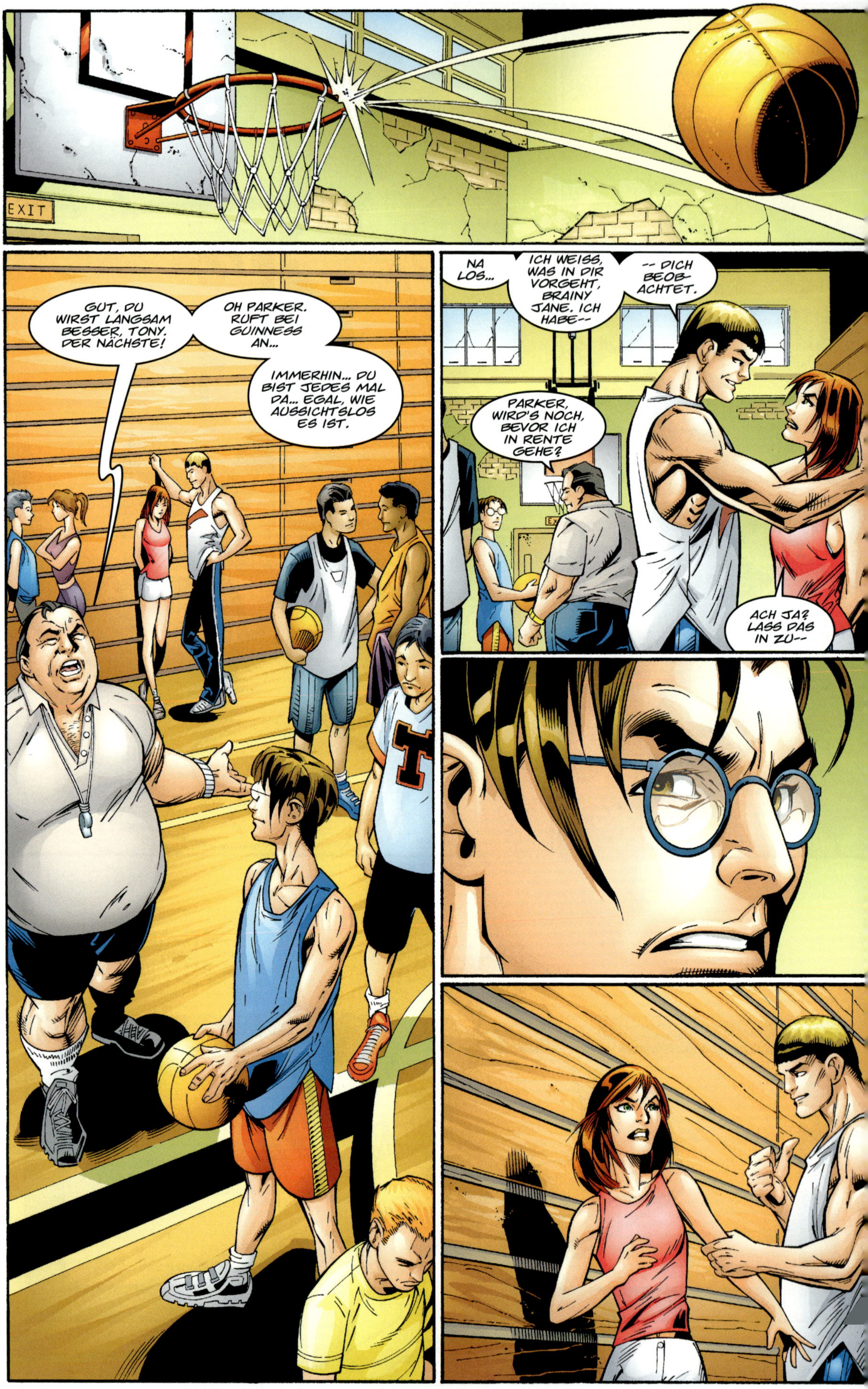
EXIT
GUT, DU WIRST LANGSAM BESSER, TONY. DER NÄCHSTE!
OH PARKER. RUFT BEI GUINNESS AN...
IMMERHIN... DU BIST JEDES MAL DA... EGAL, WIE AUSSICHTSLOS ES IST.
NA LOS...
ICH WEISS, WAS IN DIR VORGEHT, BRAINY JANE. ICH HABE--
-- DICH BEOB-ACHTET.
PARKER, WIRD'S NOCH, BEVOR ICH IN RENTE GEHE?
ACH JA? LASS DAS IN ZU--

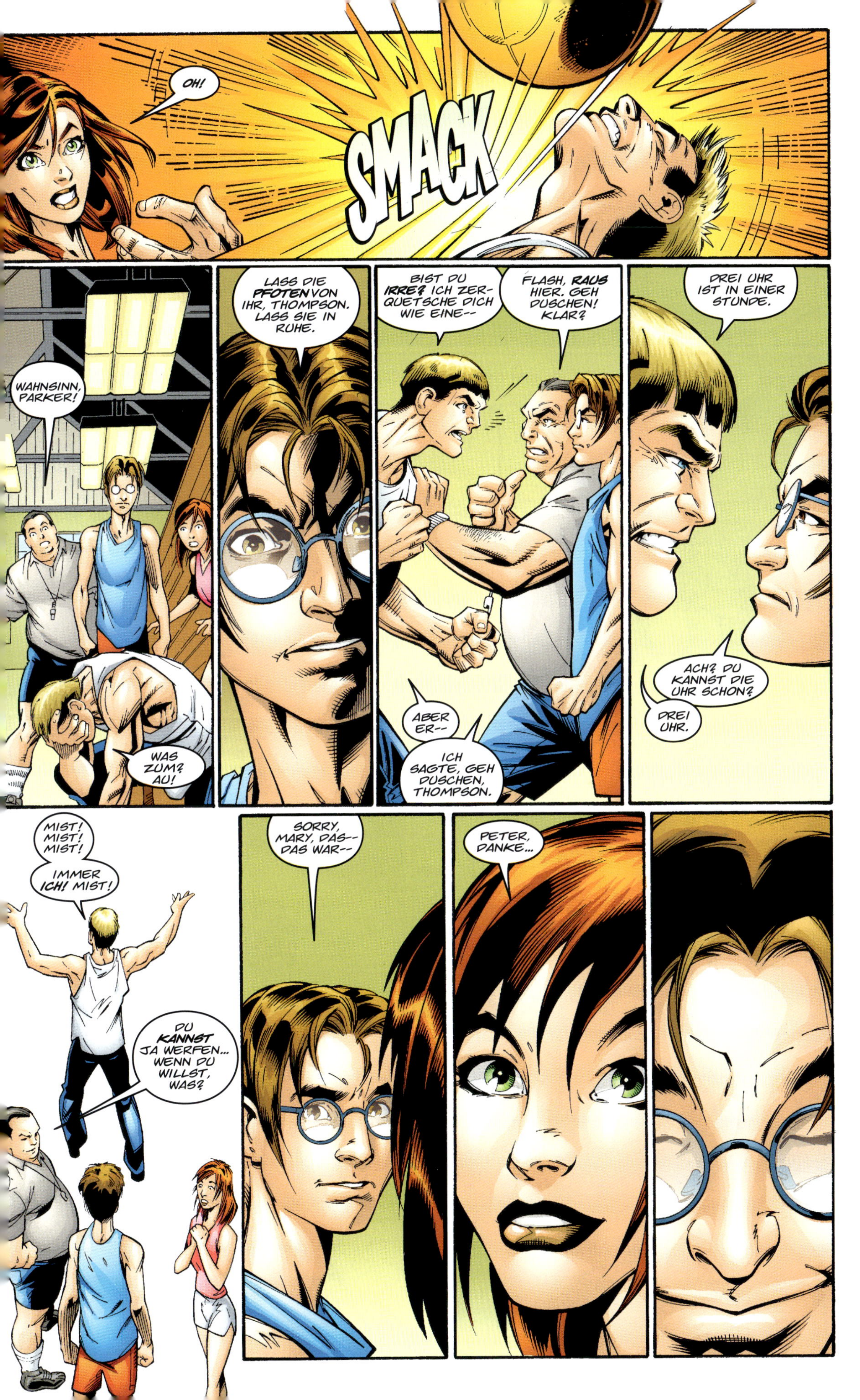
OH!
SMACK
WAHNSINN, PARKER!
WAS ZUM? AU!
LASS DIE PFOTEN VON IHR, THOMPSON. LASS SIE IN RUHE.
BIST DU IRRE? ICH ZERQUETSCHE DICH WIE EINE--
FLASH, RAUS HIER. GEH DUSCHEN! KLAR?
ABER ER--
ICH SAGTE, GEH DUSCHEN, THOMPSON.
DREI UHR IST IN EINER STUNDE.
ACH? DU KANNST DIE UHR SCHON?
DREI UHR.
MIST! MIST! MIST!
IMMER ICH! MIST!
DU KANNST JA WERFEN... WENN DU WILLST, WAS?
SORRY, MARY, DAS-- DAS WAR--
PETER, DANKE...

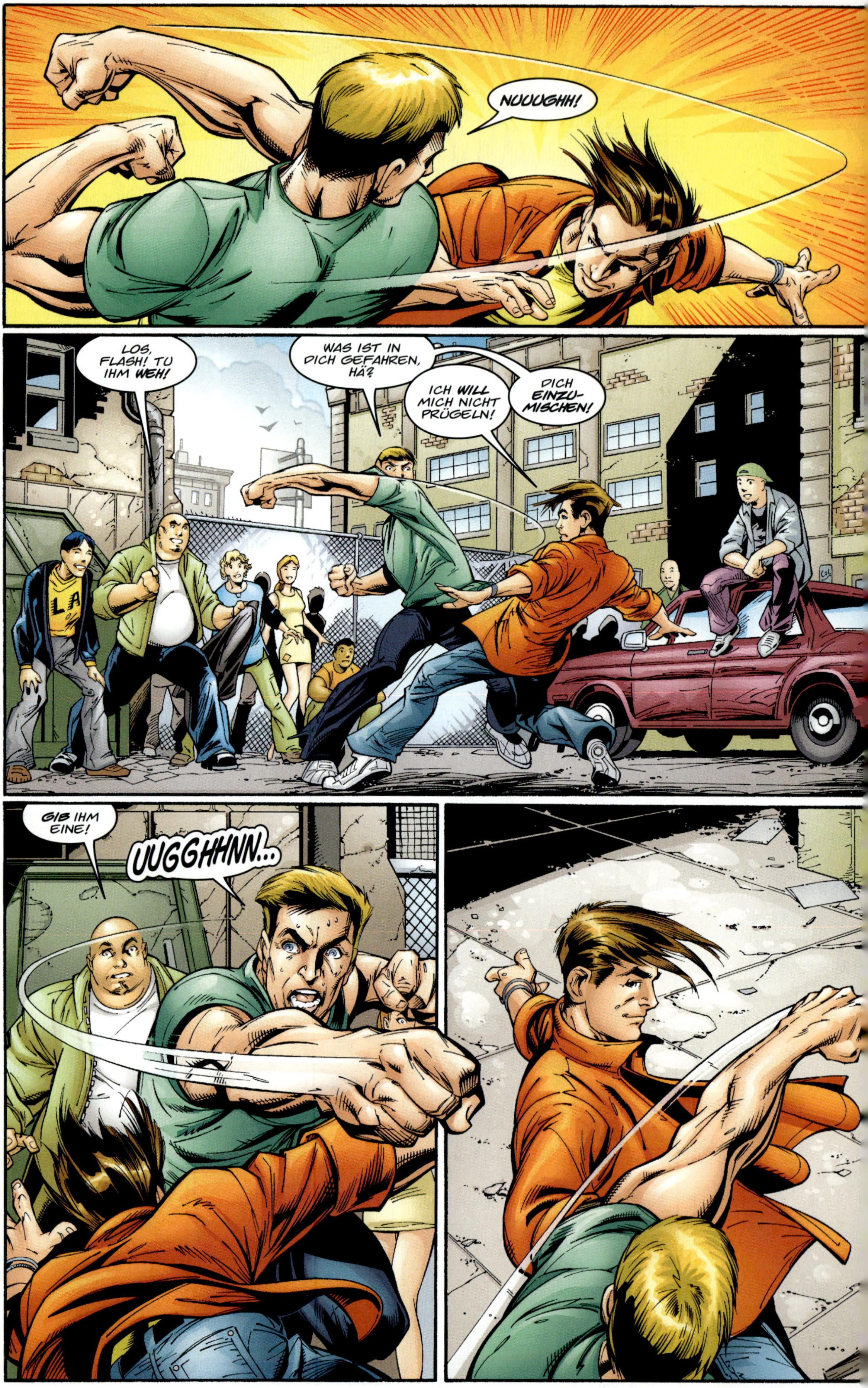
NUUUGHH!
LOS, FLASH! TU IHM WEH!
WAS IST IN DICH GEFAHREN, HÄ?
DICH EINZUMISCHEN!
ICH WILL MICH NICHT PRÜGELN!
GIB IHM EINE!
UUGGHHNN...

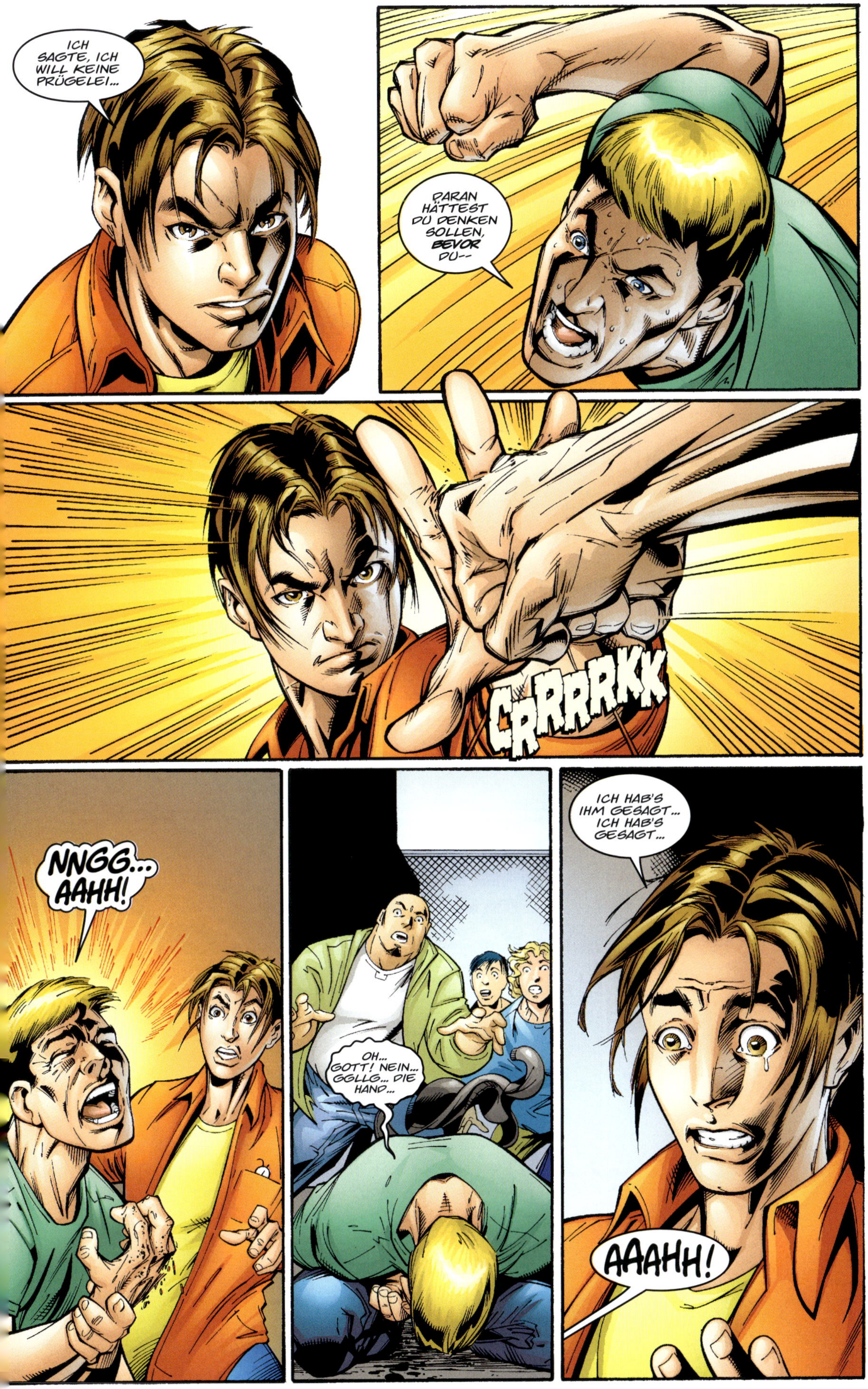
ICH SAGTE, ICH WILL KEINE PRÜGELEI...
DARAN HÄTTEST DU DENKEN SOLLEN, BEVOR DU--
CRRRRKK
NNGG... AAHH!
OH... GOTT! NEIN... GGLLG... DIE HAND...
ICH HAB'S IHM GESAGT... ICH HAB'S GESAGT...
AAAHH!

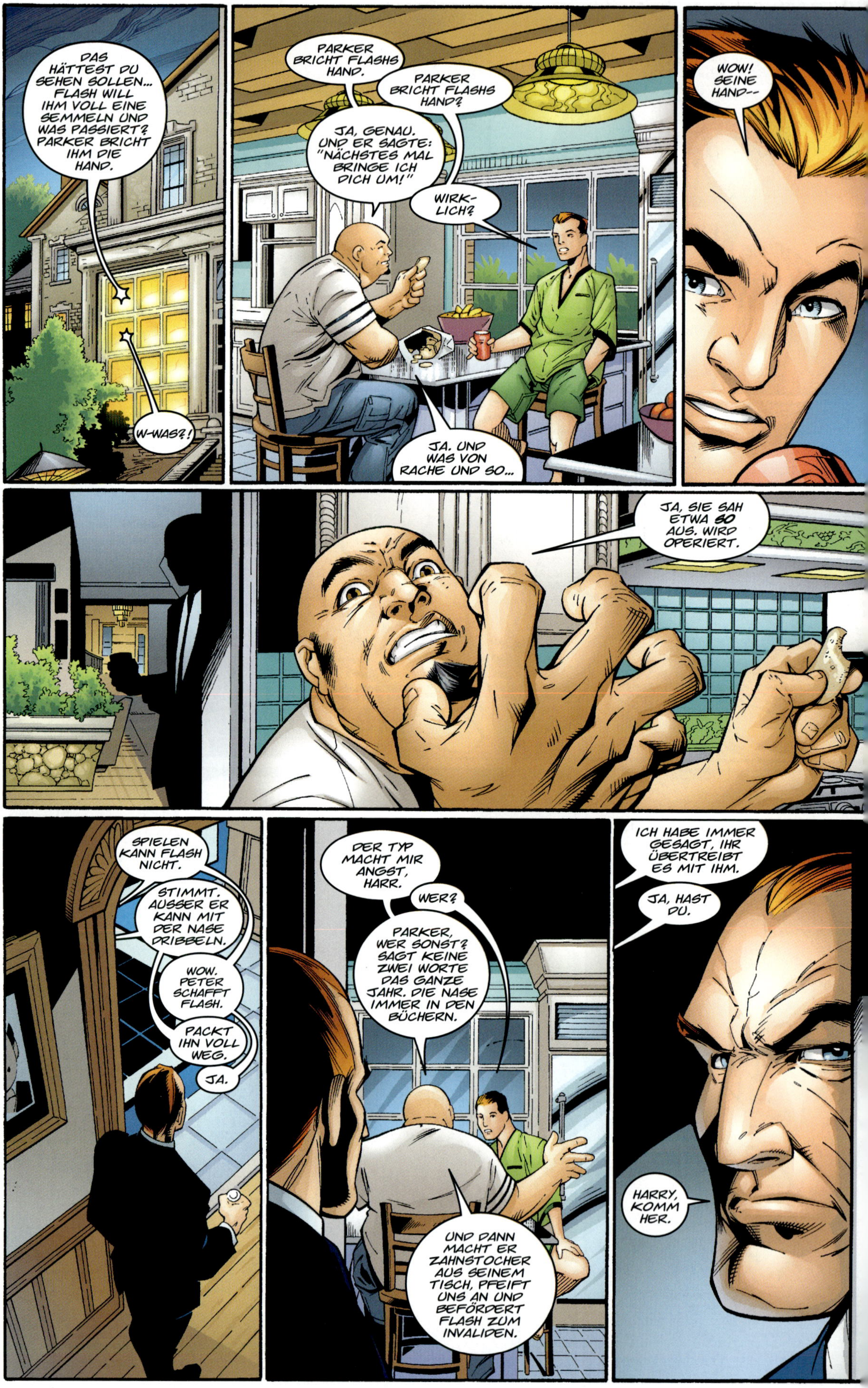
DAS HÄTTEST DU SEHEN SOLLEN... FLASH WILL IHM VOLL EINE SEMMELN UND WAS PASSIERT? PARKER BRICHT IHM DIE HAND.
W-WAS?!
PARKER BRICHT FLASHS HAND.
PARKER BRICHT FLASHS HAND?
JA, GENAU. UND ER SAGTE: "NÄCHSTES MAL BRINGE ICH DICH UM!"
WIRK-LICH?
JA. UND WAS VON RACHE UND SO...
WOW! SEINE HAND--
JA, SIE SAH ETWA SO AUS. WIRD OPERIERT.
SPIELEN KANN FLASH NICHT.
STIMMT. AUSSER ER KANN MIT DER NASE DRIBBELN.
WOW. PETER SCHAFFT FLASH.
PACKT IHN VOLL WEG.
JA.
DER TYP MACHT MIR ANGST, HARR.
WER?
PARKER, WER SONST? SAGT KEINE ZWEI WORTE DAS GANZE JAHR. DIE NASE IMMER IN DEN BÜCHERN.
UND DANN MACHT ER ZAHNSTOCHER AUS SEINEM TISCH, PFEIFT UNS AN UND BEFÖRDERT FLASH ZUM INVALIDEN.
ICH HABE IMMER GESAGT, IHR ÜBERTREIBT ES MIT IHM.
JA, HAST DU.
HARRY, KOMM HER.

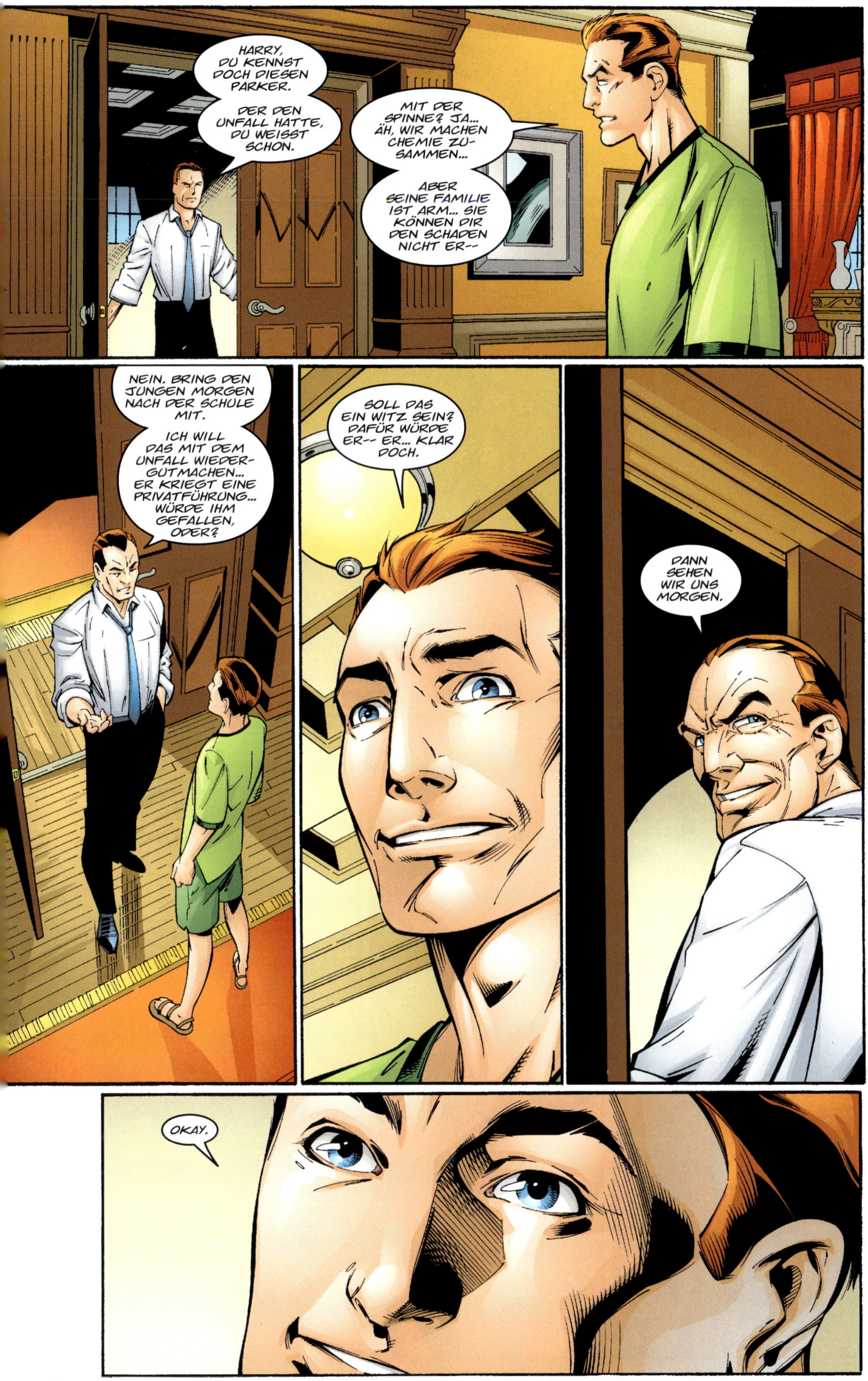
HARRY, DU KENNST DOCH DIESEN PARKER.
DER DEN UNFALL HATTE, DU WEISST SCHON.
MIT DER SPINNE? JA... ÄH, WIR MACHEN CHEMIE ZUSAMMEN...
ABER SEINE FAMILIE IST ARM... SIE KÖNNEN DIR DEN SCHADEN NICHT ER--
NEIN. BRING DEN JUNGEN MORGEN NACH DER SCHULE MIT.
ICH WILL DAS MIT DEM UNFALL WIEDERGUTMACHEN... ER KRIEGT EINE PRIVATFÜHRUNG... WÜRDE IHM GEFALLEN, ODER?
SOLL DAS EIN WITZ SEIN? DAFÜR WÜRDE ER-- ER... KLAR DOCH.
DANN SEHEN WIR UNS MORGEN.
OKAY.

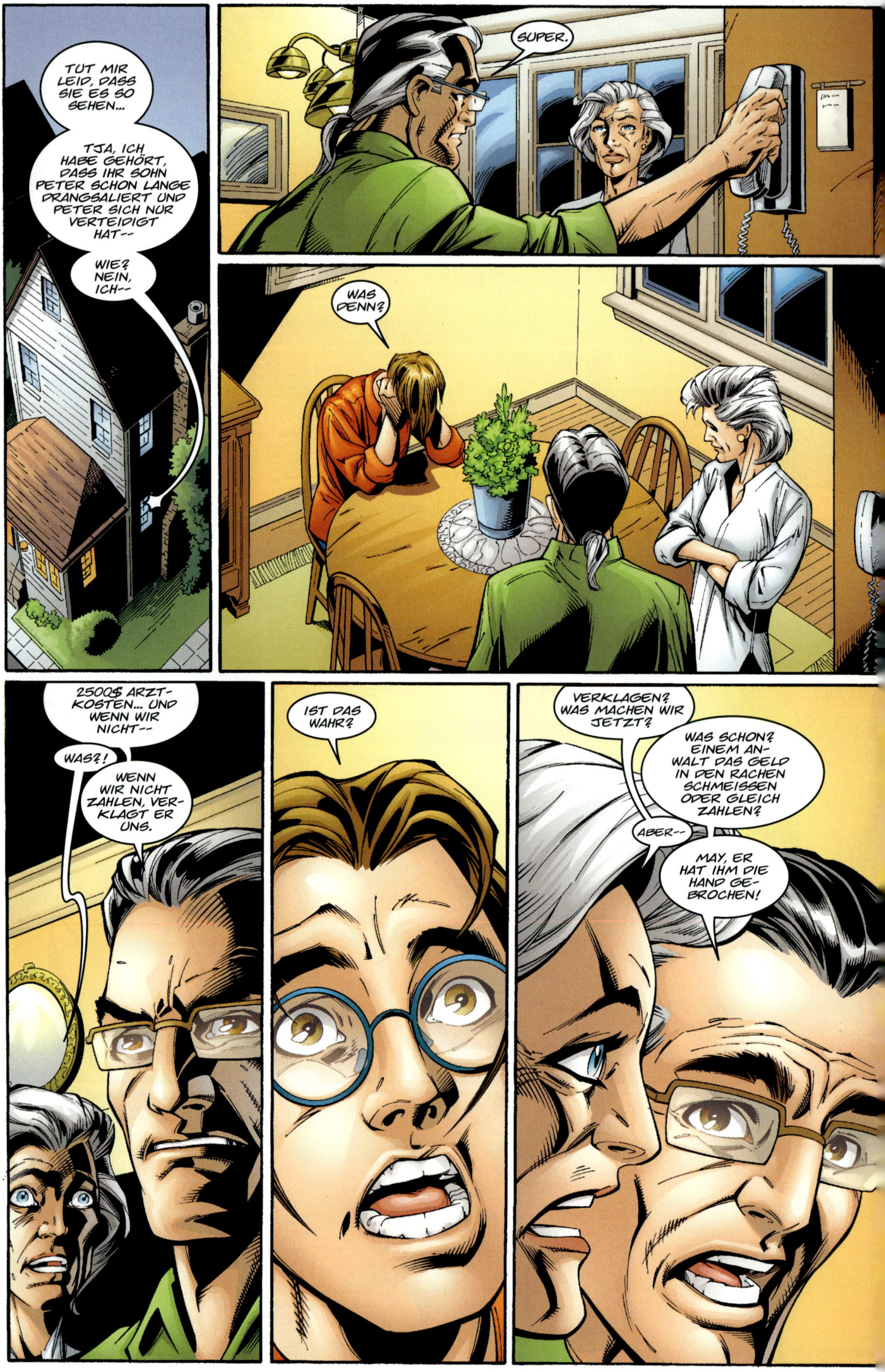
TUT MIR LEID, DASS SIE ES SO SEHEN...
TJA, ICH HABE GEHÖRT, DASS IHR SOHN PETER SCHON LANGE DRANGSALIERT UND PETER SICH NUR VERTEIDIGT HAT--
WIE? NEIN, ICH--
SUPER.
WAS DENN?
2500$ ARZTKOSTEN... UND WENN WIR NICHT--
WAS?!
WENN WIR NICHT ZAHLEN, VERKLAGT ER UNS.
IST DAS WAHR?
VERKLAGEN? WAS MACHEN WIR JETZT?
WAS SCHON? EINEM ANWALT DAS GELD IN DEN RACHEN SCHMEISSEN ODER GLEICH ZAHLEN?
ABER--
MAY, ER HAT IHM DIE HAND GEBROCHEN!

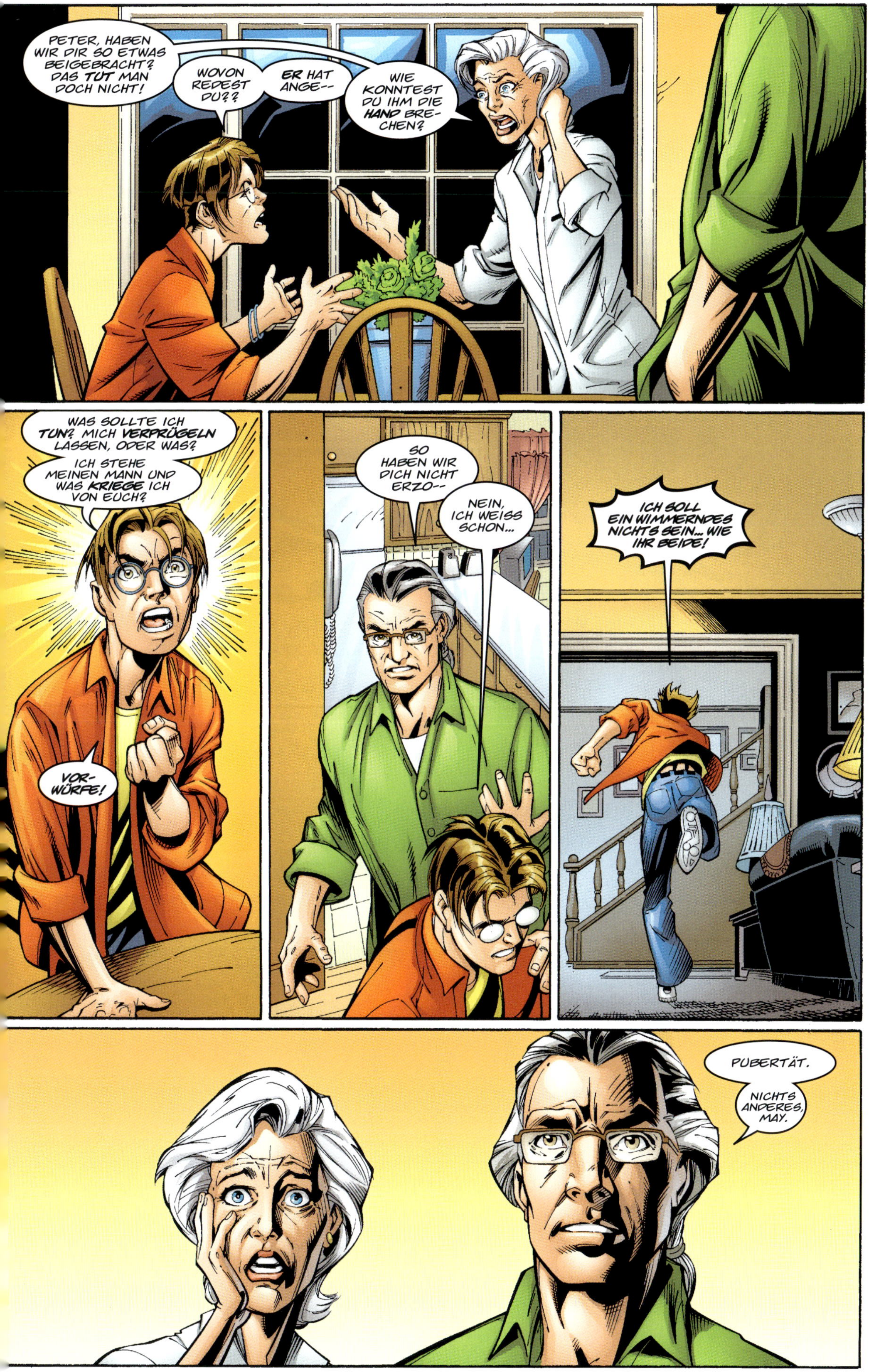
PETER, HABEN WIR DIR SO ETWAS BEIGEBRACHT? DAS TUT MAN DOCH NICHT!
WOVON REDEST DU??
ER HAT ANGE--
WIE KONNTEST DU IHM DIE HAND BRECHEN?
WAS SOLLTE ICH TUN? MICH VERPRÜGELN LASSEN, ODER WAS?
ICH STEHE MEINEN MANN UND WAS KRIEGE ICH VON EUCH?
VORWÜRFE!
SO HABEN WIR DICH NICHT ERZO--
NEIN, ICH WEISS SCHON...
ICH SOLL EIN WIMMERNDES NICHTS SEIN... WIE IHR BEIDE!
PUBERTÄT.
NICHTS ANDERES, MAY.

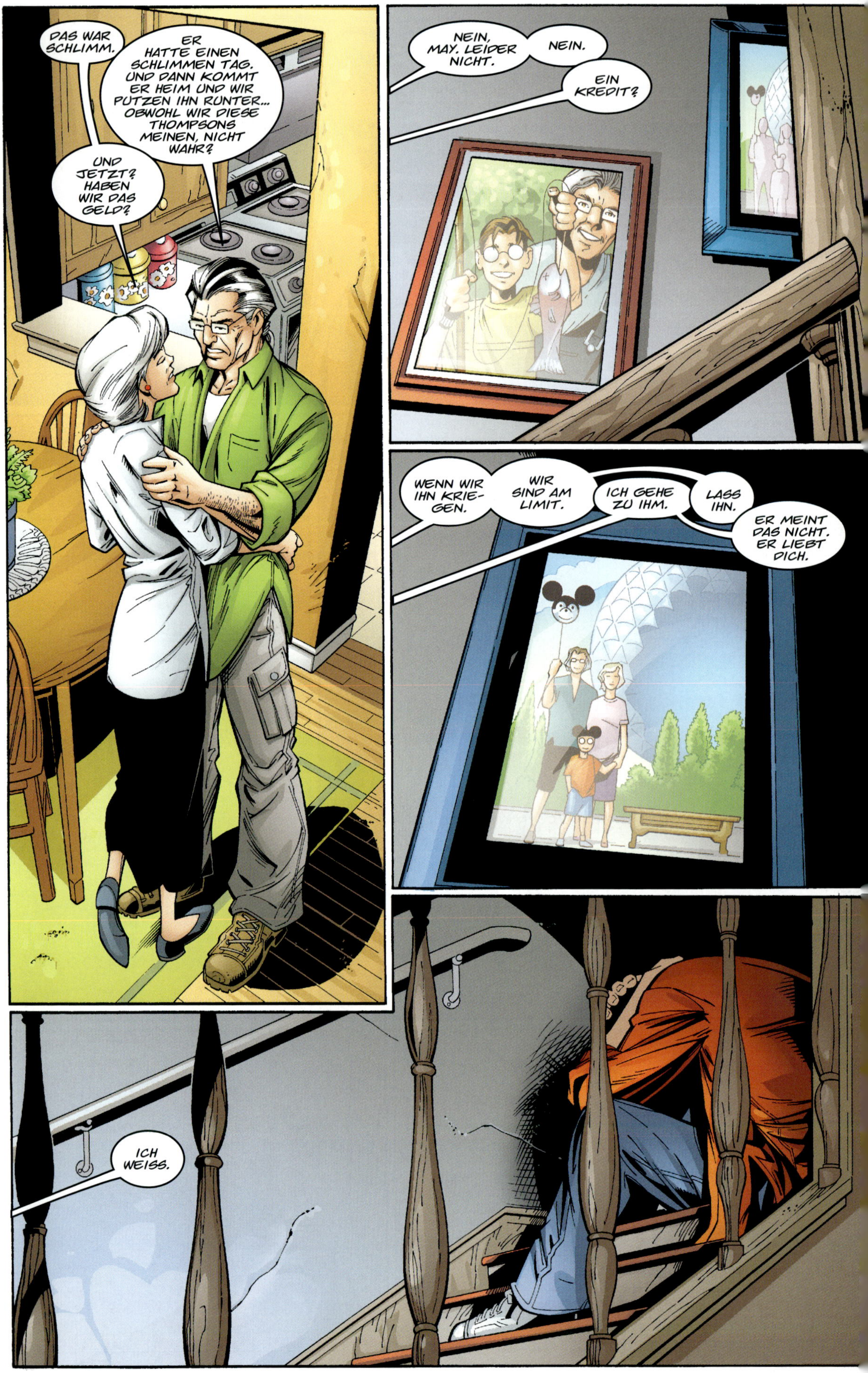
DAS WAR SCHLIMM.
ER HATTE EINEN SCHLIMMEN TAG. UND DANN KOMMT ER HEIM UND WIR PUTZEN IHN RUNTER... OBWOHL WIR DIESE THOMPSONS MEINEN, NICHT WAHR?
UND JETZT? HABEN WIR DAS GELD?
NEIN, MAY. LEIDER NICHT.
NEIN.
EIN KREDIT?
WENN WIR IHN KRIEGEN.
WIR SIND AM LIMIT.
ICH GEHE ZU IHM.
LASS IHN.
ER MEINT DAS NICHT. ER LIEBT DICH.
ICH WEISS.

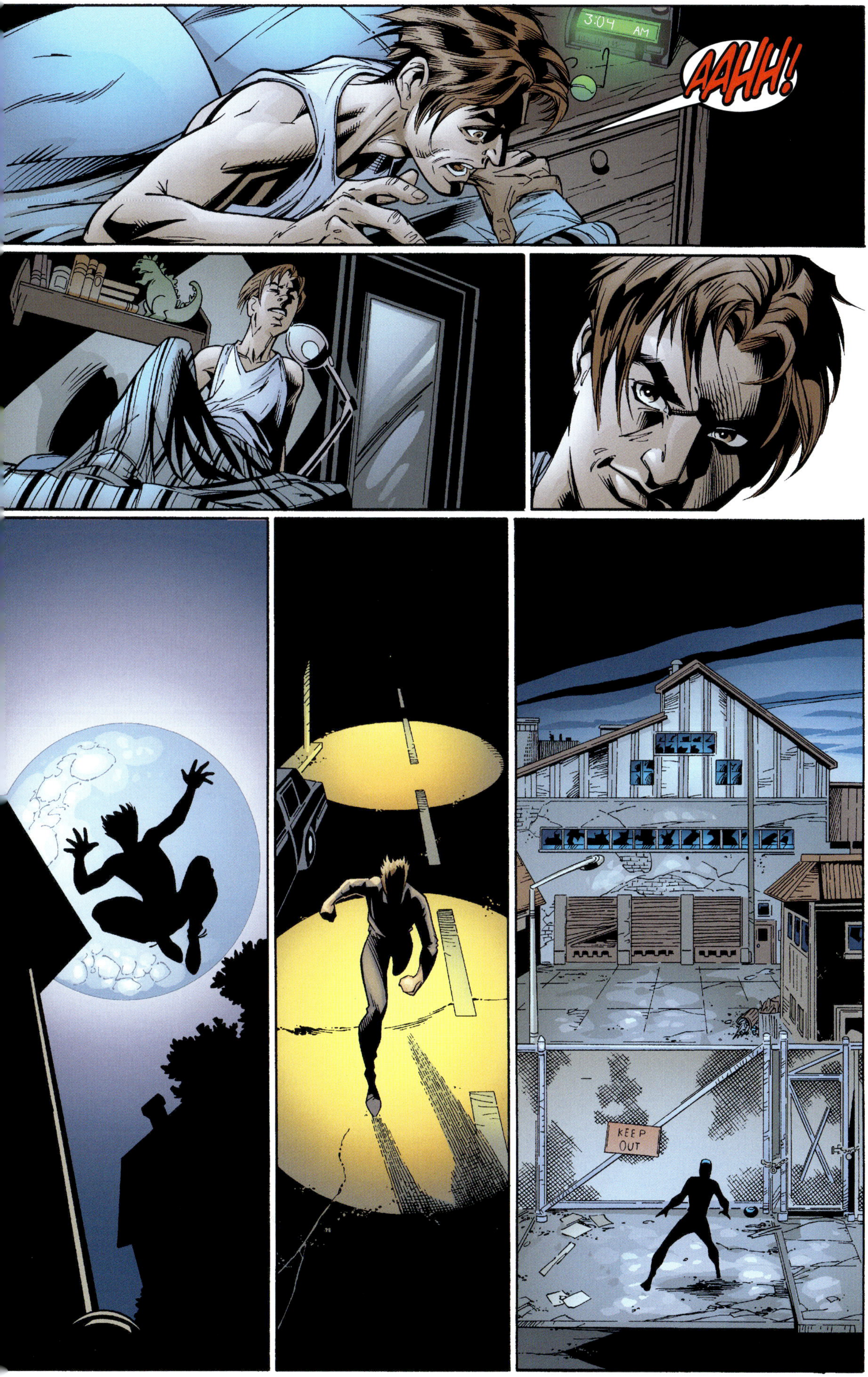
3:04 AM
AAHH!
KEEP OUT

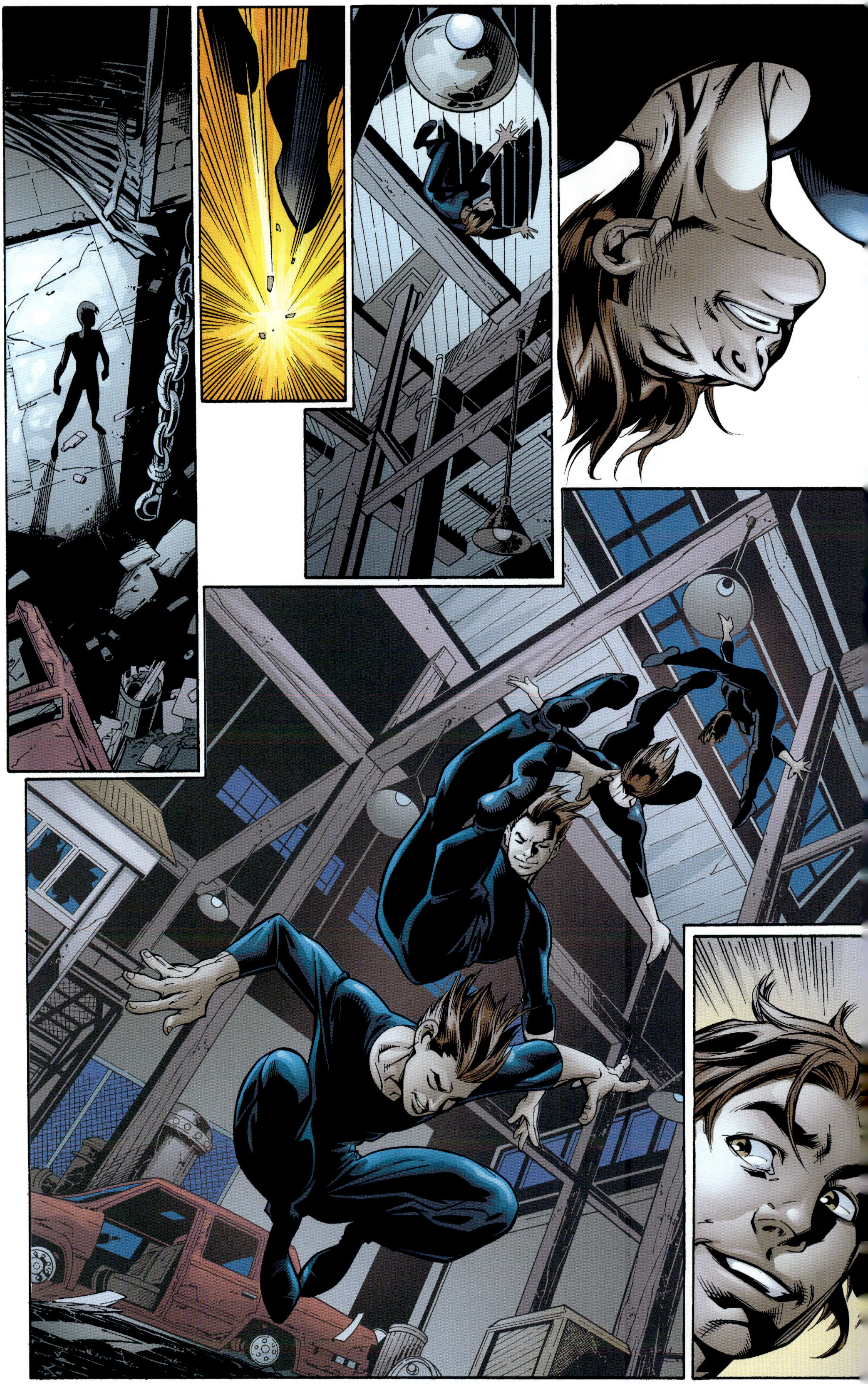

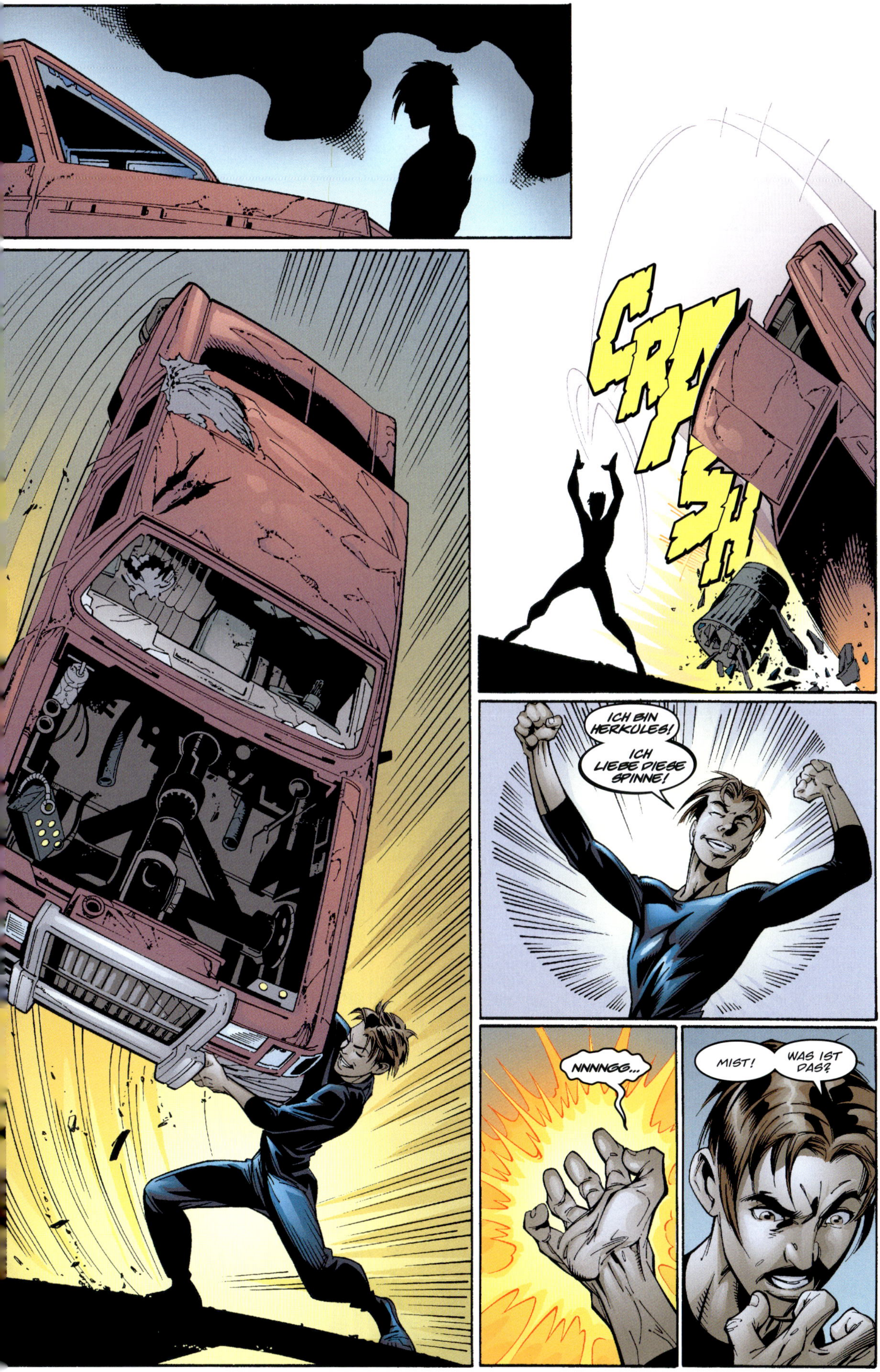

CRASH
ICH BIN HERKULES!
ICH LIEBE DIESE SPINNE!
NNNNGG...
MIST!
WAS IST DAS?

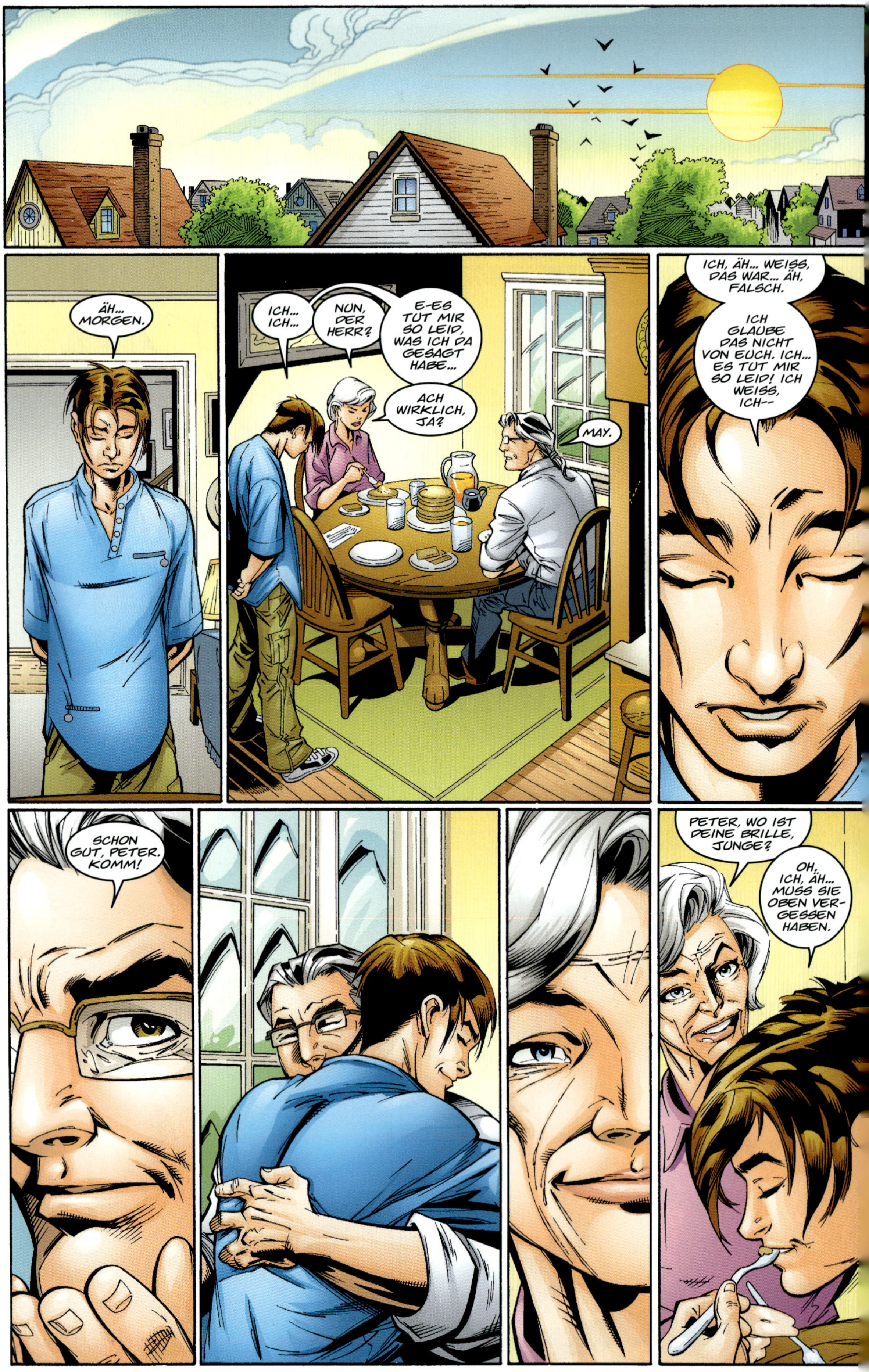
ÄH... MORGEN.
ICH... ICH...
NUN, DER HERR?
E-ES TUT MIR SO LEID, WAS ICH DA GESAGT HABE...
ACH WIRKLICH, JA?
MAY.
ICH, ÄH... WEISS, DAS WAR... ÄH, FALSCH.
ICH GLAUBE DAS NICHT VON EUCH. ICH... ES TUT MIR SO LEID! ICH WEISS, ICH--
SCHON GUT, PETER. KOMM!
PETER, WO IST DEINE BRILLE, JUNGE?
OH, ICH, ÄH... MUSS SIE OBEN VERGESSEN HABEN.

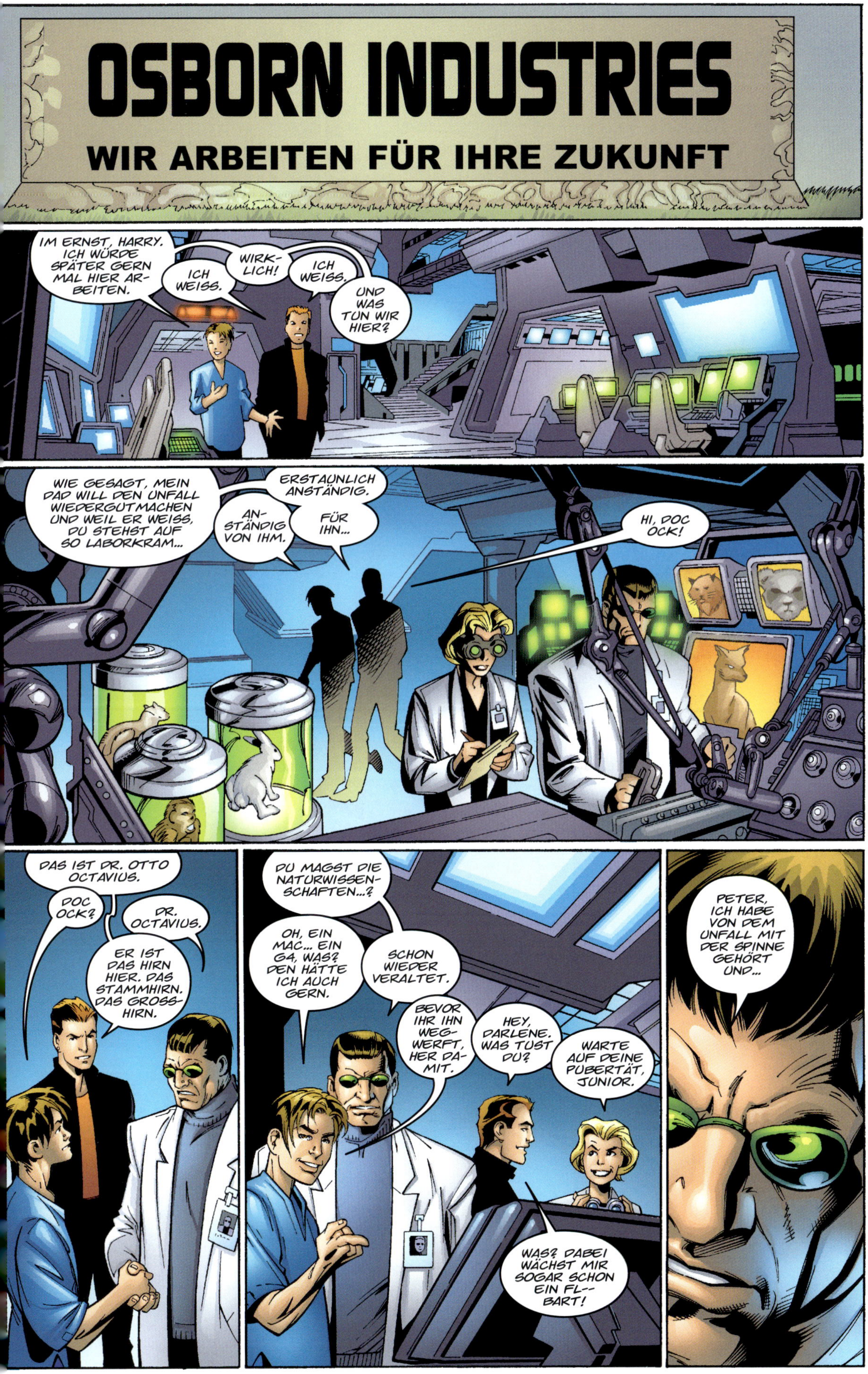
OSBORN INDUSTRIES
WIR ARBEITEN FÜR IHRE ZUKUNFT
IM ERNST, HARRY. ICH WÜRDE SPÄTER GERN MAL HIER ARBEITEN.
ICH WEISS.
WIRKLICH!
ICH WEISS.
UND WAS TUN WIR HIER?
WIE GESAGT, MEIN DAD WILL DEN UNFALL WIEDERGUTMACHEN UND WEIL ER WEISS, DU STEHST AUF SO LABORKRAM...
ERSTAUNLICH ANSTÄNDIG.
ANSTÄNDIG VON IHM.
FÜR IHN...
HI, DOC OCK!
DAS IST DR. OTTO OCTAVIUS.
DOC OCK?
DR. OCTAVIUS.
ER IST DAS HIRN HIER. DAS STAMMHIRN. DAS GROSSHIRN.
DU MAGST DIE NATURWISSENSCHAFTEN...?
OH, EIN MAC... EIN G4, WAS? DEN HÄTTE ICH AUCH GERN.
SCHON WIEDER VERALTET.
BEVOR IHR IHN WEGWERFT, HER DAMIT.
HEY, DARLENE. WAS TUST DU?
WARTE AUF DEINE PUBERTÄT, JUNIOR.
WAS? DABEI WÄCHST MIR SOGAR SCHON EIN FL-- BART!
PETER, ICH HABE VON DEM UNFALL MIT DER SPINNE GEHÖRT UND...

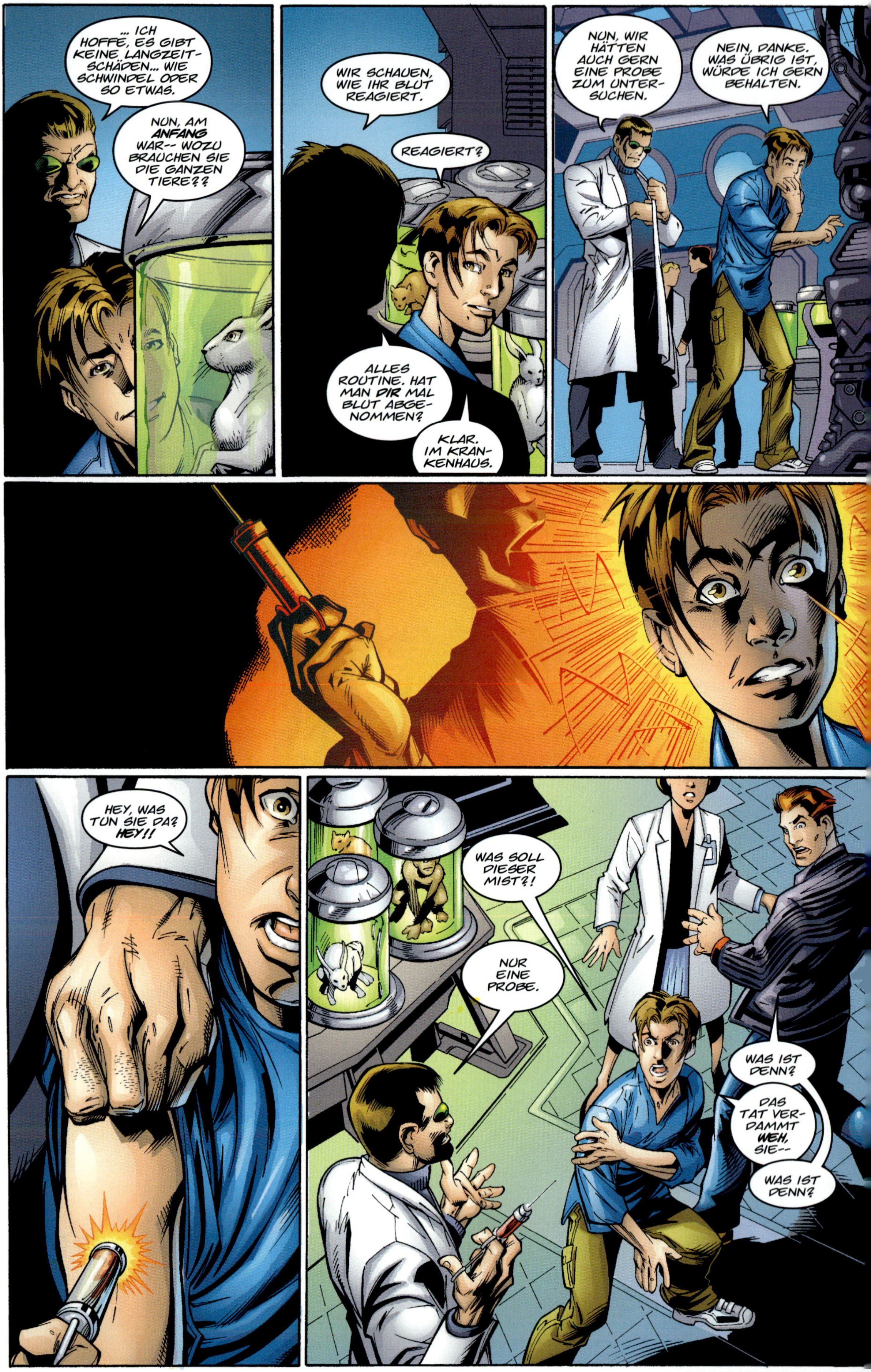
... ICH HOFFE, ES GIBT KEINE LANGZEIT-SCHÄDEN... WIE SCHWINDEL ODER SO ETWAS.
NUN, AM **ANFANG** WAR-- WOZU BRAUCHEN SIE DIE GANZEN TIERE??
WIR SCHAUEN, WIE IHR BLUT REAGIERT.
REAGIERT?
ALLES ROUTINE. HAT MAN **DIR** MAL BLUT ABGE-NOMMEN?
KLAR. IM KRAN-KENHAUS.
NUN, WIR HÄTTEN AUCH GERN EINE PROBE ZUM UNTER-SUCHEN.
NEIN, DANKE. WAS ÜBRIG IST, WÜRDE ICH GERN BEHALTEN.
HEY, WAS TUN SIE DA? **HEY!!**
WAS SOLL DIESER MIST?!
NUR EINE PROBE.
WAS IST DENN?
DAS TAT VER-DAMMT **WEH**, SIE--
WAS IST DENN?

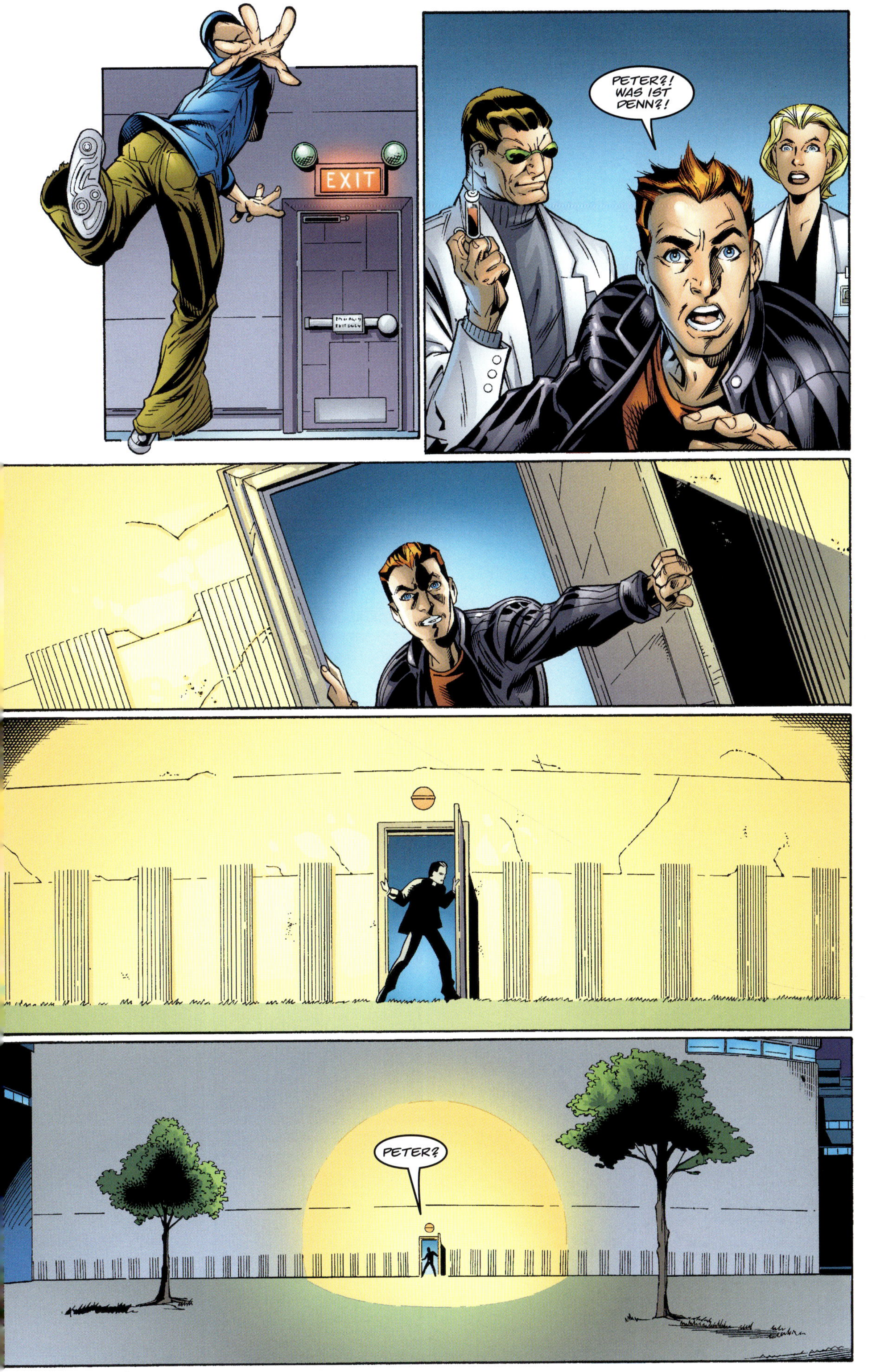
EXIT
PETER?! WAS IST DENN?!
PETER?

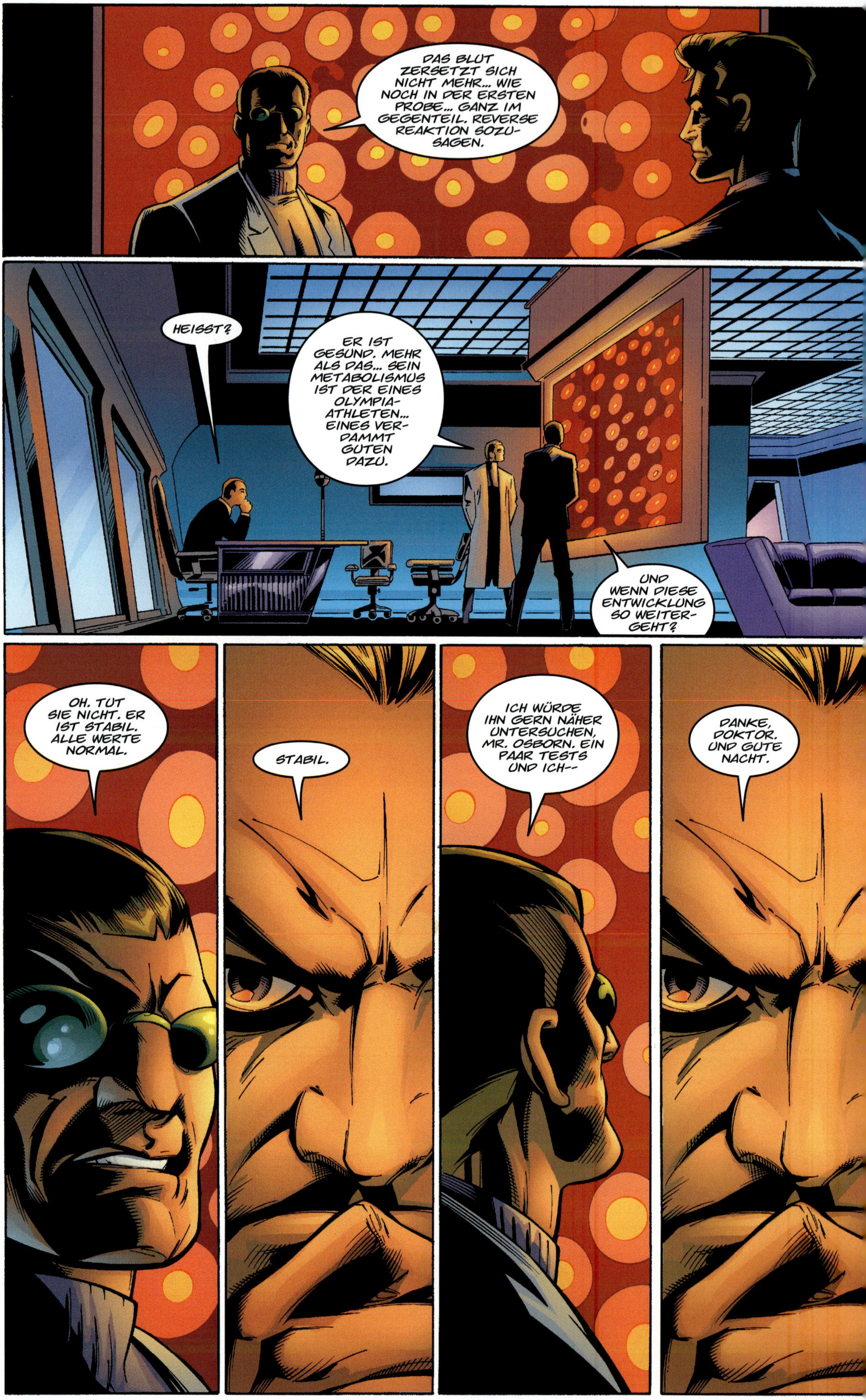
DAS BLUT ZERSETZT SICH NICHT MEHR... WIE NOCH IN DER ERSTEN PROBE... GANZ IM GEGENTEIL. REVERSE REAKTION SOZUSAGEN.
HEISST?
ER IST GESUND. MEHR ALS DAS... SEIN METABOLISMUS IST DER EINES OLYMPIA-ATHLETEN... EINES VERDAMMT GUTEN DAZU.
UND WENN DIESE ENTWICKLUNG SO WEITERGEHT?
OH. TUT SIE NICHT. ER IST STABIL. ALLE WERTE NORMAL.
STABIL.
ICH WÜRDE IHN GERN NÄHER UNTERSUCHEN, MR. OSBORN. EIN PAAR TESTS UND ICH--
DANKE, DOKTOR. UND GUTE NACHT.

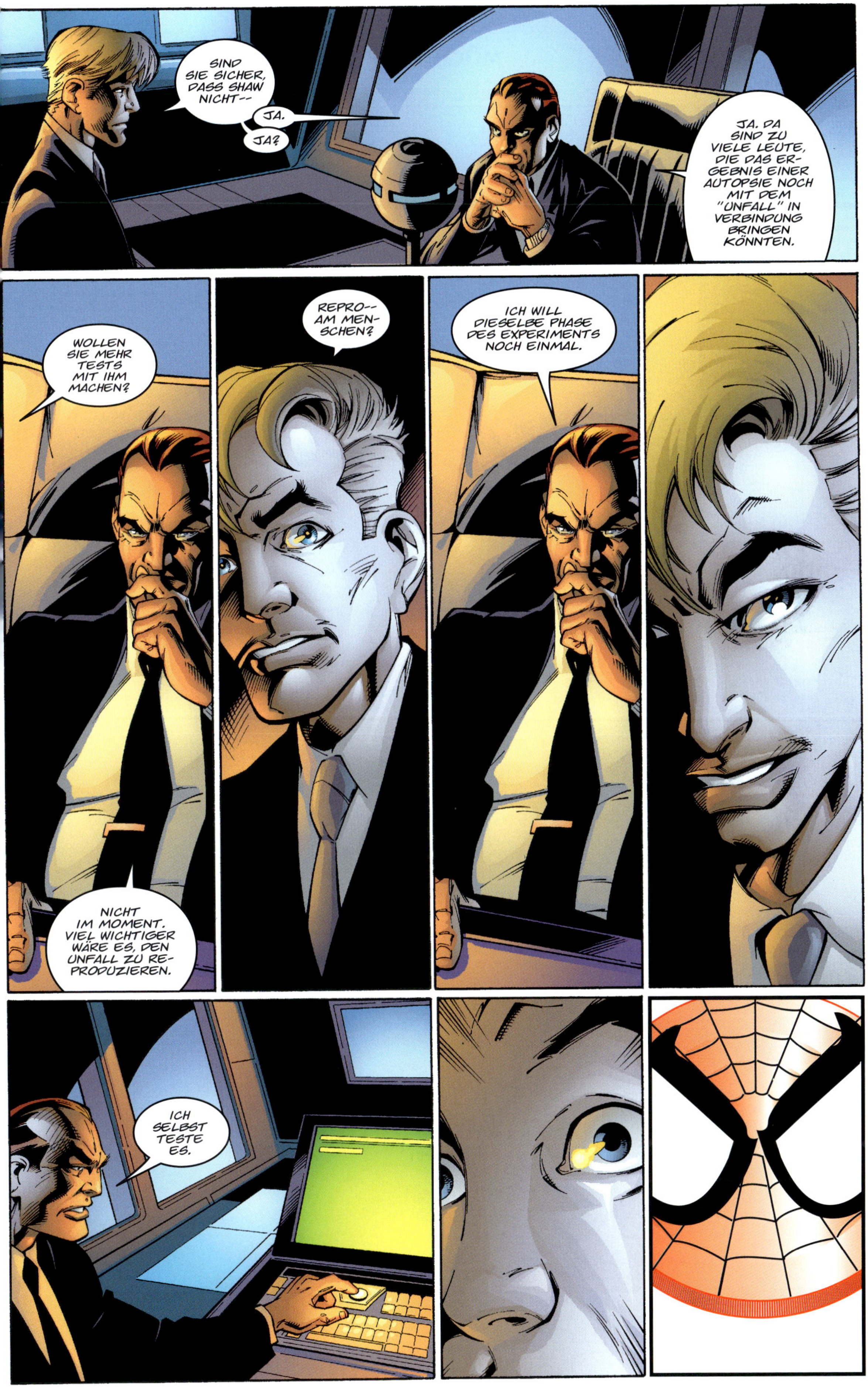
SIND SIE SICHER, DASS SHAW NICHT--
JA.
JA?
JA. DA SIND ZU VIELE LEUTE, DIE DAS ERGEBNIS EINER AUTOPSIE NOCH MIT DEM "UNFALL" IN VERBINDUNG BRINGEN KÖNNTEN.
WOLLEN SIE MEHR TESTS MIT IHM MACHEN?
NICHT IM MOMENT. VIEL WICHTIGER WÄRE ES, DEN UNFALL ZU REPRODUZIEREN.
REPRO-- AM MENSCHEN?
ICH WILL DIESELBE PHASE DES EXPERIMENTS NOCH EINMAL.
ICH SELBST TESTE ES.

MÖCHTEGERN

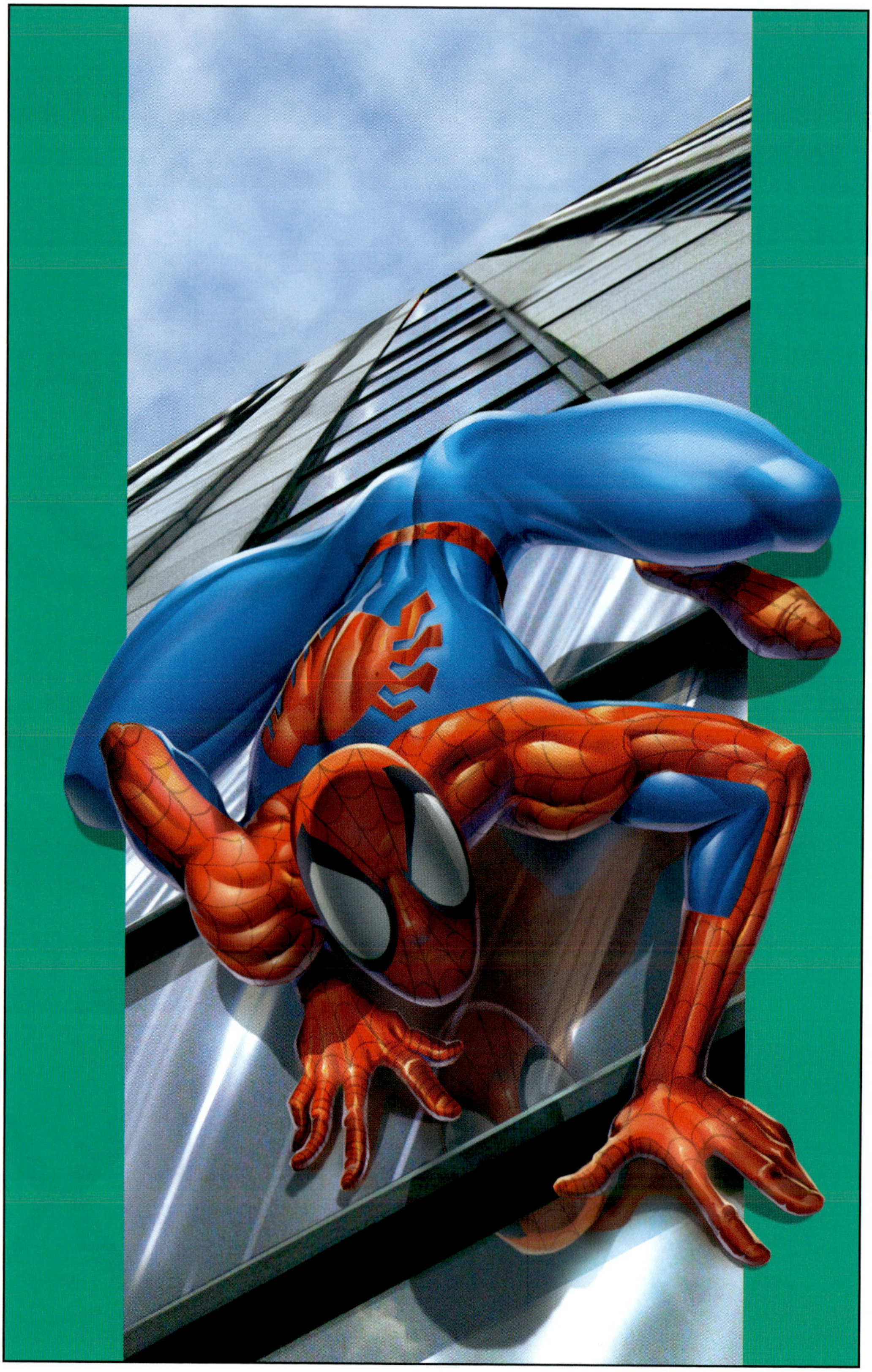

Ultimate Spider-Man (2000) 3
Cover von **MARK BAGLEY**

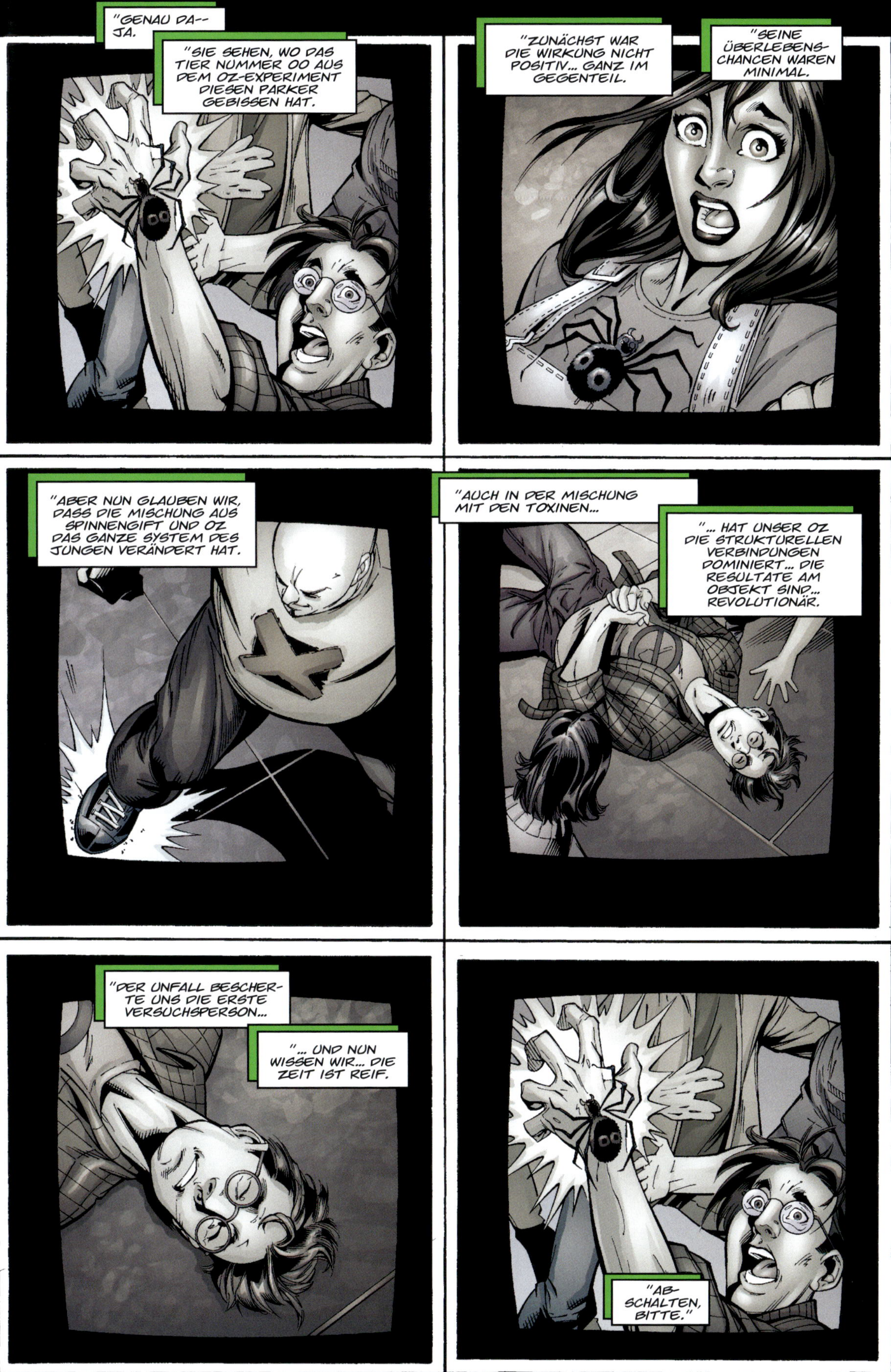
"GENAU DA-- JA.
"SIE SEHEN, WO DAS TIER NUMMER OO AUS DEM OZ-EXPERIMENT DIESEN PARKER GEBISSEN HAT.
"ZUNÄCHST WAR DIE WIRKUNG NICHT POSITIV... GANZ IM GEGENTEIL.
"SEINE ÜBERLEBENS-CHANCEN WAREN MINIMAL.
"ABER NUN GLAUBEN WIR, DASS DIE MISCHUNG AUS SPINNENGIFT UND OZ DAS GANZE SYSTEM DES JUNGEN VERÄNDERT HAT.
"AUCH IN DER MISCHUNG MIT DEN TOXINEN...
"... HAT UNSER OZ DIE STRUKTURELLEN VERBINDUNGEN DOMINIERT... DIE RESULTATE AM OBJEKT SIND... REVOLUTIONÄR.
"DER UNFALL BESCHER-TE UNS DIE ERSTE VERSUCHSPERSON...
"... UND NUN WISSEN WIR... DIE ZEIT IST REIF.
"AB-SCHALTEN, BITTE."

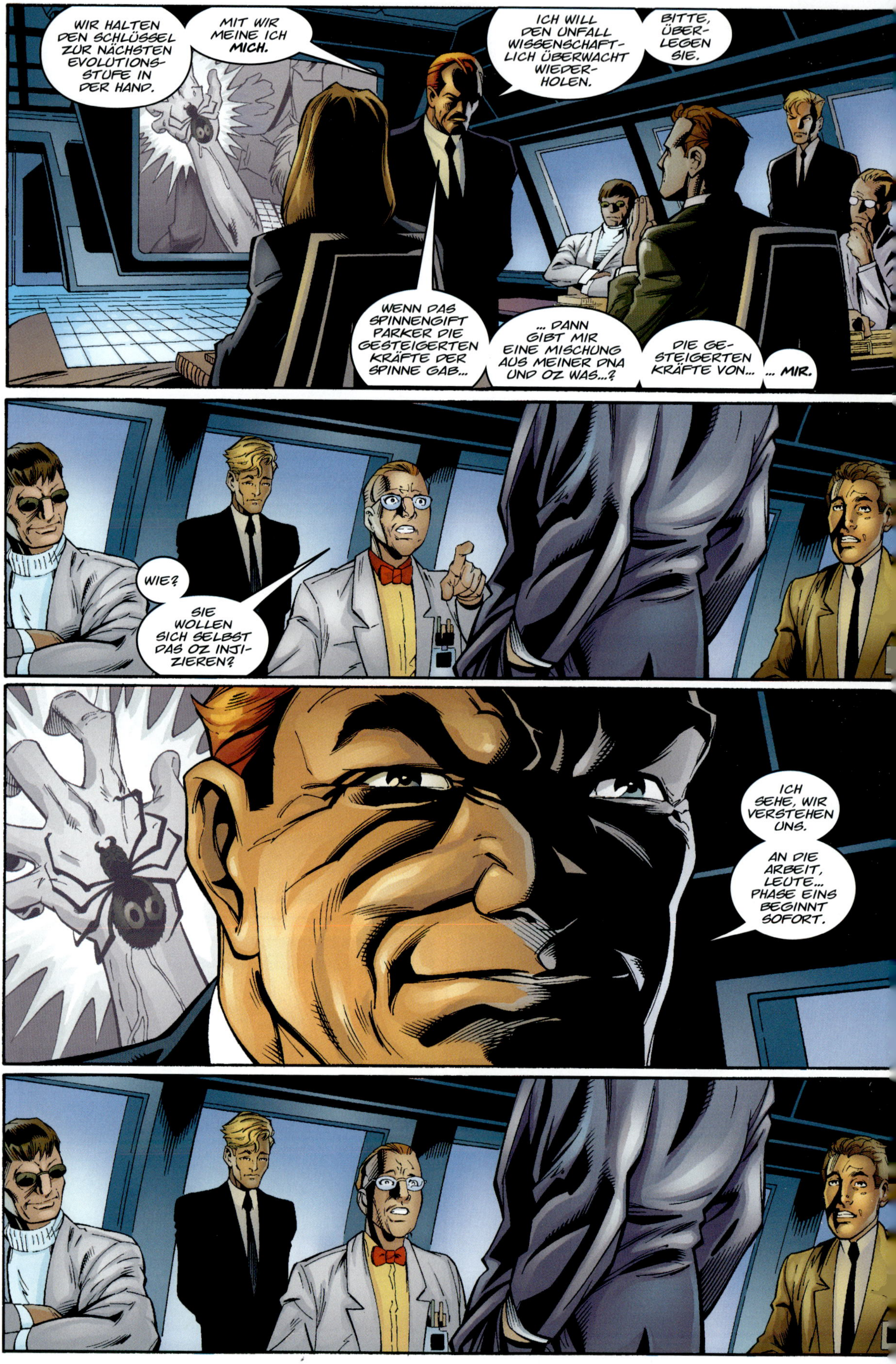
WIR HALTEN DEN SCHLÜSSEL ZUR NÄCHSTEN EVOLUTIONS-STUFE IN DER HAND.
MIT WIR MEINE ICH MICH.
ICH WILL DEN UNFALL WISSENSCHAFT-LICH ÜBERWACHT WIEDER-HOLEN.
BITTE, ÜBER-LEGEN SIE.
WENN DAS SPINNENGIFT PARKER DIE GESTEIGERTEN KRÄFTE DER SPINNE GAB...
... DANN GIBT MIR EINE MISCHUNG AUS MEINER DNA UND OZ WAS...?
DIE GE-STEIGERTEN KRÄFTE VON...
... MIR.
WIE?
SIE WOLLEN SICH SELBST DAS OZ INJI-ZIEREN?
ICH SEHE, WIR VERSTEHEN UNS.
AN DIE ARBEIT, LEUTE... PHASE EINS BEGINNT SOFORT.

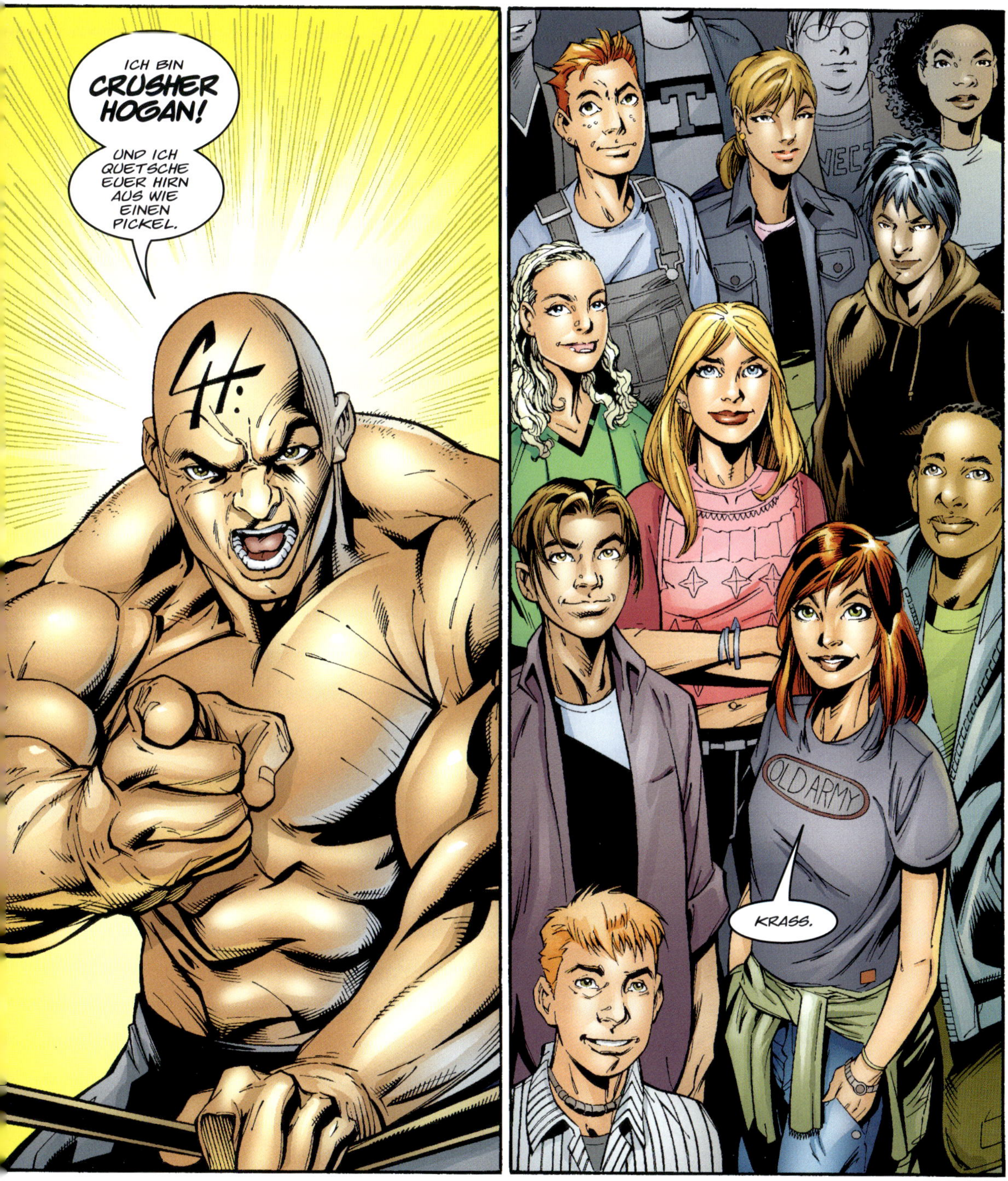
ICH BIN CRUSHER HOGAN!
UND ICH QUETSCHE EUER HIRN AUS WIE EINEN PICKEL.
OLD ARMY
KRASS.

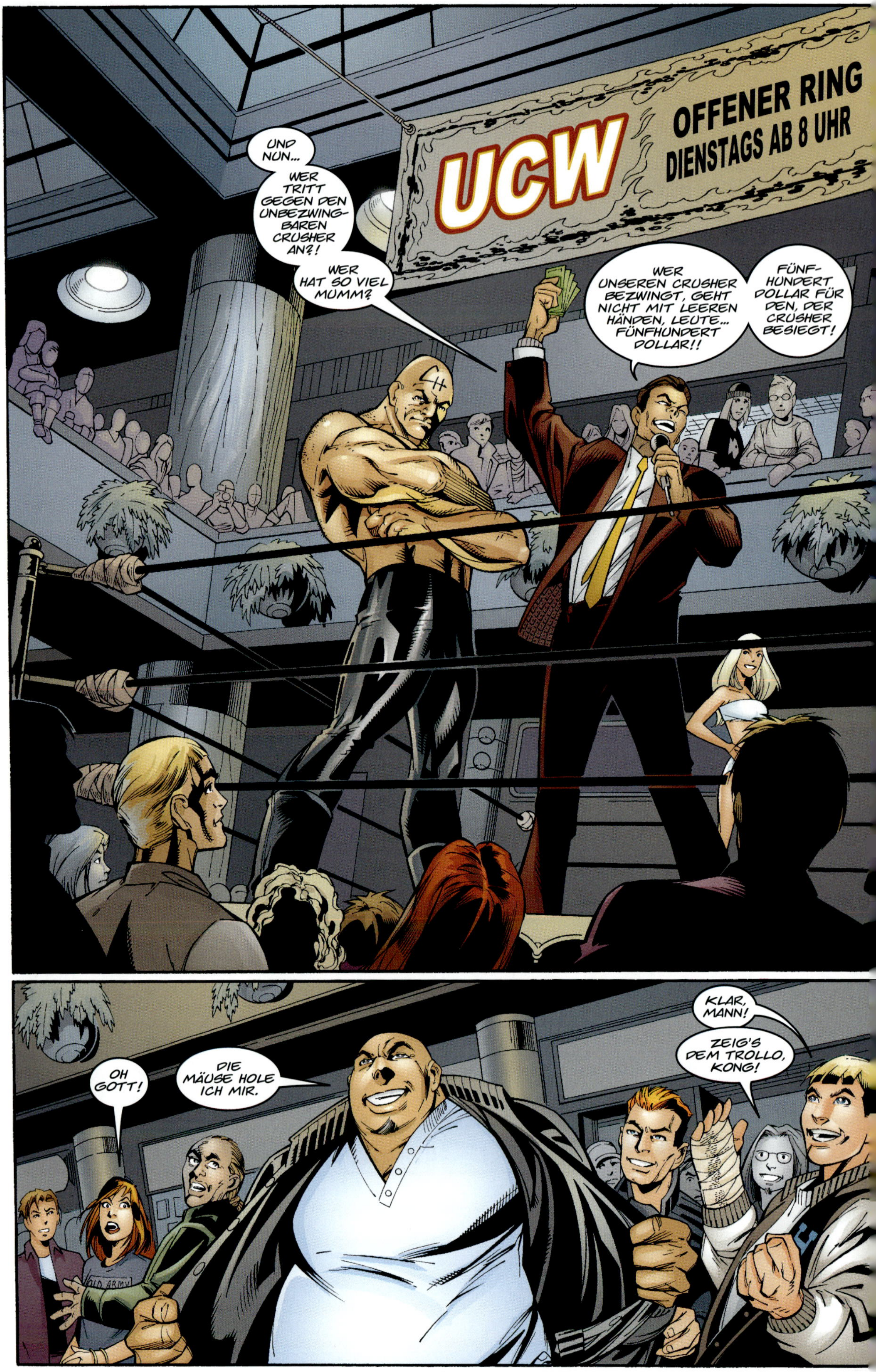
UCW
OFFENER RING
DIENSTAGS AB 8 UHR
UND NUN...
WER TRITT GEGEN DEN UNBEZWING-BAREN CRUSHER AN?!
WER HAT SO VIEL MUMM?
WER UNSEREN CRUSHER BEZWINGT, GEHT NICHT MIT LEEREN HÄNDEN, LEUTE... FÜNFHUNDERT DOLLAR!!
FÜNF-HUNDERT DOLLAR FÜR DEN, DER CRUSHER BESIEGT!
OH GOTT!
DIE MÄUSE HOLE ICH MIR.
KLAR, MANN!
ZEIG'S DEM TROLLO, KONG!

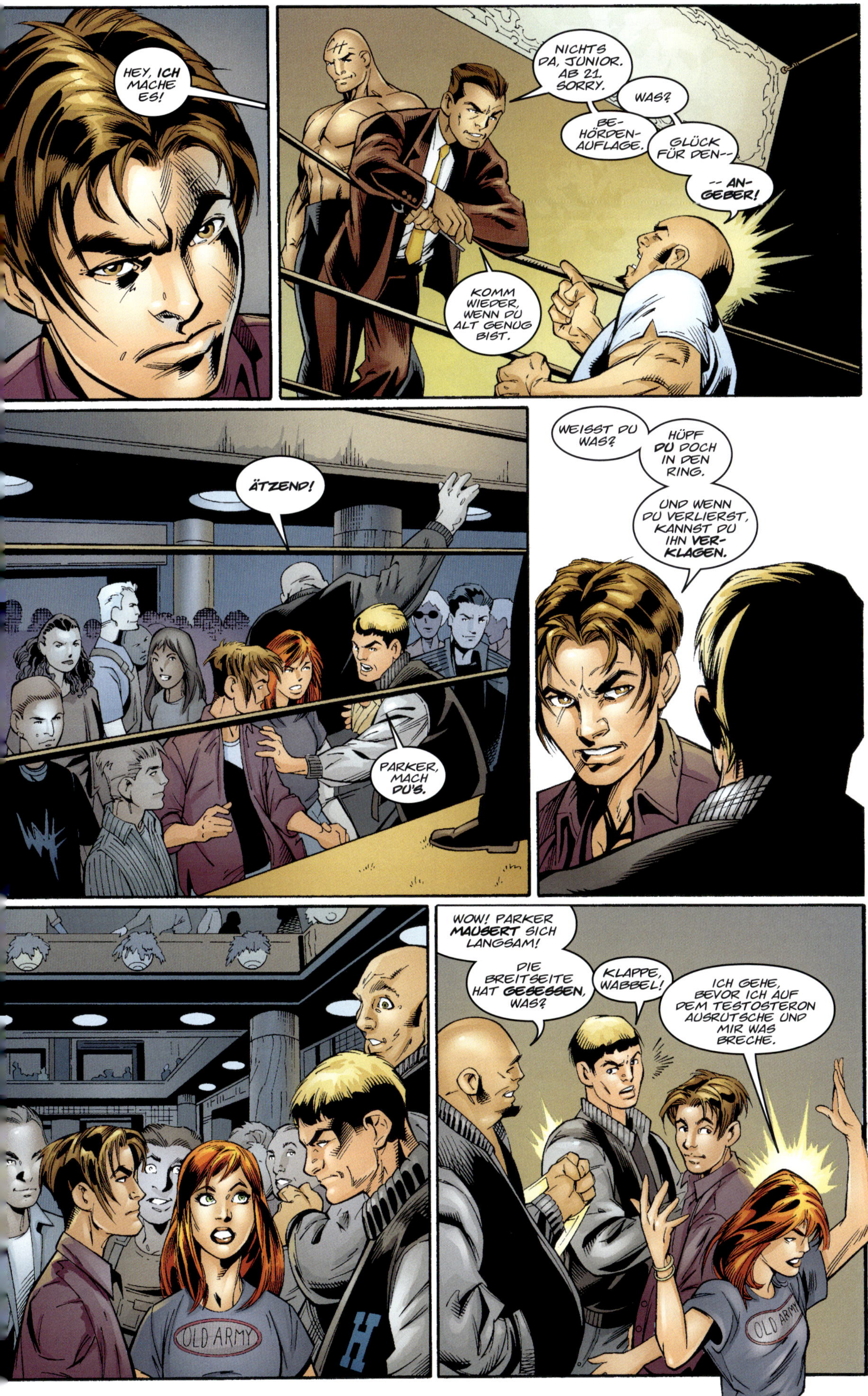
HEY, **ICH** MACHE ES!
NICHTS DA, JUNIOR. AB 21 SORRY.
WAS?
BEHÖRDEN-AUFLAGE.
GLÜCK FÜR DEN--
-- **ANGEBER!**
KOMM WIEDER, WENN DU ALT GENUG BIST.
ÄTZEND!
PARKER, MACH **DU'S.**
WEISST DU WAS?
HÜPF **DU** DOCH IN DEN RING.
UND WENN DU VERLIERST, KANNST DU IHN **VERKLAGEN.**
WOW! PARKER **MAUSERT** SICH LANGSAM!
DIE BREITSEITE HAT **GESESSEN**, WAS?
KLAPPE, WABBEL!
ICH GEHE, BEVOR ICH AUF DEM TESTOSTERON AUSRUTSCHE UND MIR WAS BRECHE.
OLD ARMY
OLD ARMY

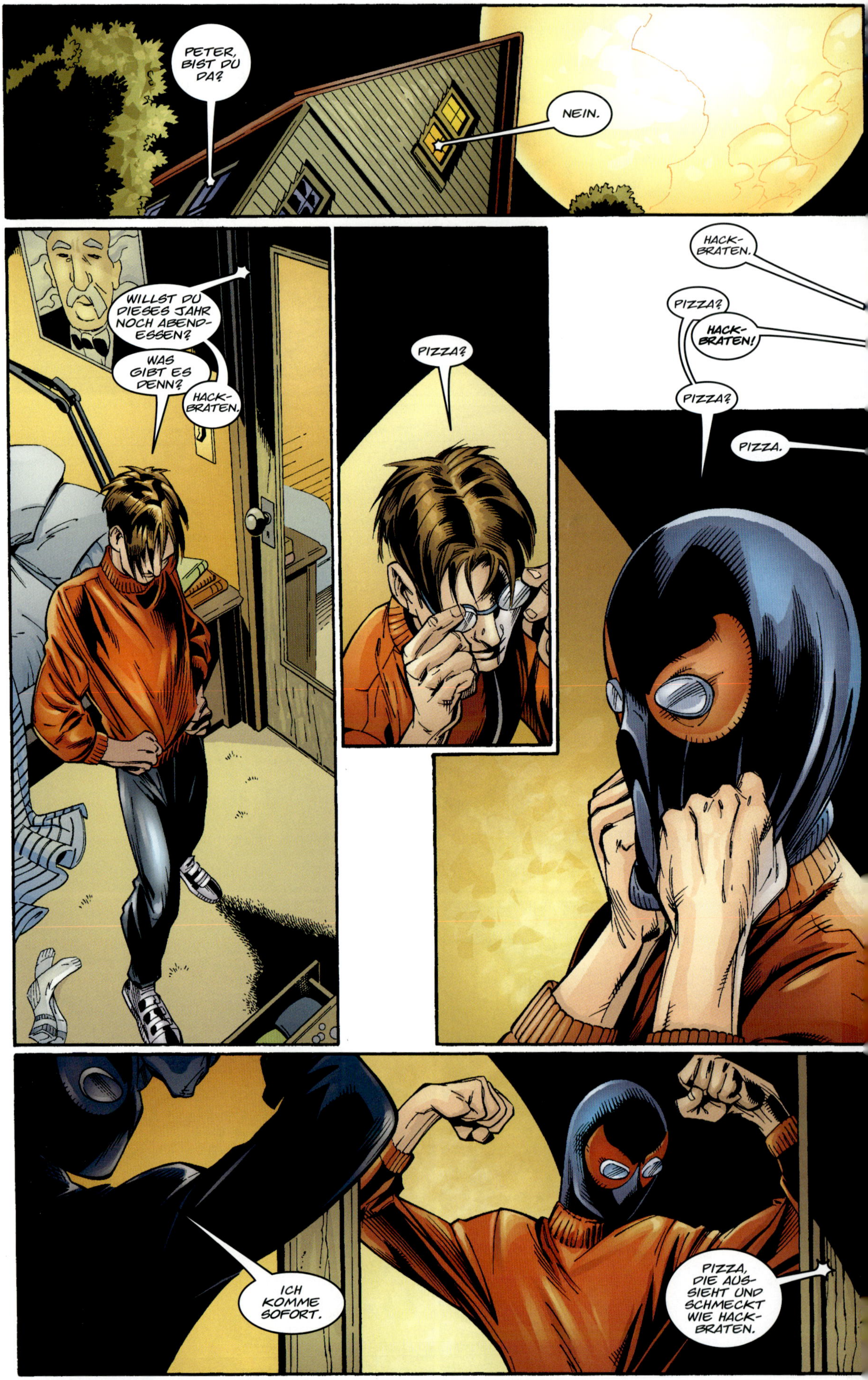
PETER, BIST DU DA?
NEIN.
WILLST DU DIESES JAHR NOCH ABEND-ESSEN?
WAS GIBT ES DENN?
HACK-BRATEN.
PIZZA?
HACK-BRATEN.
PIZZA?
HACK-BRATEN!
PIZZA?
PIZZA.
ICH KOMME SOFORT.
PIZZA, DIE AUS-SIEHT UND SCHMECKT WIE HACK-BRATEN.

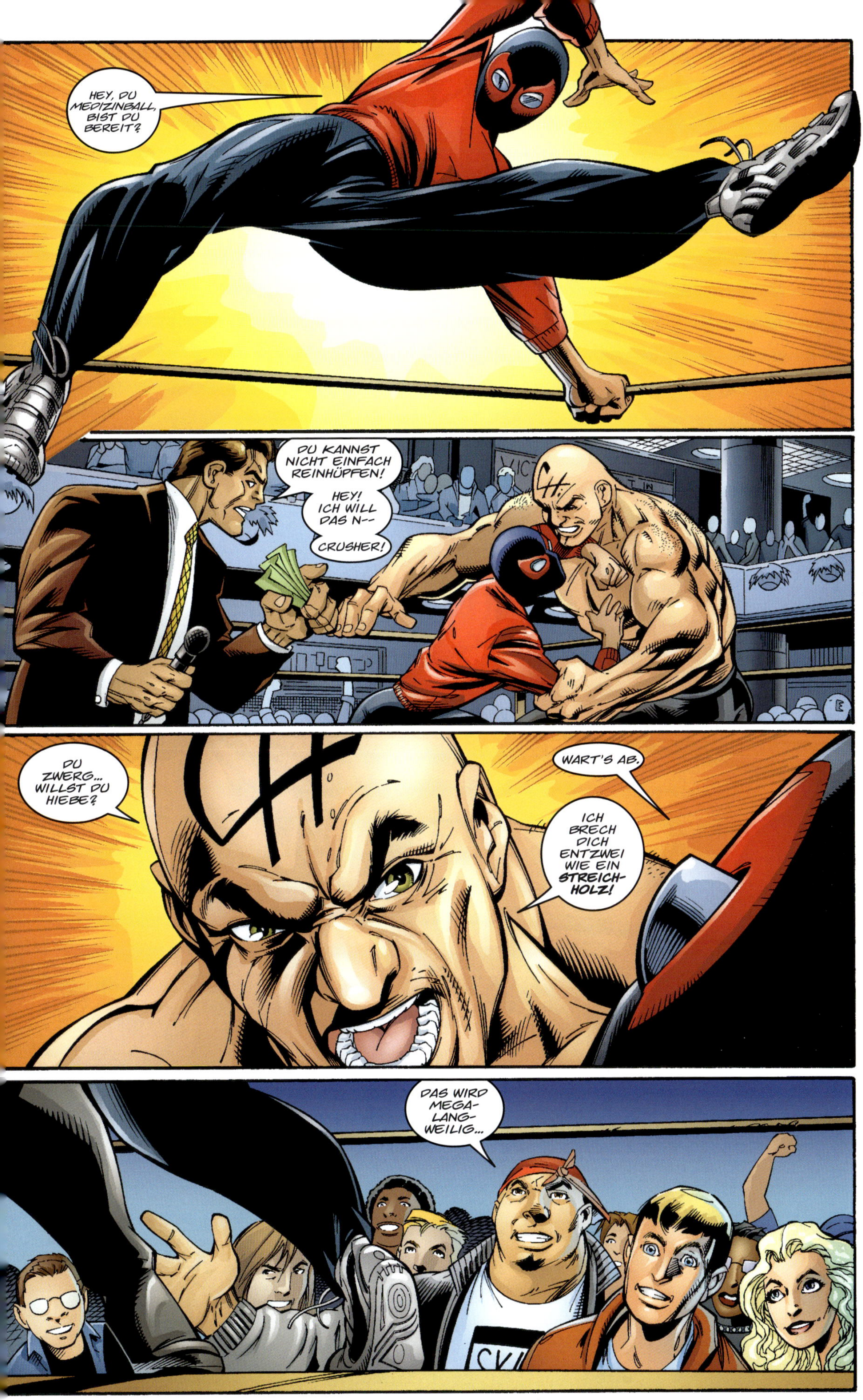
HEY, DU MEDIZINBALL, BIST DU BEREIT?
DU KANNST NICHT EINFACH REINHÜPFEN!
HEY! ICH WILL DAS N--
CRUSHER!
DU ZWERG... WILLST DU HIEBE?
WART'S AB.
ICH BRECH DICH ENTZWEI WIE EIN **STREICHHOLZ!**
DAS WIRD MEGA-LANG-WEILIG...

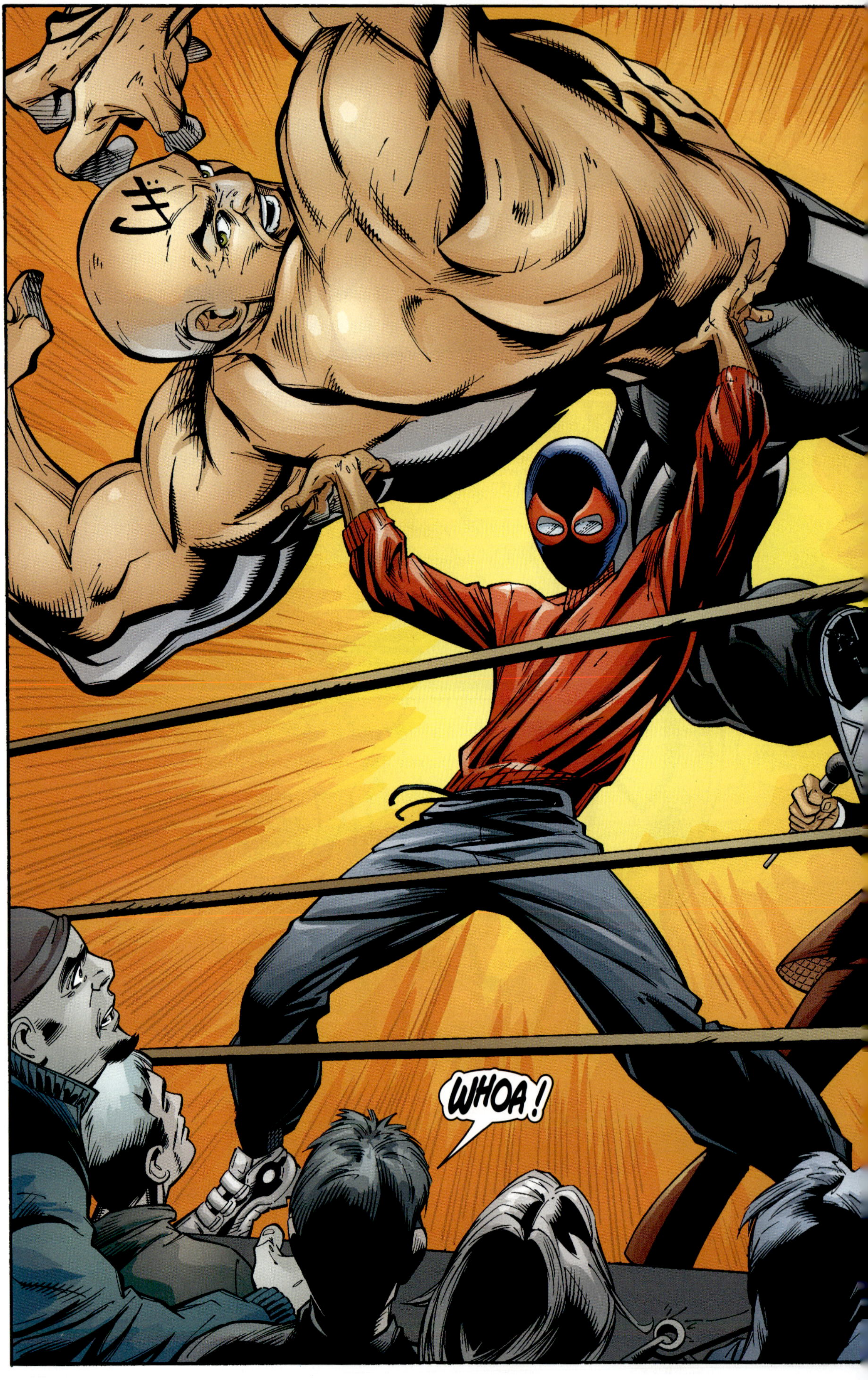
WHOA!

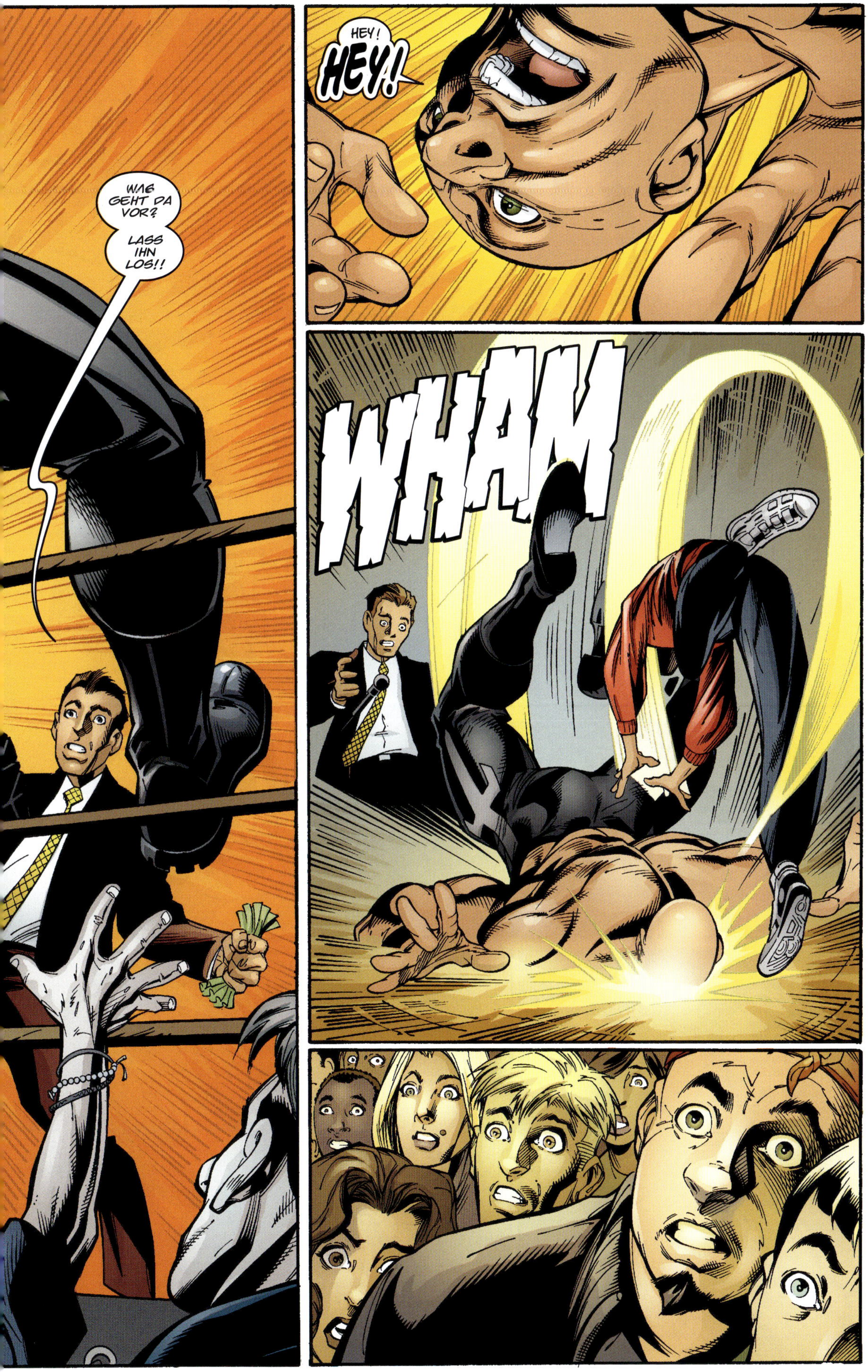
WAS GEHT DA VOR?
LASS IHN LOS!!
HEY! HEY!
WHAM

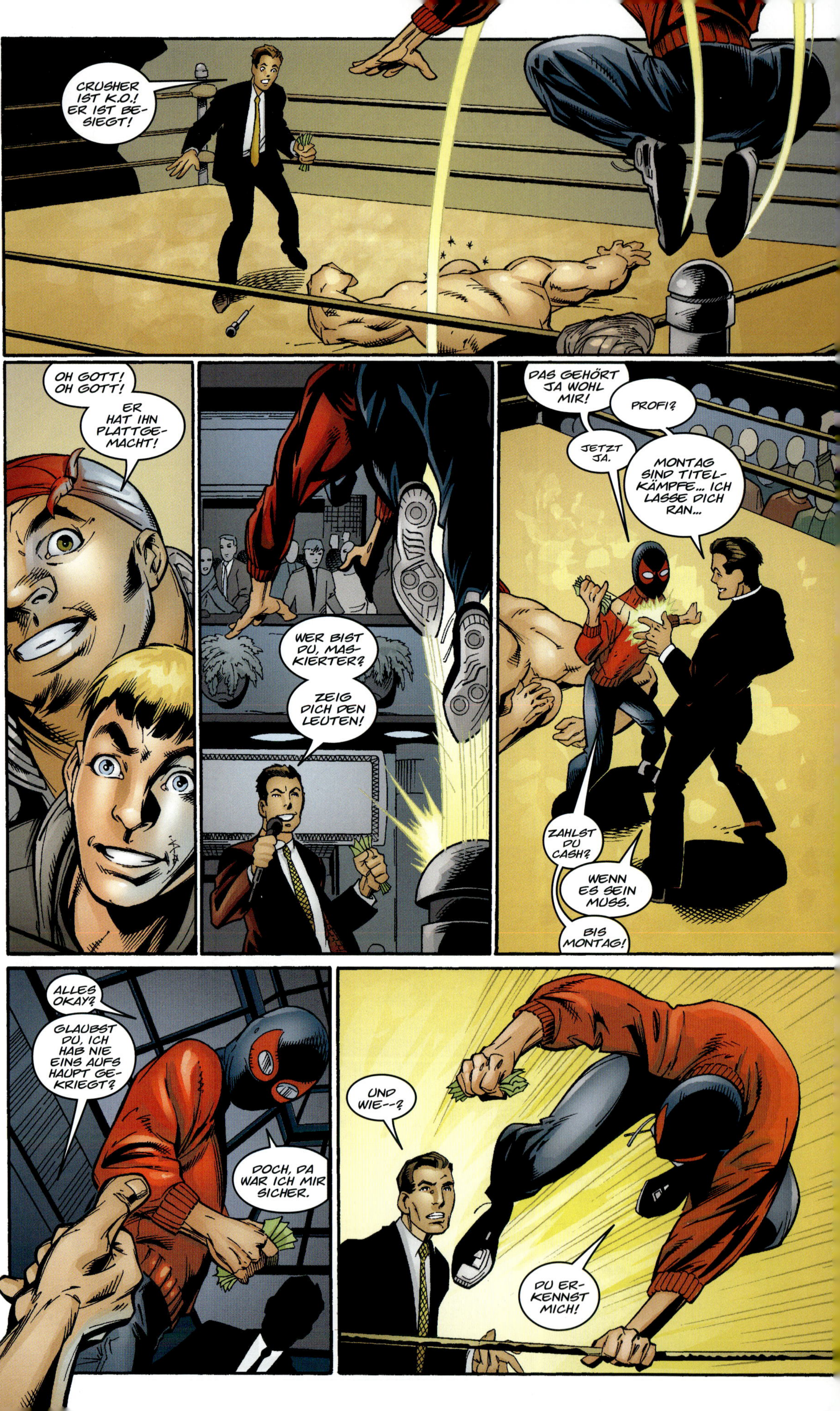
CRUSHER IST K.O.! ER IST BESIEGT!
OH GOTT! OH GOTT!
ER HAT IHN PLATTGEMACHT!
WER BIST DU, MASKIERTER?
ZEIG DICH DEN LEUTEN!
DAS GEHÖRT JA WOHL MIR!
PROFI?
JETZT JA.
MONTAG SIND TITELKÄMPFE... ICH LASSE DICH RAN...
ZAHLST DU CASH?
WENN ES SEIN MUSS.
BIS MONTAG!
ALLES OKAY?
GLAUBST DU, ICH HAB NIE EINS AUFS HAUPT GEKRIEGT?
DOCH, DA WAR ICH MIR SICHER.
UND WIE--?
DU ERKENNST MICH!

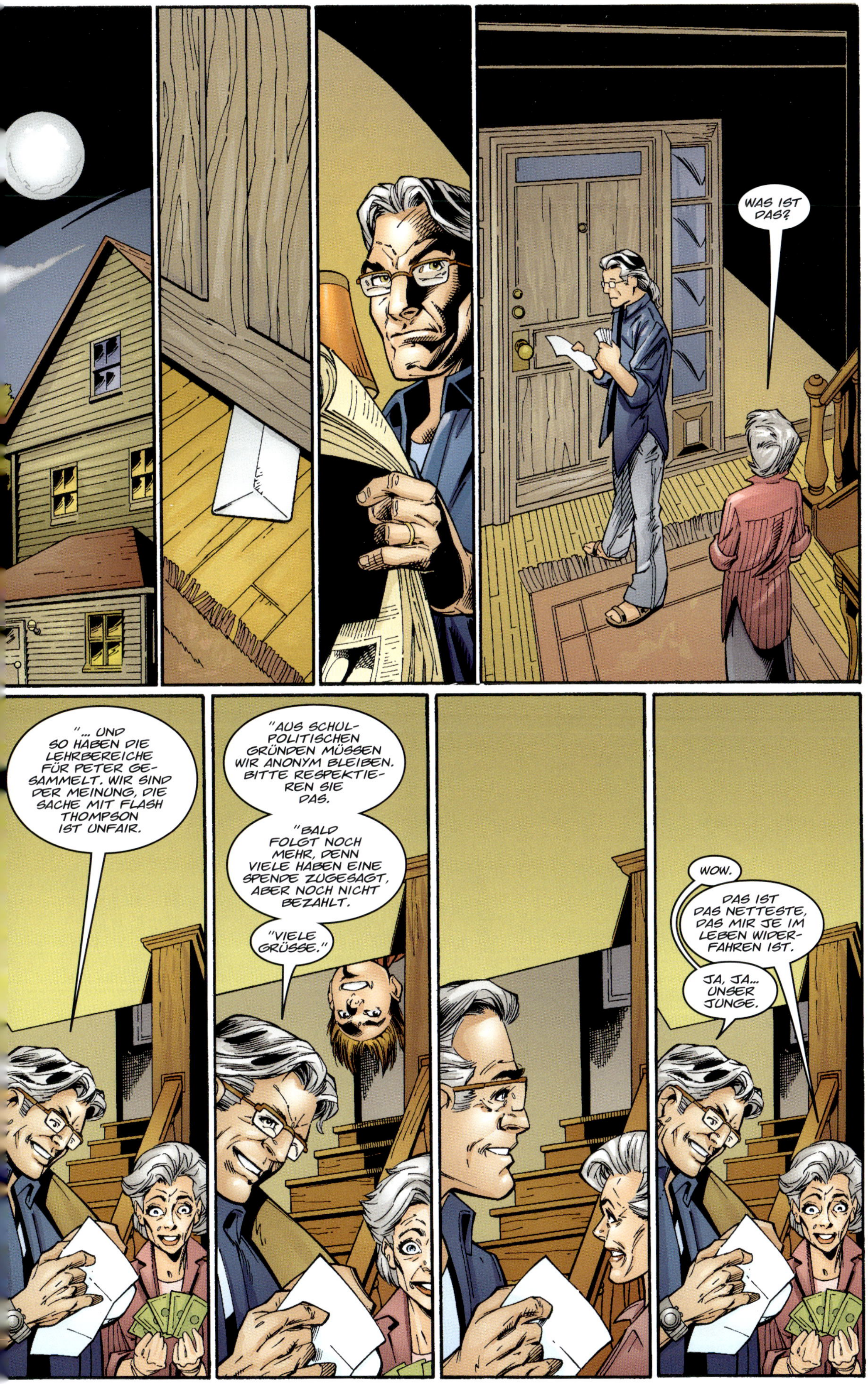
WAS IST DAS?
"... UND SO HABEN DIE LEHRBEREICHE FÜR PETER GESAMMELT. WIR SIND DER MEINUNG, DIE SACHE MIT FLASH THOMPSON IST UNFAIR.
"AUS SCHULPOLITISCHEN GRÜNDEN MÜSSEN WIR ANONYM BLEIBEN. BITTE RESPEKTIEREN SIE DAS.
"BALD FOLGT NOCH MEHR, DENN VIELE HABEN EINE SPENDE ZUGESAGT, ABER NOCH NICHT BEZAHLT.
"VIELE GRÜSSE."
WOW.
DAS IST DAS NETTESTE, DAS MIR JE IM LEBEN WIDERFAHREN IST.
JA, JA... UNSER JUNGE.

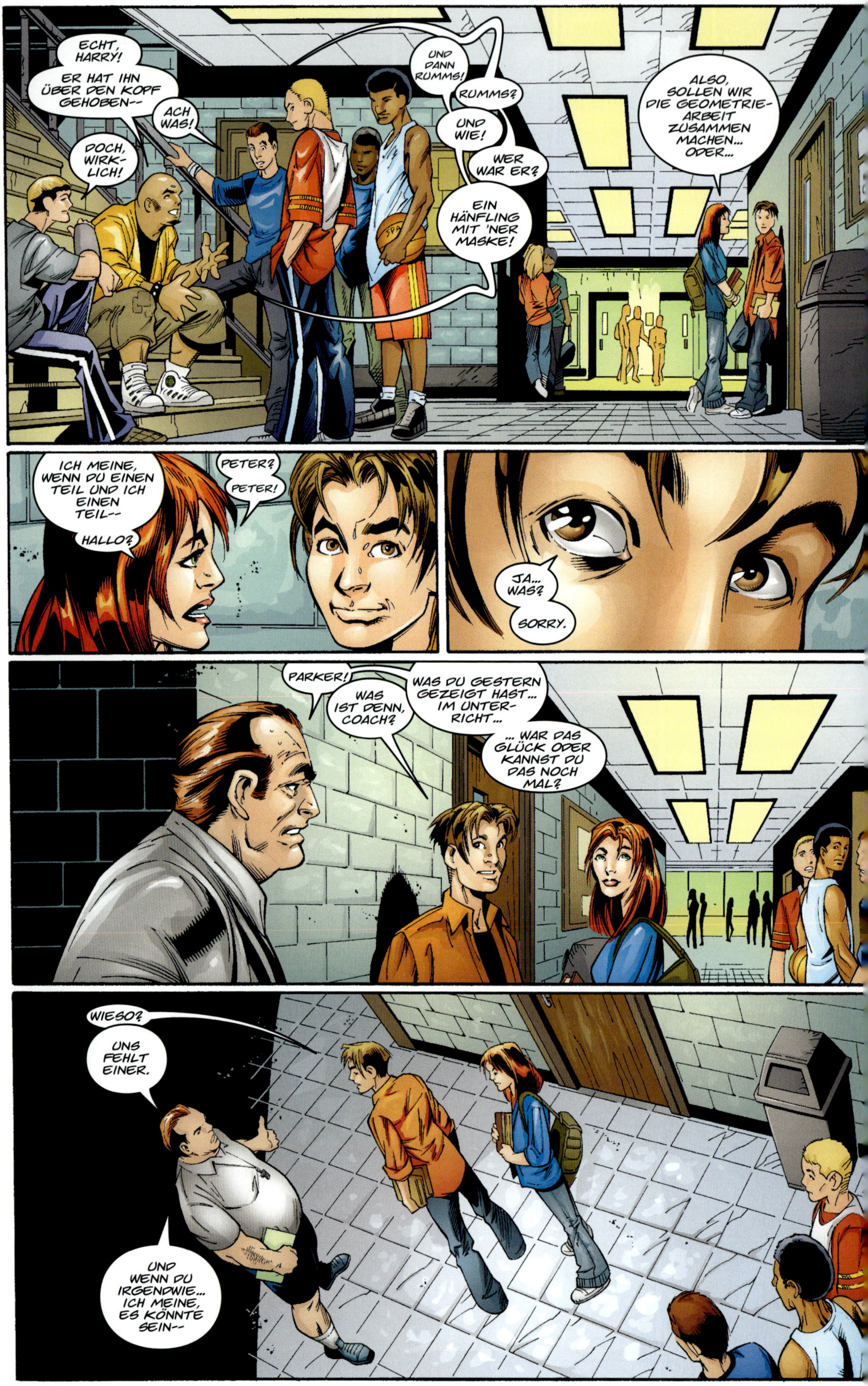

ECHT, HARRY!
ER HAT IHN ÜBER DEN KOPF GEHOBEN--
ACH WAS!
DOCH, WIRK-LICH!
UND DANN RUMMS!
RUMMS?
UND WIE!
WER WAR ER?
EIN HÄNFLING MIT 'NER MASKE!
ALSO, SOLLEN WIR DIE GEOMETRIE-ARBEIT ZUSAMMEN MACHEN... ODER...
ICH MEINE, WENN DU EINEN TEIL UND ICH EINEN TEIL--
HALLO?
PETER?
PETER!
JA... WAS?
SORRY.
PARKER!
WAS IST DENN, COACH?
WAS DU GESTERN GEZEIGT HAST... IM UNTER-RICHT...
... WAR DAS GLÜCK ODER KANNST DU DAS NOCH MAL?
WIESO?
UNS FEHLT EINER.
UND WENN DU IRGENDWIE... ICH MEINE, ES KÖNNTE SEIN--

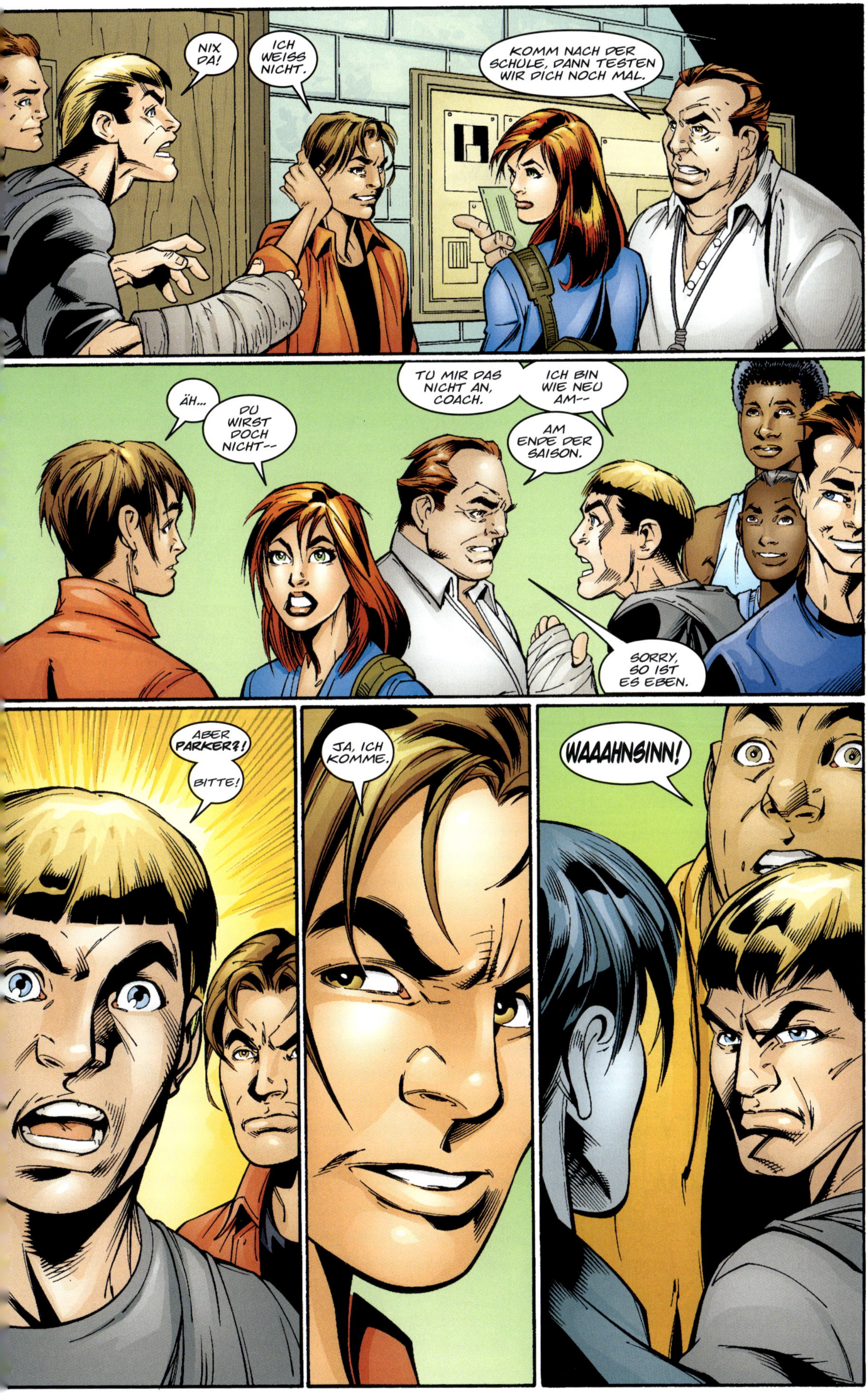
NIX DA!
ICH WEISS NICHT.
KOMM NACH DER SCHULE, DANN TESTEN WIR DICH NOCH MAL.
ÄH...
DU WIRST DOCH NICHT--
TU MIR DAS NICHT AN, COACH.
ICH BIN WIE NEU AM--
AM ENDE DER SAISON.
SORRY, SO IST ES EBEN.
ABER PARKER?!
BITTE!
JA, ICH KOMME.
WAAAHNSINN!

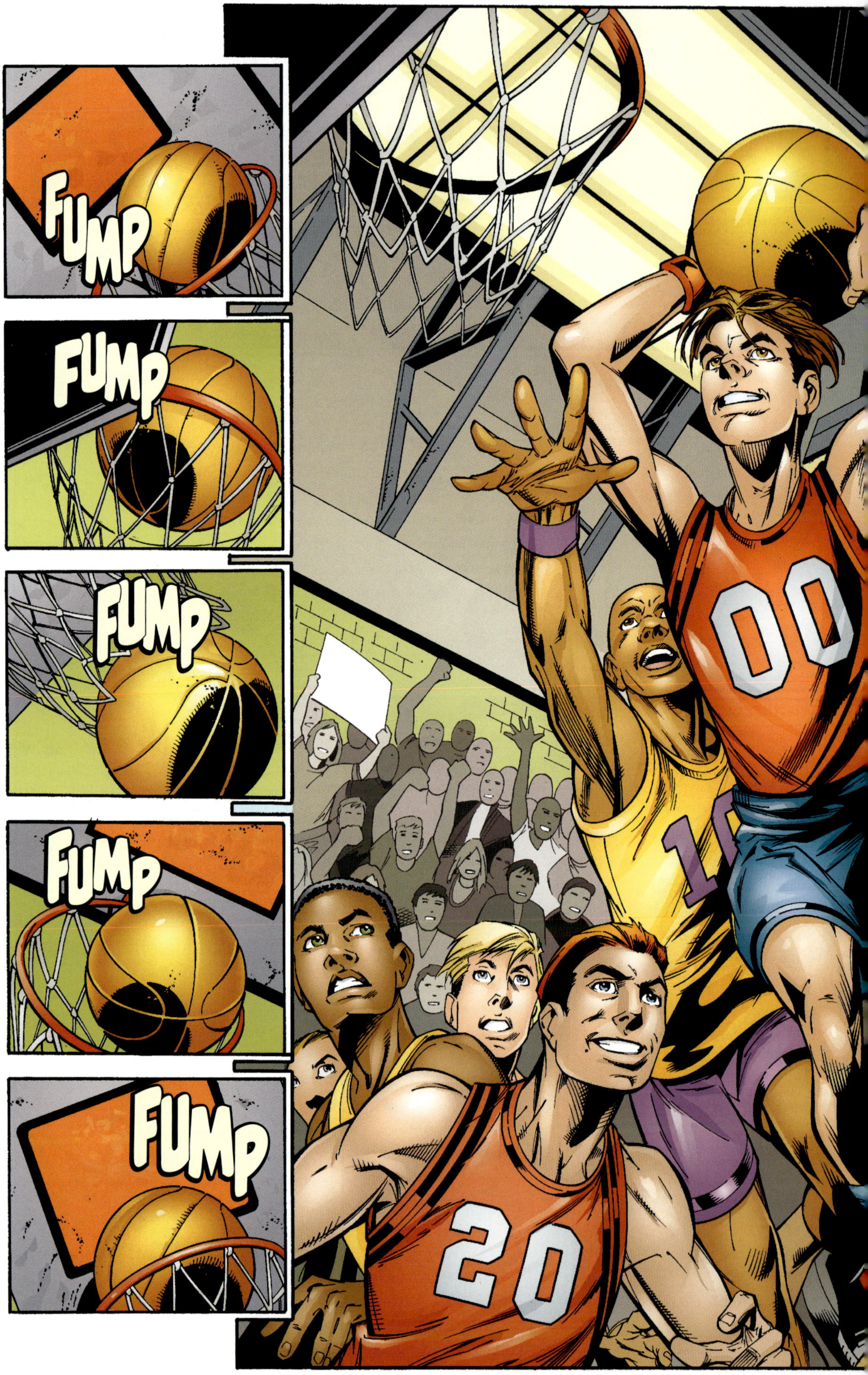
FUMP
FUMP
FUMP
FUMP
FUMP

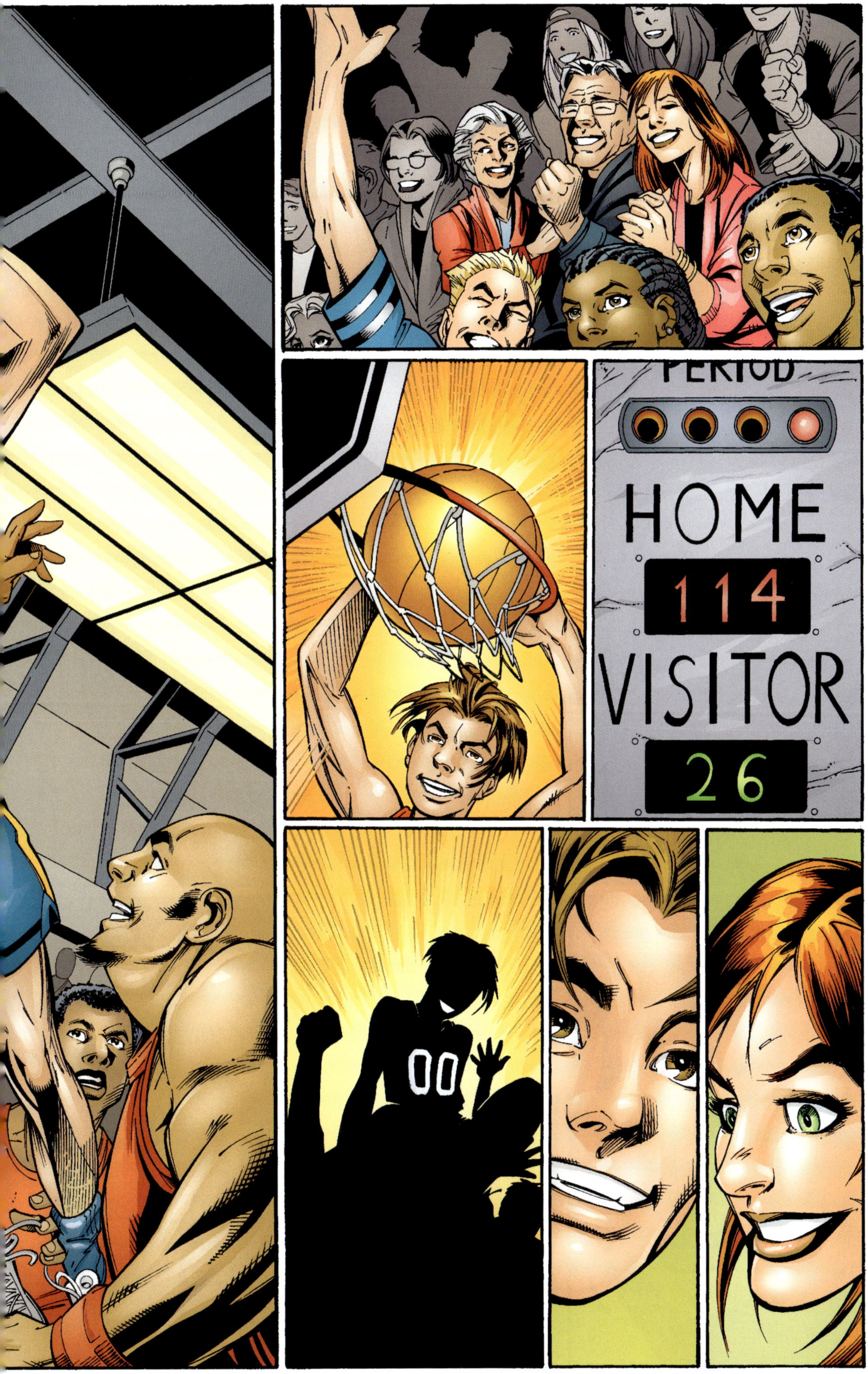
PERIOD
HOME
114
VISITOR
26
00

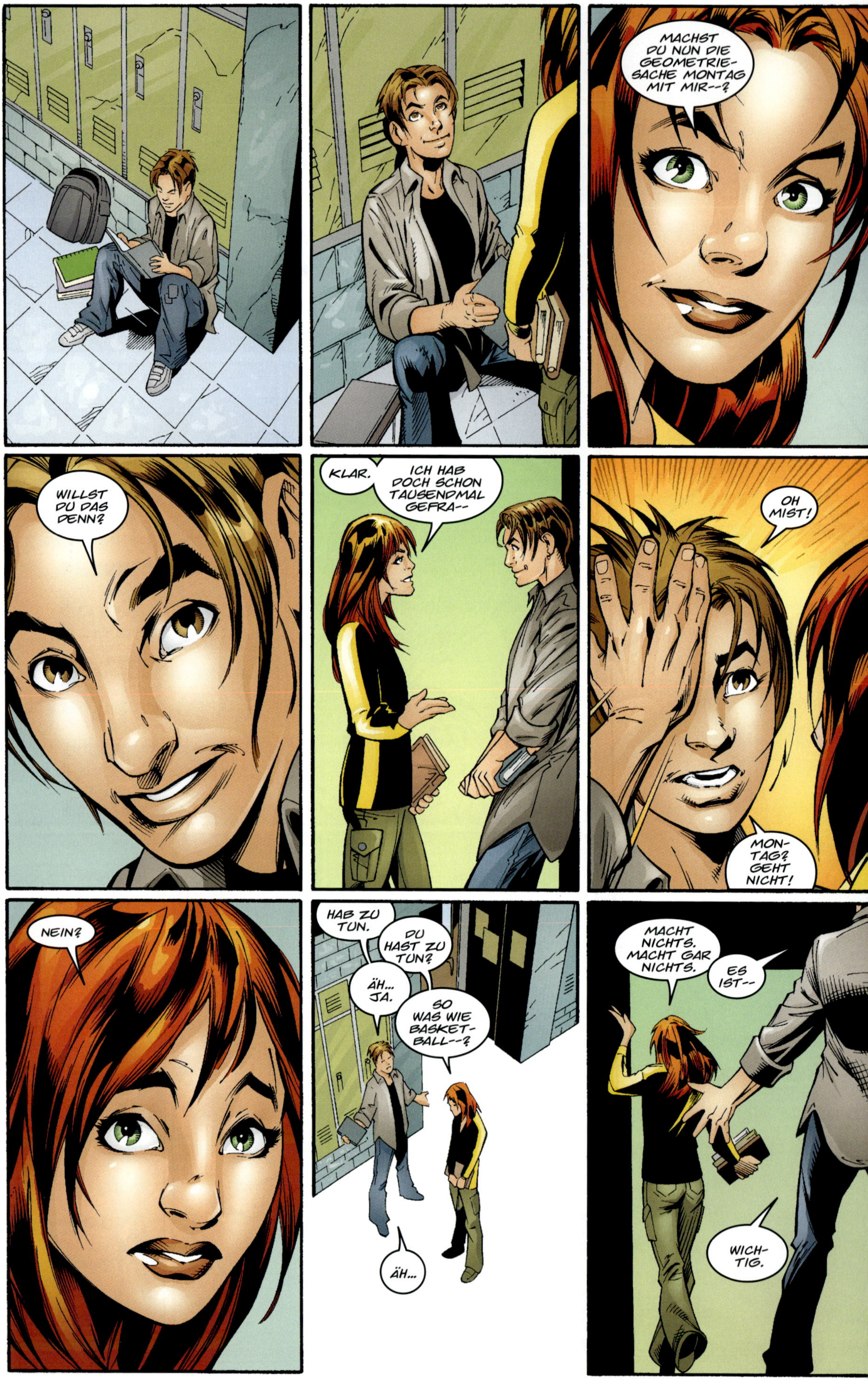
MACHST DU NUN DIE GEOMETRIE-SACHE MONTAG MIT MIR--?
WILLST DU DAS DENN?
KLAR.
ICH HAB DOCH SCHON TAUSENDMAL GEFRA--
OH MIST!
MON-TAG? GEHT NICHT!
NEIN?
HAB ZU TUN.
DU HAST ZU TUN?
ÄH... JA.
SO WAS WIE BASKET-BALL--?
ÄH...
MACHT NICHTS. MACHT GAR NICHTS.
ES IST--
WICH-TIG.

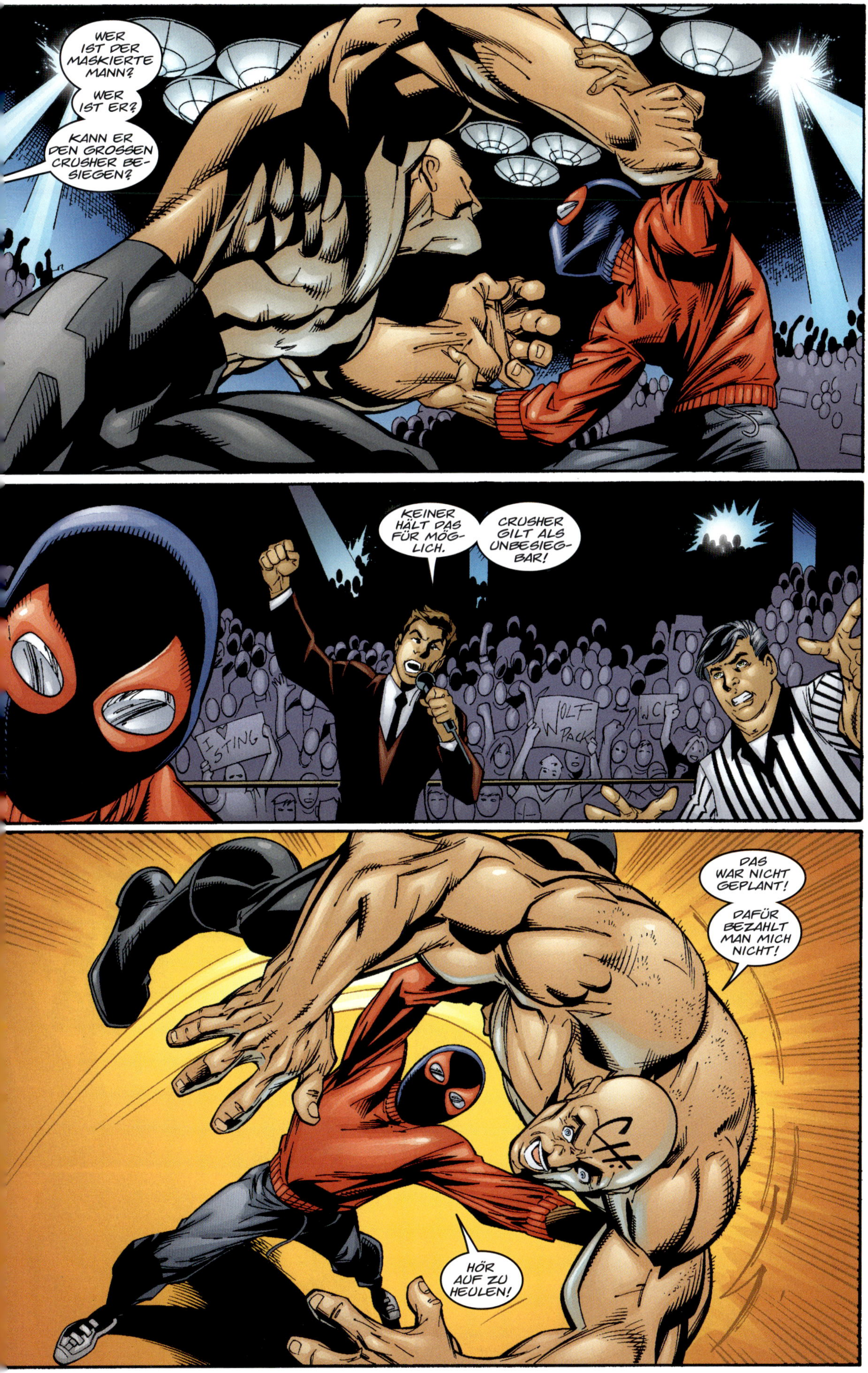

WER IST DER MASKIERTE MANN?
WER IST ER?
KANN ER DEN GROSSEN CRUSHER BESIEGEN?
KEINER HÄLT DAS FÜR MÖGLICH.
CRUSHER GILT ALS UNBESIEGBAR!
I ♥ STING
WOLF PACK
WCW
DAS WAR NICHT GEPLANT!
DAFÜR BEZAHLT MAN MICH NICHT!
HÖR AUF ZU HEULEN!

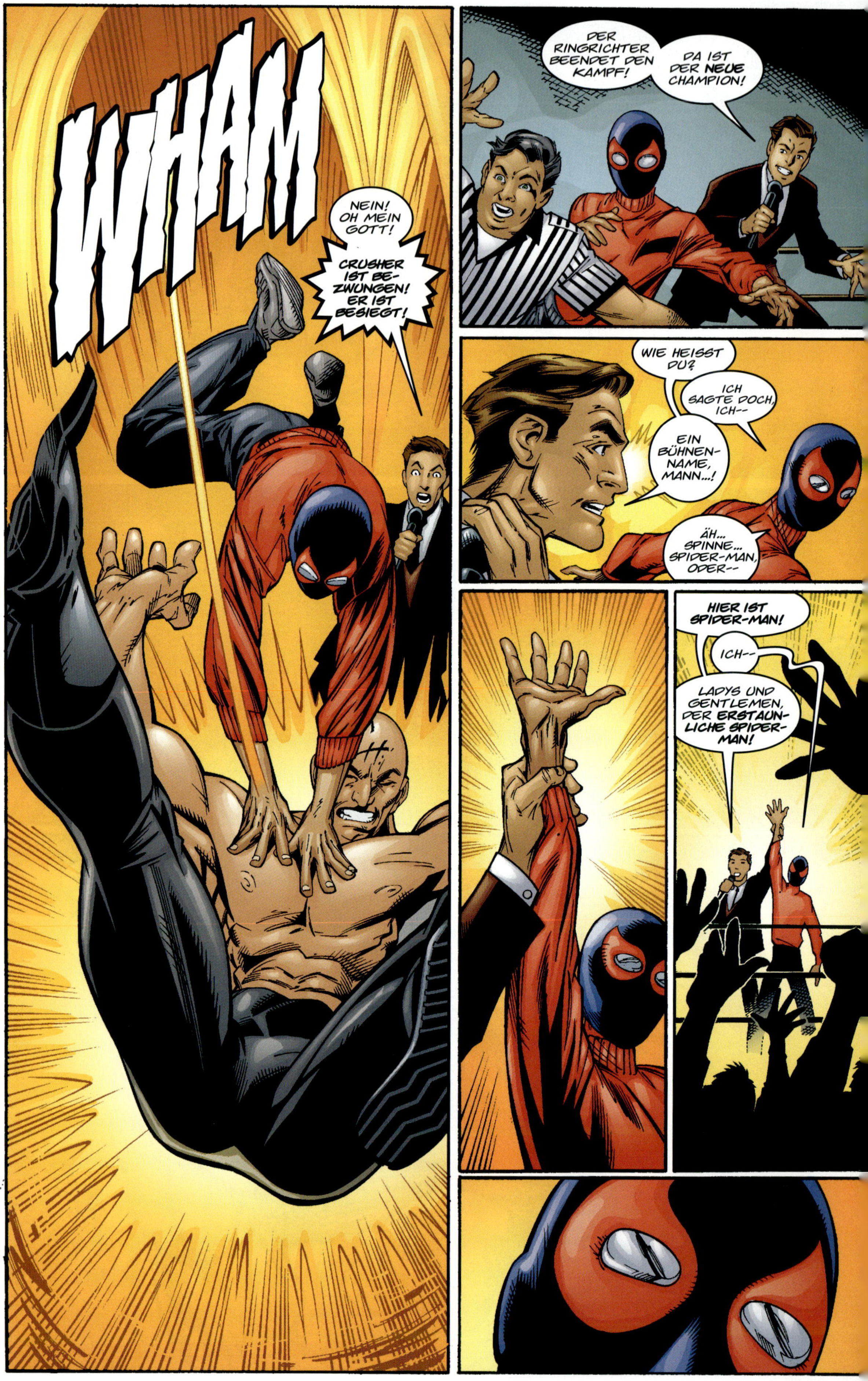
WHAM
NEIN! OH MEIN GOTT!
CRUSHER IST BEZWUNGEN! ER IST BESIEGT!
DER RINGRICHTER BEENDET DEN KAMPF!
DA IST DER NEUE CHAMPION!
WIE HEISST DU?
ICH SAGTE DOCH, ICH--
EIN BÜHNENNAME, MANN...!
ÄH... SPINNE... SPIDER-MAN, ODER--
HIER IST SPIDER-MAN!
ICH--
LADYS UND GENTLEMEN, DER ERSTAUNLICHE SPIDER-MAN!

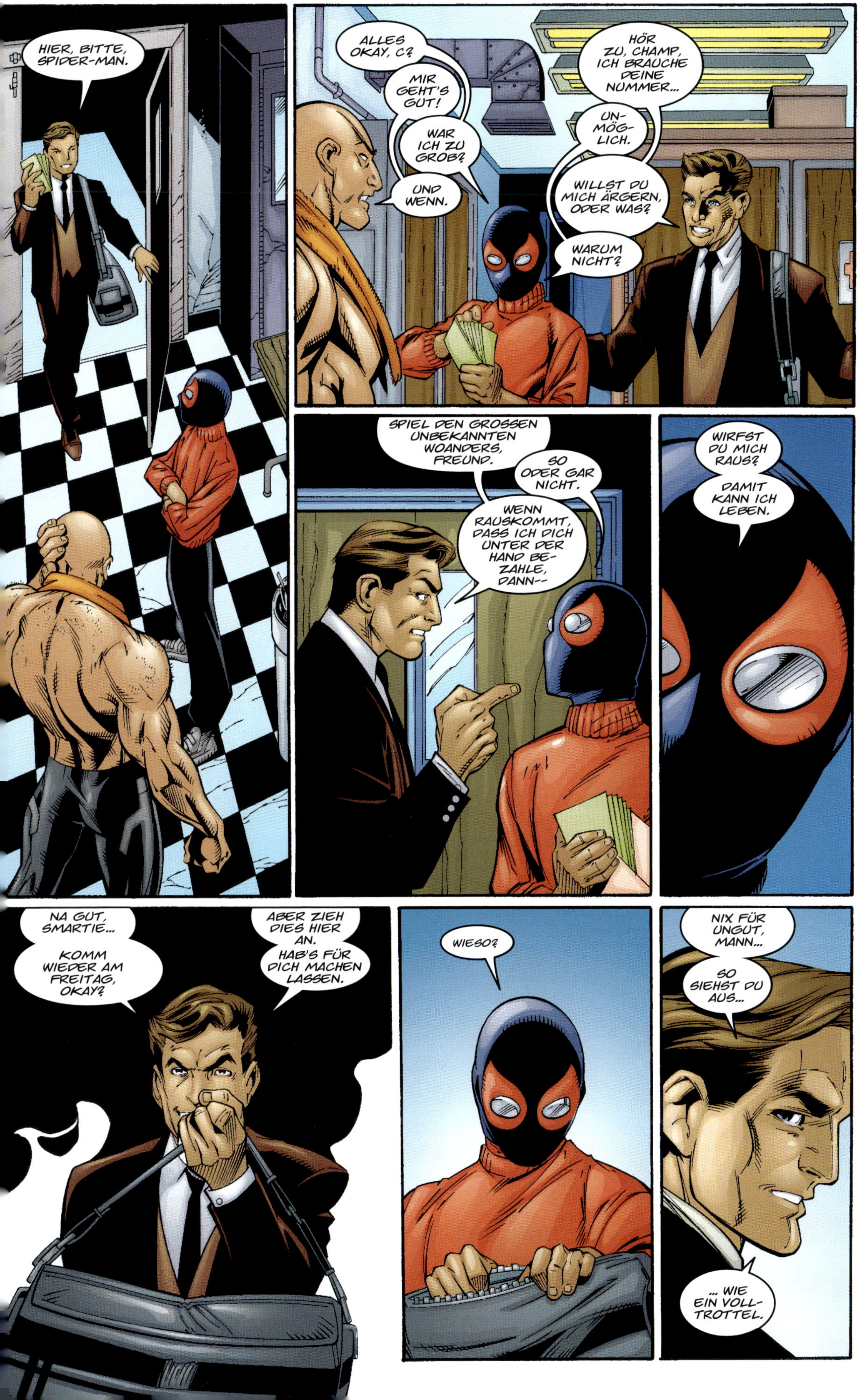
HIER, BITTE, SPIDER-MAN.
ALLES OKAY, C?
MIR GEHT'S GUT!
WAR ICH ZU GROB?
UND WENN.
HÖR ZU, CHAMP, ICH BRAUCHE DEINE NUMMER...
UN-MÖG-LICH.
WILLST DU MICH ÄRGERN, ODER WAS?
WARUM NICHT?
SPIEL DEN GROSSEN UNBEKANNTEN WOANDERS, FREUND.
SO ODER GAR NICHT.
WENN RAUSKOMMT, DASS ICH DICH UNTER DER HAND BE-ZAHLE, DANN--
WIRFST DU MICH RAUS?
DAMIT KANN ICH LEBEN.
NA GUT, SMARTIE...
KOMM WIEDER AM FREITAG, OKAY?
ABER ZIEH DIES HIER AN.
HAB'S FÜR DICH MACHEN LASSEN.
WIESO?
NIX FÜR UNGUT, MANN...
SO SIEHST DU AUS...
... WIE EIN VOLL-TROTTEL.

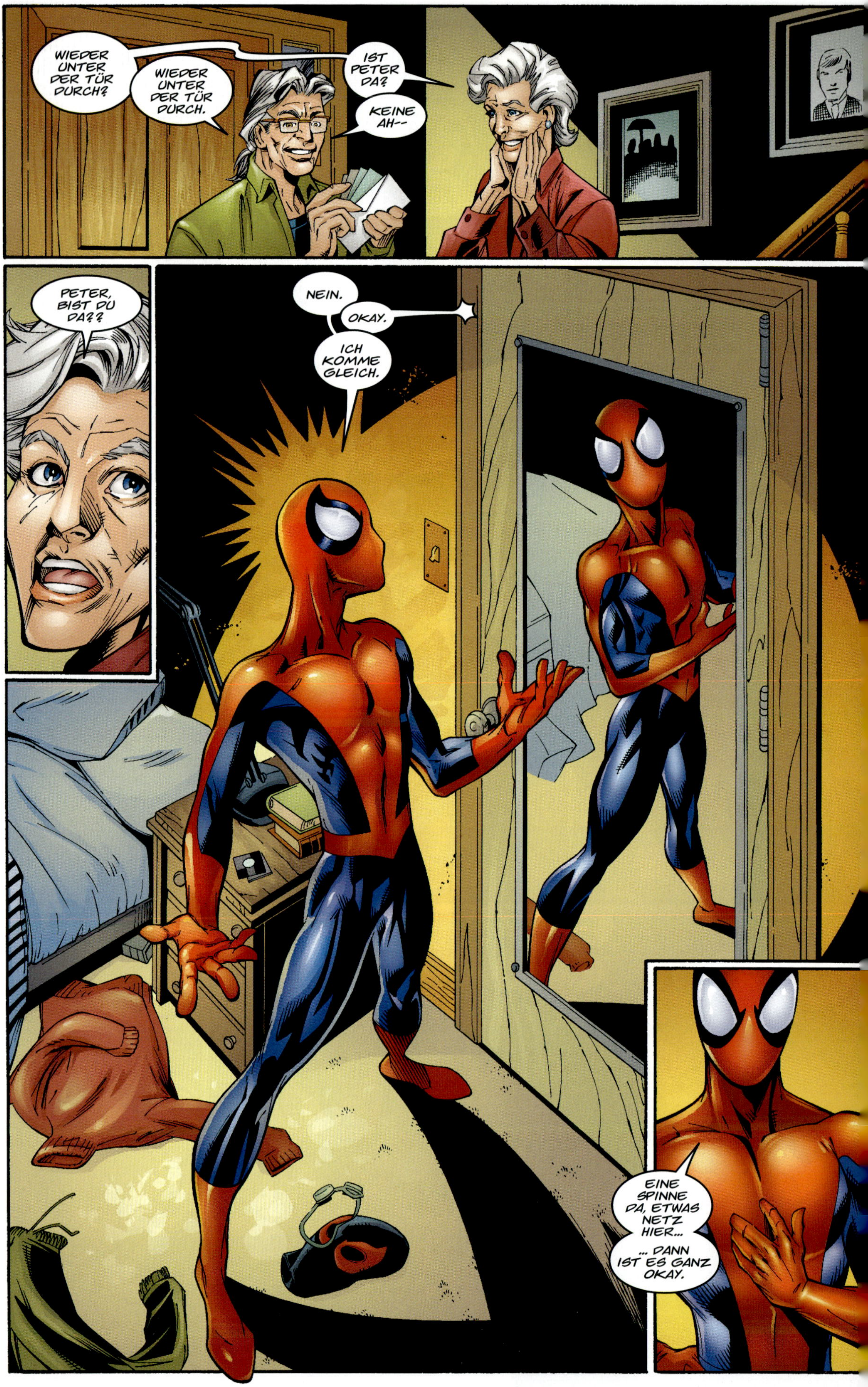
IST PETER DA?
KEINE AH--
WIEDER UNTER DER TÜR DURCH?
WIEDER UNTER DER TÜR DURCH.
PETER, BIST DU DA??
NEIN.
OKAY.
ICH KOMME GLEICH.
EINE SPINNE DA, ETWAS NETZ HIER...
... DANN IST ES GANZ OKAY.

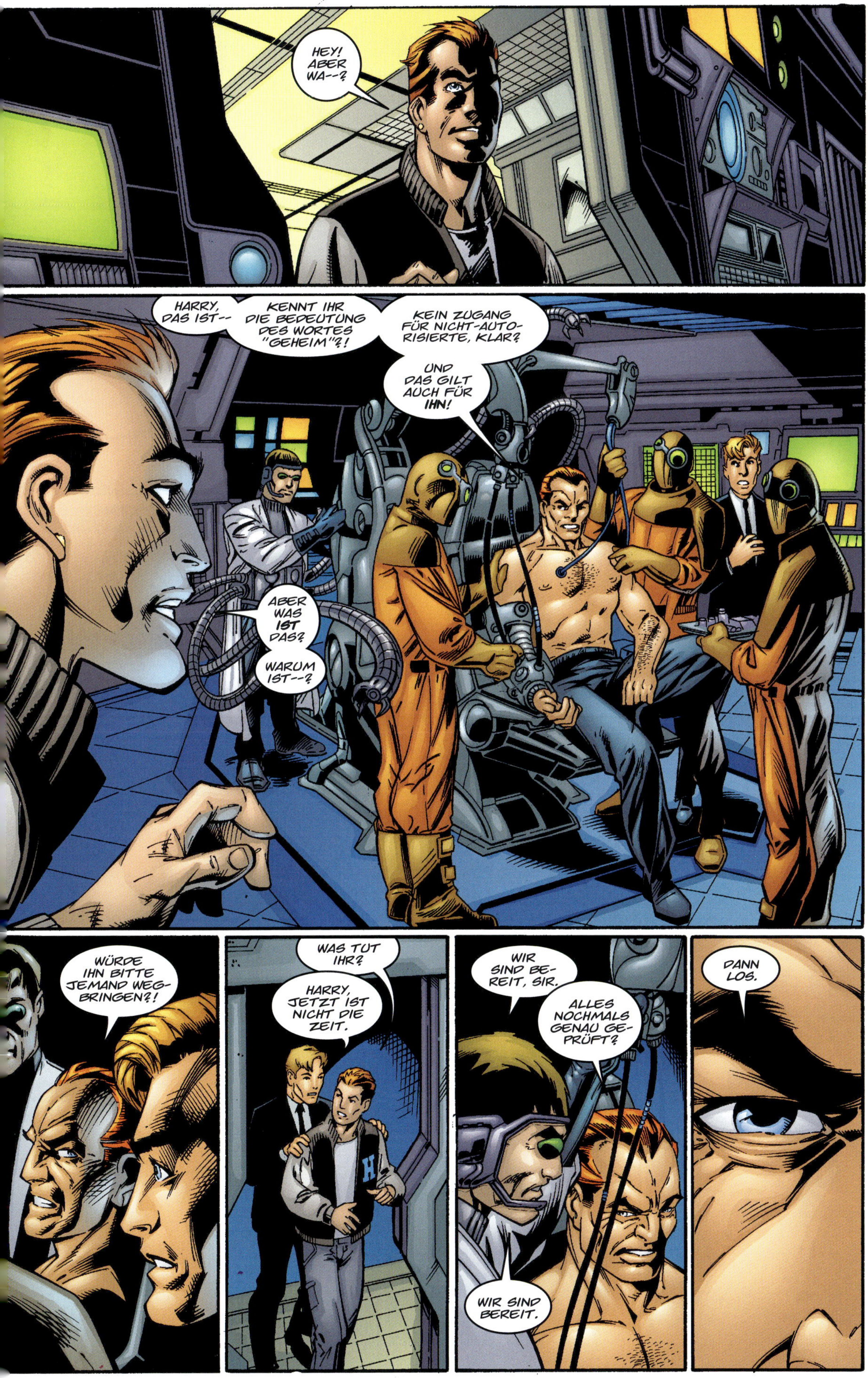
HEY! ABER WA--?
HARRY, DAS IST--
KENNT IHR DIE BEDEUTUNG DES WORTES "GEHEIM"?!
KEIN ZUGANG FÜR NICHT-AUTORISIERTE, KLAR?
UND DAS GILT AUCH FÜR IHN!
ABER WAS IST DAS?
WARUM IST--?
WÜRDE IHN BITTE JEMAND WEGBRINGEN?!
WAS TUT IHR?
HARRY, JETZT IST NICHT DIE ZEIT.
WIR SIND BEREIT, SIR.
ALLES NOCHMALS GENAU GEPRÜFT?
WIR SIND BEREIT.
DANN LOS.

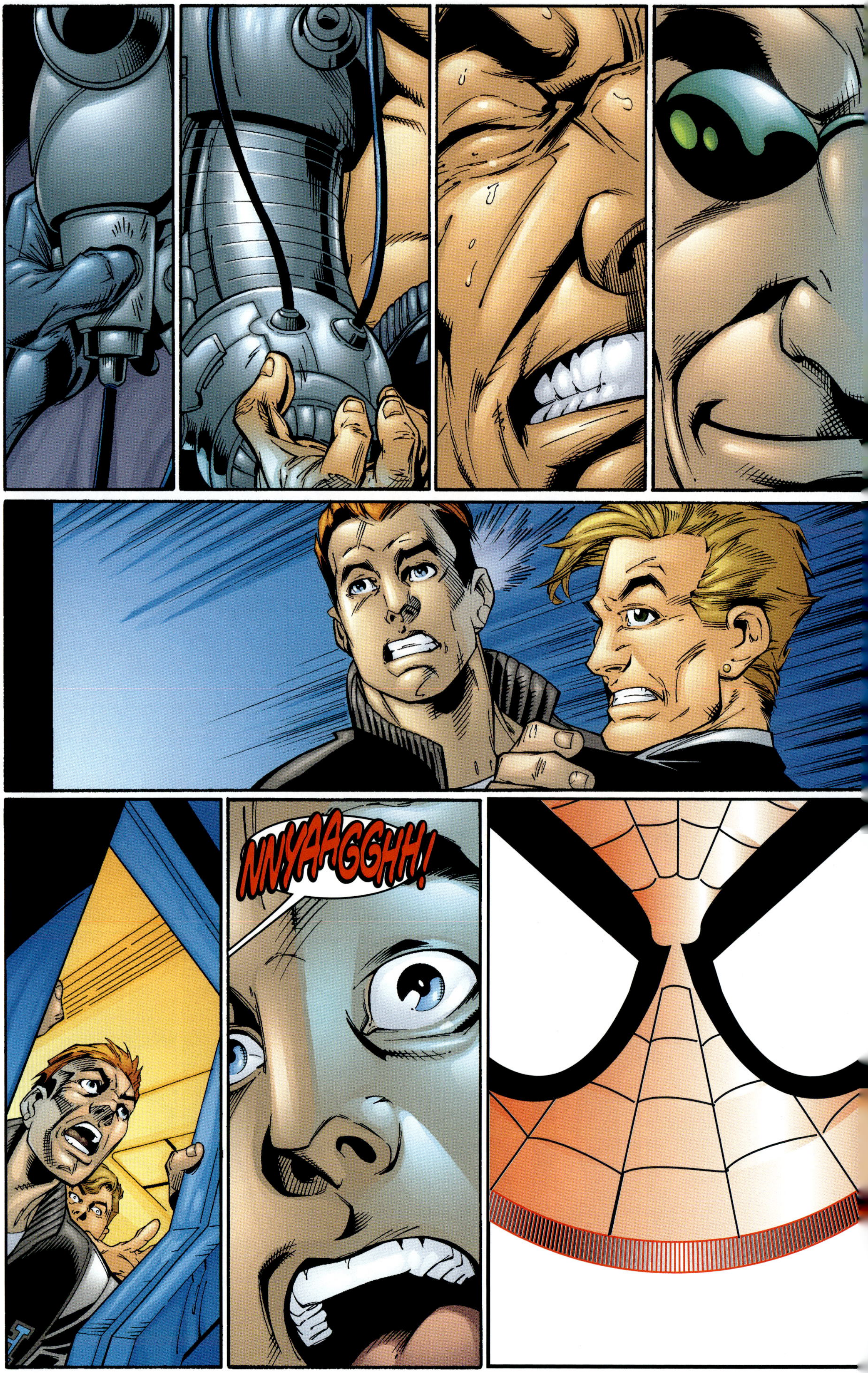
NNYAAGGHH!

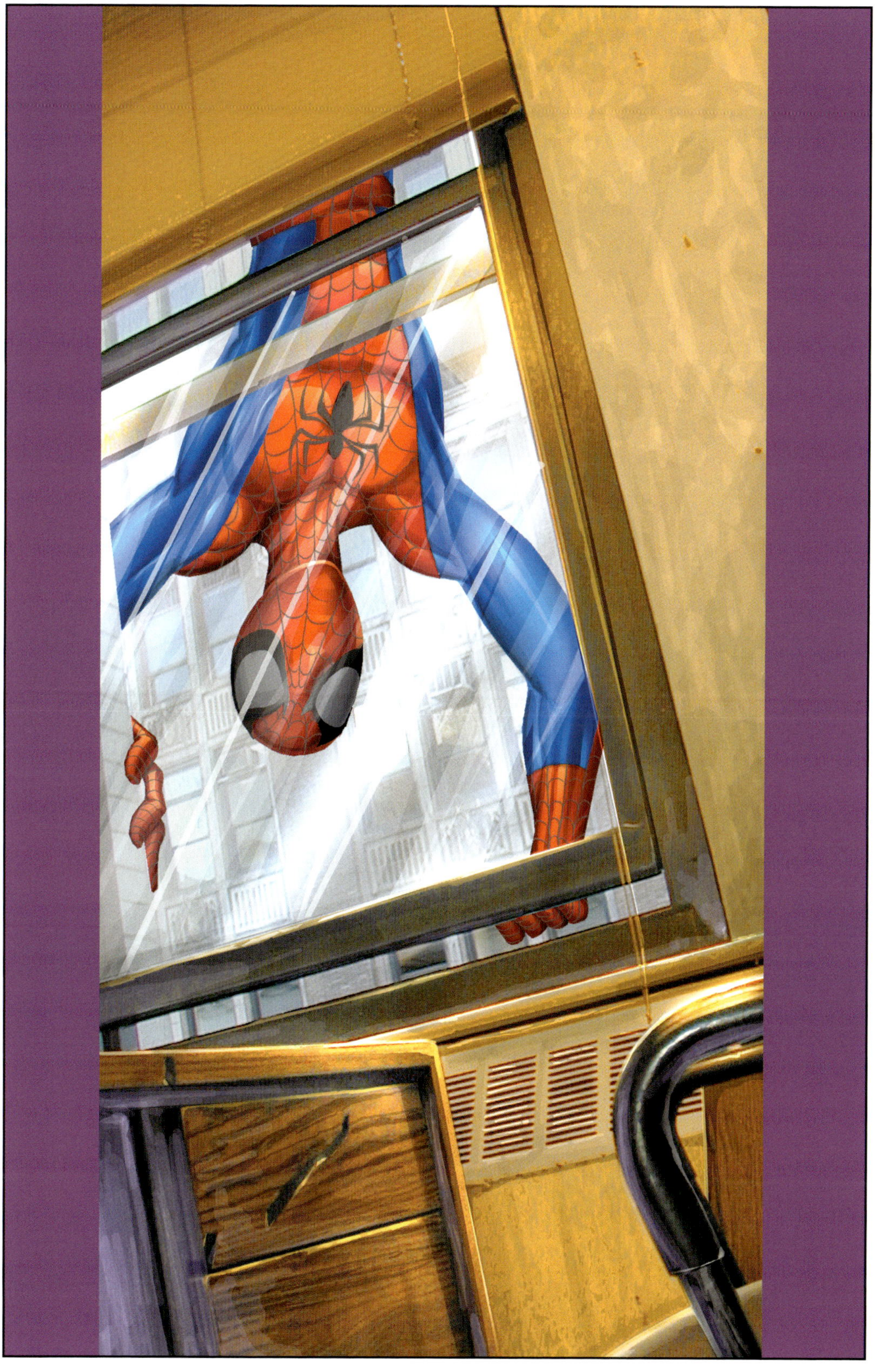

Ultimate Spider-Man (2000) 4
Cover von **MARK BAGLEY**

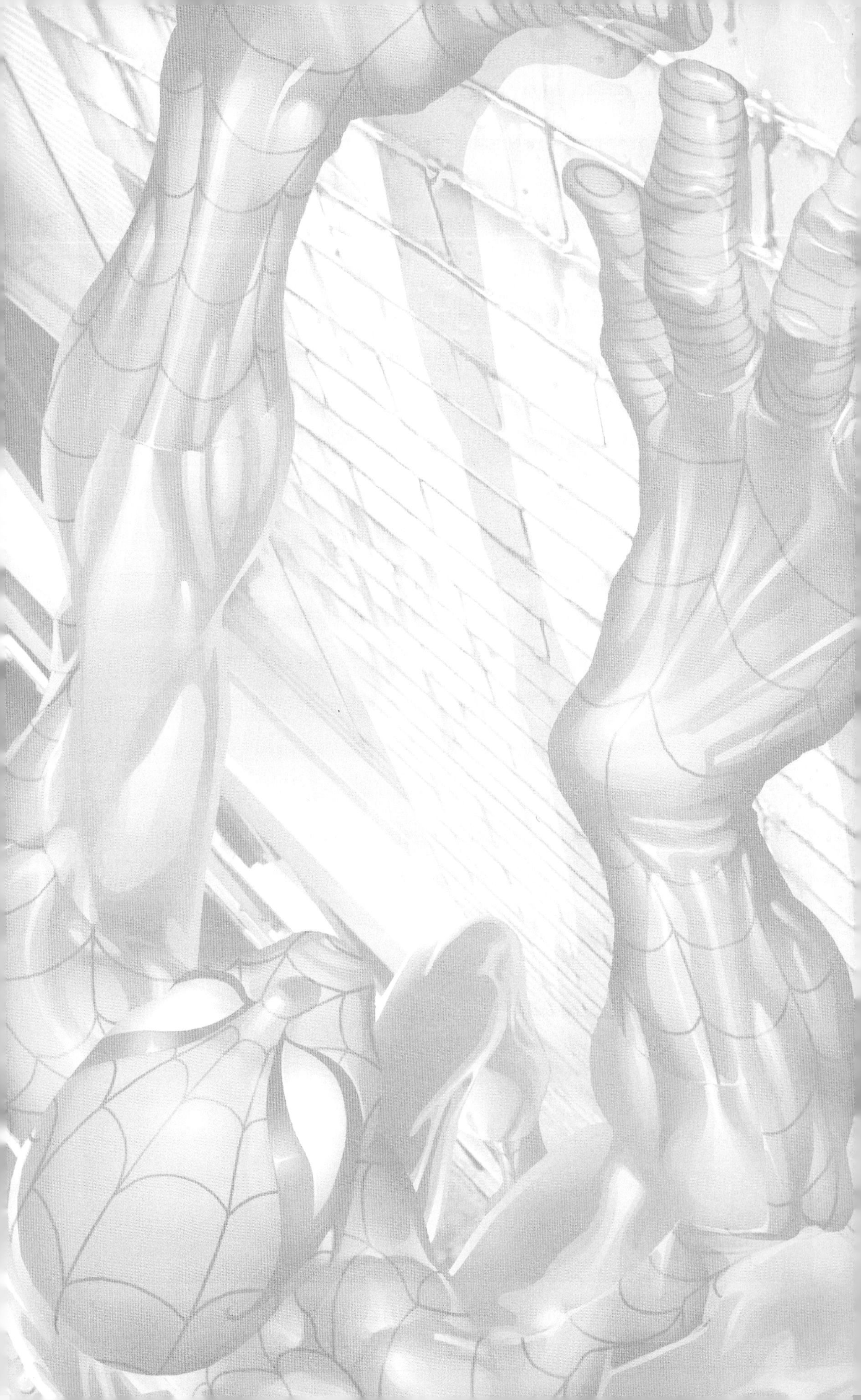

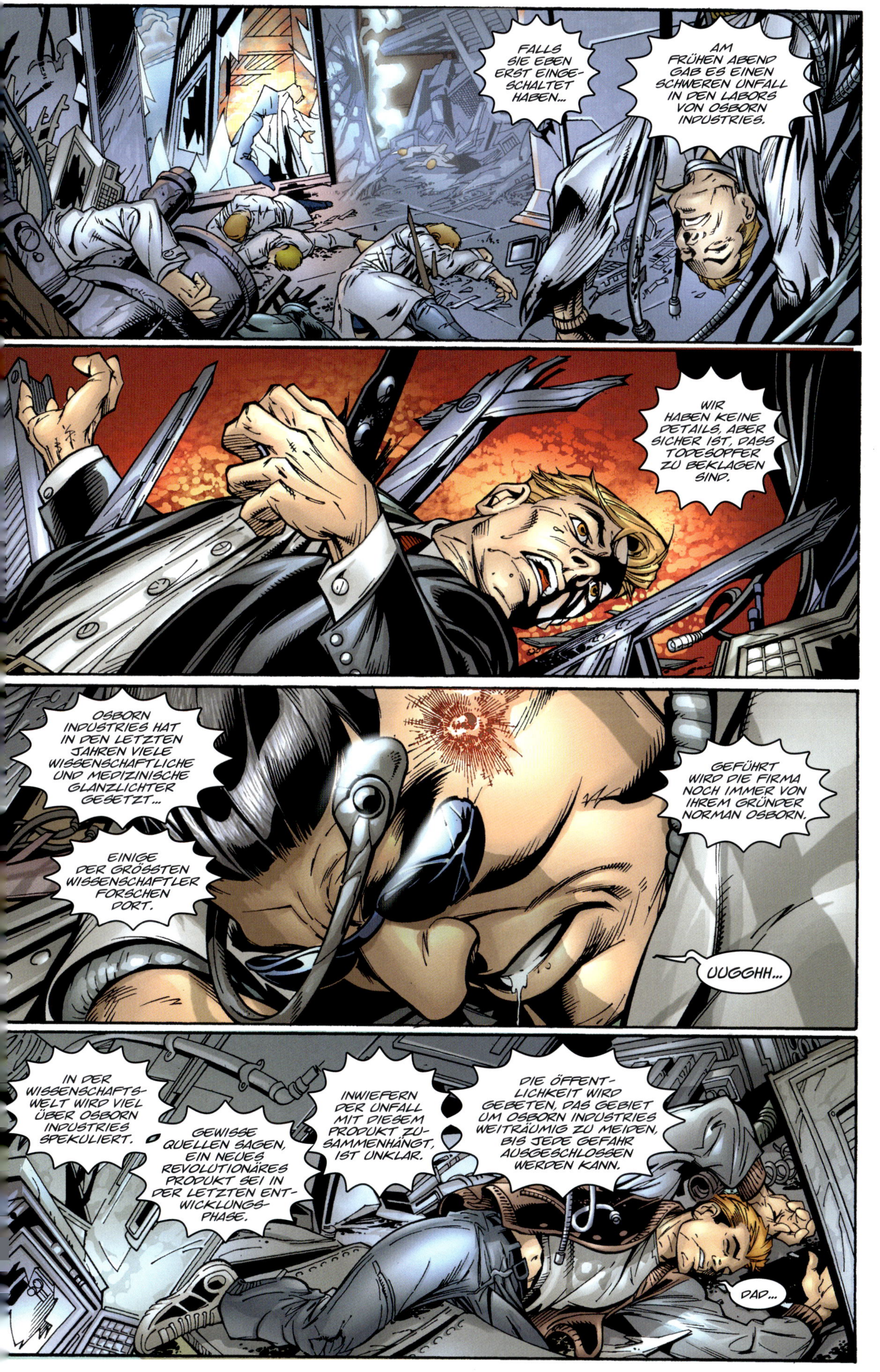
FALLS SIE EBEN ERST EINGE-SCHALTET HABEN...
AM FRÜHEN ABEND GAB ES EINEN SCHWEREN UNFALL IN DEN LABORS VON OSBORN INDUSTRIES.
WIR HABEN KEINE DETAILS, ABER SICHER IST, DASS TODESOPFER ZU BEKLAGEN SIND.
OSBORN INDUSTRIES HAT IN DEN LETZTEN JAHREN VIELE WISSENSCHAFTLICHE UND MEDIZINISCHE GLANZLICHTER GESETZT...
EINIGE DER GRÖSSTEN WISSENSCHAFTLER FORSCHEN DORT.
GEFÜHRT WIRD DIE FIRMA NOCH IMMER VON IHREM GRÜNDER NORMAN OSBORN.
UUGGHH...
IN DER WISSENSCHAFTS-WELT WIRD VIEL ÜBER OSBORN INDUSTRIES SPEKULIERT.
GEWISSE QUELLEN SAGEN, EIN NEUES REVOLUTIONÄRES PRODUKT SEI IN DER LETZTEN ENT-WICKLUNGS-PHASE.
INWIEFERN DER UNFALL MIT DIESEM PRODUKT ZU-SAMMENHÄNGT, IST UNKLAR.
DIE ÖFFENT-LICHKEIT WIRD GEBETEN, DAS GEBIET UM OSBORN INDUSTRIES WEITRÄUMIG ZU MEIDEN, BIS JEDE GEFAHR AUSGESCHLOSSEN WERDEN KANN.
DAD...

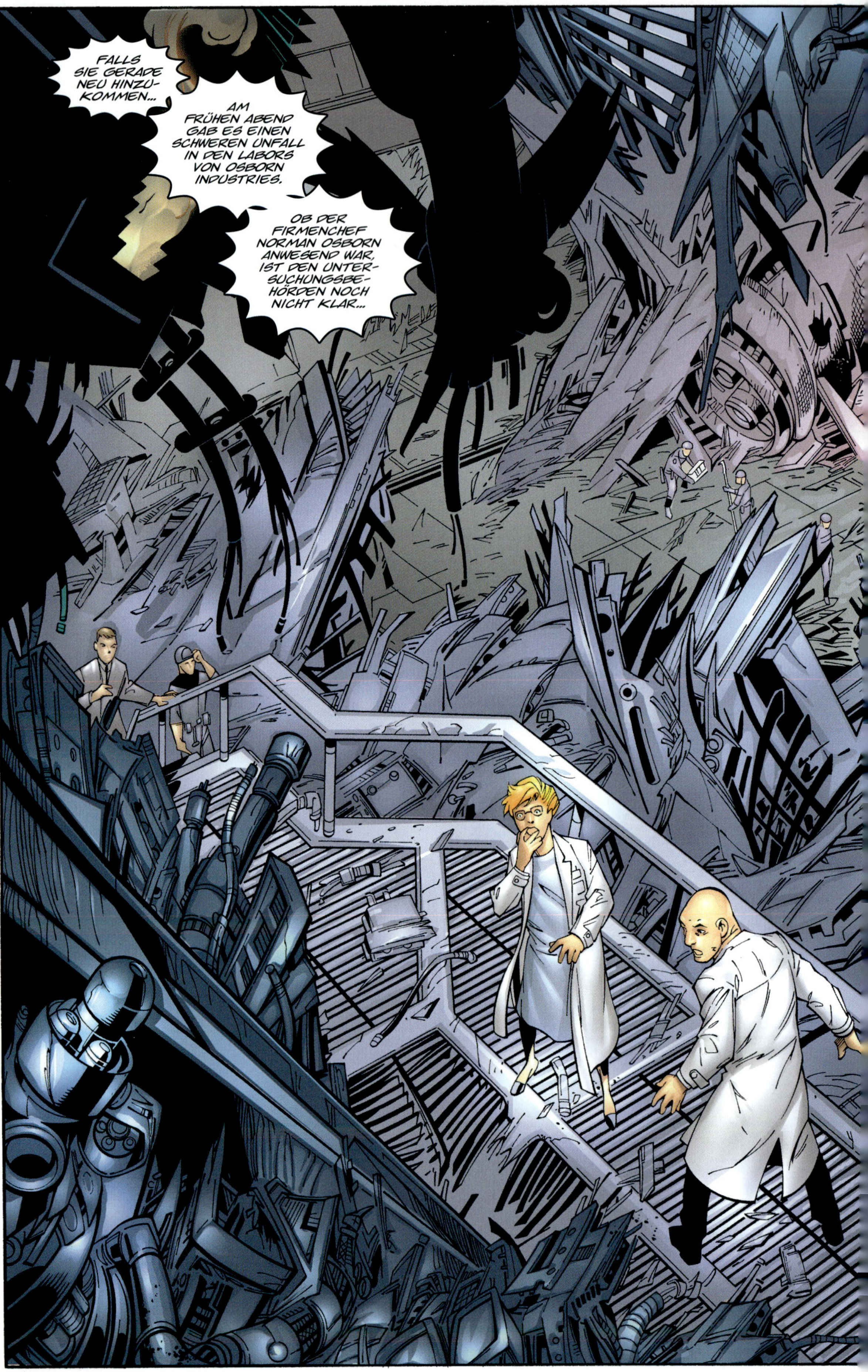
FALLS SIE GERADE NEU HINZU-KOMMEN...
AM FRÜHEN ABEND GAB ES EINEN SCHWEREN UNFALL IN DEN LABORS VON OSBORN INDUSTRIES.
OB DER FIRMENCHEF NORMAN OSBORN ANWESEND WAR, IST DEN UNTER-SUCHUNGSBE-HÖRDEN NOCH NICHT KLAR...

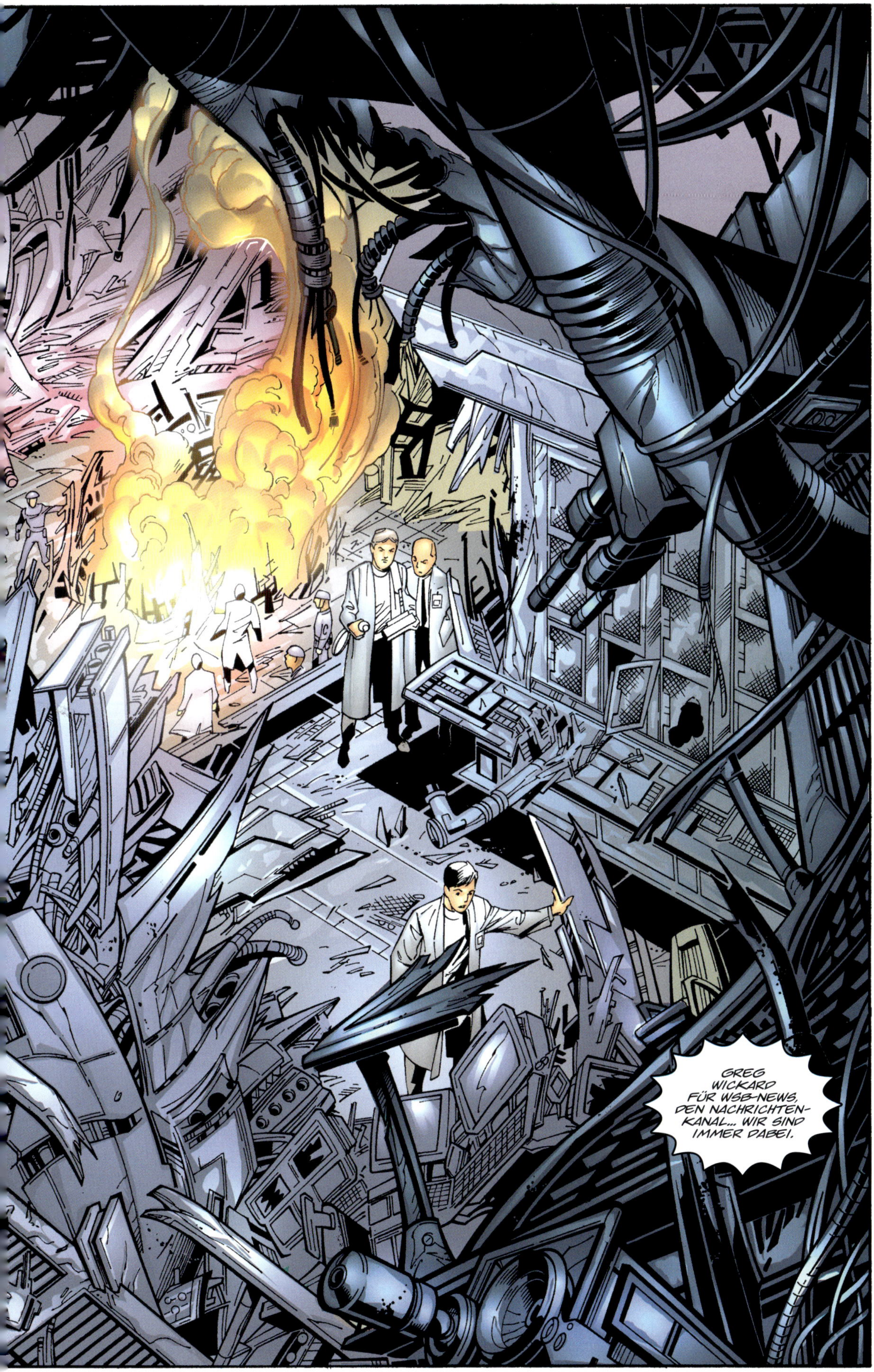
GREG WICKARD FÜR WSB-NEWS, DEN NACHRICHTENKANAL... WIR SIND IMMER DABEI.

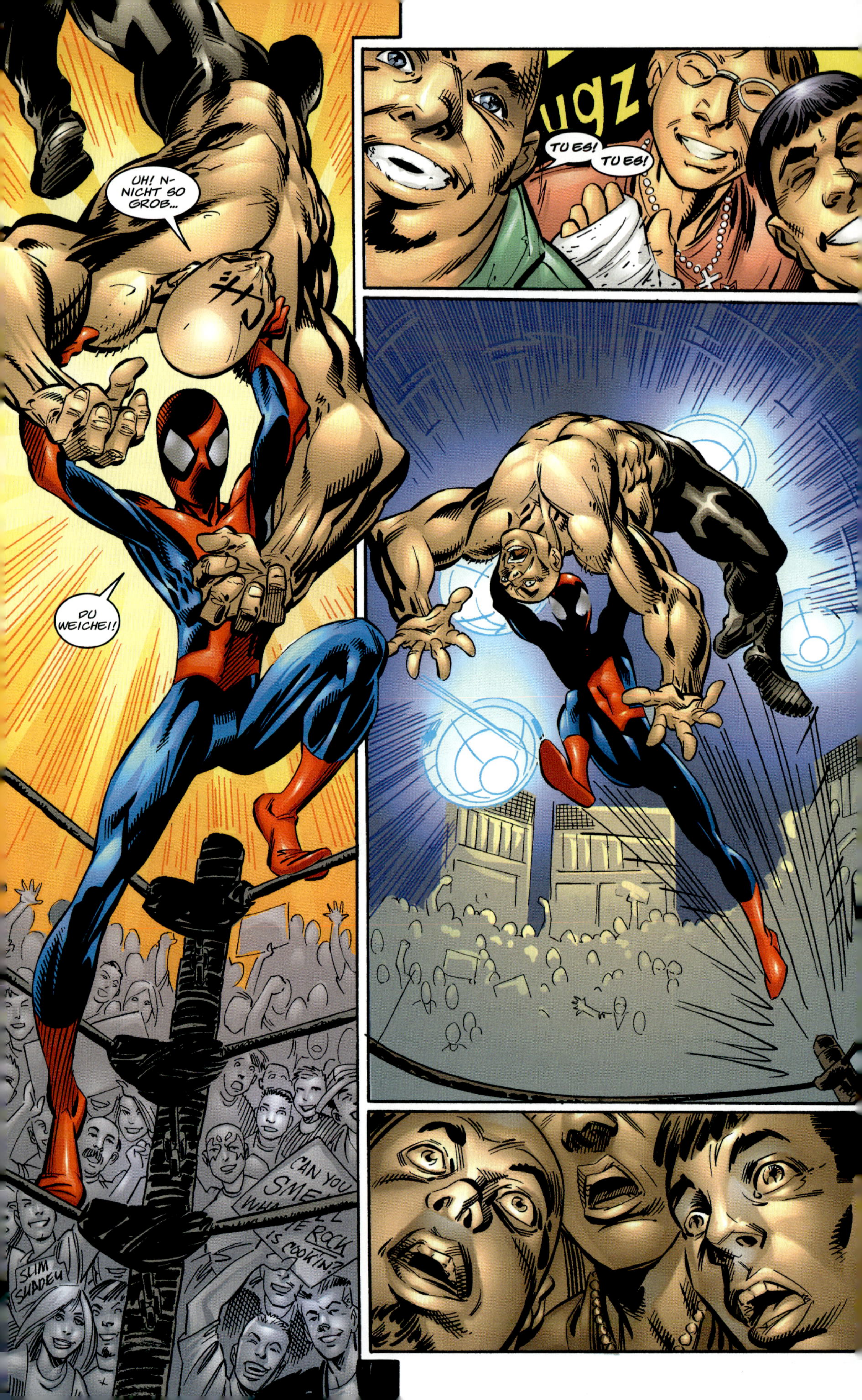
UH! N-NICHT SO GROß...
DU WEICHEI!
TU ES!
TU ES!

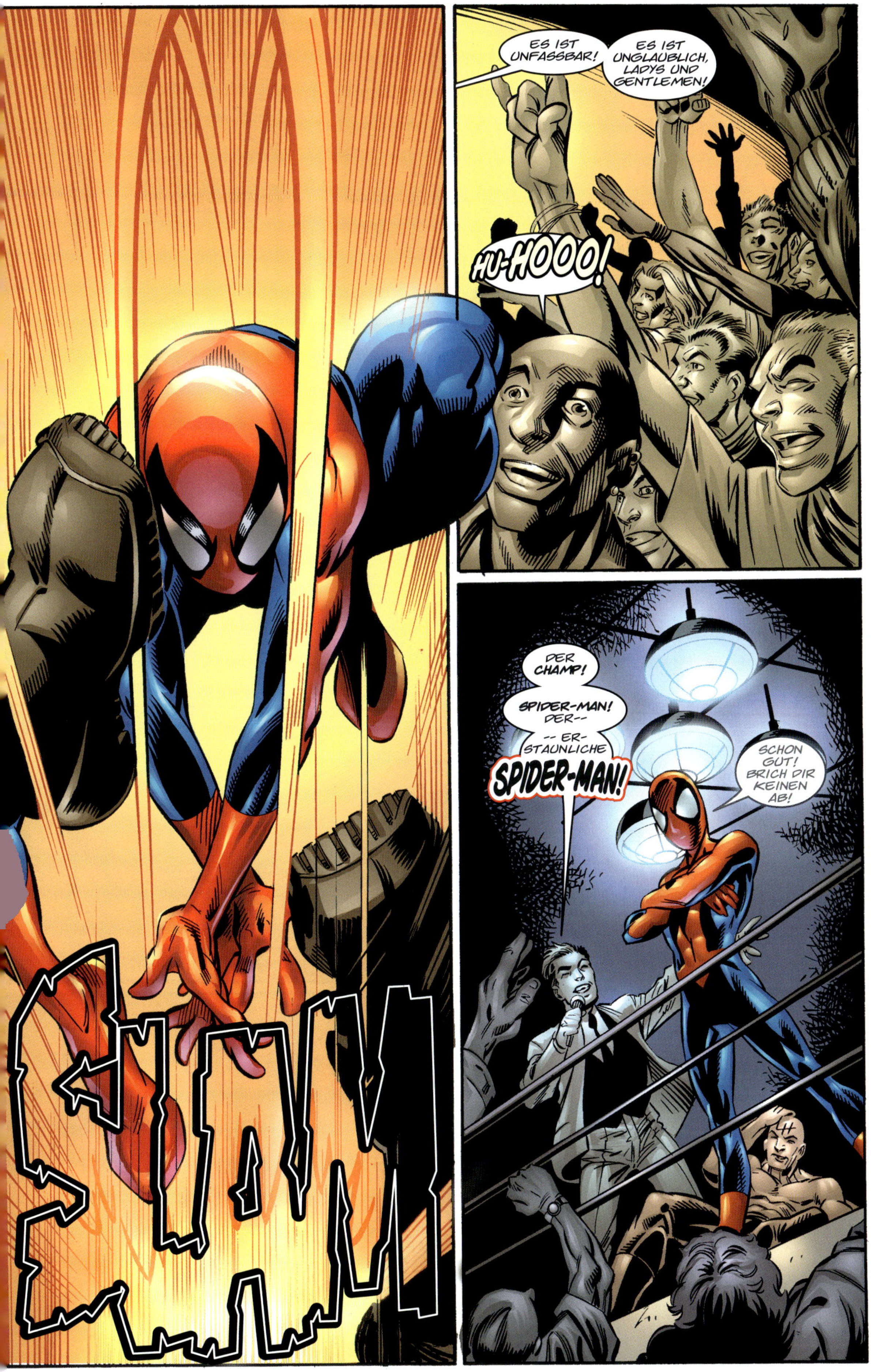
ES IST UNFASSBAR!
ES IST UNGLAUBLICH, LADYS UND GENTLEMEN!
HU-HOOO!
DER CHAMP!
SPIDER-MAN! DER--
-- ER-STAUNLICHE SPIDER-MAN!
SCHON GUT! BRICH DIR KEINEN AB!

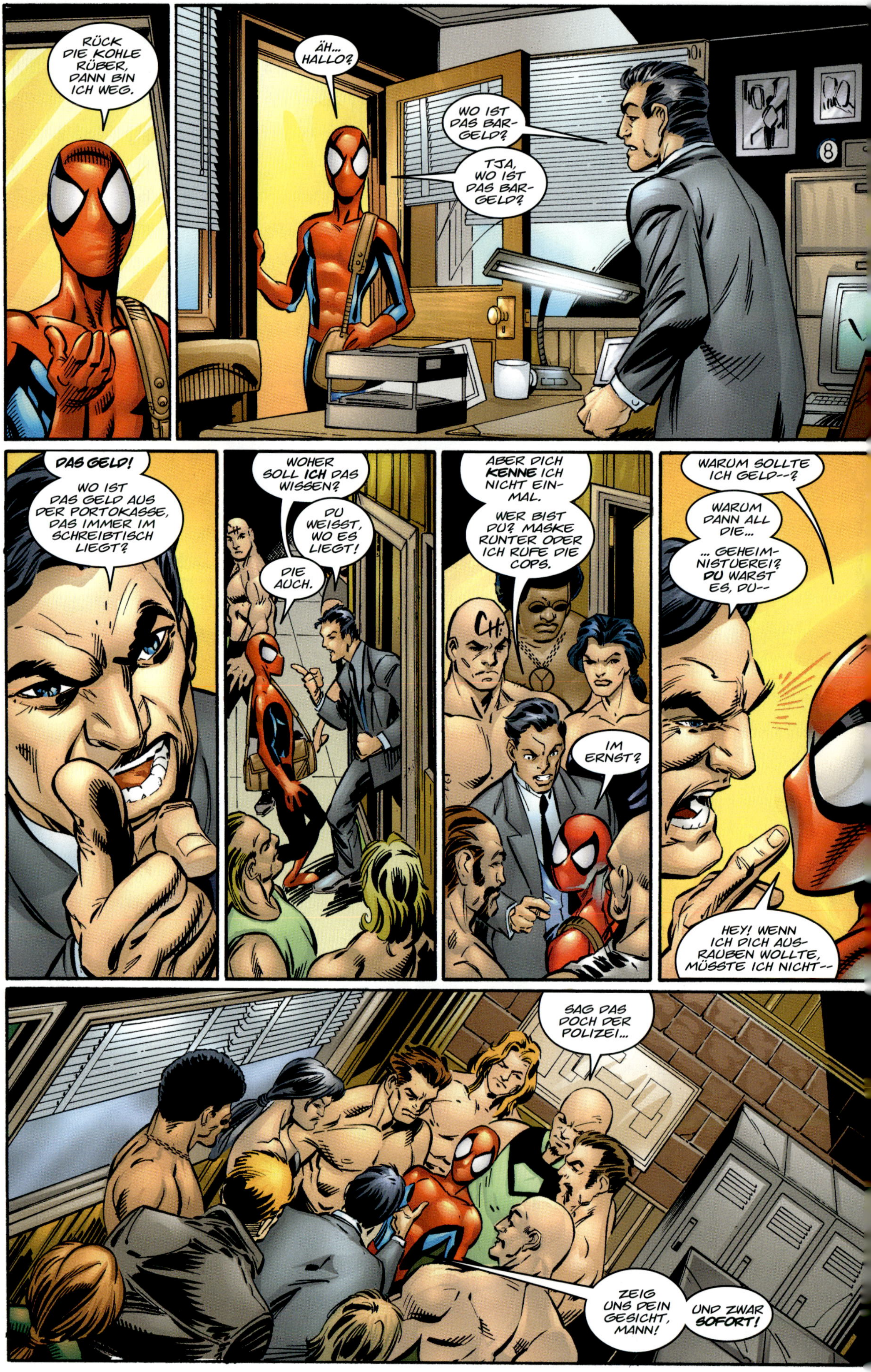
RÜCK DIE KOHLE RÜBER, DANN BIN ICH WEG.
ÄH... HALLO?
WO IST DAS BAR-GELD?
TJA, WO IST DAS BAR-GELD?
DAS GELD!
WO IST DAS GELD AUS DER PORTOKASSE, DAS IMMER IM SCHREIBTISCH LIEGT?
WOHER SOLL ICH DAS WISSEN?
DU WEISST, WO ES LIEGT!
DIE AUCH.
ABER DICH KENNE ICH NICHT EIN-MAL.
WER BIST DU? MASKE RUNTER ODER ICH RUFE DIE COPS.
IM ERNST?
WARUM SOLLTE ICH GELD--?
WARUM DANN ALL DIE...
... GEHEIM-NISTUEREI? DU WARST ES, DU--
HEY! WENN ICH DICH AUS-RAUBEN WOLLTE, MÜSSTE ICH NICHT--
SAG DAS DOCH DER POLIZEI...
ZEIG UNS DEIN GESICHT, MANN!
UND ZWAR SOFORT!

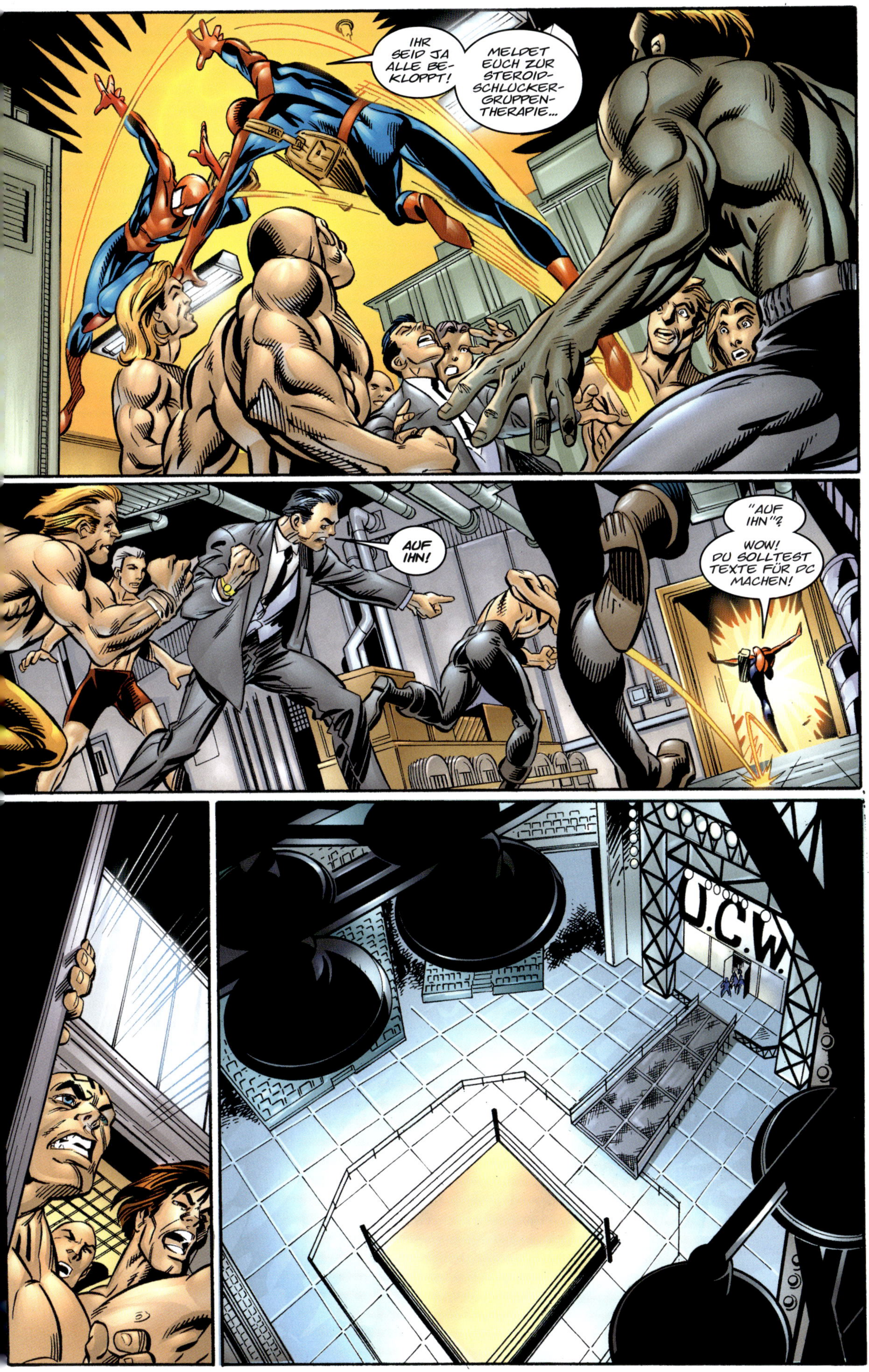
IHR SEID JA ALLE BE-KLOPPT!
MELDET EUCH ZUR STEROID-SCHLUCKER-GRUPPEN-THERAPIE...
AUF IHN!
"AUF IHN"?
WOW! DU SOLLTEST TEXTE FÜR DC MACHEN!
U.C.W.

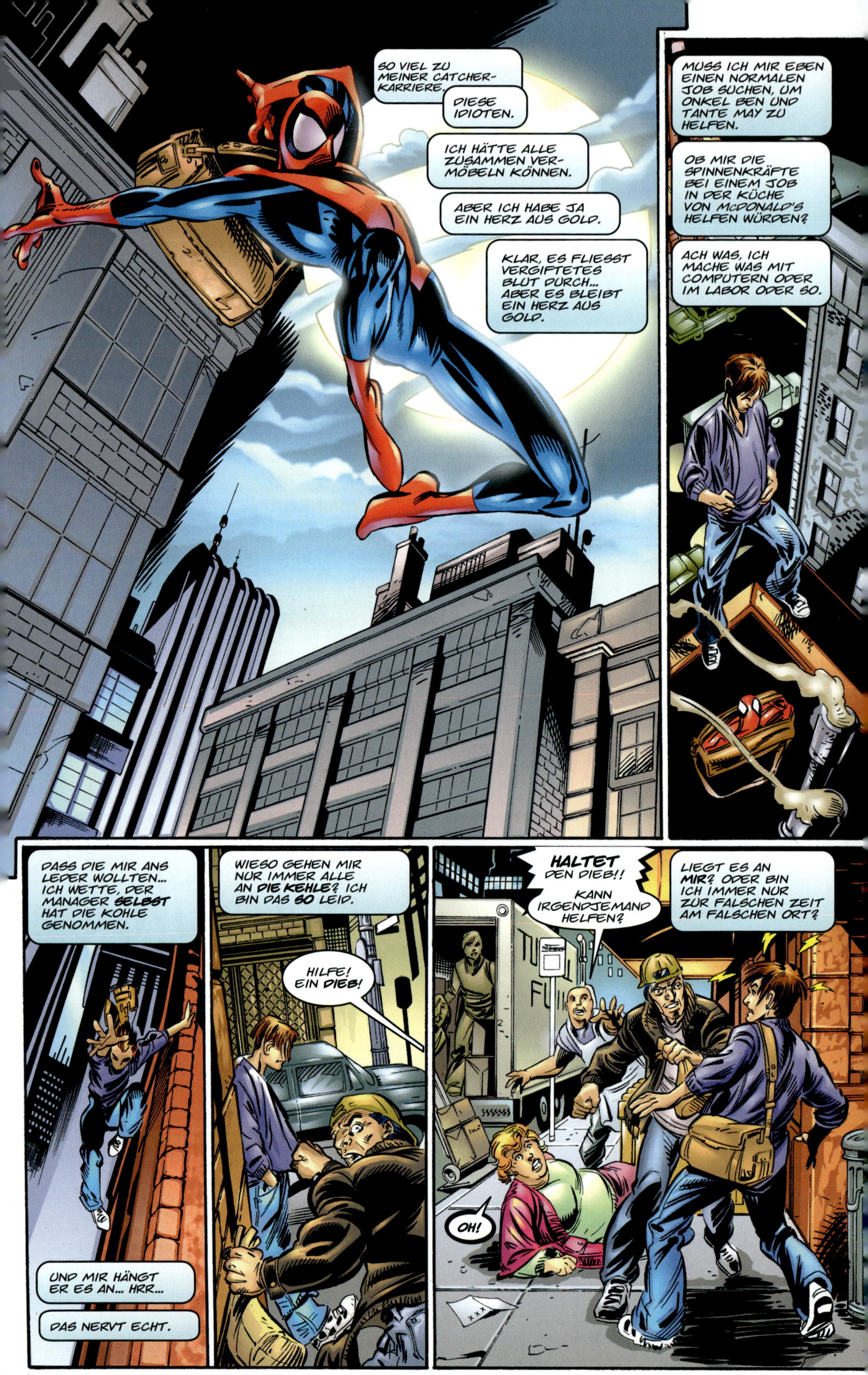

SO VIEL ZU MEINER CATCHER-KARRIERE.
DIESE IDIOTEN.
ICH HÄTTE ALLE ZUSAMMEN VERMÖBELN KÖNNEN.
ABER ICH HABE JA EIN HERZ AUS GOLD.
KLAR, ES FLIESST VERGIFTETES BLUT DURCH... ABER ES BLEIBT EIN HERZ AUS GOLD.
MUSS ICH MIR EBEN EINEN NORMALEN JOB SUCHEN, UM ONKEL BEN UND TANTE MAY ZU HELFEN.
OB MIR DIE SPINNENKRÄFTE BEI EINEM JOB IN DER KÜCHE VON McDONALD'S HELFEN WÜRDEN?
ACH WAS, ICH MACHE WAS MIT COMPUTERN ODER IM LABOR ODER SO.
DASS DIE MIR ANS LEDER WOLLTEN... ICH WETTE, DER MANAGER SELBST HAT DIE KOHLE GENOMMEN.
UND MIR HÄNGT ER ES AN... HRR...
DAS NERVT ECHT.
WIESO GEHEN MIR NUR IMMER ALLE AN DIE KEHLE? ICH BIN DAS SO LEID.
HILFE! EIN DIEB!
HALTET DEN DIEB!! KANN IRGENDJEMAND HELFEN?
LIEGT ES AN MIR? ODER BIN ICH IMMER NUR ZUR FALSCHEN ZEIT AM FALSCHEN ORT?
OH!

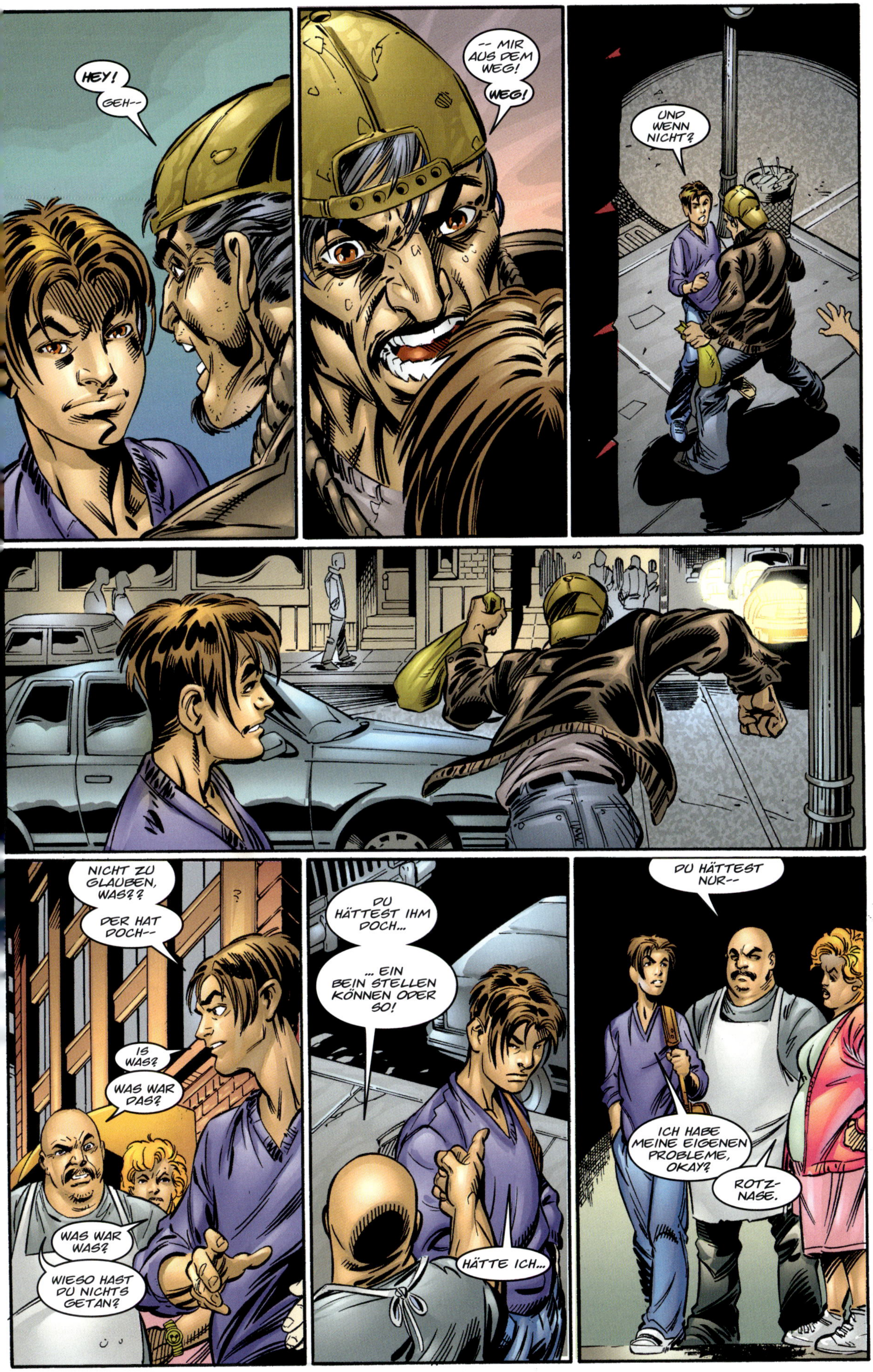
HEY!
GEH--
-- MIR AUS DEM WEG!
WEG!
UND WENN NICHT?
NICHT ZU GLAUBEN, WAS??
DER HAT DOCH--
IS WAS?
WAS WAR DAS?
WAS WAR WAS?
WIESO HAST DU NICHTS GETAN?
DU HÄTTEST IHM DOCH...
... EIN BEIN STELLEN KÖNNEN ODER SO!
HÄTTE ICH...
DU HÄTTEST NUR--
ICH HABE MEINE EIGENEN PROBLEME, OKAY?
ROTZ-NASE.

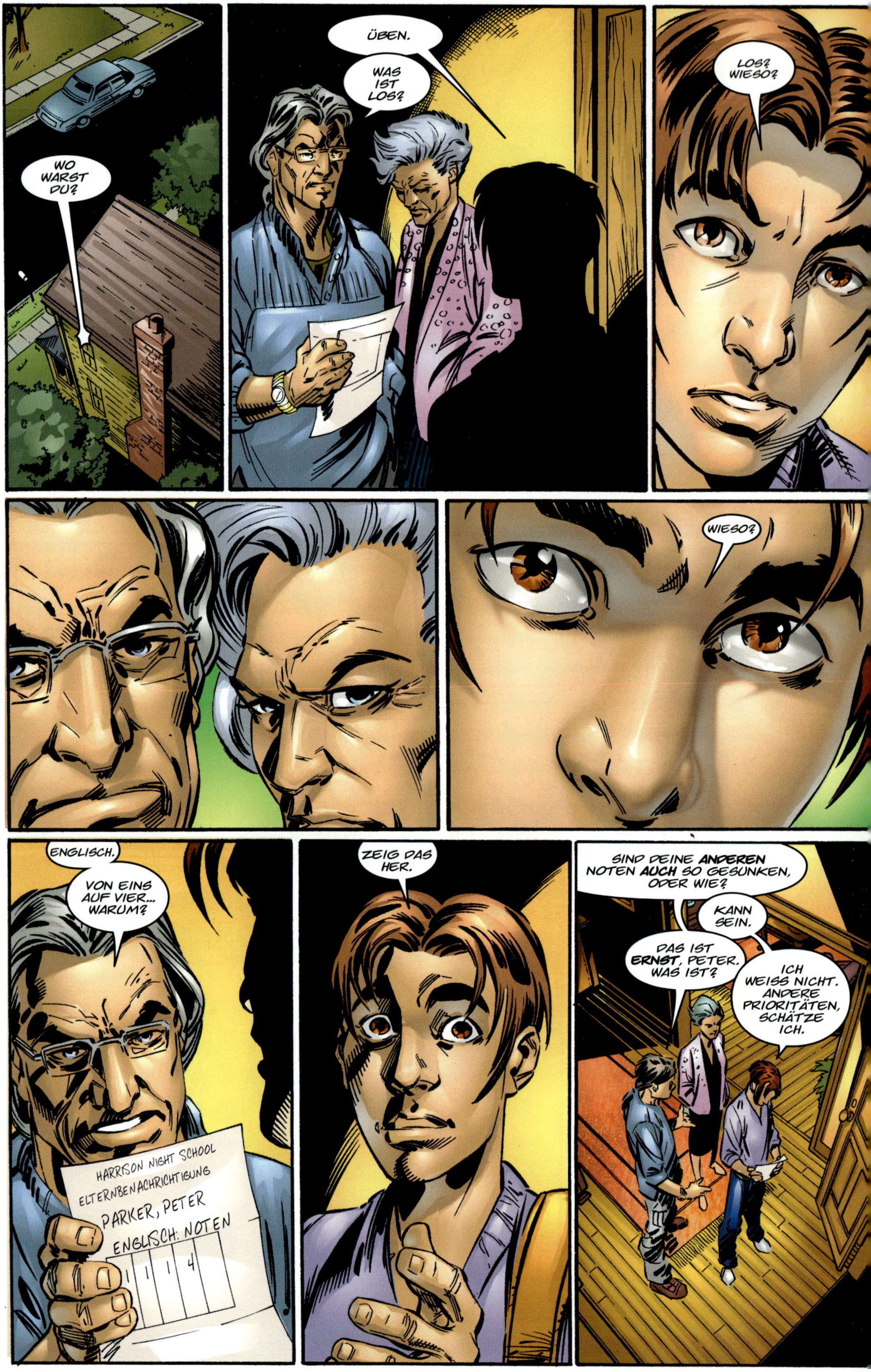
WO WARST DU?
ÜBEN.
WAS IST LOS?
LOS? WIESO?
WIESO?
ENGLISCH.
VON EINS AUF VIER... WARUM?
HARRISON NIGHT SCHOOL
ELTERNBENACHRICHTIGUNG
PARKER, PETER
ENGLISCH: NOTEN
1 1 1 4
ZEIG DAS HER.
SIND DEINE ANDEREN NOTEN AUCH SO GESUNKEN, ODER WIE?
KANN SEIN.
DAS IST ERNST, PETER. WAS IST?
ICH WEISS NICHT. ANDERE PRIORITÄTEN, SCHÄTZE ICH.

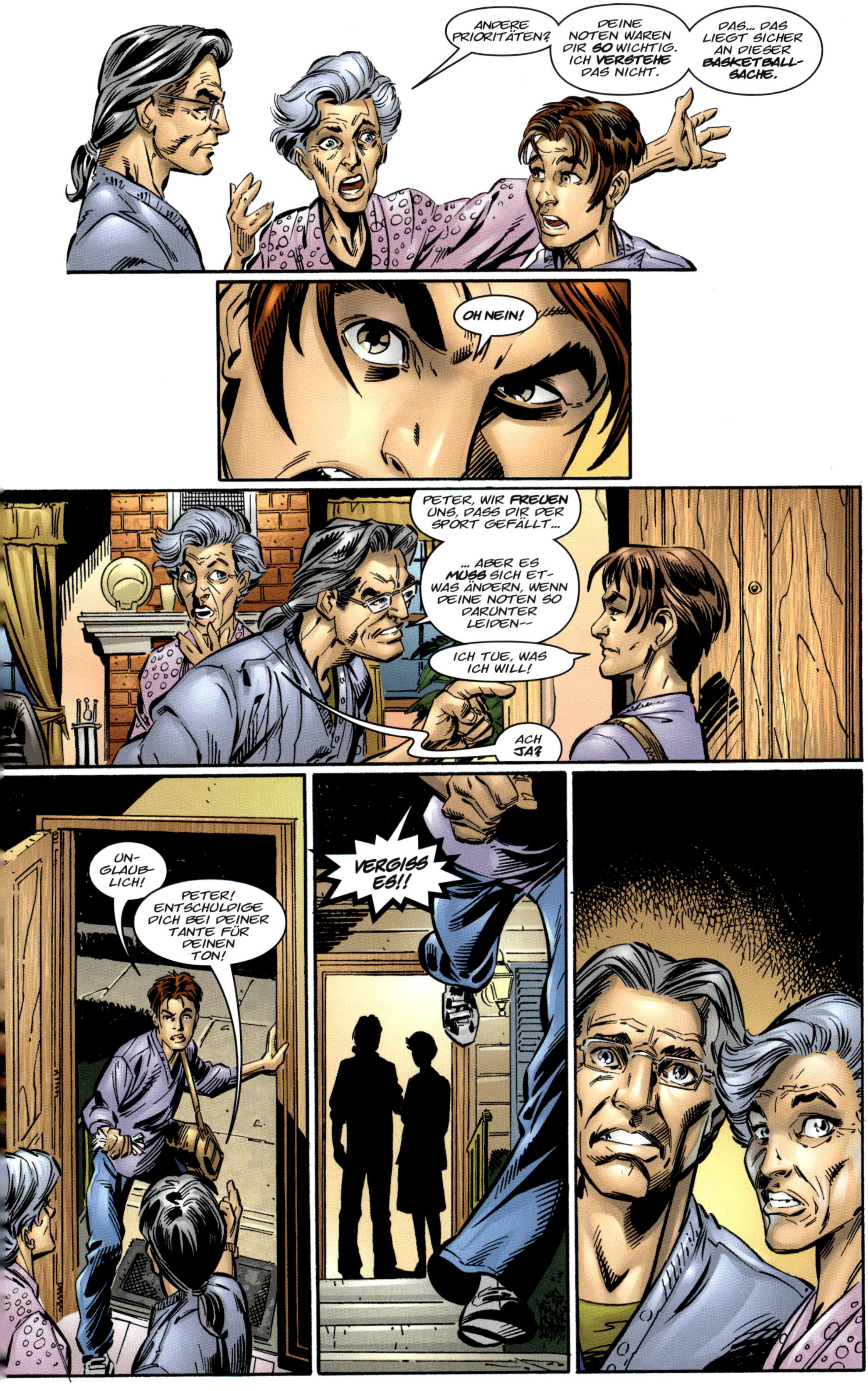
ANDERE PRIORITÄTEN?
DEINE NOTEN WAREN DIR SO WICHTIG. ICH VERSTEHE DAS NICHT.
DAS... DAS LIEGT SICHER AN DIESER BASKETBALL-SACHE.
OH NEIN!
PETER, WIR FREUEN UNS, DASS DIR DER SPORT GEFÄLLT...
... ABER ES MUSS SICH ET-WAS ÄNDERN, WENN DEINE NOTEN SO DARUNTER LEIDEN--
ICH TUE, WAS ICH WILL!
ACH JA?
UN-GLAUB-LICH!
PETER! ENTSCHULDIGE DICH BEI DEINER TANTE FÜR DEINEN TON!
VERGISS ES!!

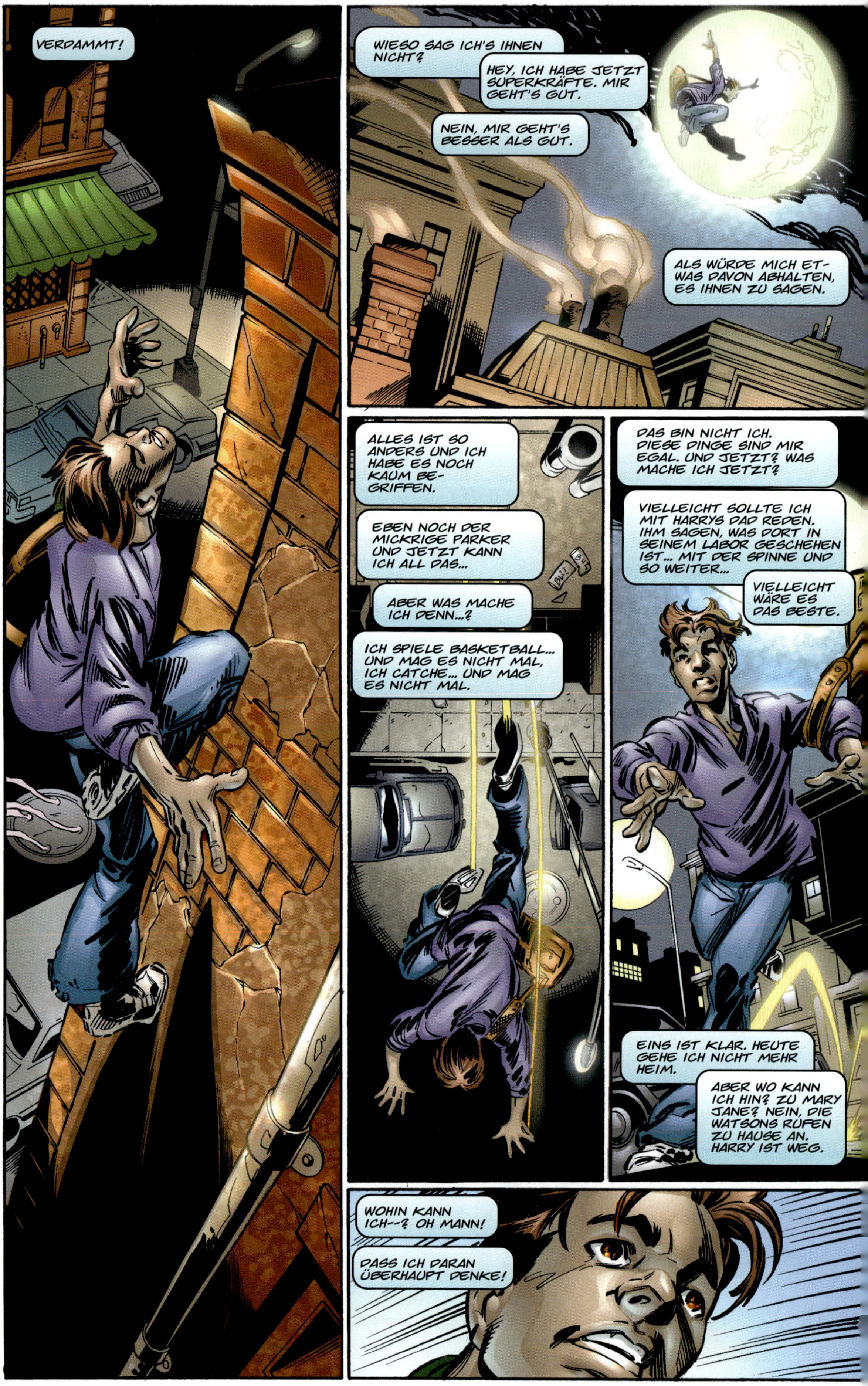
VERDAMMT!
WIESO SAG ICH'S IHNEN NICHT?
HEY, ICH HABE JETZT SUPERKRÄFTE. MIR GEHT'S GUT.
NEIN, MIR GEHT'S BESSER ALS GUT.
ALS WÜRDE MICH ETWAS DAVON ABHALTEN, ES IHNEN ZU SAGEN.
ALLES IST SO ANDERS UND ICH HABE ES NOCH KAUM BEGRIFFEN.
EBEN NOCH DER MICKRIGE PARKER UND JETZT KANN ICH ALL DAS...
ABER WAS MACHE ICH DENN...?
ICH SPIELE BASKETBALL... UND MAG ES NICHT MAL, ICH CATCHE... UND MAG ES NICHT MAL.
DAS BIN NICHT ICH. DIESE DINGE SIND MIR EGAL. UND JETZT? WAS MACHE ICH JETZT?
VIELLEICHT SOLLTE ICH MIT HARRYS DAD REDEN. IHM SAGEN, WAS DORT IN SEINEM LABOR GESCHEHEN IST... MIT DER SPINNE UND SO WEITER...
VIELLEICHT WÄRE ES DAS BESTE.
EINS IST KLAR. HEUTE GEHE ICH NICHT MEHR HEIM.
ABER WO KANN ICH HIN? ZU MARY JANE? NEIN, DIE WATSONS RUFEN ZU HAUSE AN. HARRY IST WEG.
WOHIN KANN ICH--? OH MANN!
DASS ICH DARAN ÜBERHAUPT DENKE!

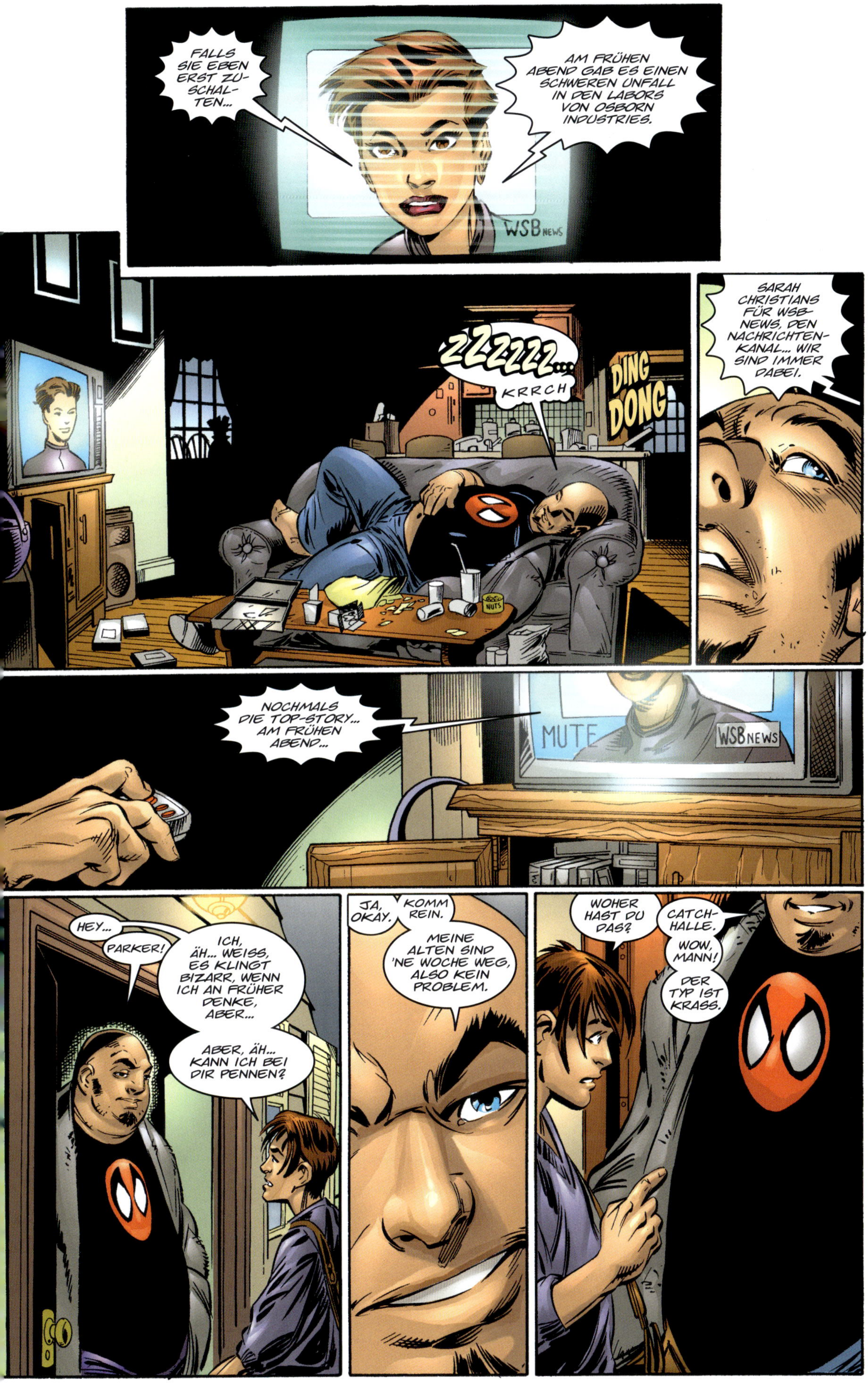
FALLS SIE EBEN ERST ZU-SCHAL-TEN...
AM FRÜHEN ABEND GAB ES EINEN SCHWEREN UNFALL IN DEN LABORS VON OSBORN INDUSTRIES.
WSB NEWS
ZZZZZZ...
KRRCH
DING DONG
SARAH CHRISTIANS FÜR WSB-NEWS, DEN NACHRICHTEN-KANAL... WIR SIND IMMER DABEI.
NOCHMALS DIE TOP-STORY... AM FRÜHEN ABEND...
MUTE
WSB NEWS
HEY...
PARKER!
ICH, ÄH... WEISS, ES KLINGT BIZARR, WENN ICH AN FRÜHER DENKE, ABER...
ABER, ÄH... KANN ICH BEI DIR PENNEN?
JA, OKAY.
KOMM REIN.
MEINE ALTEN SIND 'NE WOCHE WEG, ALSO KEIN PROBLEM.
WOHER HAST DU DAS?
CATCH-HALLE.
WOW, MANN!
DER TYP IST KRASS.

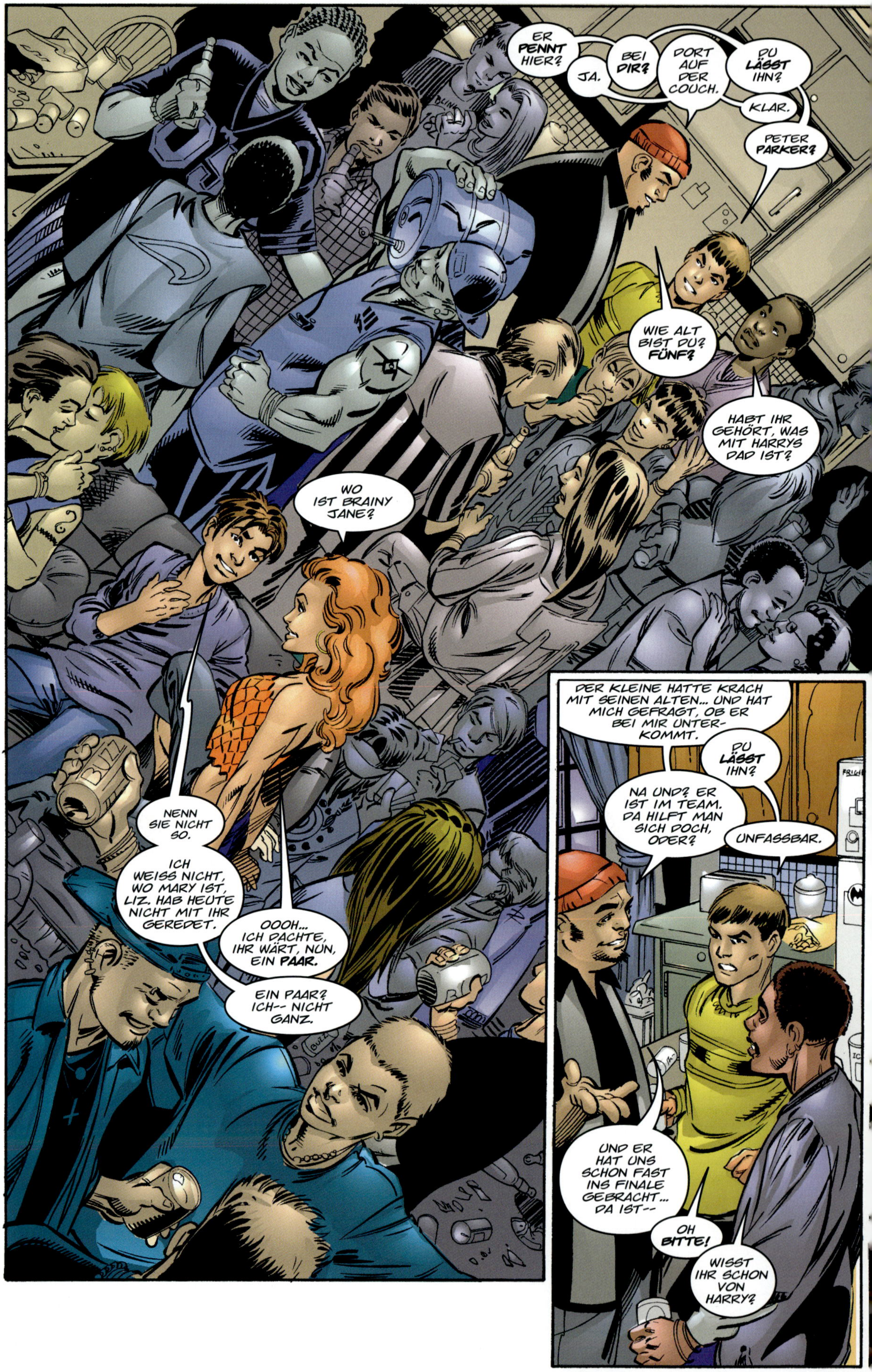
ER PENNT HIER?
JA.
BEI DIR?
DORT AUF DER COUCH.
DU LÄSST IHN?
KLAR.
PETER PARKER?
WIE ALT BIST DU? FÜNF?
HABT IHR GEHÖRT, WAS MIT HARRYS DAD IST?
WO IST BRAINY JANE?
NENN SIE NICHT SO.
ICH WEISS NICHT, WO MARY IST, LIZ. HAB HEUTE NICHT MIT IHR GEREDET.
OOOH… ICH DACHTE, IHR WÄRT, NUN, EIN PAAR.
EIN PAAR? ICH-- NICHT GANZ.
DER KLEINE HATTE KRACH MIT SEINEN ALTEN… UND HAT MICH GEFRAGT, OB ER BEI MIR UNTERKOMMT.
DU LÄSST IHN?
NA UND? ER IST IM TEAM. DA HILFT MAN SICH DOCH, ODER?
UNFASSBAR.
UND ER HAT UNS SCHON FAST INS FINALE GEBRACHT… DA IST--
OH BITTE!
WISST IHR SCHON VON HARRY?

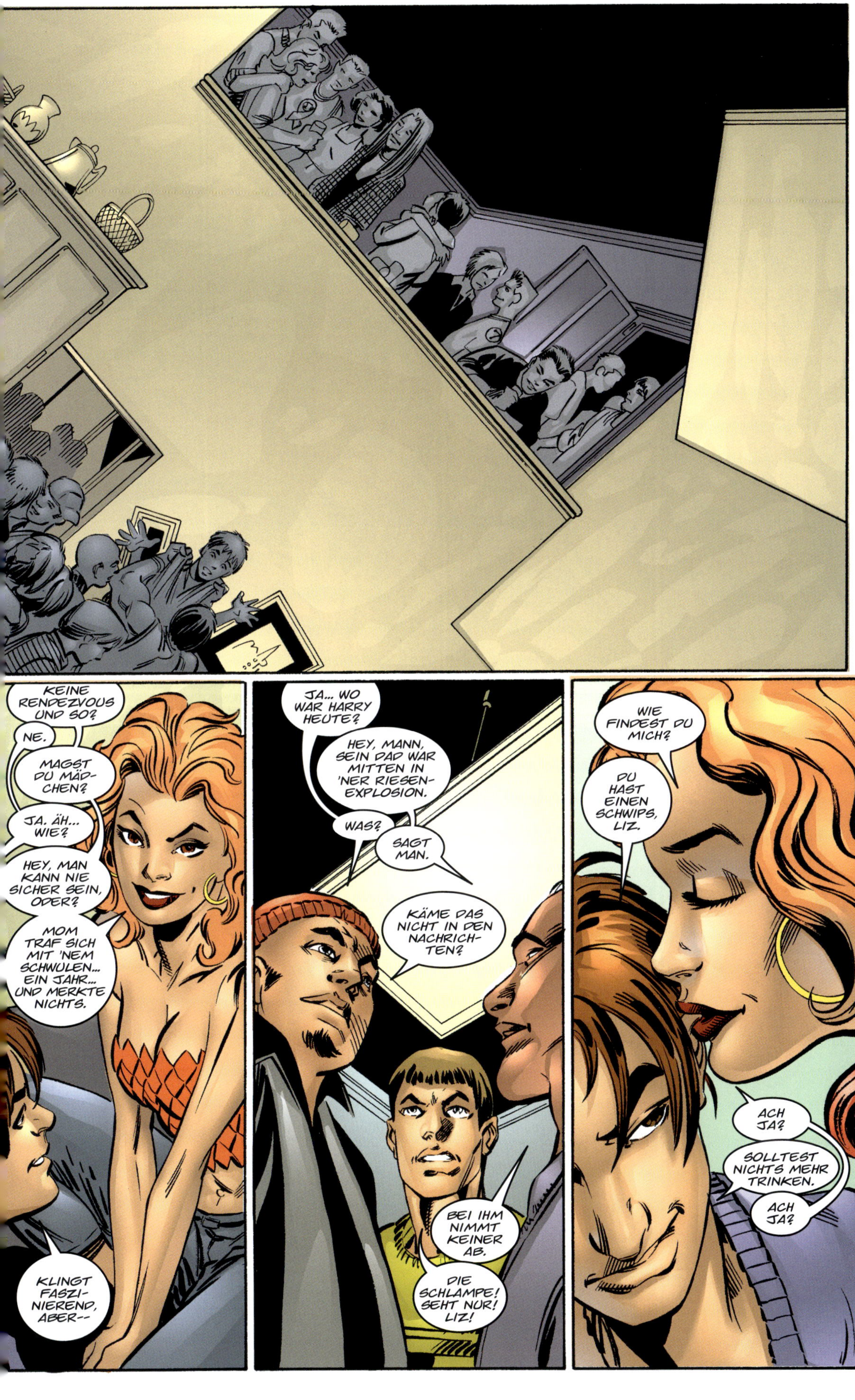
KEINE RENDEZVOUS UND SO?
NE.
MAGST DU MÄDCHEN?
JA. ÄH... WIE?
HEY, MAN KANN NIE SICHER SEIN, ODER?
MOM TRAF SICH MIT 'NEM SCHWULEN... EIN JAHR... UND MERKTE NICHTS.
KLINGT FASZI-NIEREND, ABER--
JA... WO WAR HARRY HEUTE?
HEY, MANN, SEIN DAD WAR MITTEN IN 'NER RIESEN-EXPLOSION.
WAS?
SAGT MAN.
KÄME DAS NICHT IN DEN NACHRICH-TEN?
BEI IHM NIMMT KEINER AB.
DIE SCHLAMPE! SEHT NUR! LIZ!
WIE FINDEST DU MICH?
DU HAST EINEN SCHWIPS, LIZ.
ACH JA?
SOLLTEST NICHTS MEHR TRINKEN.
ACH JA?

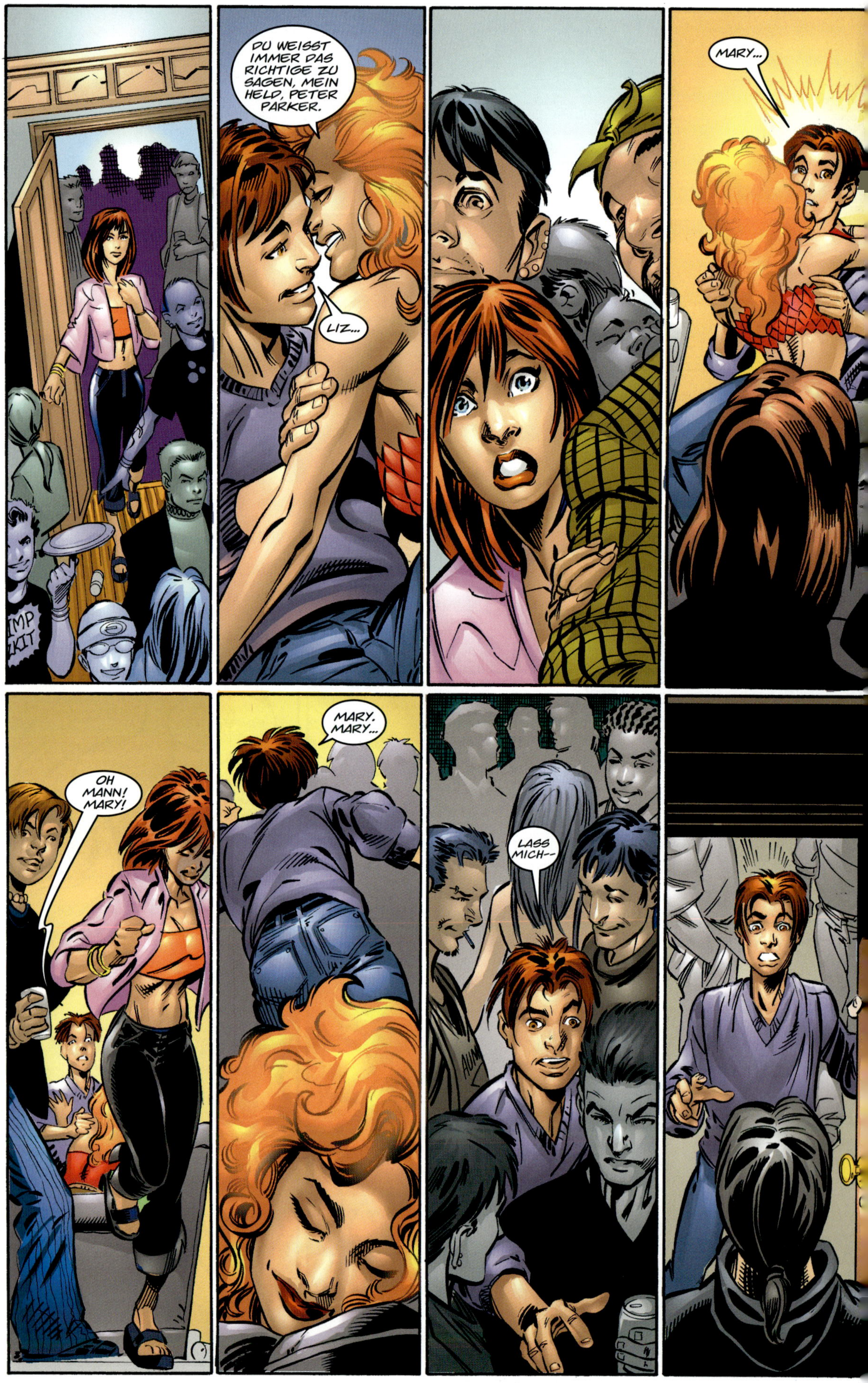

DU WEISST IMMER DAS RICHTIGE ZU SAGEN, MEIN HELD, PETER PARKER.
LIZ...
MARY...
OH MANN! MARY!
MARY. MARY...
LASS MICH--

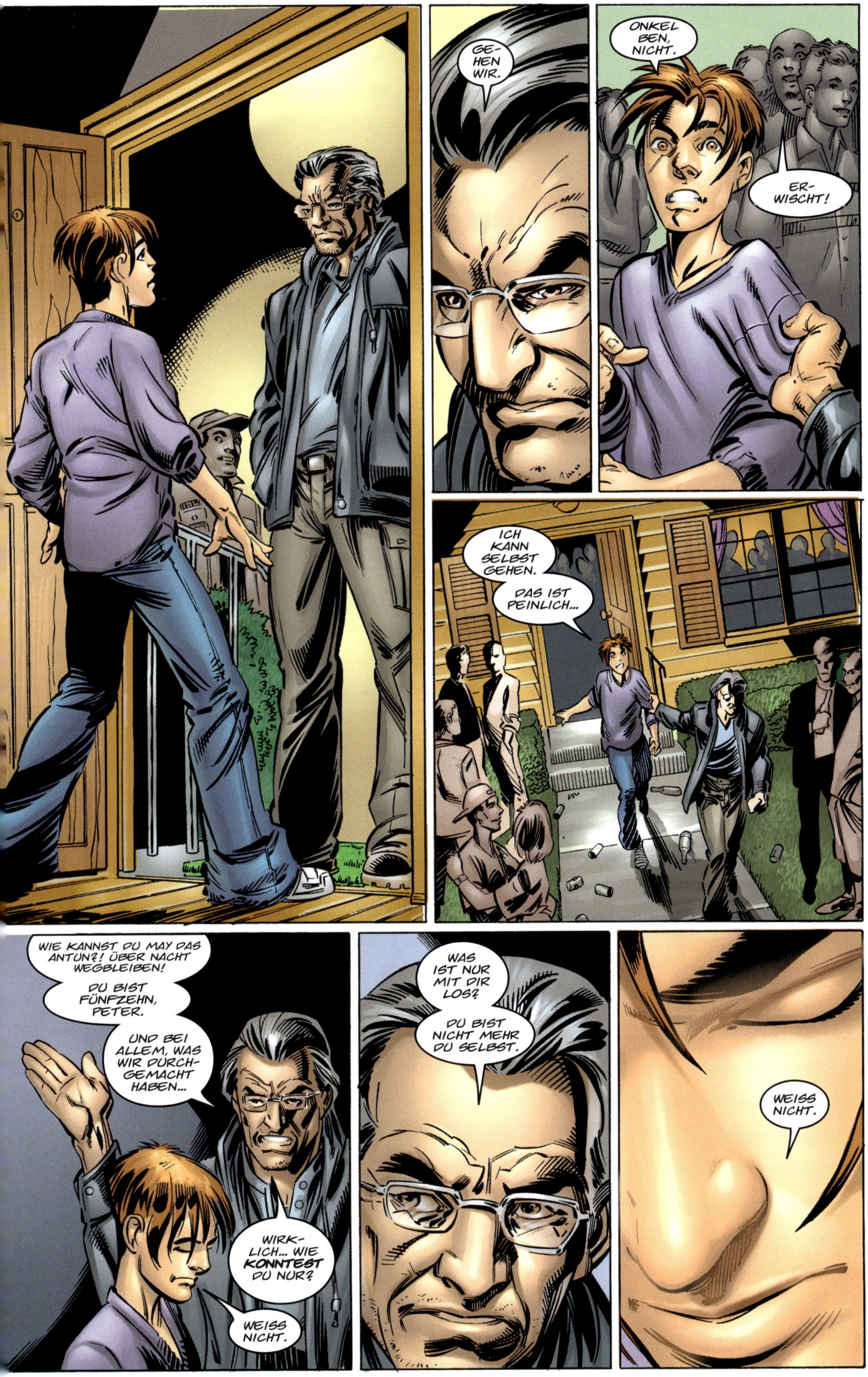
GE-
HEN
WIR.
ONKEL
BEN,
NICHT.
ER-
WISCHT!
ICH
KANN
SELBST
GEHEN.
DAS IST
PEINLICH...
WIE KANNST DU MAY DAS
ANTUN?! ÜBER NACHT
WEGBLEIBEN!
DU BIST
FÜNFZEHN,
PETER.
UND BEI
ALLEM, WAS
WIR DURCH-
GEMACHT
HABEN...
WIRK-
LICH... WIE
KONNTEST
DU NUR?
WEISS
NICHT.
WAS
IST NUR
MIT DIR
LOS?
DU BIST
NICHT MEHR
DU SELBST.
WEISS
NICHT.

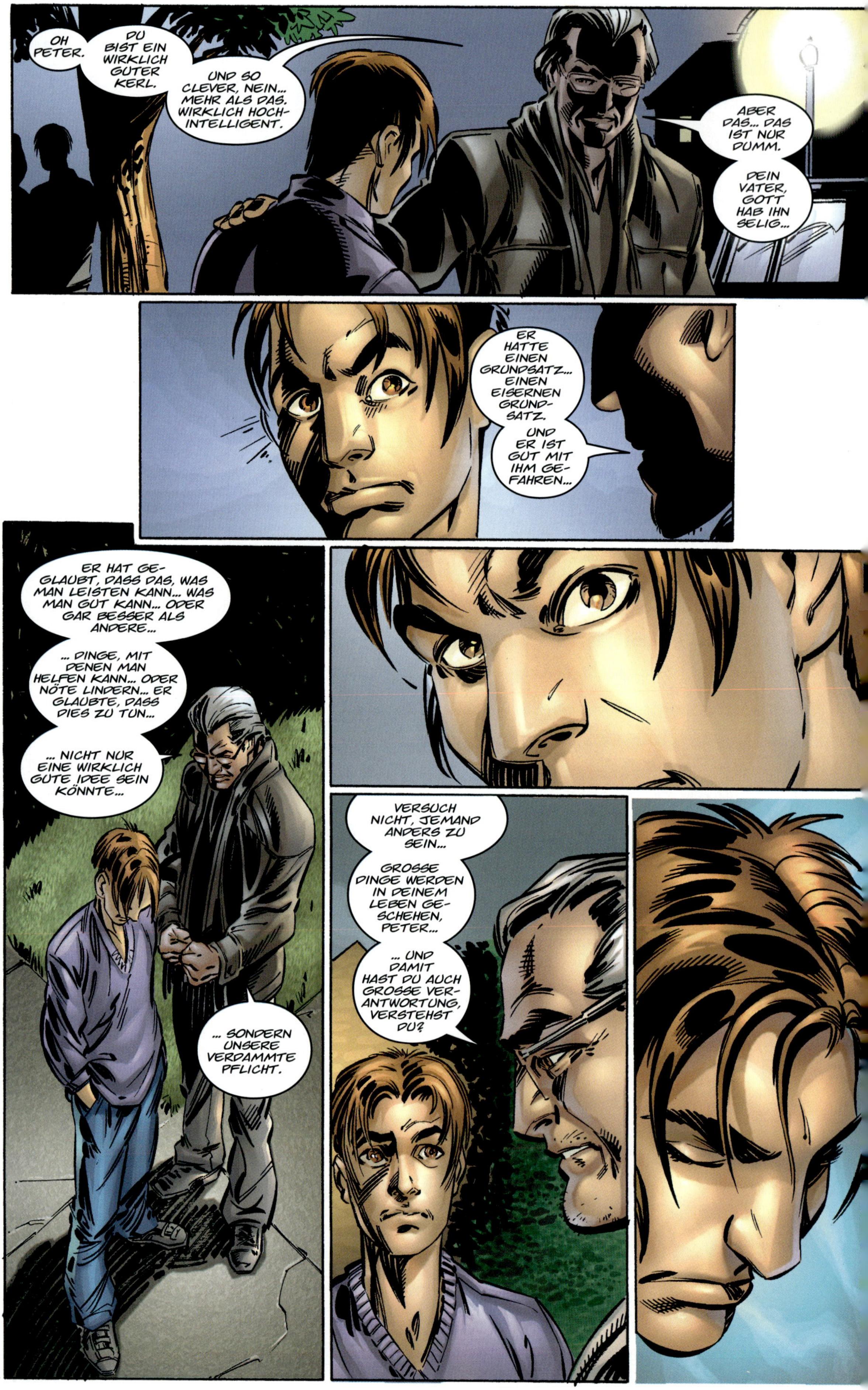
OH PETER.
DU BIST EIN WIRKLICH GUTER KERL.
UND SO CLEVER, NEIN... MEHR ALS DAS. WIRKLICH HOCH-INTELLIGENT.
ABER DAS... DAS IST NUR DUMM.
DEIN VATER, GOTT HAB IHN SELIG...
ER HATTE EINEN GRUNDSATZ... EINEN EISERNEN GRUND-SATZ.
UND ER IST GUT MIT IHM GE-FAHREN...
ER HAT GE-GLAUBT, DASS DAS, WAS MAN LEISTEN KANN... WAS MAN GUT KANN... ODER GAR BESSER ALS ANDERE...
... DINGE, MIT DENEN MAN HELFEN KANN... ODER NÖTE LINDERN... ER GLAUBTE, DASS DIES ZU TUN...
... NICHT NUR EINE WIRKLICH GUTE IDEE SEIN KÖNNTE...
... SONDERN UNSERE VERDAMMTE PFLICHT.
VERSUCH NICHT, JEMAND ANDERS ZU SEIN...
GROSSE DINGE WERDEN IN DEINEM LEBEN GE-SCHEHEN, PETER...
... UND DAMIT HAST DU AUCH GROSSE VER-ANTWORTUNG, VERSTEHST DU?

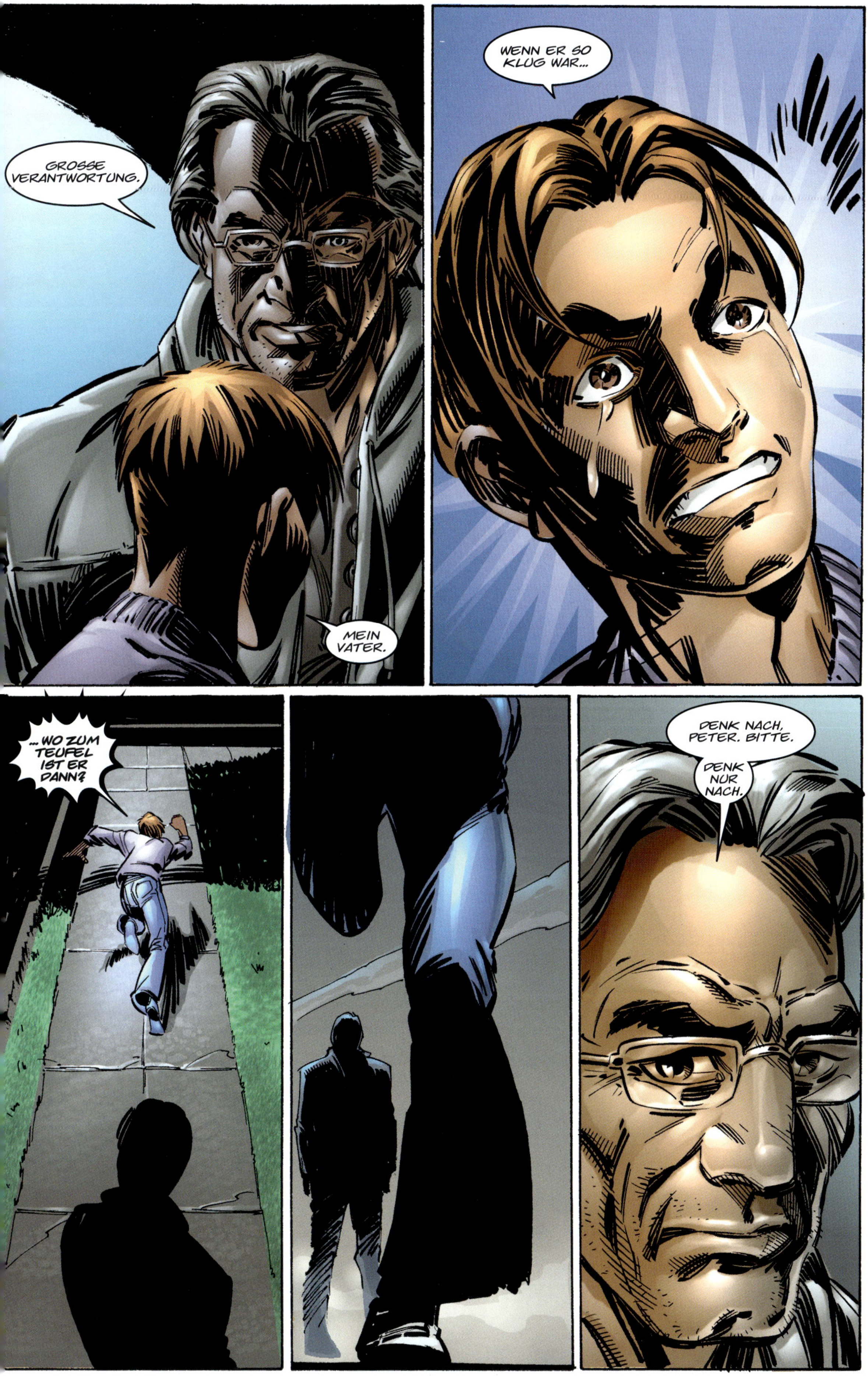
GROSSE VERANTWORTUNG.
MEIN VATER.
WENN ER SO KLUG WAR...
...WO ZUM TEUFEL IST ER DANN?
DENK NACH, PETER. BITTE.
DENK NUR NACH.

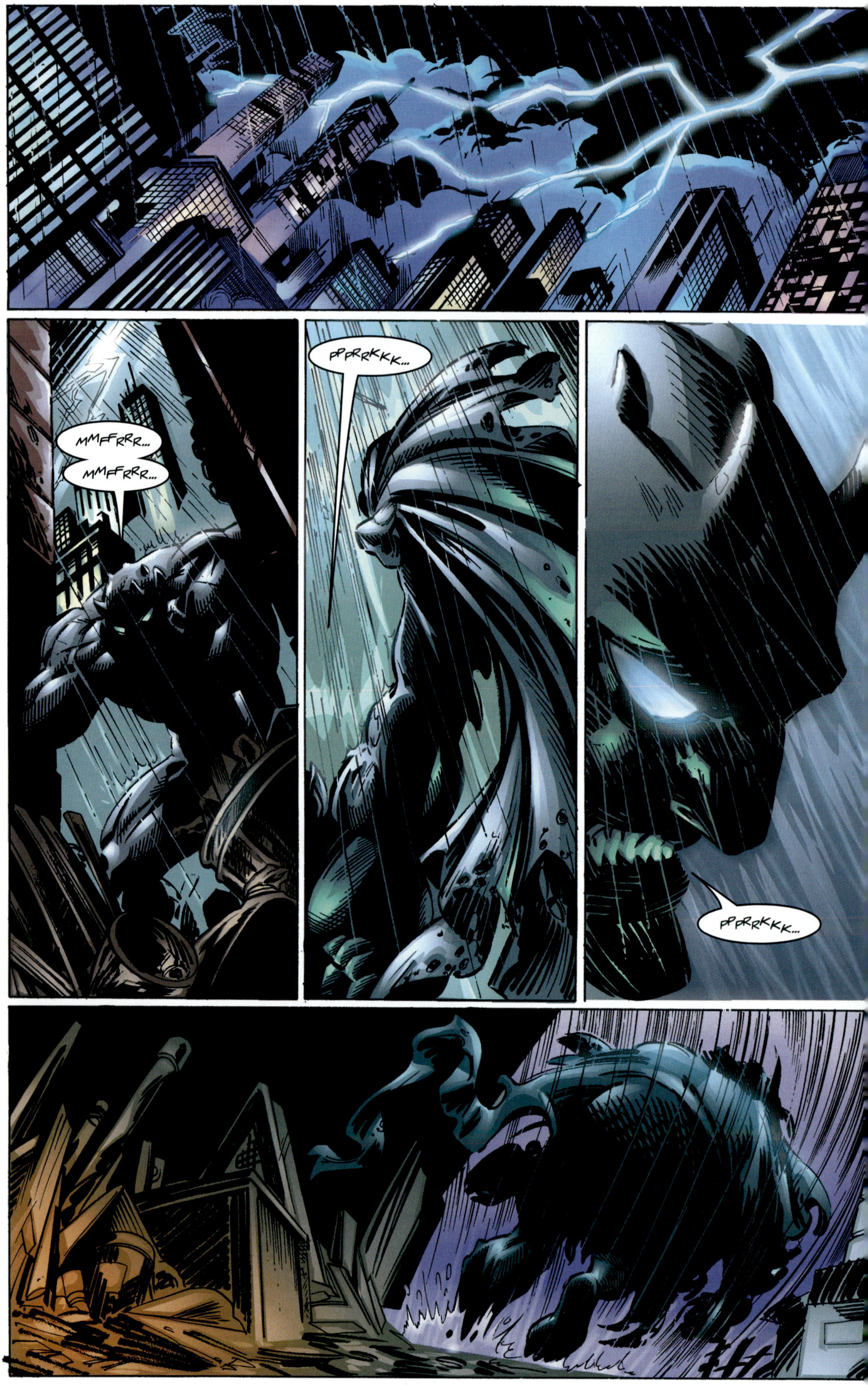
MMFFRRR...
MMFFRRR...
PPPRRKKK...
PPPRRKKK...

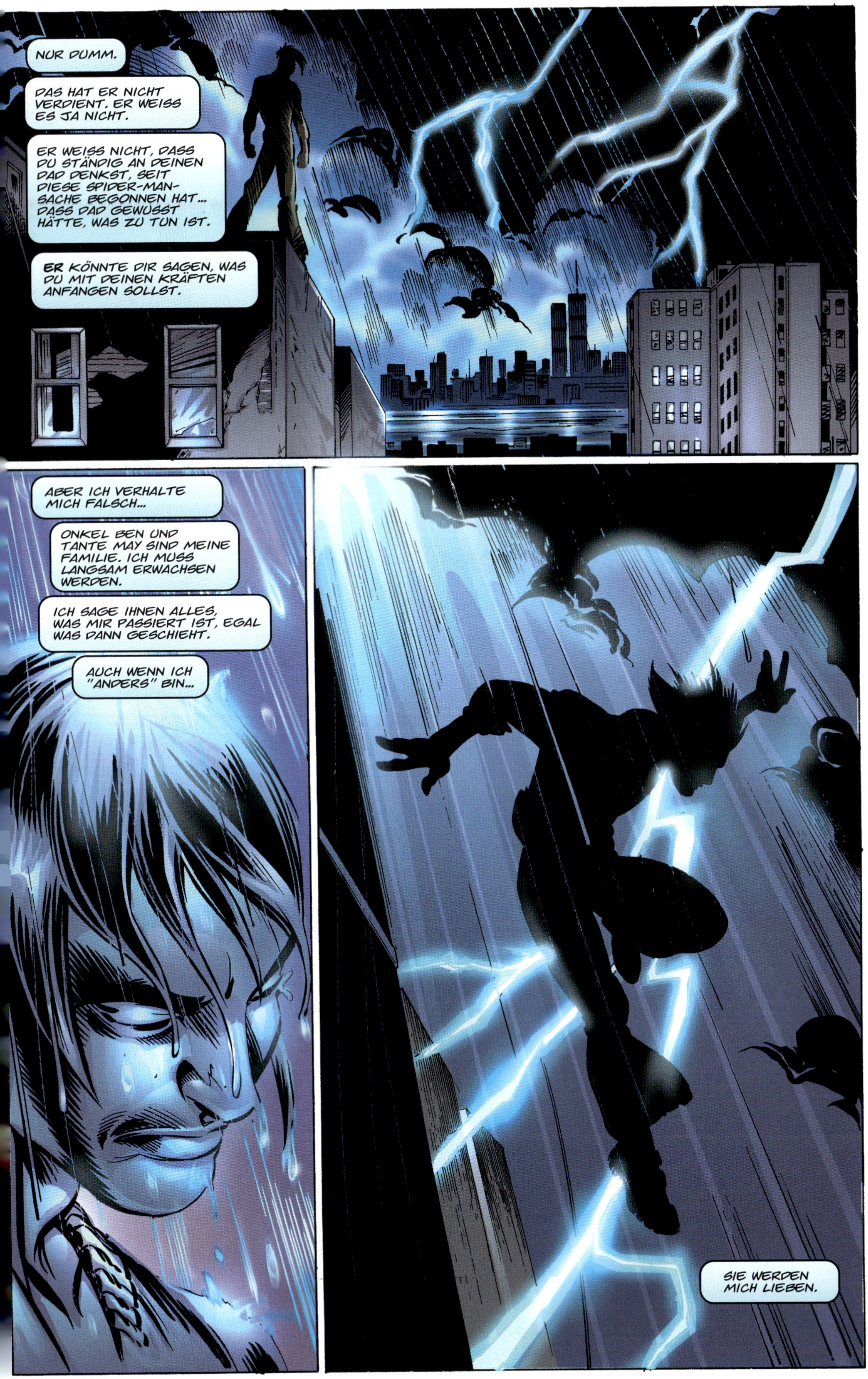
NUR DUMM.
DAS HAT ER NICHT VERDIENT. ER WEISS ES JA NICHT.
ER WEISS NICHT, DASS DU STÄNDIG AN DEINEN DAD DENKST, SEIT DIESE SPIDER-MAN-SACHE BEGONNEN HAT... DASS DAD GEWUSST HÄTTE, WAS ZU TUN IST.
ER KÖNNTE DIR SAGEN, WAS DU MIT DEINEN KRÄFTEN ANFANGEN SOLLST.
ABER ICH VERHALTE MICH FALSCH...
ONKEL BEN UND TANTE MAY SIND MEINE FAMILIE. ICH MUSS LANGSAM ERWACHSEN WERDEN.
ICH SAGE IHNEN ALLES, WAS MIR PASSIERT IST, EGAL WAS DANN GESCHIEHT.
AUCH WENN ICH "ANDERS" BIN...
SIE WERDEN MICH LIEBEN.

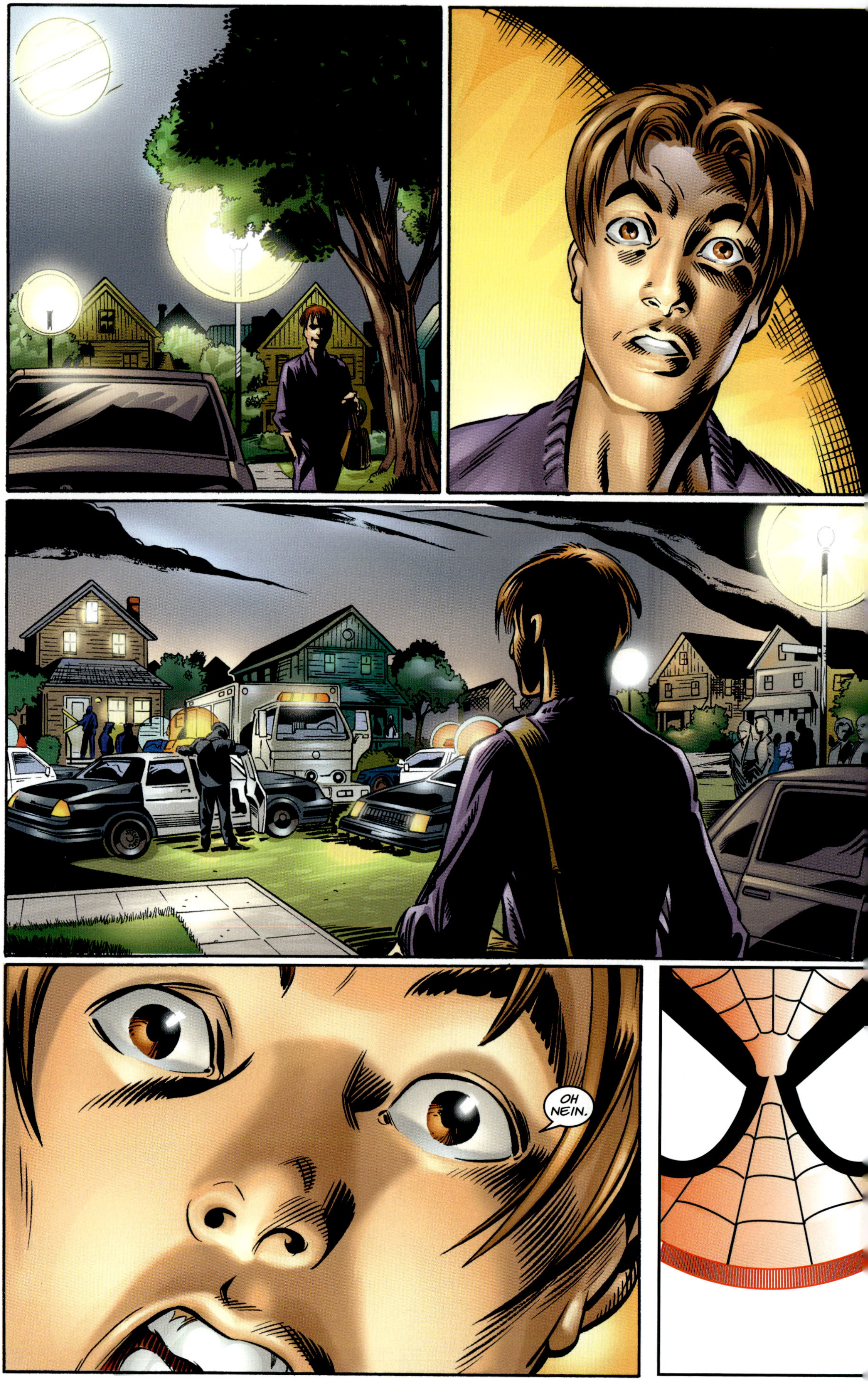
OH NEIN.

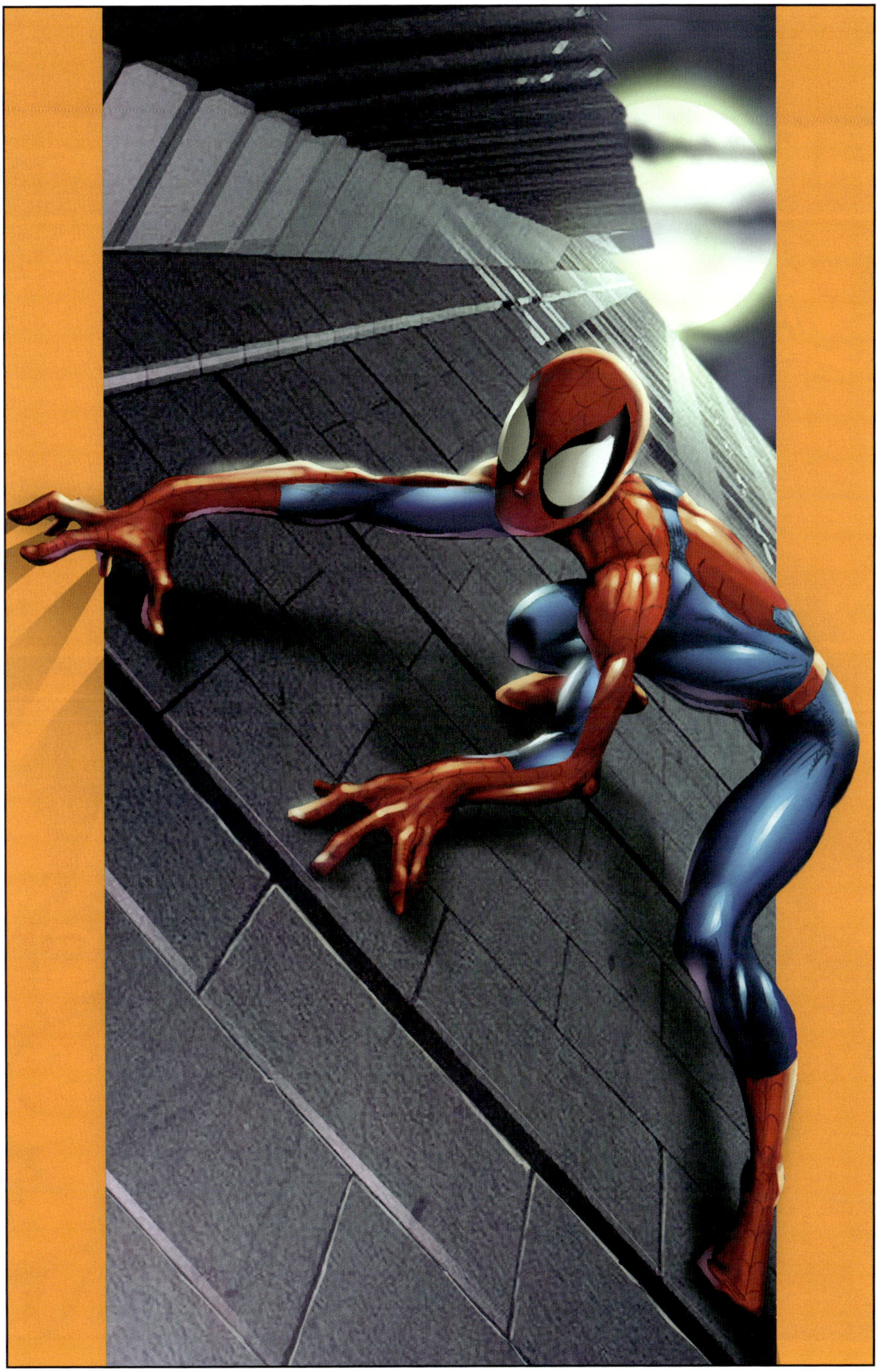

Ultimate Spider-Man (2000) 5
Cover von **MARK BAGLEY**

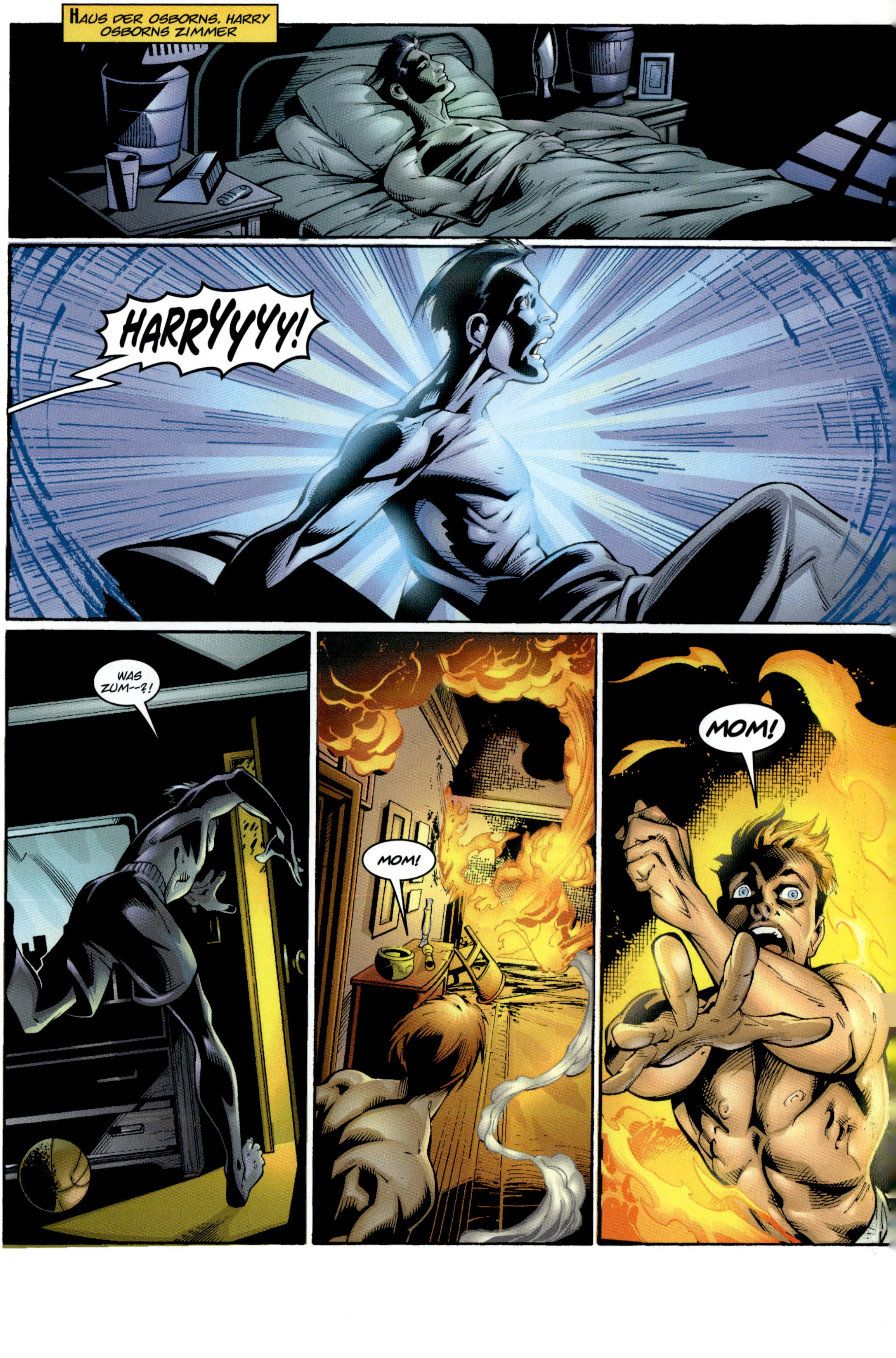
HAUS DER OSBORNS. HARRY OSBORNS ZIMMER
HARRYYYY!
WAS ZUM--?!
MOM!
MOM!

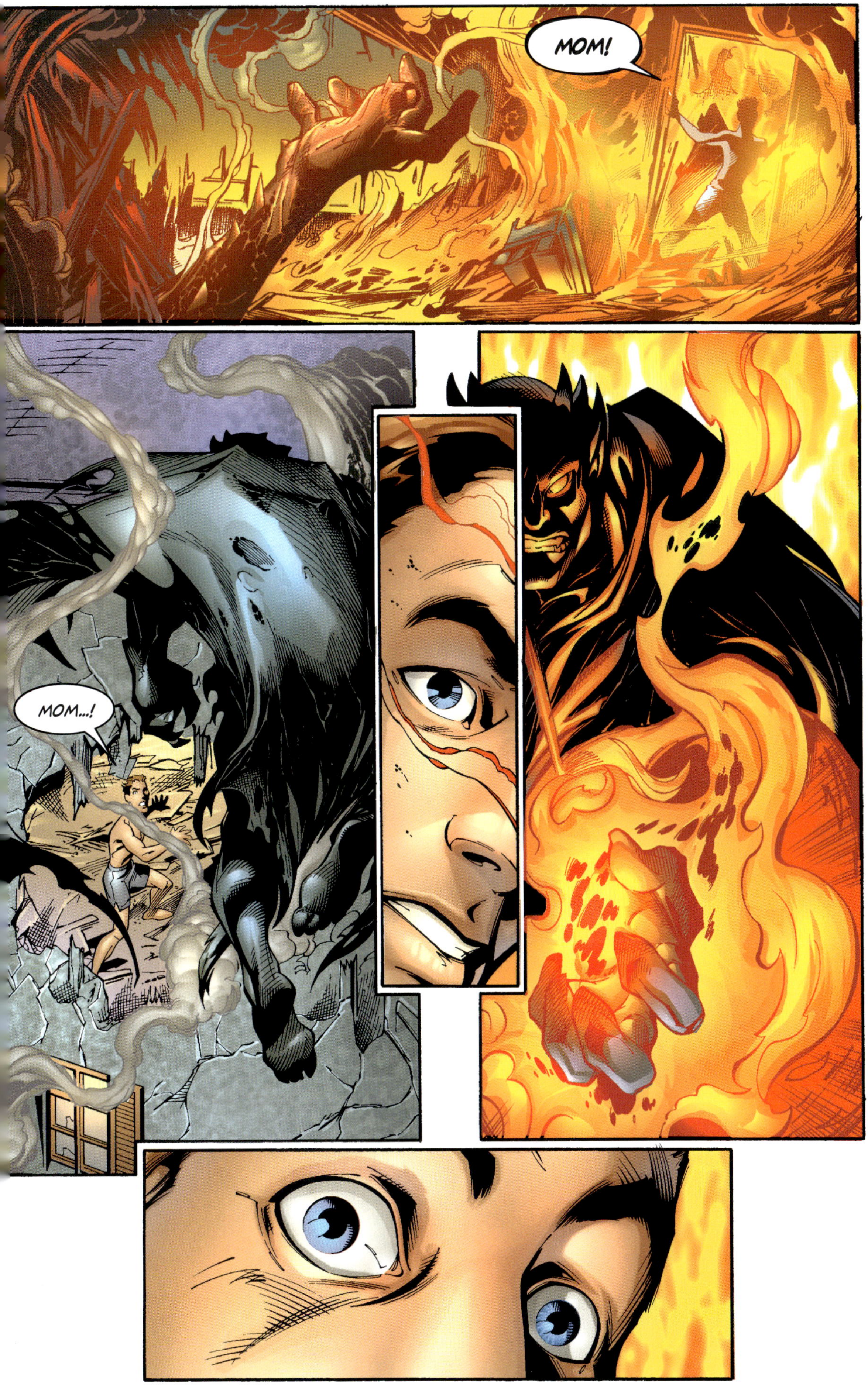
MOM!
MOM...!

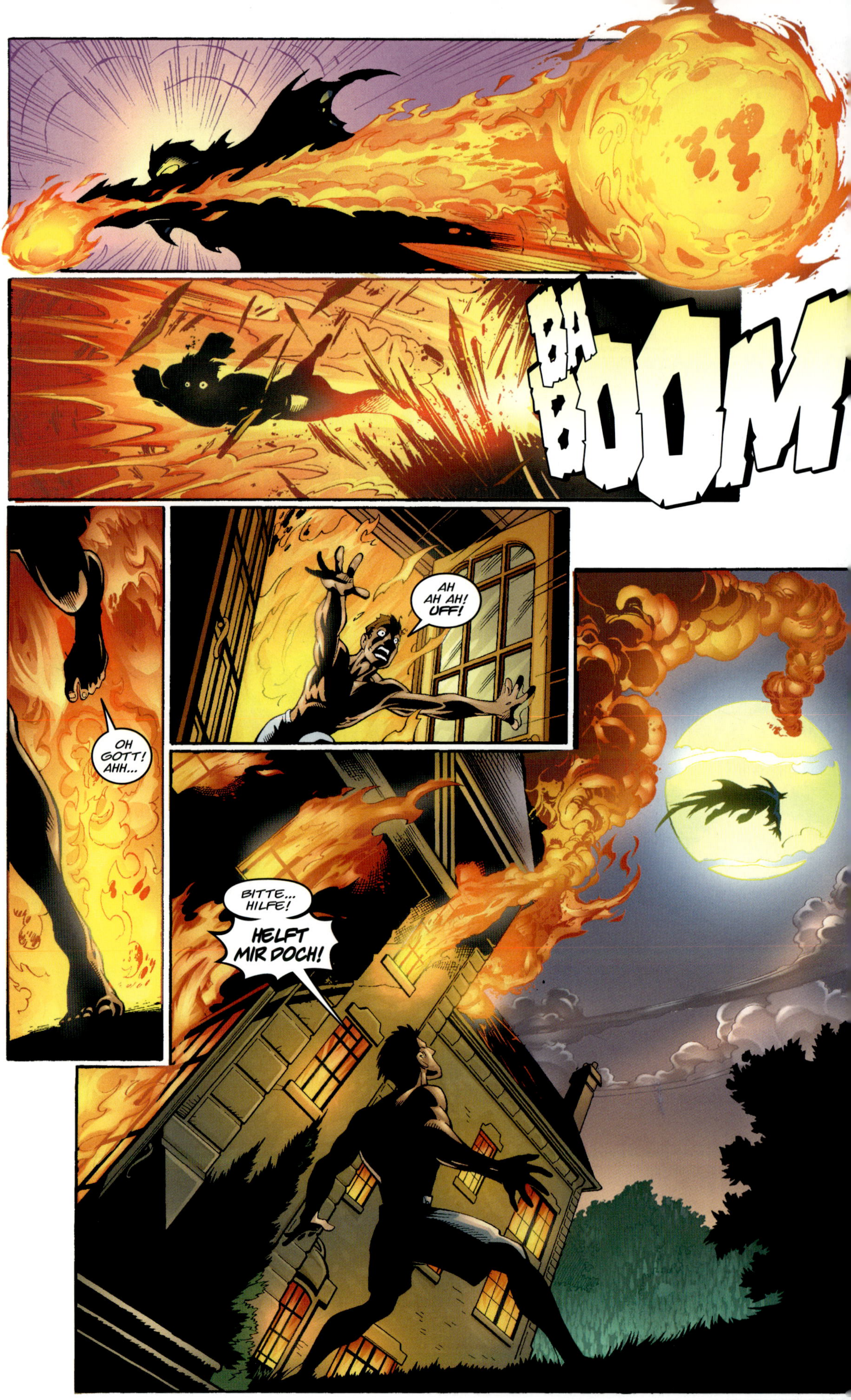
BA BOOM
AH AH AH! UFF!
OH GOTT! AHH...
BITTE... HILFE!
HELFT MIR DOCH!

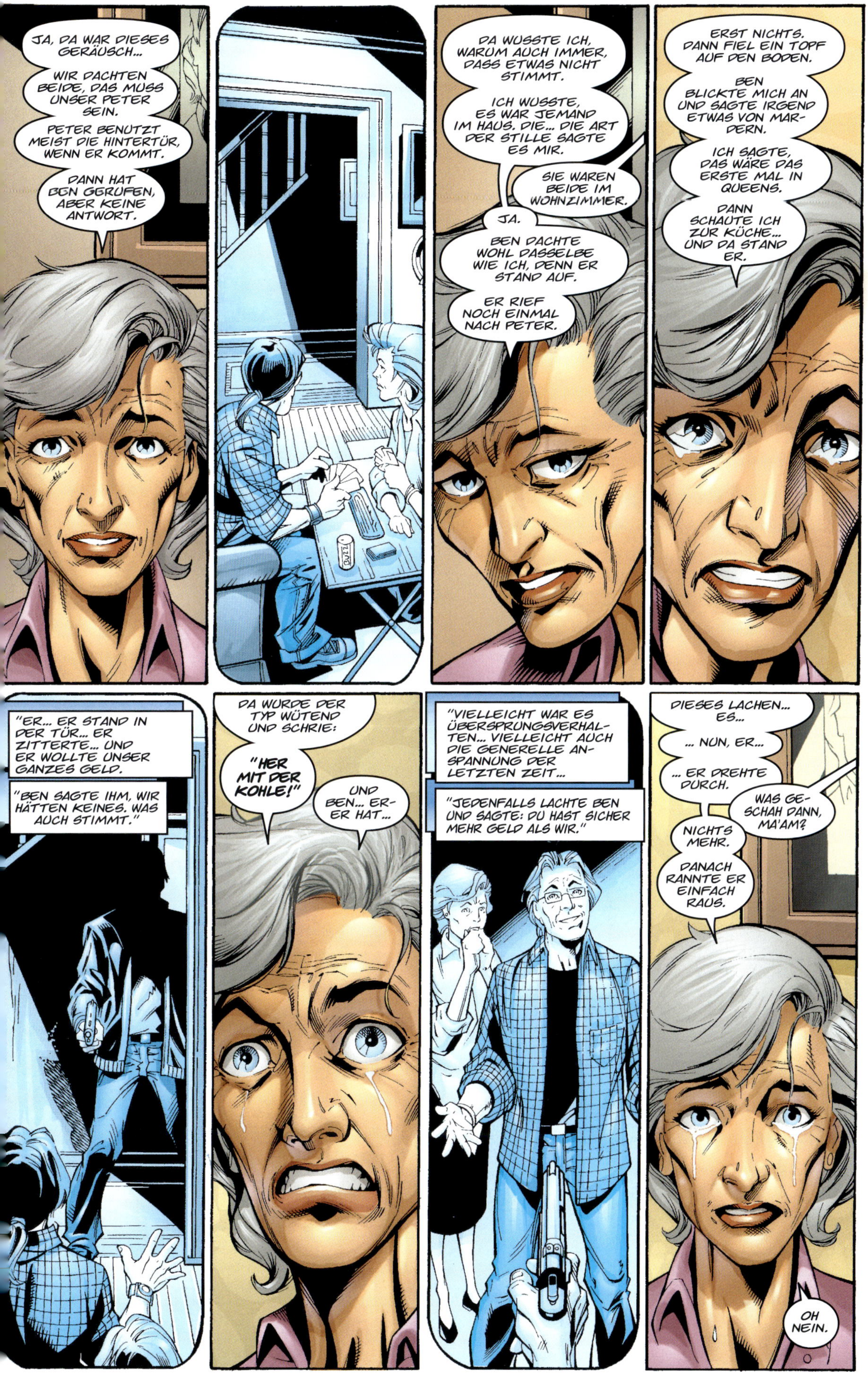
JA, DA WAR DIESES GERÄUSCH...
WIR DACHTEN BEIDE, DAS MUSS UNSER PETER SEIN.
PETER BENUTZT MEIST DIE HINTERTÜR, WENN ER KOMMT.
DANN HAT BEN GERUFEN, ABER KEINE ANTWORT.
DA WUSSTE ICH, WARUM AUCH IMMER, DASS ETWAS NICHT STIMMT.
ICH WUSSTE, ES WAR JEMAND IM HAUS. DIE... DIE ART DER STILLE SAGTE ES MIR.
SIE WAREN BEIDE IM WOHNZIMMER.
JA.
BEN DACHTE WOHL DASSELBE WIE ICH, DENN ER STAND AUF.
ER RIEF NOCH EINMAL NACH PETER.
ERST NICHTS. DANN FIEL EIN TOPF AUF DEN BODEN.
BEN BLICKTE MICH AN UND SAGTE IRGEND ETWAS VON MARDERN.
ICH SAGTE, DAS WÄRE DAS ERSTE MAL IN QUEENS.
DANN SCHAUTE ICH ZUR KÜCHE... UND DA STAND ER.
"ER... ER STAND IN DER TÜR... ER ZITTERTE... UND ER WOLLTE UNSER GANZES GELD.
"BEN SAGTE IHM, WIR HÄTTEN KEINES. WAS AUCH STIMMT."
DA WURDE DER TYP WÜTEND UND SCHRIE:
"HER MIT DER KOHLE!"
UND BEN... ER-ER HAT...
"VIELLEICHT WAR ES ÜBERSPRUNGSVERHALTEN... VIELLEICHT AUCH DIE GENERELLE ANSPANNUNG DER LETZTEN ZEIT...
"JEDENFALLS LACHTE BEN UND SAGTE: DU HAST SICHER MEHR GELD ALS WIR."
DIESES LACHEN... ES...
... NUN, ER...
... ER DREHTE DURCH.
WAS GESCHAH DANN, MA'AM?
NICHTS MEHR.
DANACH RANNTE ER EINFACH RAUS.
OH NEIN.

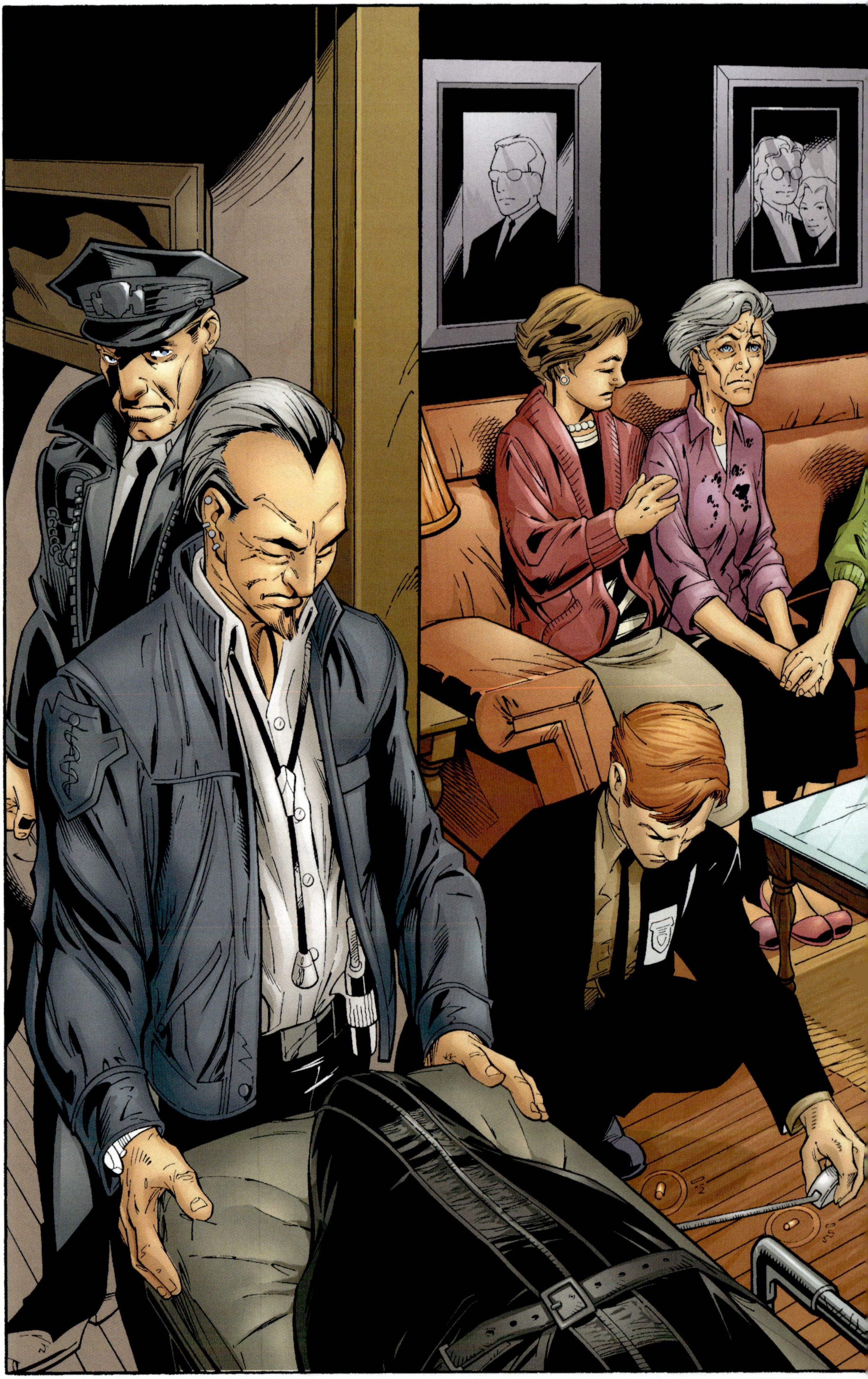

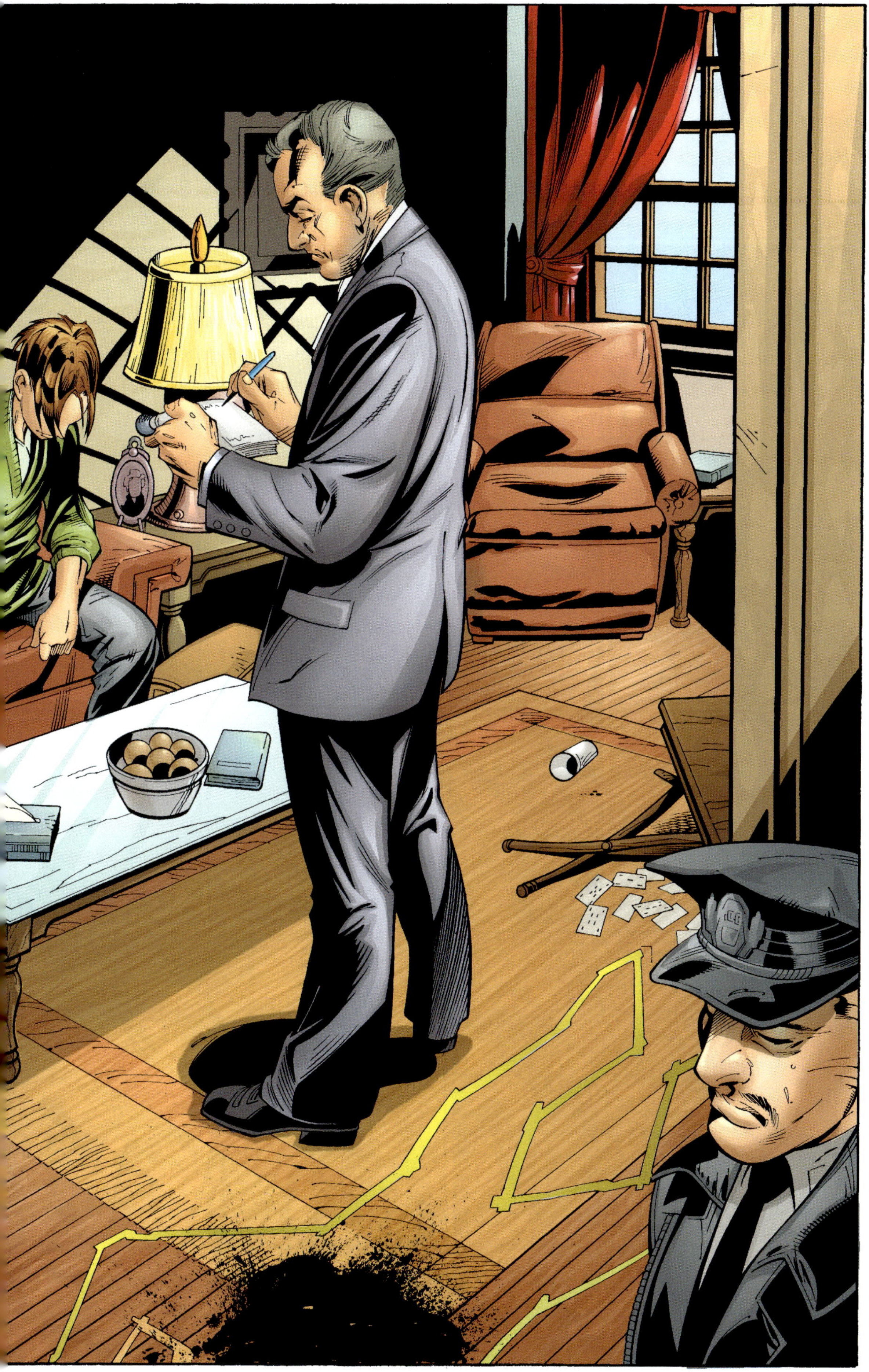

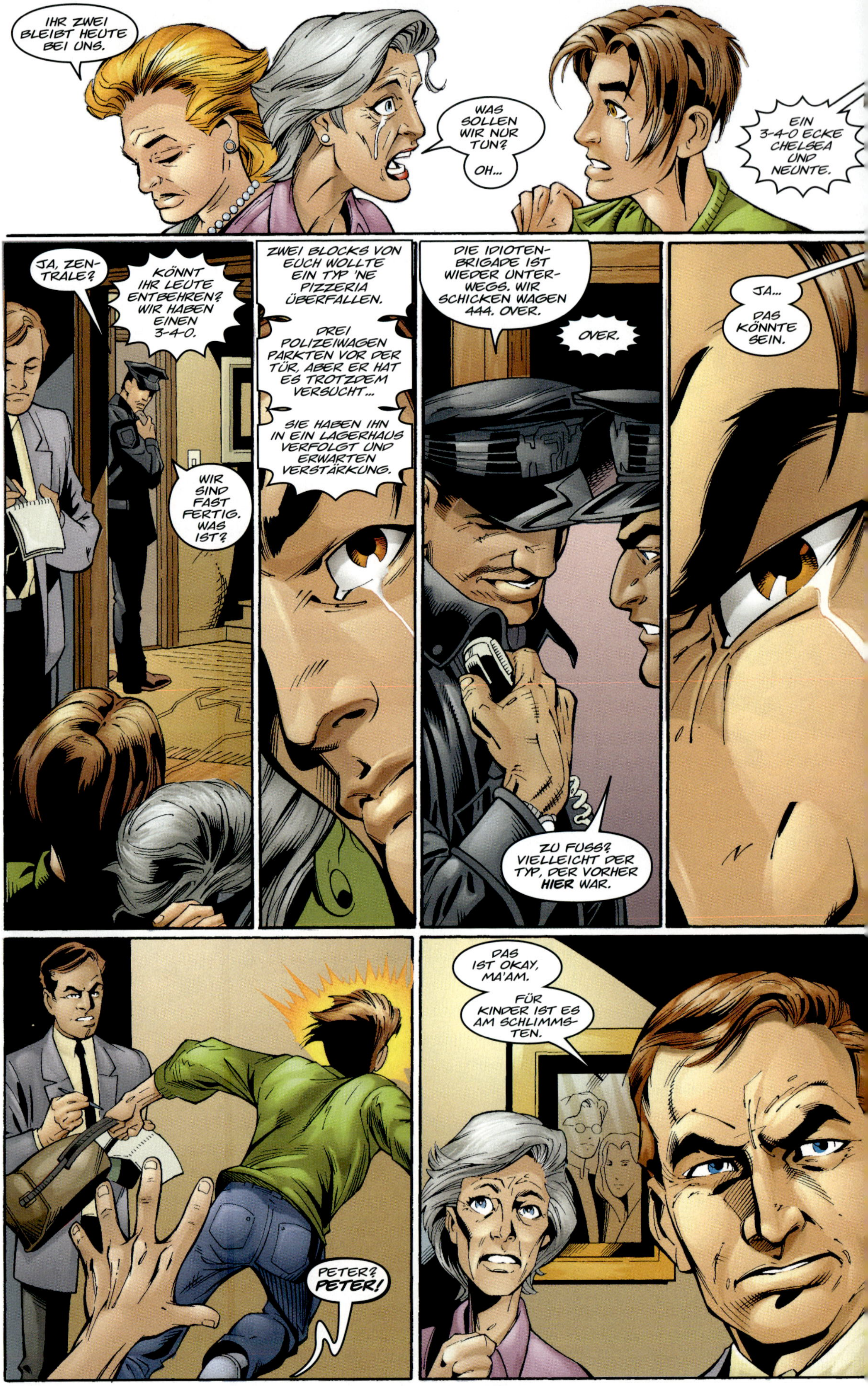

IHR ZWEI BLEIBT HEUTE BEI UNS.
WAS SOLLEN WIR NUR TUN?
OH...
EIN 3-4-0 ECKE CHELSEA UND NEUNTE.
JA, ZENTRALE?
KÖNNT IHR LEUTE ENTBEHREN? WIR HABEN EINEN 3-4-0.
WIR SIND FAST FERTIG. WAS IST?
ZWEI BLOCKS VON EUCH WOLLTE EIN TYP 'NE PIZZERIA ÜBERFALLEN.
DREI POLIZEIWAGEN PARKTEN VOR DER TÜR, ABER ER HAT ES TROTZDEM VERSUCHT...
SIE HABEN IHN IN EIN LAGERHAUS VERFOLGT UND ERWARTEN VERSTÄRKUNG.
DIE IDIOTENBRIGADE IST WIEDER UNTERWEGS. WIR SCHICKEN WAGEN 444. OVER.
OVER.
ZU FUSS? VIELLEICHT DER TYP, DER VORHER HIER WAR.
JA... DAS KÖNNTE SEIN.
PETER? PETER!
DAS IST OKAY, MA'AM.
FÜR KINDER IST ES AM SCHLIMMSTEN.

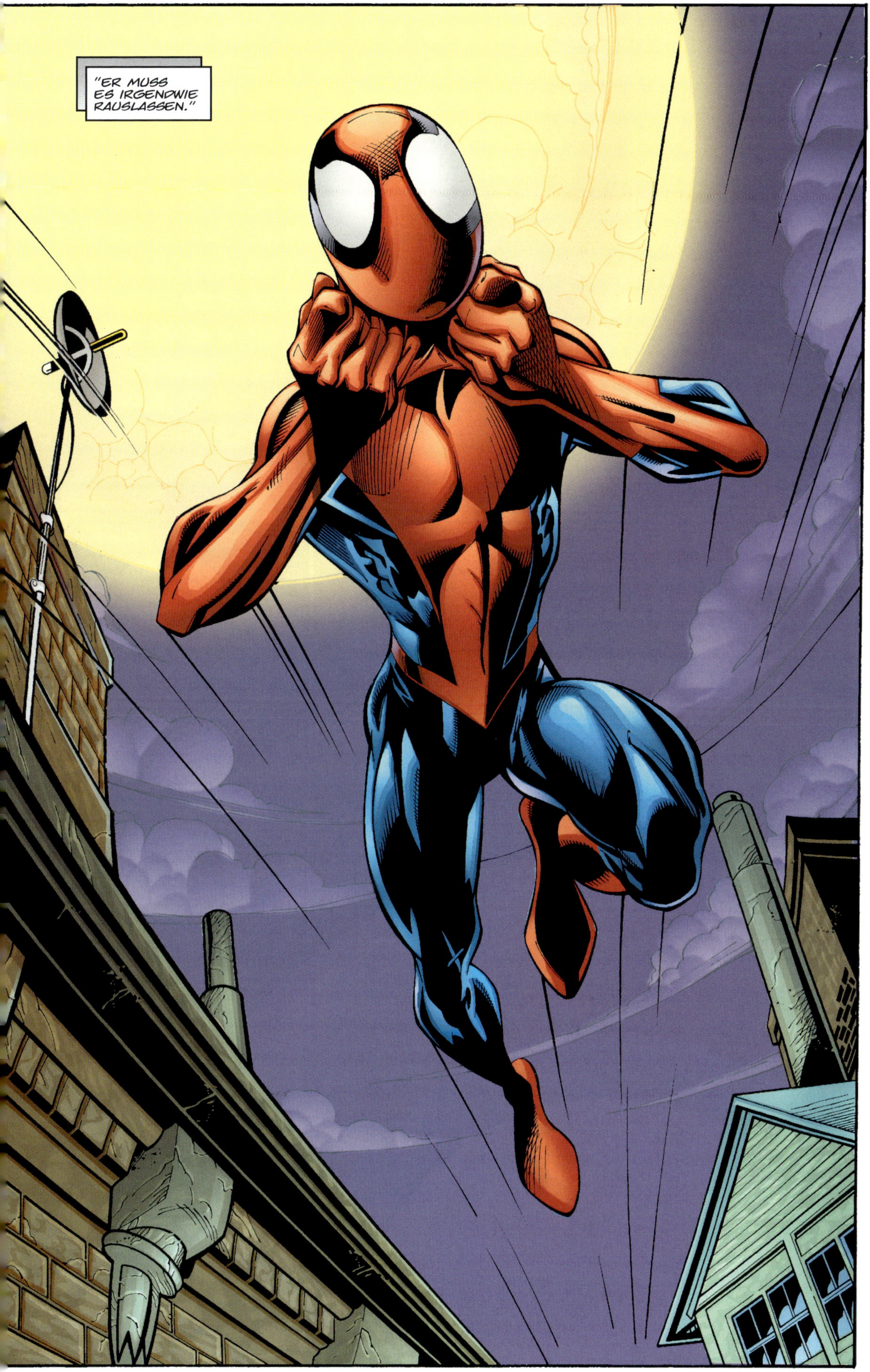
"ER MUSS ES IRGENDWIE RAUSLASSEN."

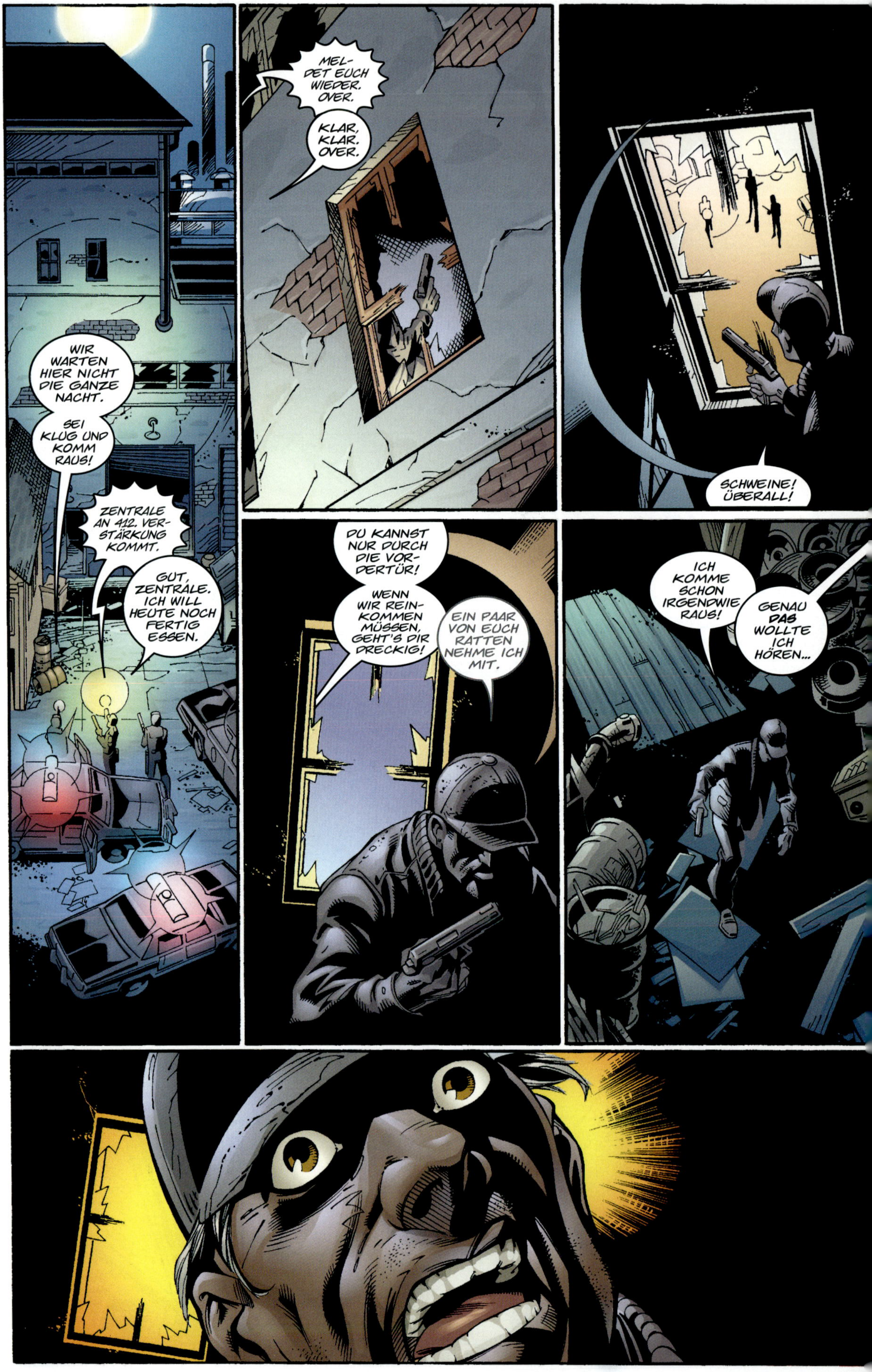
WIR WARTEN HIER NICHT DIE GANZE NACHT.
SEI KLUG UND KOMM RAUS!
ZENTRALE AN 412. VERSTÄRKUNG KOMMT.
GUT, ZENTRALE. ICH WILL HEUTE NOCH FERTIG ESSEN.
MELDET EUCH WIEDER. OVER.
KLAR, KLAR. OVER.
SCHWEINE! ÜBERALL!
DU KANNST NUR DURCH DIE VORDERTÜR!
WENN WIR REINKOMMEN MÜSSEN, GEHT'S DIR DRECKIG!
EIN PAAR VON EUCH RATTEN NEHME ICH MIT.
ICH KOMME SCHON IRGENDWIE RAUS!
GENAU DAS WOLLTE ICH HÖREN...

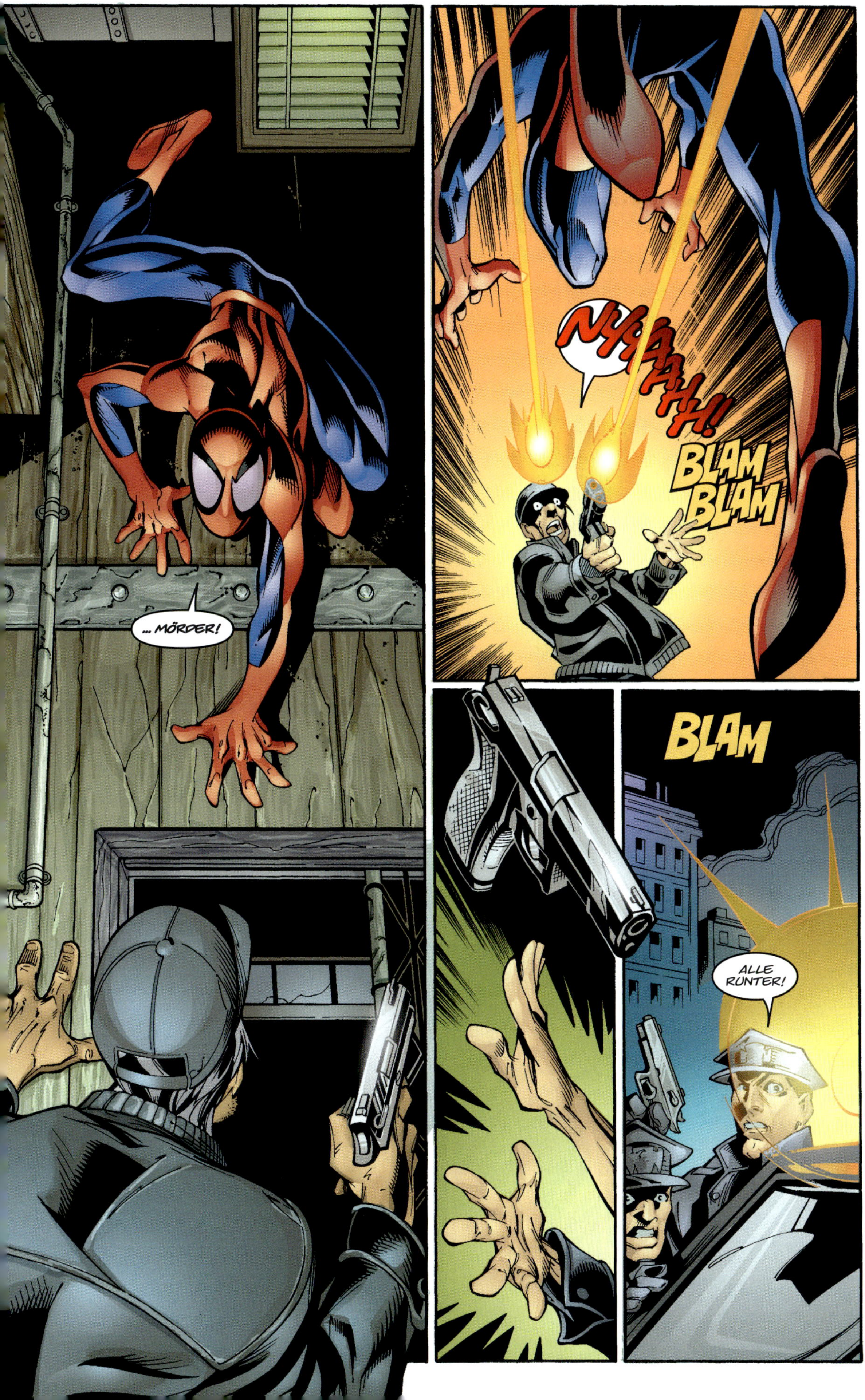

... MÖRDER!
NYAAAHH!
BLAM BLAM
BLAM
ALLE RUNTER!

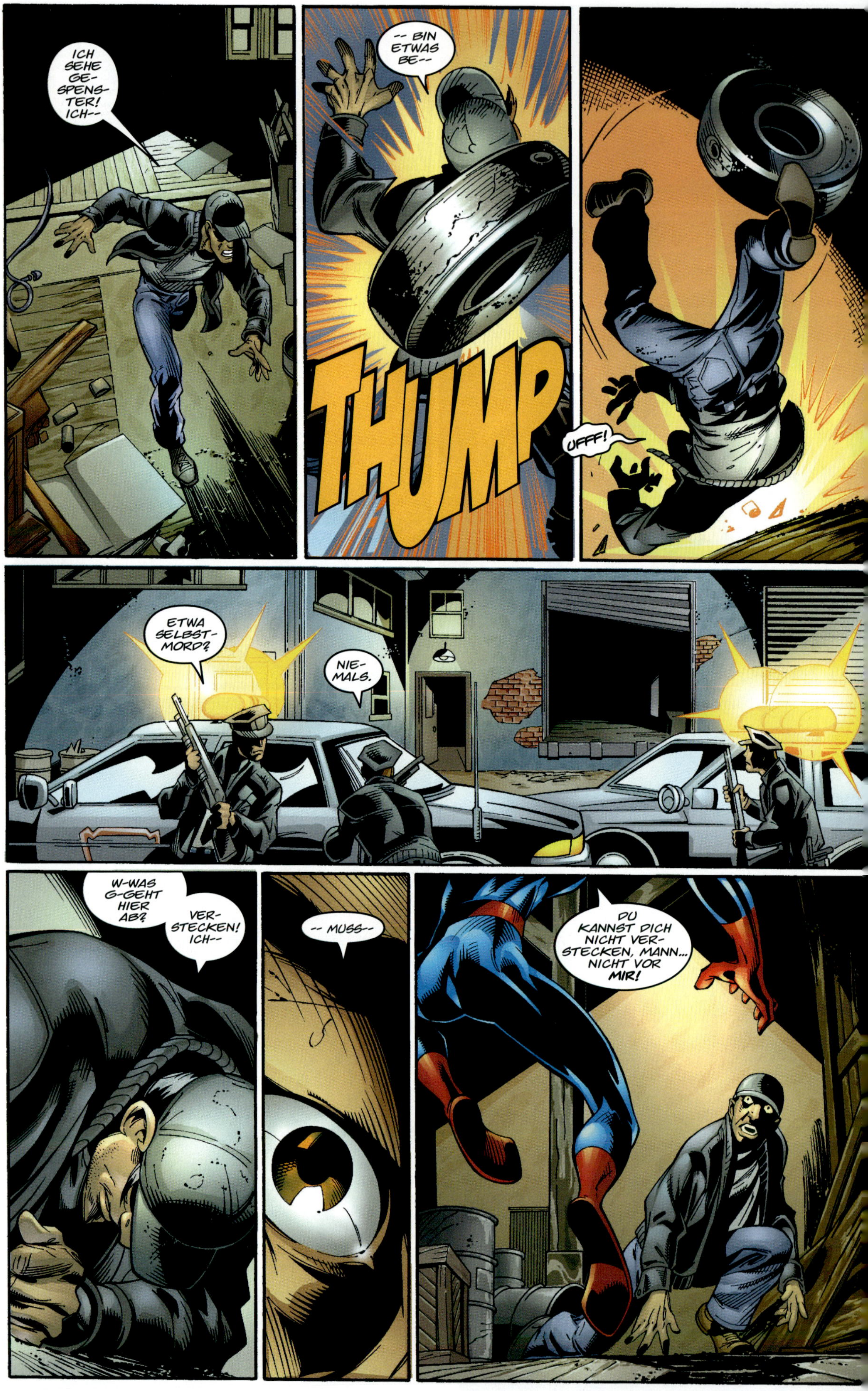
ICH SEHE GE-SPENS-TER! ICH--
-- BIN ETWAS BE--
THUMP
UFFF!
ETWA SELBST-MORD?
NIE-MALS.
W-WAS G-GEHT HIER AB?
VER-STECKEN! ICH--
-- MUSS--
DU KANNST DICH NICHT VER-STECKEN, MANN... NICHT VOR MIR!

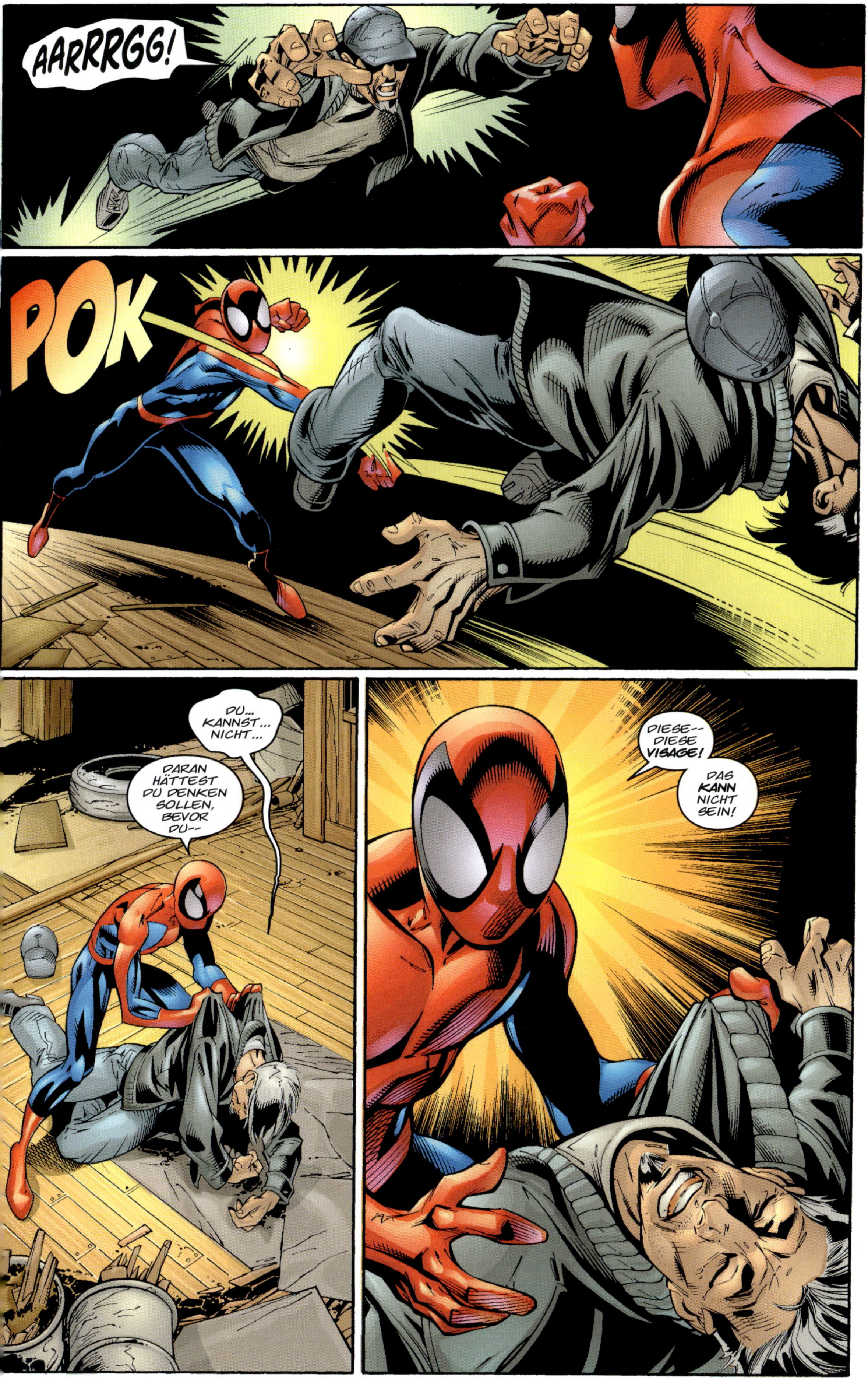
AARRRGG!
POK
DU... KANNST... NICHT...
DARAN HÄTTEST DU DENKEN SOLLEN, BEVOR DU--
DIESE-- DIESE VISAGE!
DAS KANN NICHT SEIN!

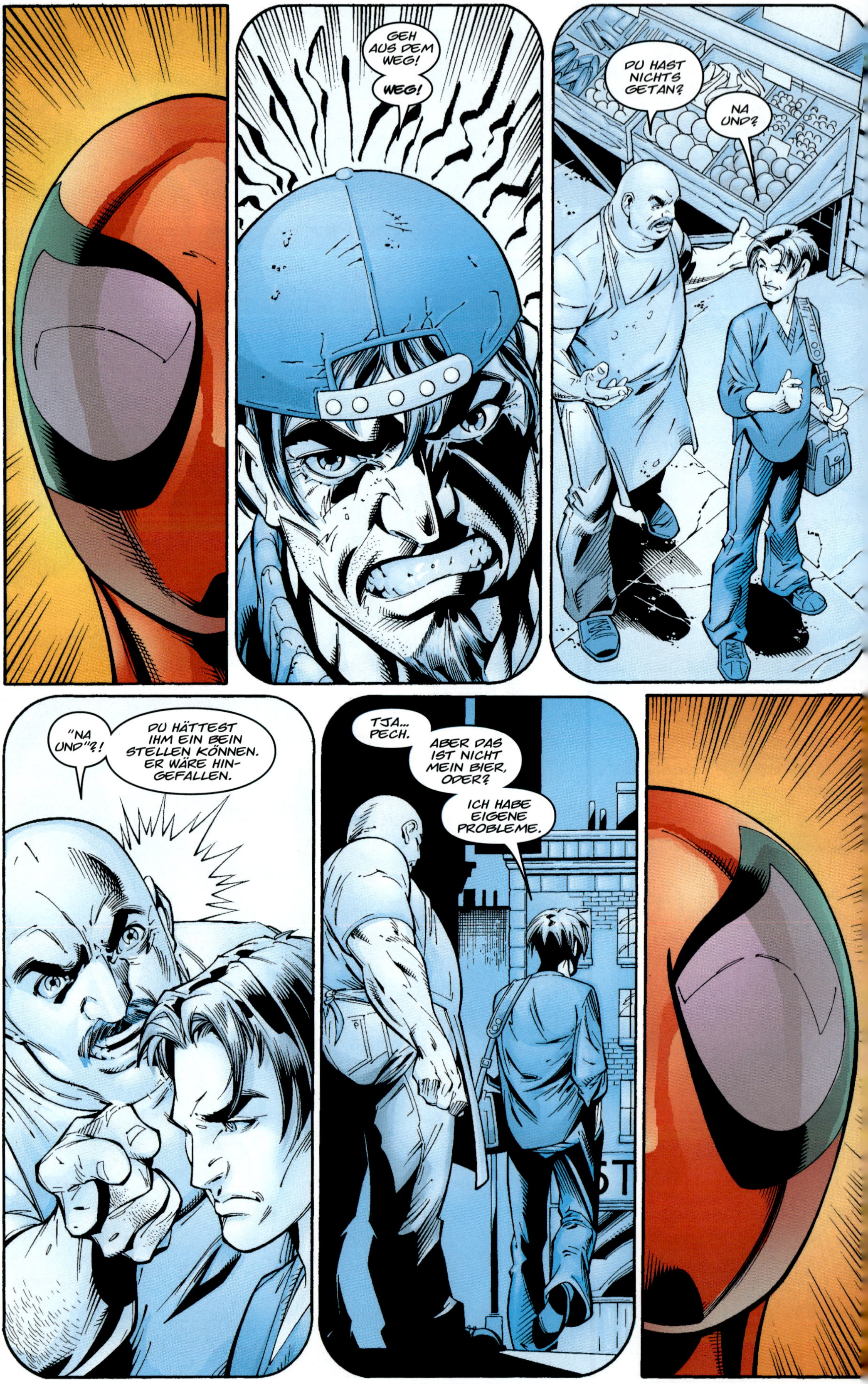
GEH AUS DEM WEG!
WEG!
DU HAST NICHTS GETAN?
NA UND?
"NA UND"?!
DU HÄTTEST IHM EIN BEIN STELLEN KÖNNEN. ER WÄRE HINGEFALLEN.
TJA... PECH.
ABER DAS IST NICHT MEIN BIER, ODER?
ICH HABE EIGENE PROBLEME.

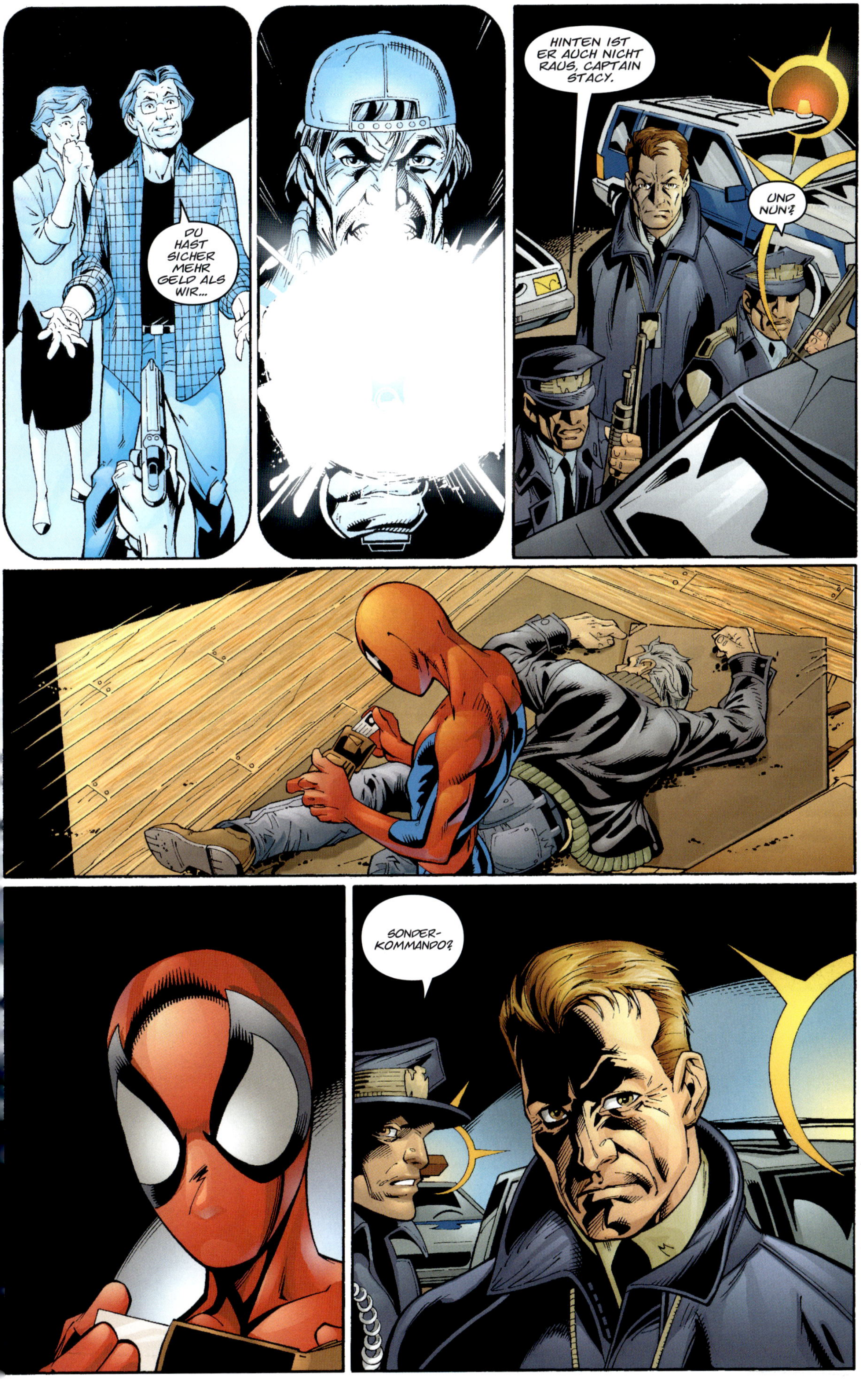
DU HAST SICHER MEHR GELD ALS WIR...
HINTEN IST ER AUCH NICHT RAUS, CAPTAIN STACY.
UND NUN?
SONDER-KOMMANDO?

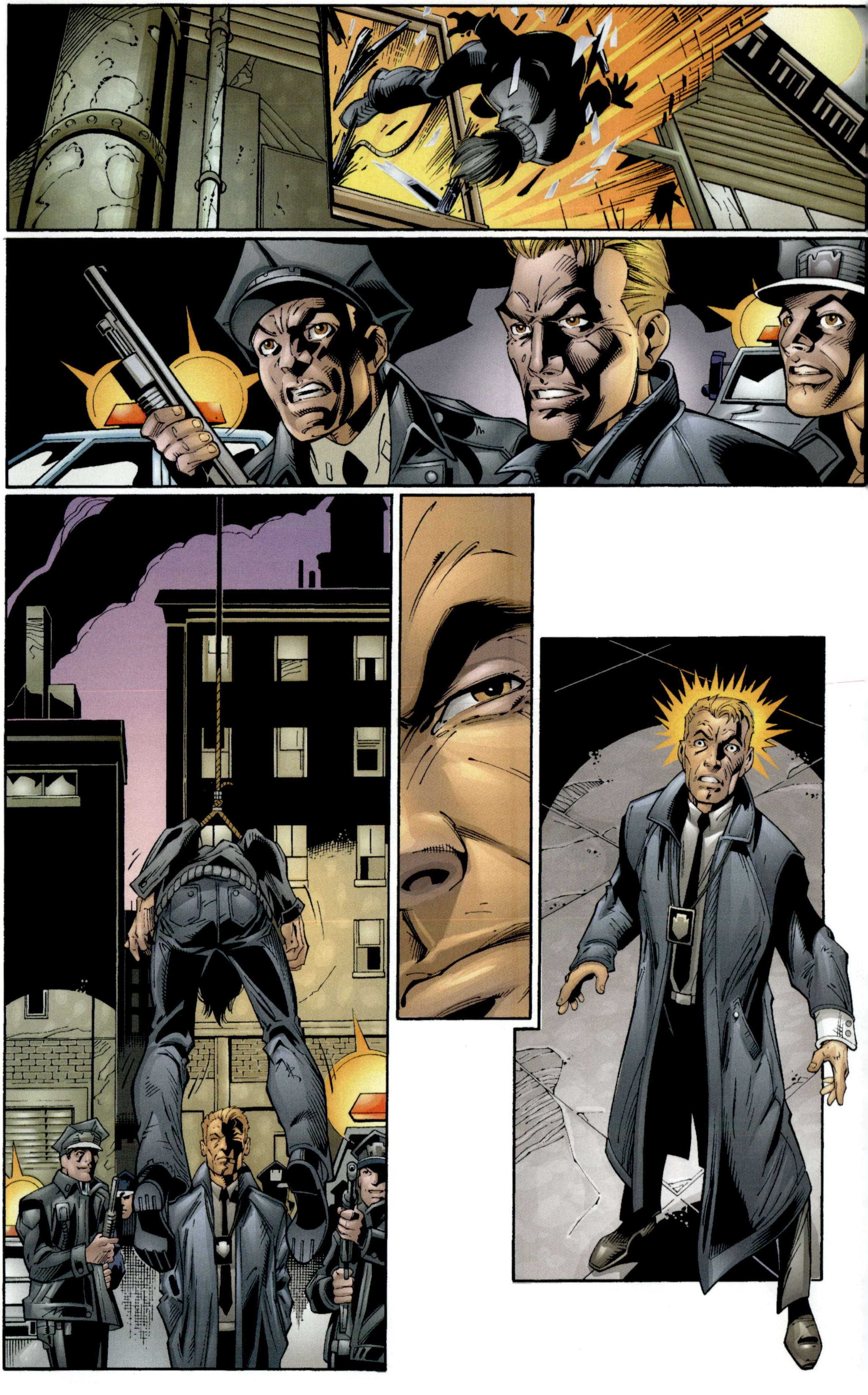

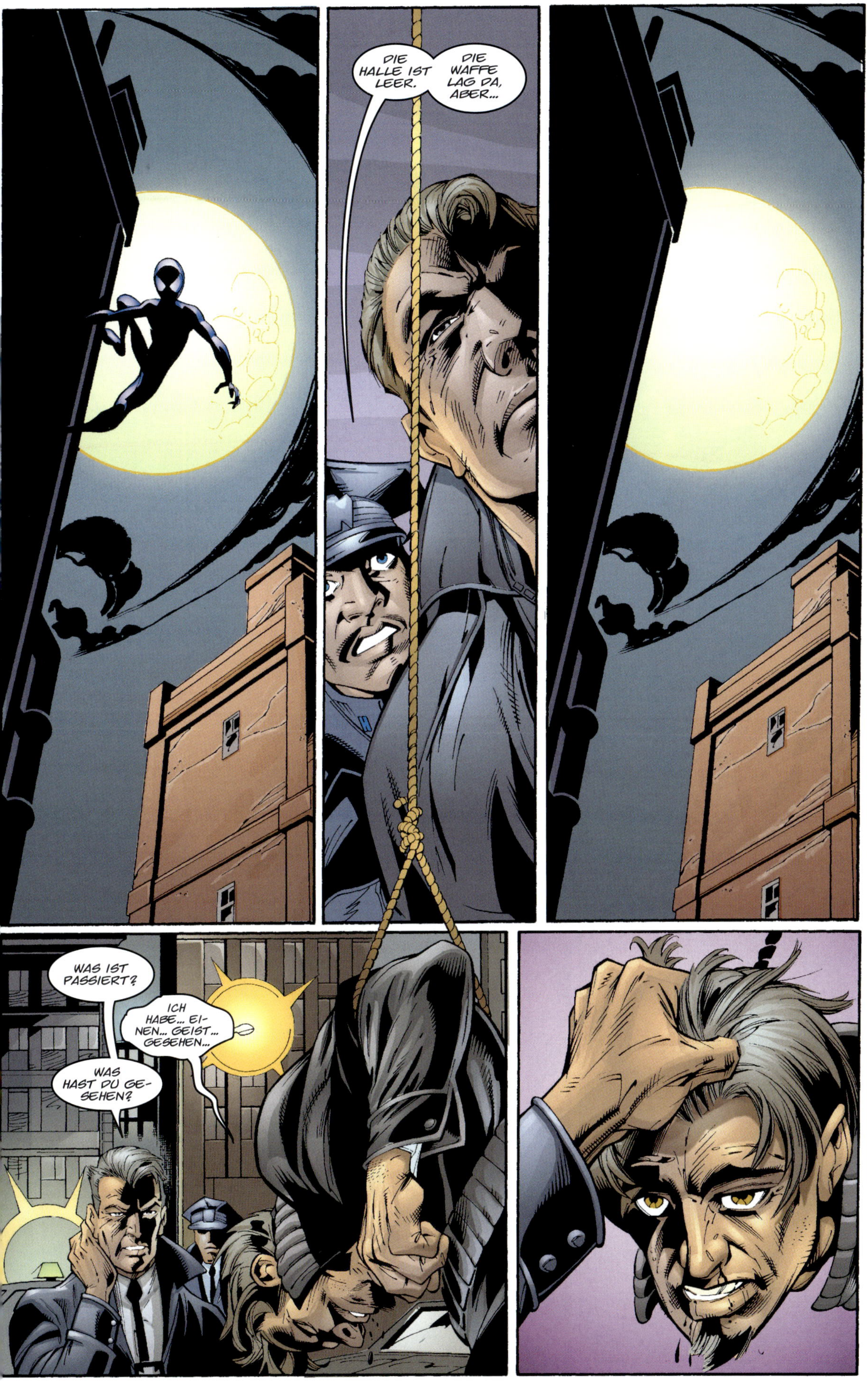
DIE HALLE IST LEER.
DIE WAFFE LAG DA, ABER...
WAS IST PASSIERT?
ICH HABE... EI-NEN... GEIST... GESEHEN...
WAS HAST DU GE-SEHEN?

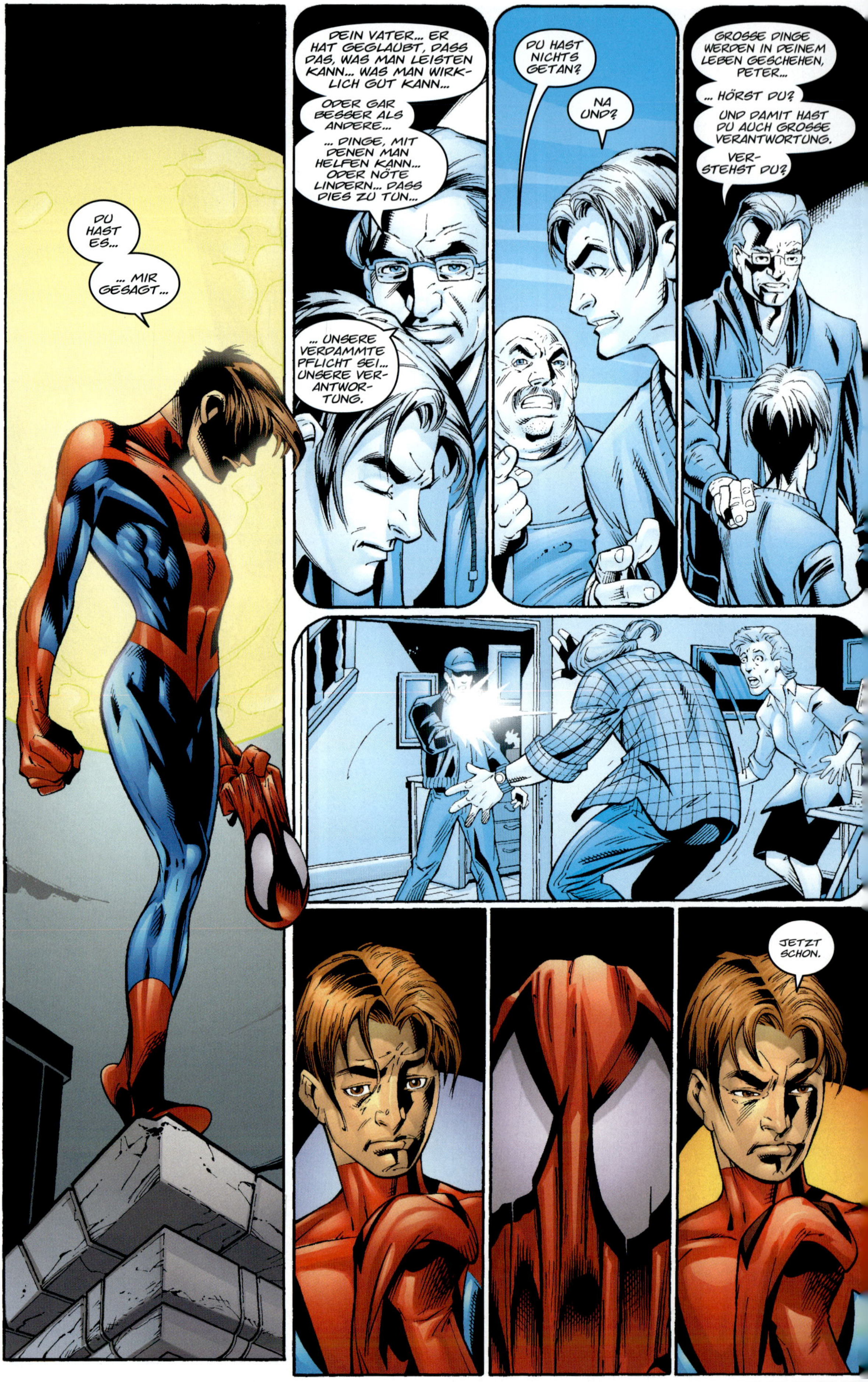
DU HAST ES...
... MIR GESAGT...
DEIN VATER... ER HAT GEGLAUBT, DASS DAS, WAS MAN LEISTEN KANN... WAS MAN WIRKLICH GUT KANN...
ODER GAR BESSER ALS ANDERE...
... DINGE, MIT DENEN MAN HELFEN KANN... ODER NÖTE LINDERN... DASS DIES ZU TUN...
... UNSERE VERDAMMTE PFLICHT SEI... UNSERE VERANTWORTUNG.
DU HAST NICHTS GETAN?
NA UND?
GROSSE DINGE WERDEN IN DEINEM LEBEN GESCHEHEN, PETER...
... HÖRST DU?
UND DAMIT HAST DU AUCH GROSSE VERANTWORTUNG.
VERSTEHST DU?
JETZT SCHON.

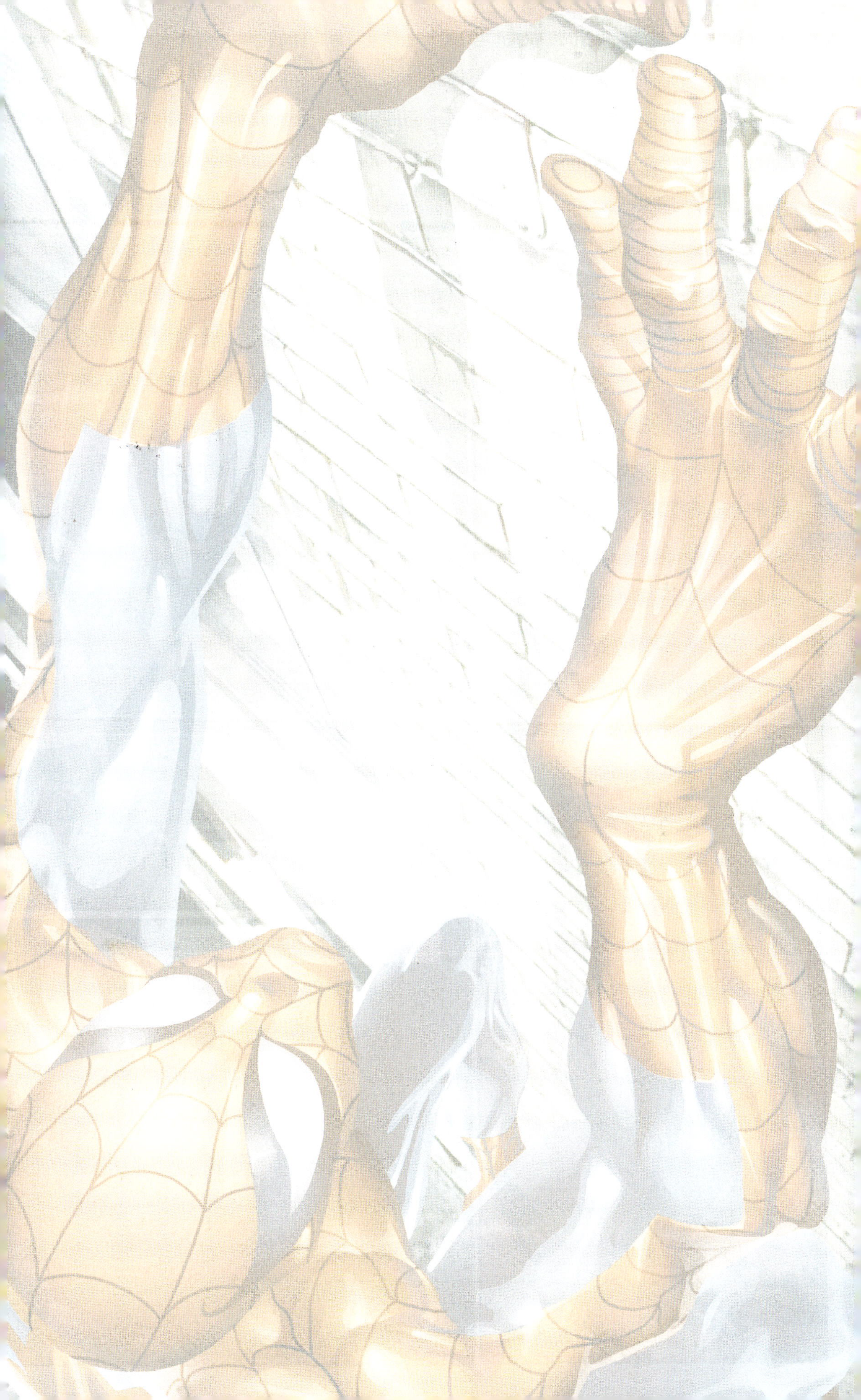

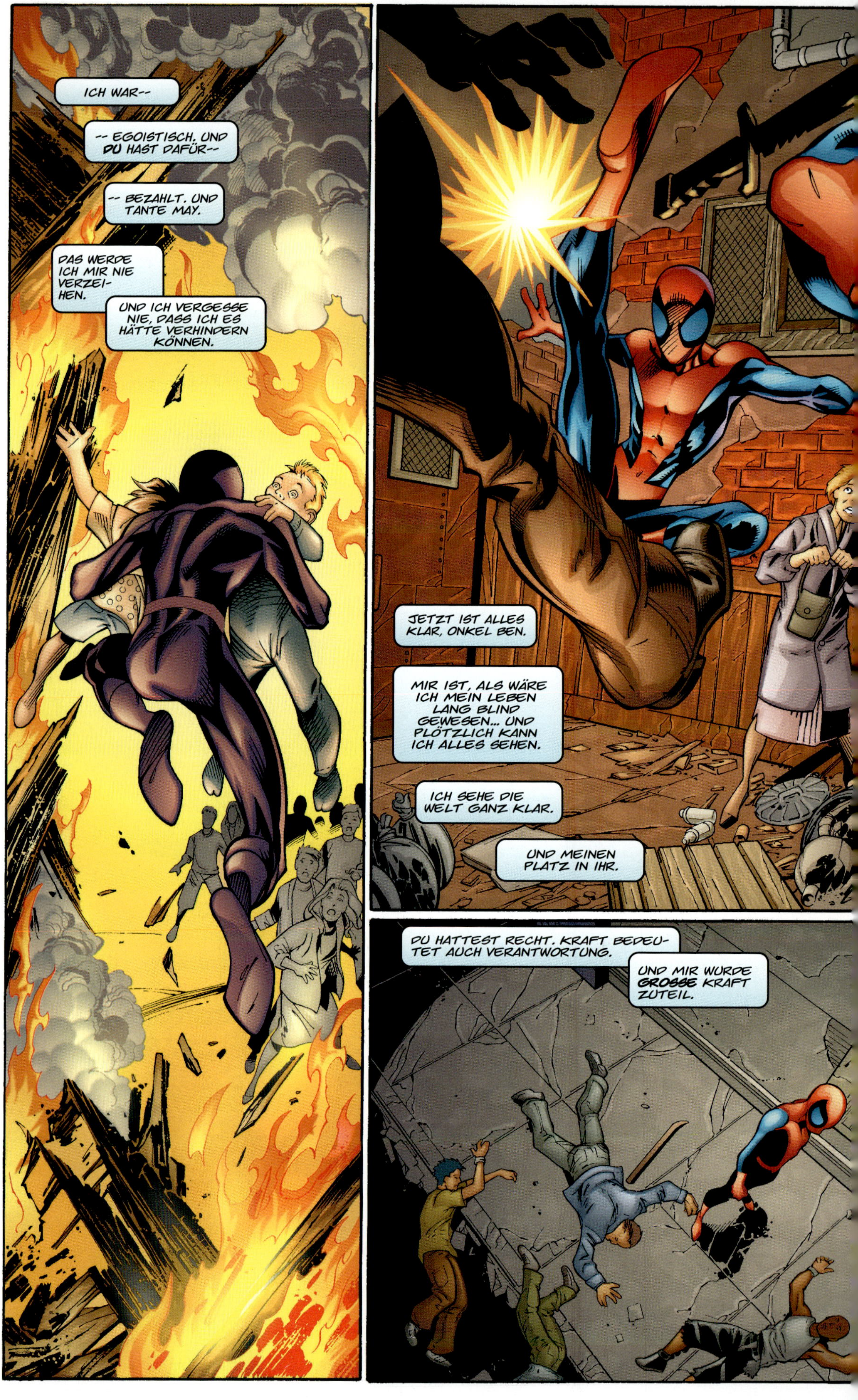
ICH WAR--
-- EGOISTISCH. UND DU HAST DAFÜR--
-- BEZAHLT. UND TANTE MAY.
DAS WERDE ICH MIR NIE VERZEI- HEN.
UND ICH VERGESSE NIE, DASS ICH ES HÄTTE VERHINDERN KÖNNEN.
JETZT IST ALLES KLAR, ONKEL BEN.
MIR IST, ALS WÄRE ICH MEIN LEBEN LANG BLIND GEWESEN... UND PLÖTZLICH KANN ICH ALLES SEHEN.
ICH SEHE DIE WELT GANZ KLAR.
UND MEINEN PLATZ IN IHR.
DU HATTEST RECHT. KRAFT BEDEU- TET AUCH VERANTWORTUNG.
UND MIR WURDE GROSSE KRAFT ZUTEIL.

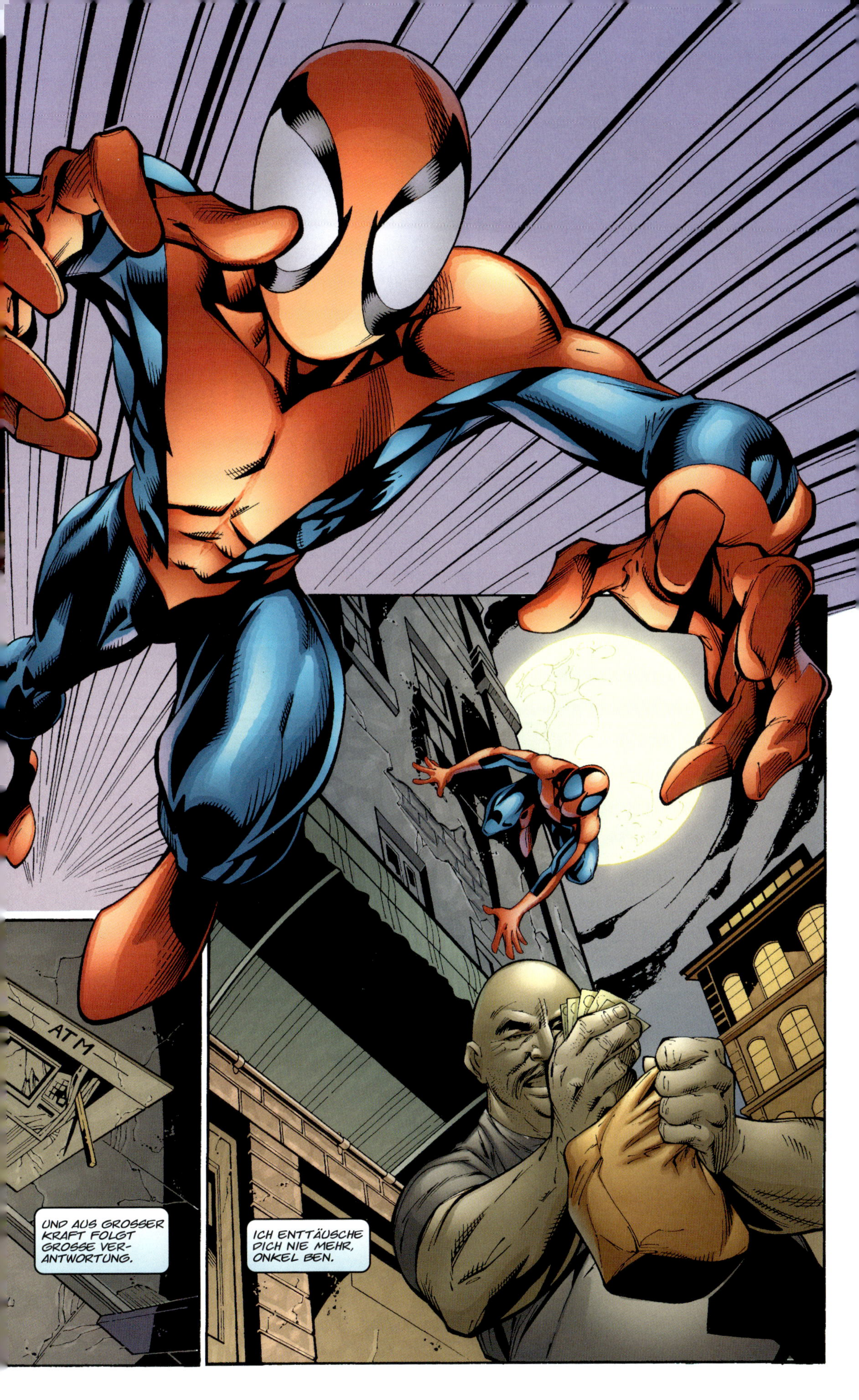
UND AUS GROSSER KRAFT FOLGT GROSSE VER-ANTWORTUNG.
ICH ENTTÄUSCHE DICH NIE MEHR, ONKEL BEN.

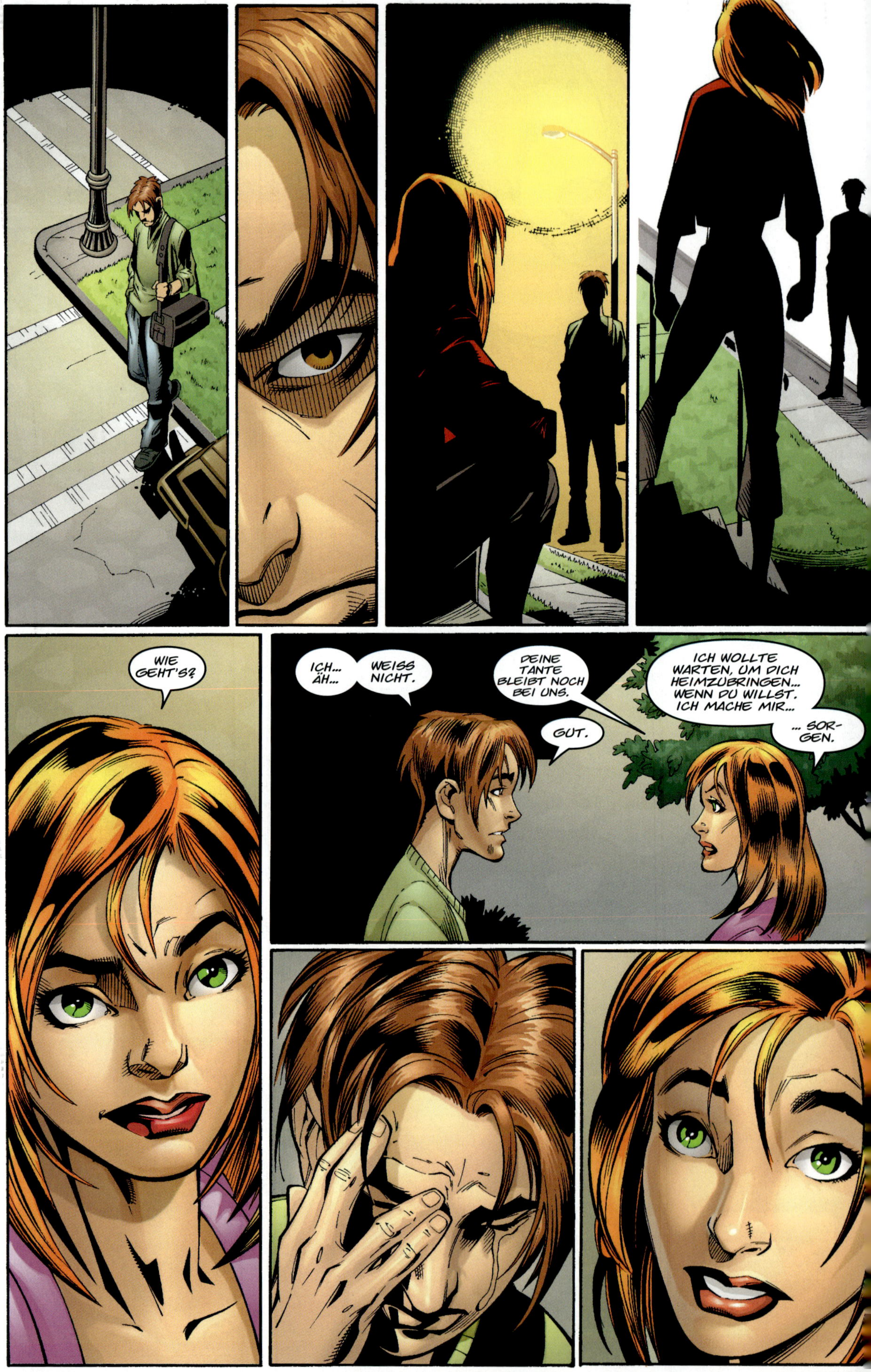
WIE GEHT'S?
ICH... ÄH...
WEISS NICHT.
DEINE TANTE BLEIBT NOCH BEI UNS.
GUT.
ICH WOLLTE WARTEN, UM DICH HEIMZUBRINGEN... WENN DU WILLST. ICH MACHE MIR...
... SORGEN.

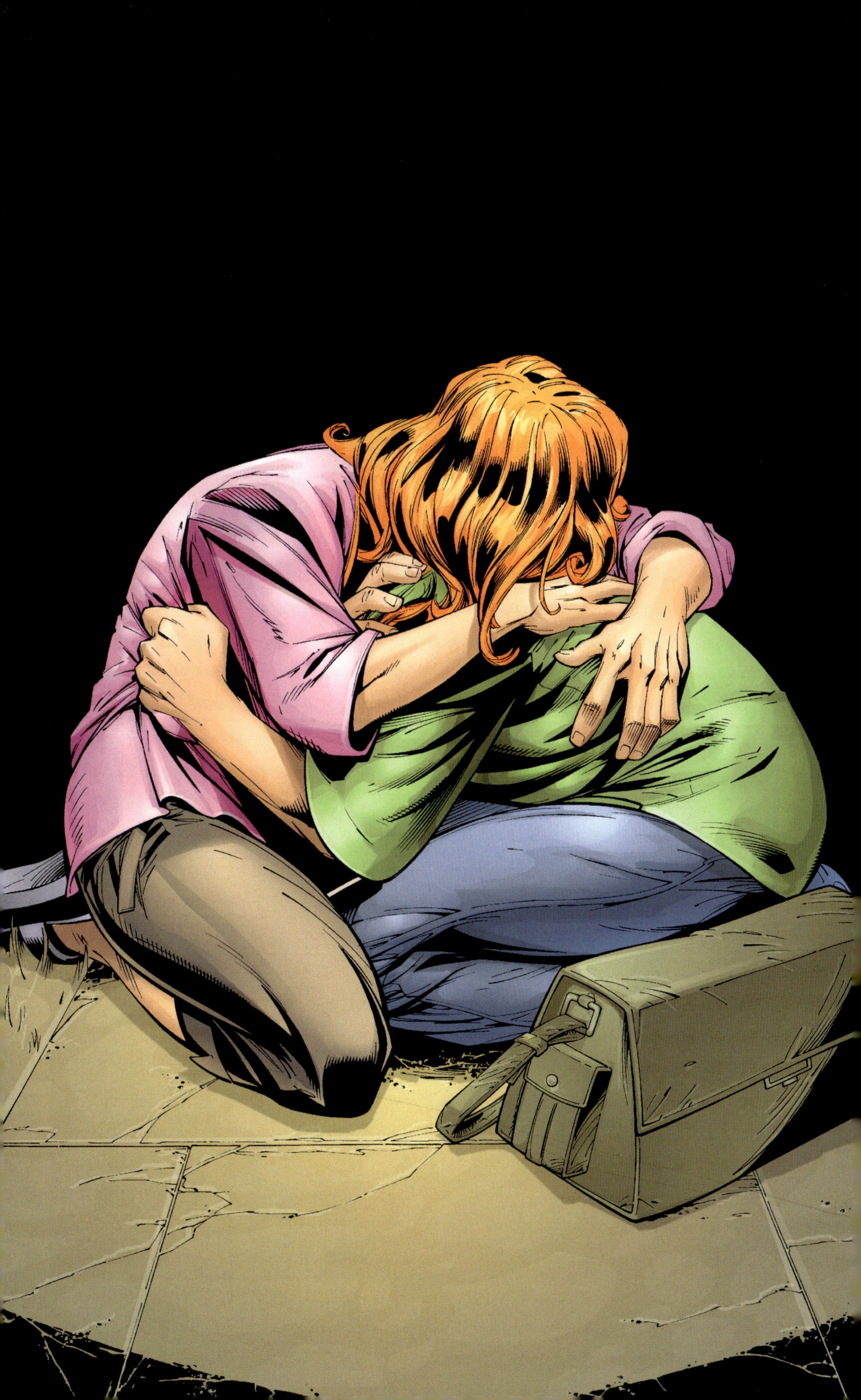

ERSTE HELDENTATEN

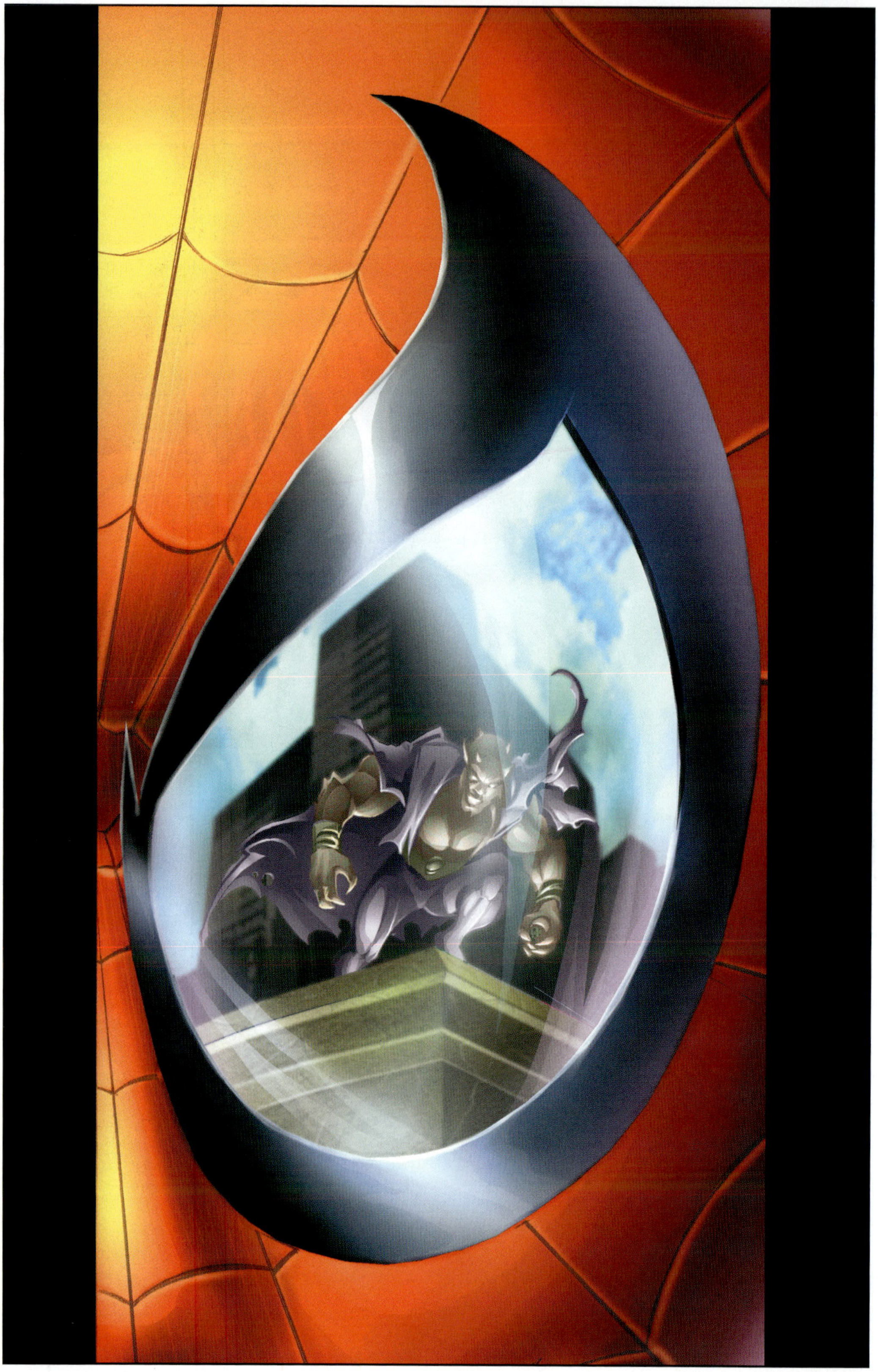

Ultimate Spider-Man (2000) 6
Cover von **MARK BAGLEY**

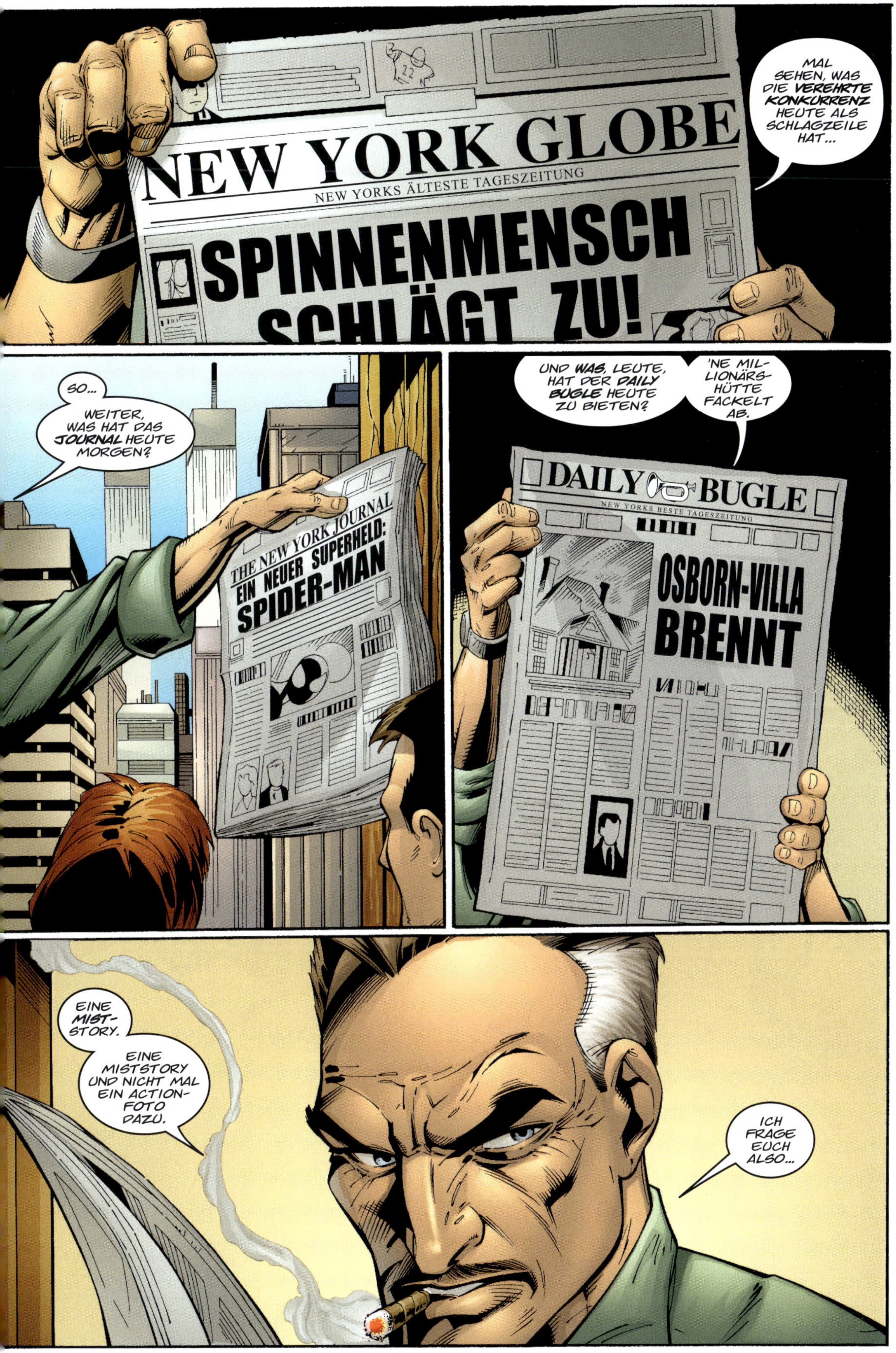
NEW YORK GLOBE
NEW YORKS ÄLTESTE TAGESZEITUNG
SPINNENMENSCH SCHLÄGT ZU!
MAL SEHEN, WAS DIE VEREHRTE KONKURRENZ HEUTE ALS SCHLAGZEILE HAT...
SO...
WEITER, WAS HAT DAS JOURNAL HEUTE MORGEN?
THE NEW YORK JOURNAL
EIN NEUER SUPERHELD: SPIDER-MAN
UND WAS, LEUTE, HAT DER DAILY BUGLE HEUTE ZU BIETEN?
'NE MILLIONÄRSHÜTTE FACKELT AB.
DAILY BUGLE
NEW YORKS BESTE TAGESZEITUNG
OSBORN-VILLA BRENNT
EINE MIST-STORY.
EINE MISTSTORY UND NICHT MAL EIN ACTION-FOTO DAZU.
ICH FRAGE EUCH ALSO...

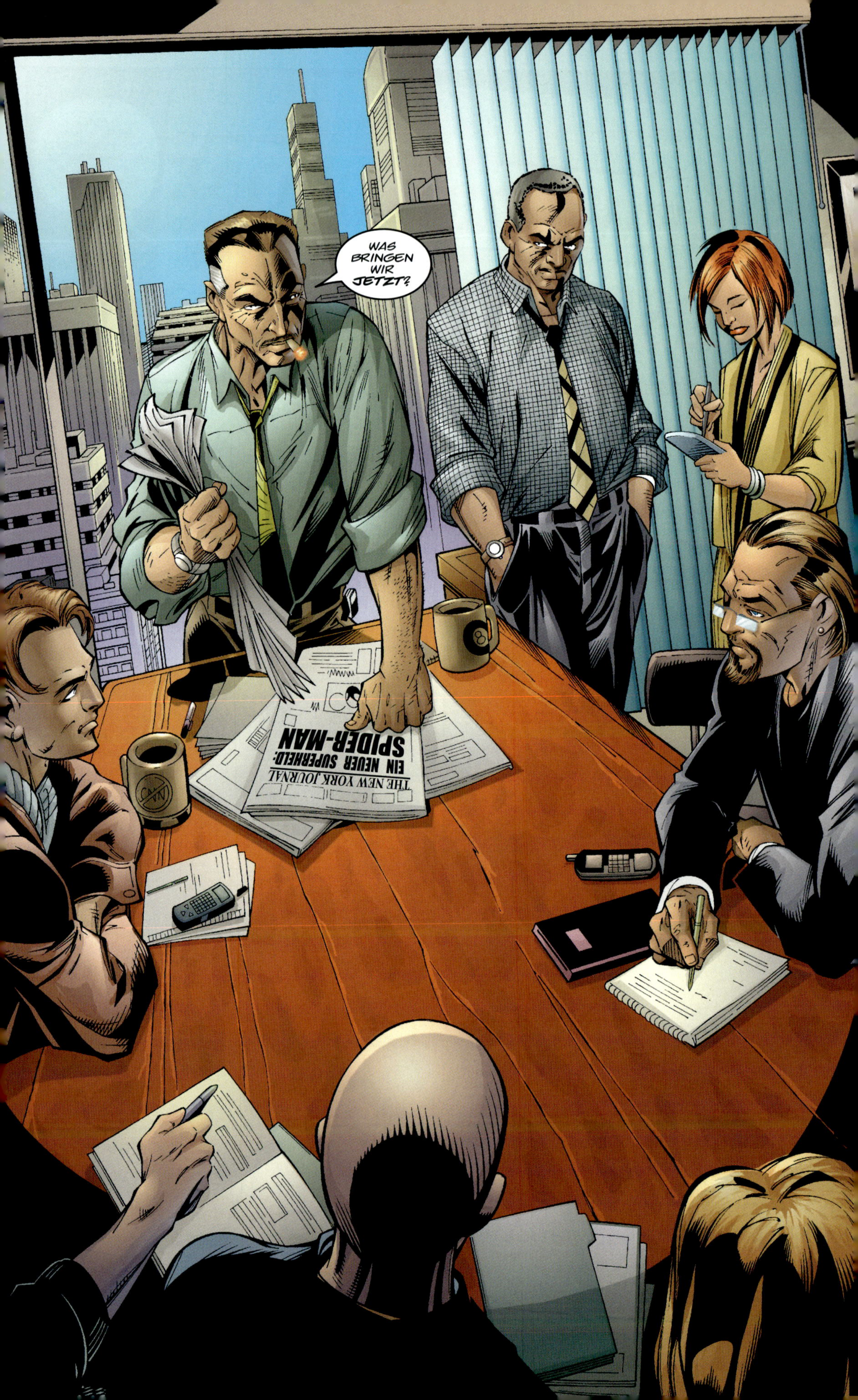
WAS BRINGEN WIR JETZT?
THE NEW YORK JOURNAL
EIN NEUER SUPERHELD: SPIDER-MAN

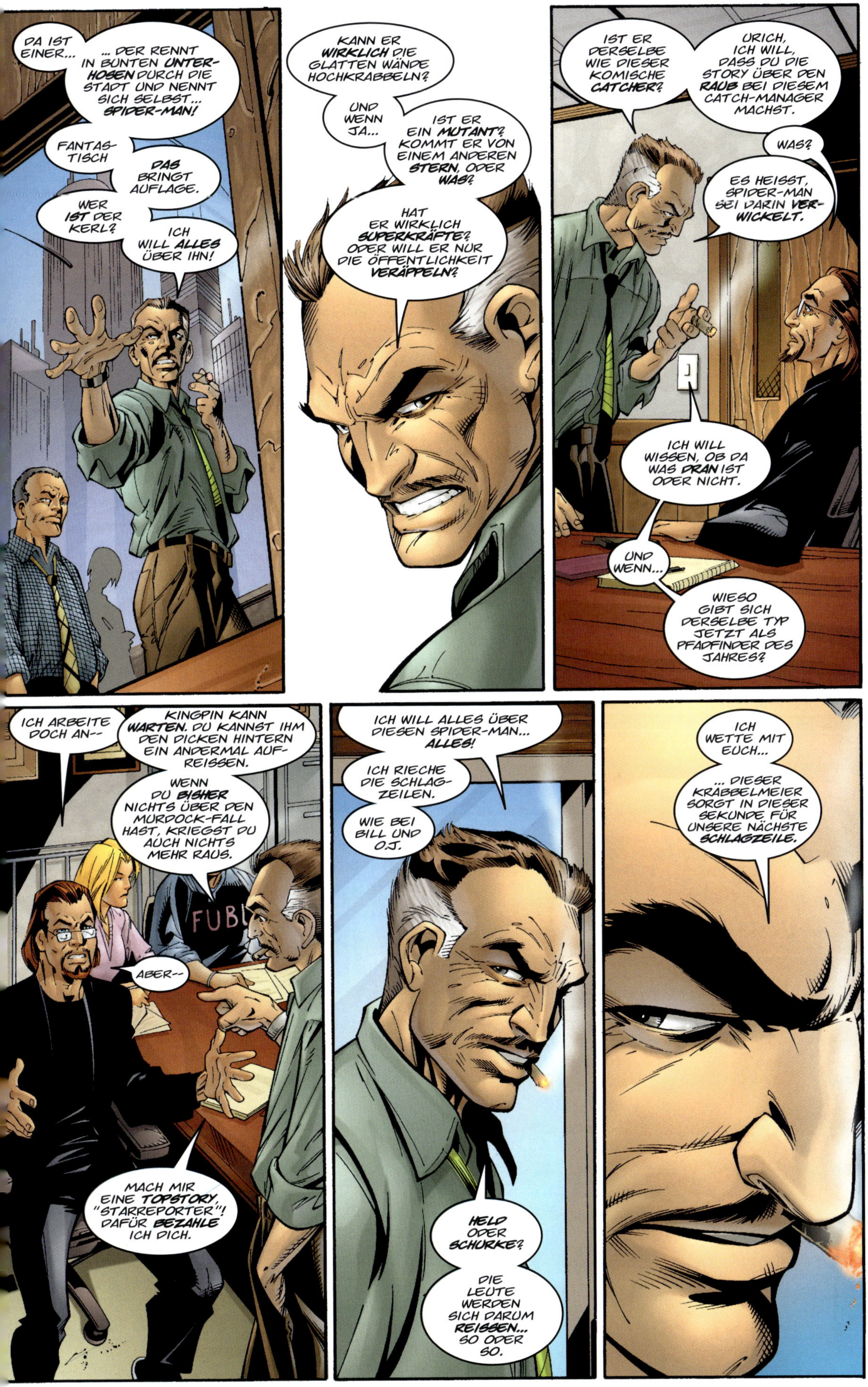
DA IST EINER...
... DER RENNT IN BUNTEN UNTERHOSEN DURCH DIE STADT UND NENNT SICH SELBST... SPIDER-MAN!
FANTASTISCH
DAS BRINGT AUFLAGE.
WER IST DER KERL?
ICH WILL ALLES ÜBER IHN!
KANN ER WIRKLICH DIE GLATTEN WÄNDE HOCHKRABBELN?
UND WENN JA...
IST ER EIN MUTANT? KOMMT ER VON EINEM ANDEREN STERN, ODER WAS?
HAT ER WIRKLICH SUPERKRÄFTE? ODER WILL ER NUR DIE ÖFFENTLICHKEIT VERÄPPELN?
IST ER DERSELBE WIE DIESER KOMISCHE CATCHER?
URICH, ICH WILL, DASS DU DIE STORY ÜBER DEN RAUB BEI DIESEM CATCH-MANAGER MACHST.
WAS?
ES HEISST, SPIDER-MAN SEI DARIN VERWICKELT.
ICH WILL WISSEN, OB DA WAS DRAN IST ODER NICHT.
UND WENN...
WIESO GIBT SICH DERSELBE TYP JETZT ALS PFADFINDER DES JAHRES?
ICH ARBEITE DOCH AN--
KINGPIN KANN WARTEN. DU KANNST IHM DEN DICKEN HINTERN EIN ANDERMAL AUFREISSEN.
WENN DU BISHER NICHTS ÜBER DEN MURDOCK-FALL HAST, KRIEGST DU AUCH NICHTS MEHR RAUS.
FUBU
ABER--
MACH MIR EINE TOPSTORY, "STARREPORTER"! DAFÜR BEZAHLE ICH DICH.
ICH WILL ALLES ÜBER DIESEN SPIDER-MAN... ALLES!
ICH RIECHE DIE SCHLAGZEILEN.
WIE BEI BILL UND O.J.
HELD ODER SCHURKE?
DIE LEUTE WERDEN SICH DARUM REISSEN... SO ODER SO.
ICH WETTE MIT EUCH...
... DIESER KRABBELMEIER SORGT IN DIESER SEKUNDE FÜR UNSERE NÄCHSTE SCHLAGZEILE.

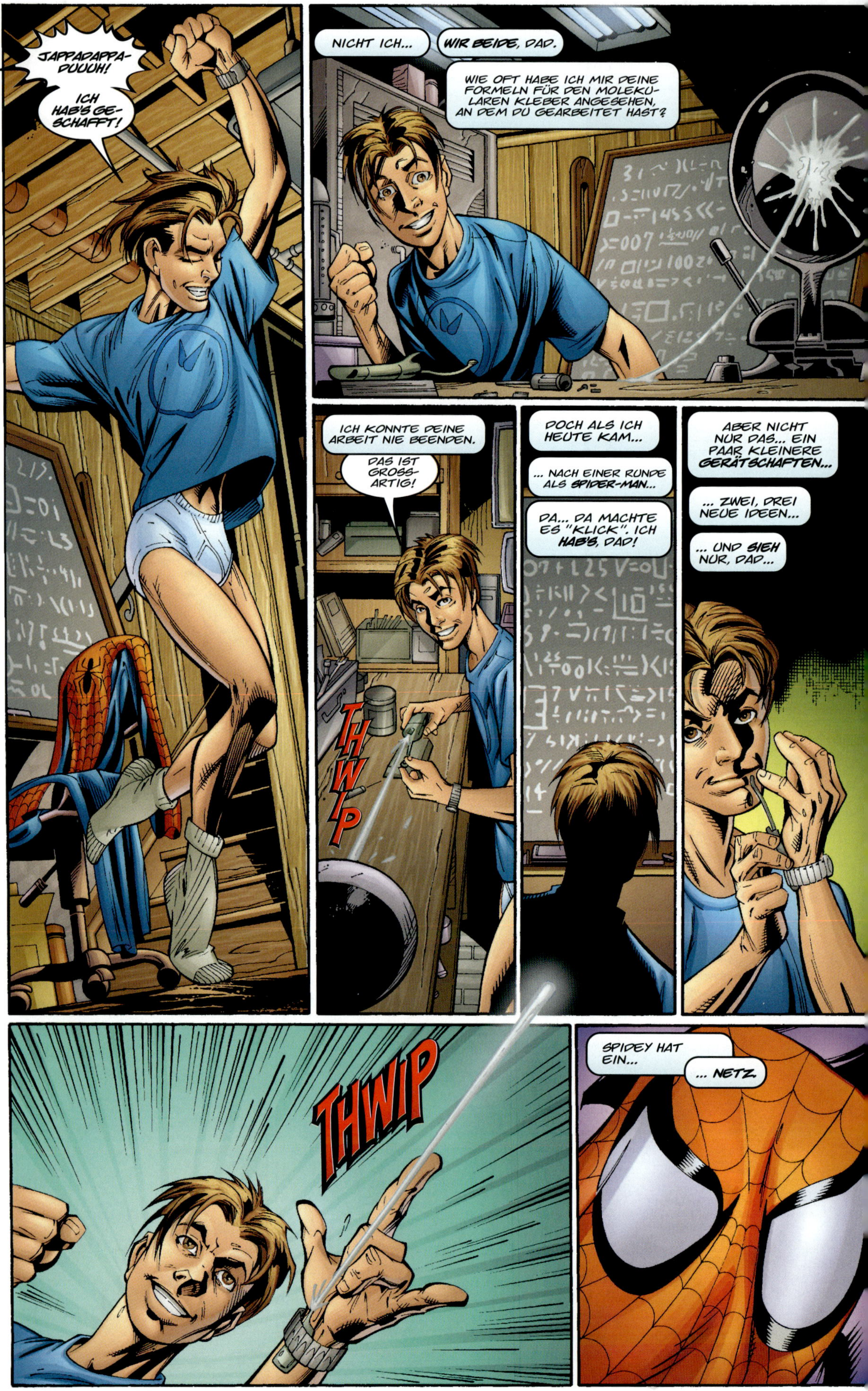
JAPPADAPPA-DUUUH!
ICH HAB'S GE-SCHAFFT!
NICHT ICH...
WIR BEIDE, DAD.
WIE OFT HABE ICH MIR DEINE FORMELN FÜR DEN MOLEKU-LAREN KLEBER ANGESEHEN, AN DEM DU GEARBEITET HAST?
ICH KONNTE DEINE ARBEIT NIE BEENDEN.
DAS IST GROSS-ARTIG!
THWIP
DOCH ALS ICH HEUTE KAM...
... NACH EINER RUNDE ALS SPIDER-MAN...
DA... DA MACHTE ES "KLICK". ICH HAB'S, DAD!
ABER NICHT NUR DAS... EIN PAAR KLEINERE GERÄTSCHAFTEN...
... ZWEI, DREI NEUE IDEEN...
... UND SIEH NUR, DAD...
THWIP
SPIDEY HAT EIN...
... NETZ.

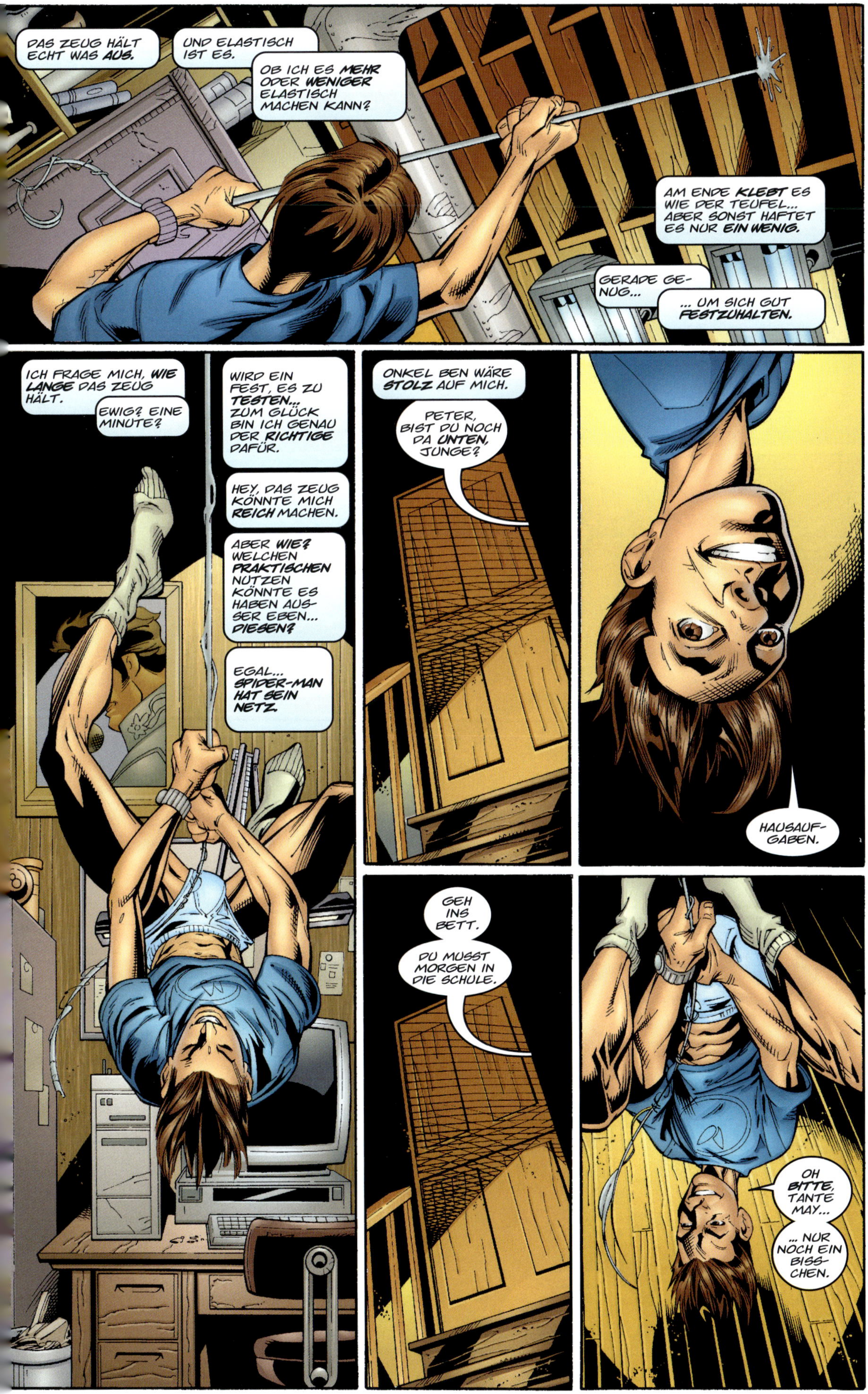

DAS ZEUG HÄLT ECHT WAS AUS.
UND ELASTISCH IST ES.
OB ICH ES MEHR ODER WENIGER ELASTISCH MACHEN KANN?
AM ENDE KLEBT ES WIE DER TEUFEL... ABER SONST HAFTET ES NUR EIN WENIG.
GERADE GENUG...
... UM SICH GUT FESTZUHALTEN.
ICH FRAGE MICH, WIE LANGE DAS ZEUG HÄLT.
EWIG? EINE MINUTE?
WIRD EIN FEST, ES ZU TESTEN... ZUM GLÜCK BIN ICH GENAU DER RICHTIGE DAFÜR.
HEY, DAS ZEUG KÖNNTE MICH REICH MACHEN.
ABER WIE? WELCHEN PRAKTISCHEN NUTZEN KÖNNTE ES HABEN AUSSER EBEN... DIESEN?
EGAL... SPIDER-MAN HAT SEIN NETZ.
ONKEL BEN WÄRE STOLZ AUF MICH.
PETER, BIST DU NOCH DA UNTEN, JUNGE?
HAUSAUFGABEN.
GEH INS BETT.
DU MUSST MORGEN IN DIE SCHULE.
OH BITTE, TANTE MAY...
... NUR NOCH EIN BISSCHEN.

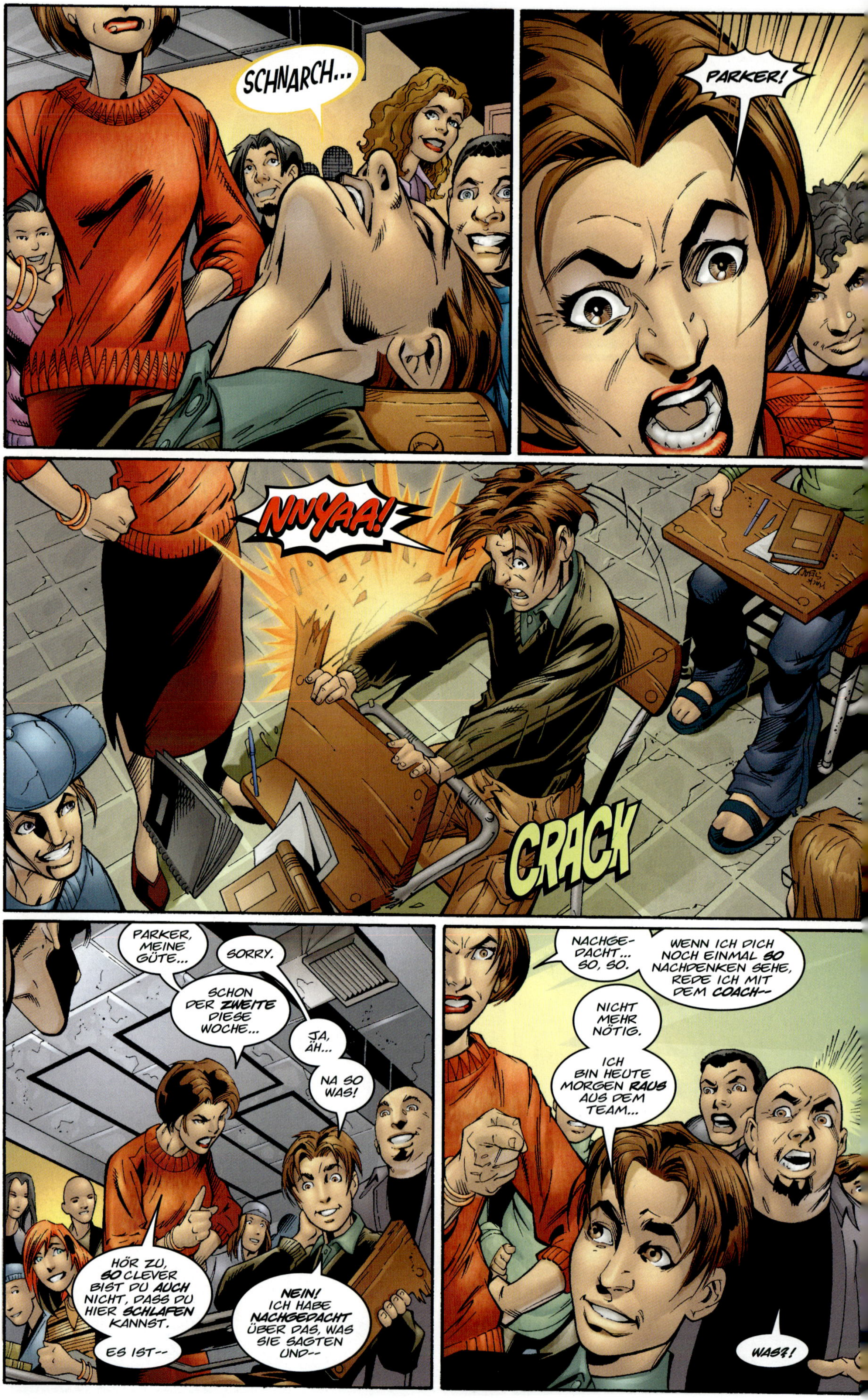

SCHNARCH...
PARKER!
NNYAA!
CRACK
PARKER, MEINE GÜTE...
SORRY.
SCHON DER ZWEITE DIESE WOCHE...
JA, ÄH...
NA SO WAS!
HÖR ZU, SO CLEVER BIST DU AUCH NICHT, DASS DU HIER SCHLAFEN KANNST.
ES IST--
NEIN! ICH HABE NACHGEDACHT ÜBER DAS, WAS SIE SAGTEN UND--
NACHGE-DACHT... SO, SO.
WENN ICH DICH NOCH EINMAL SO NACHDENKEN SEHE, REDE ICH MIT DEM COACH--
NICHT MEHR NÖTIG.
ICH BIN HEUTE MORGEN RAUS AUS DEM TEAM...
WAS?!

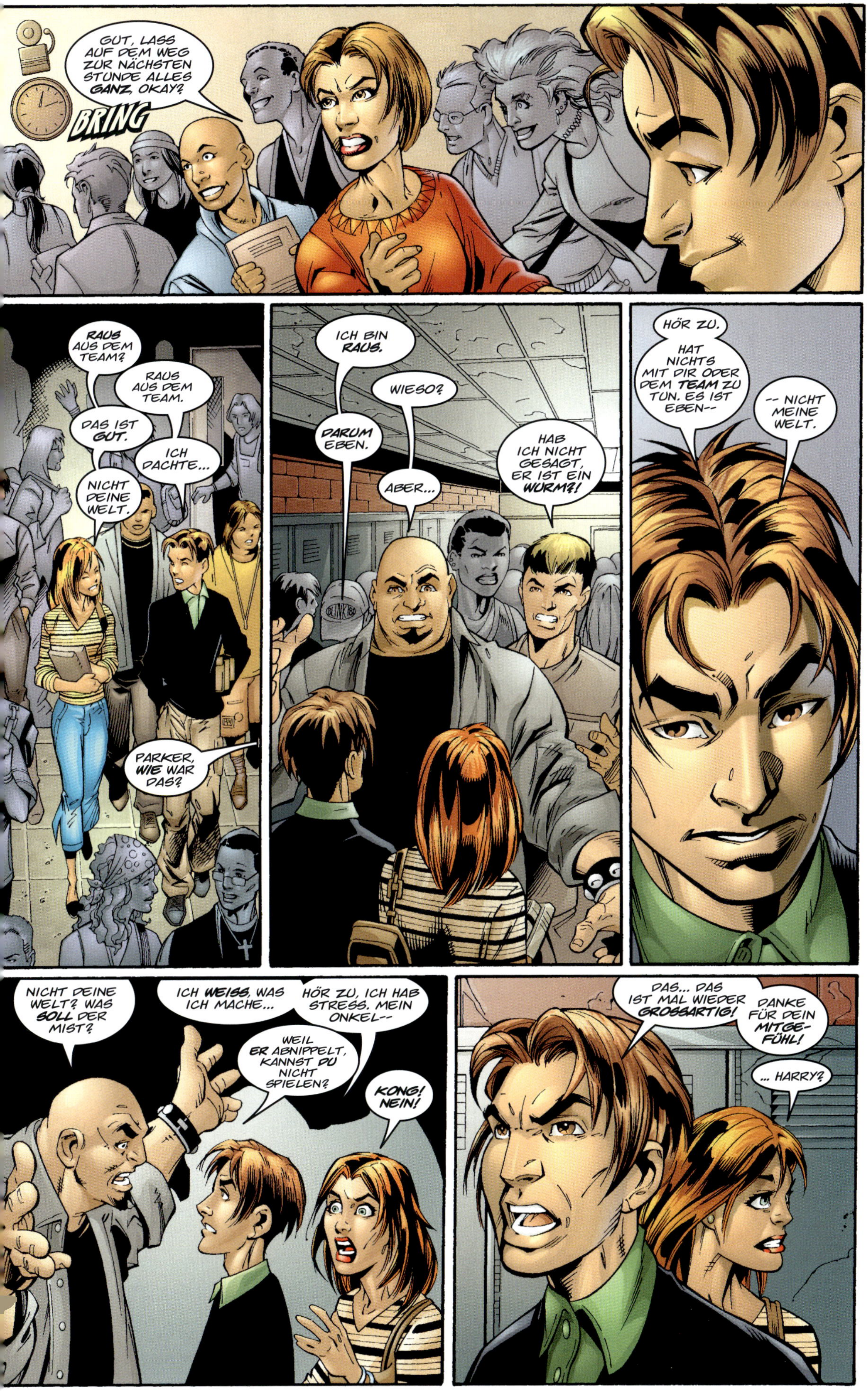
GUT, LASS AUF DEM WEG ZUR NÄCHSTEN STUNDE ALLES GANZ, OKAY?
BRING
RAUS AUS DEM TEAM?
RAUS AUS DEM TEAM.
DAS IST GUT.
ICH DACHTE...
NICHT DEINE WELT.
PARKER, WIE WAR DAS?
ICH BIN RAUS.
WIESO?
DARUM EBEN.
ABER...
HAB ICH NICHT GESAGT, ER IST EIN WURM?!
HÖR ZU.
HAT NICHTS MIT DIR ODER DEM TEAM ZU TUN. ES IST EBEN--
-- NICHT MEINE WELT.
NICHT DEINE WELT? WAS SOLL DER MIST?
ICH WEISS, WAS ICH MACHE...
HÖR ZU, ICH HAB STRESS. MEIN ONKEL--
WEIL ER ABNIPPELT, KANNST DU NICHT SPIELEN?
KONG! NEIN!
DAS... DAS IST MAL WIEDER GROSSARTIG!
DANKE FÜR DEIN MITGEFÜHL!
... HARRY?

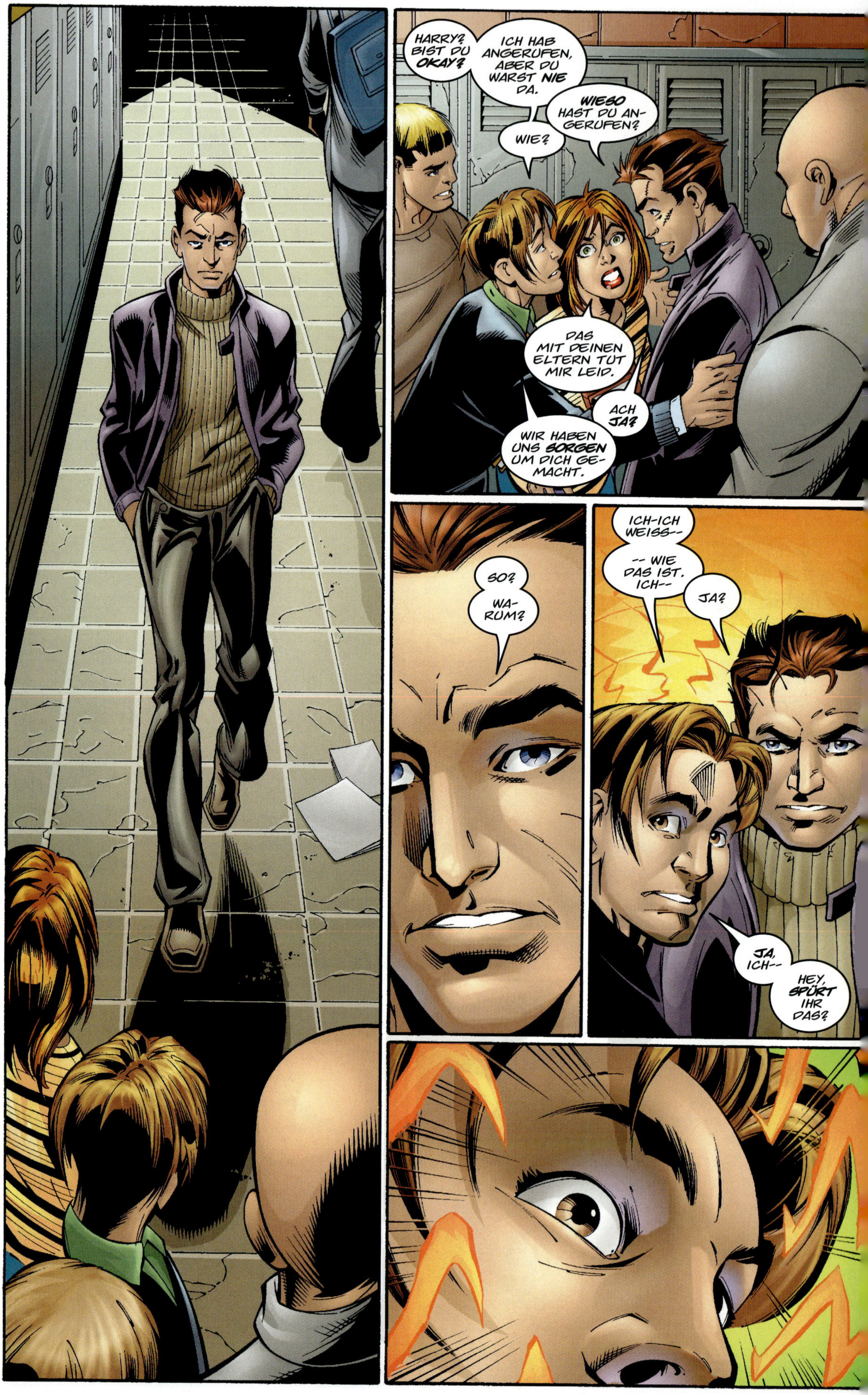
HARRY? BIST DU OKAY?
ICH HAB ANGERUFEN, ABER DU WARST NIE DA.
WIE?
WIESO HAST DU ANGERUFEN?
DAS MIT DEINEN ELTERN TUT MIR LEID.
ACH JA?
WIR HABEN UNS SORGEN UM DICH GEMACHT.
SO?
WARUM?
ICH-ICH WEISS--
-- WIE DAS IST. ICH--
JA?
JA, ICH--
HEY, SPÜRT IHR DAS?

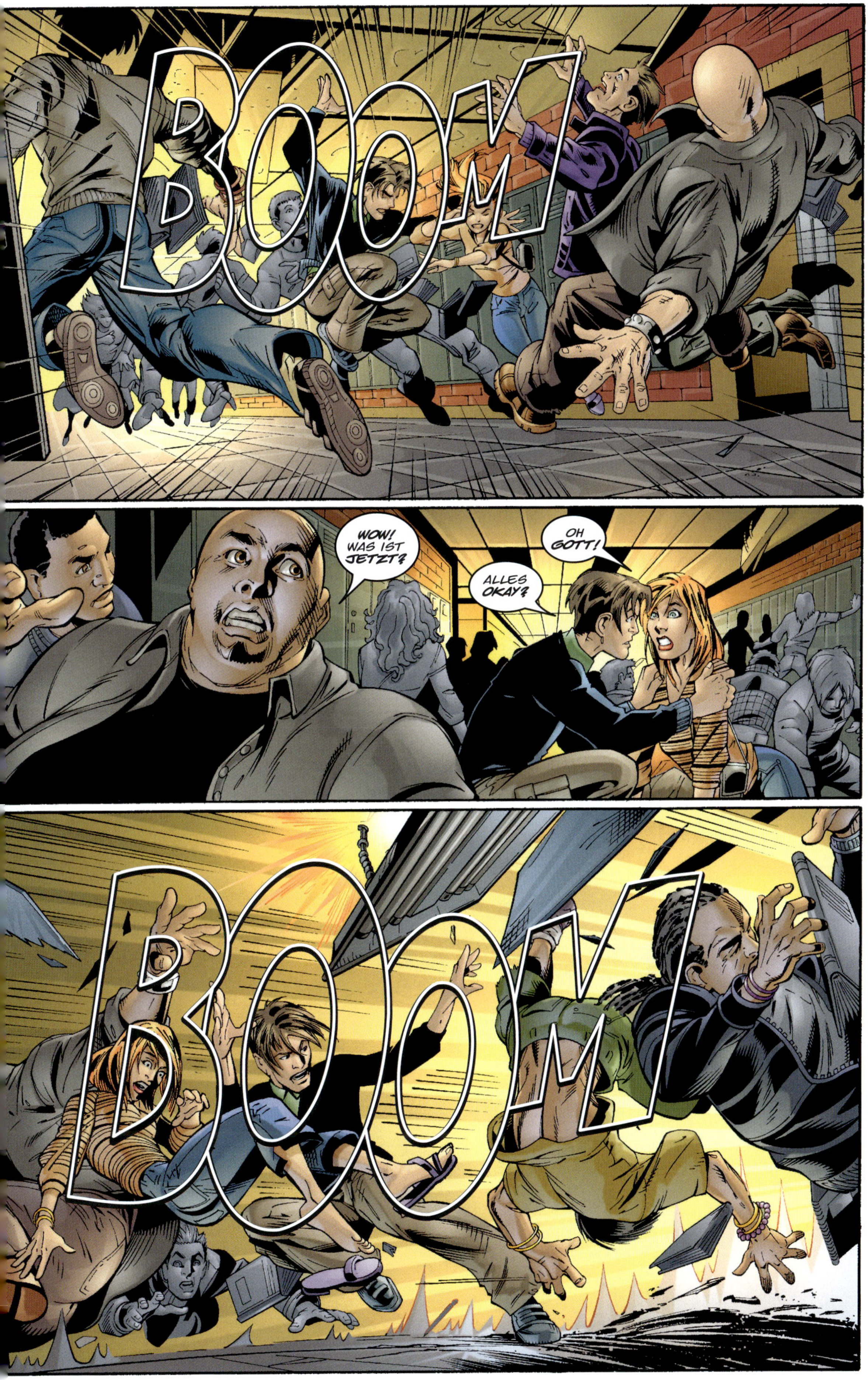
BOOOM
WOW! WAS IST JETZT?
OH GOTT!
ALLES OKAY?
BOOOM

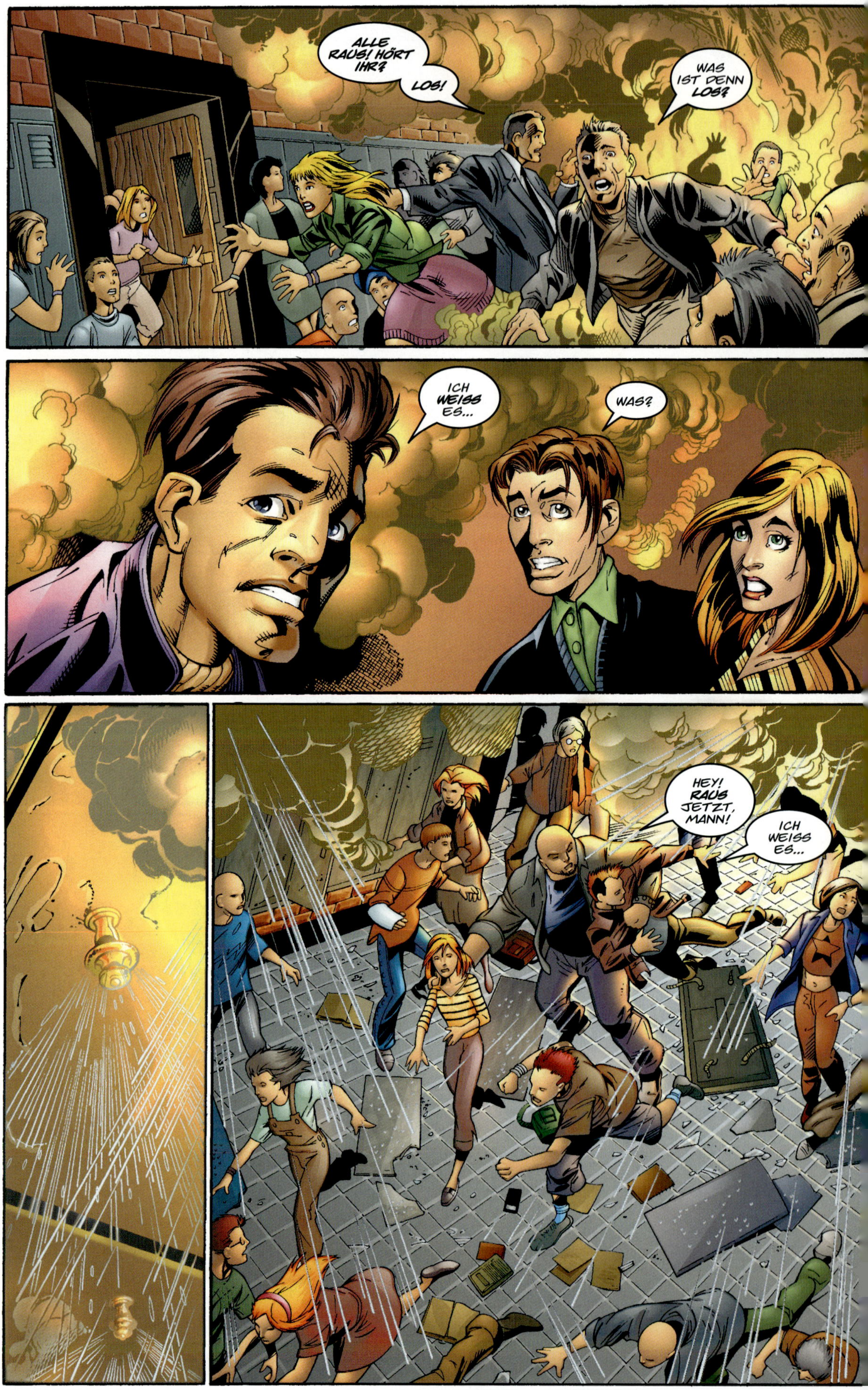
ALLE RAUS! HÖRT IHR?
LOS!
WAS IST DENN LOS?
ICH WEISS ES...
WAS?
HEY! RAUS JETZT, MANN!
ICH WEISS ES...

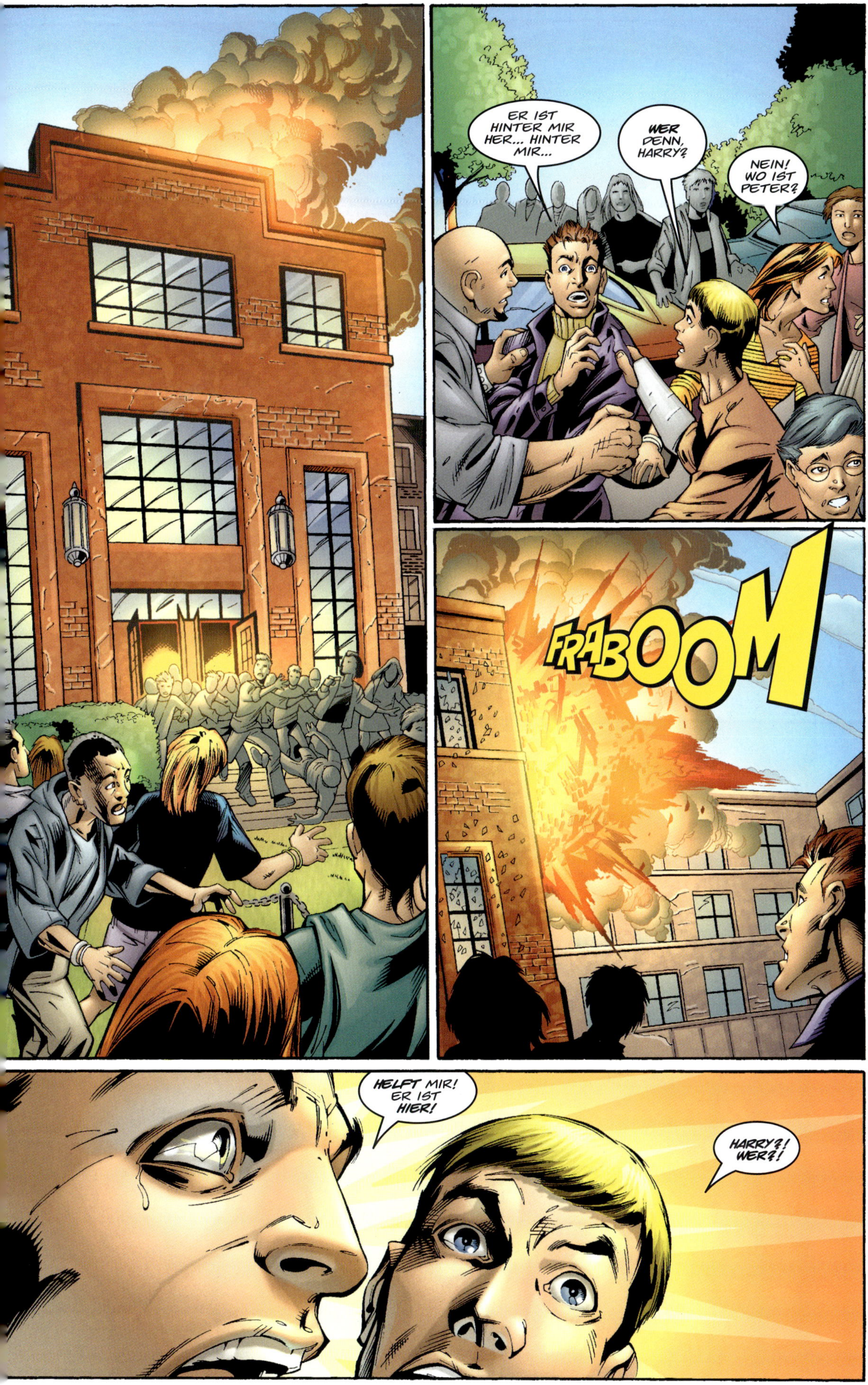
ER IST HINTER MIR HER... HINTER MIR...
WER DENN, HARRY?
NEIN! WO IST PETER?
FRABOOOM
HELFT MIR! ER IST HIER!
HARRY?! WER?!

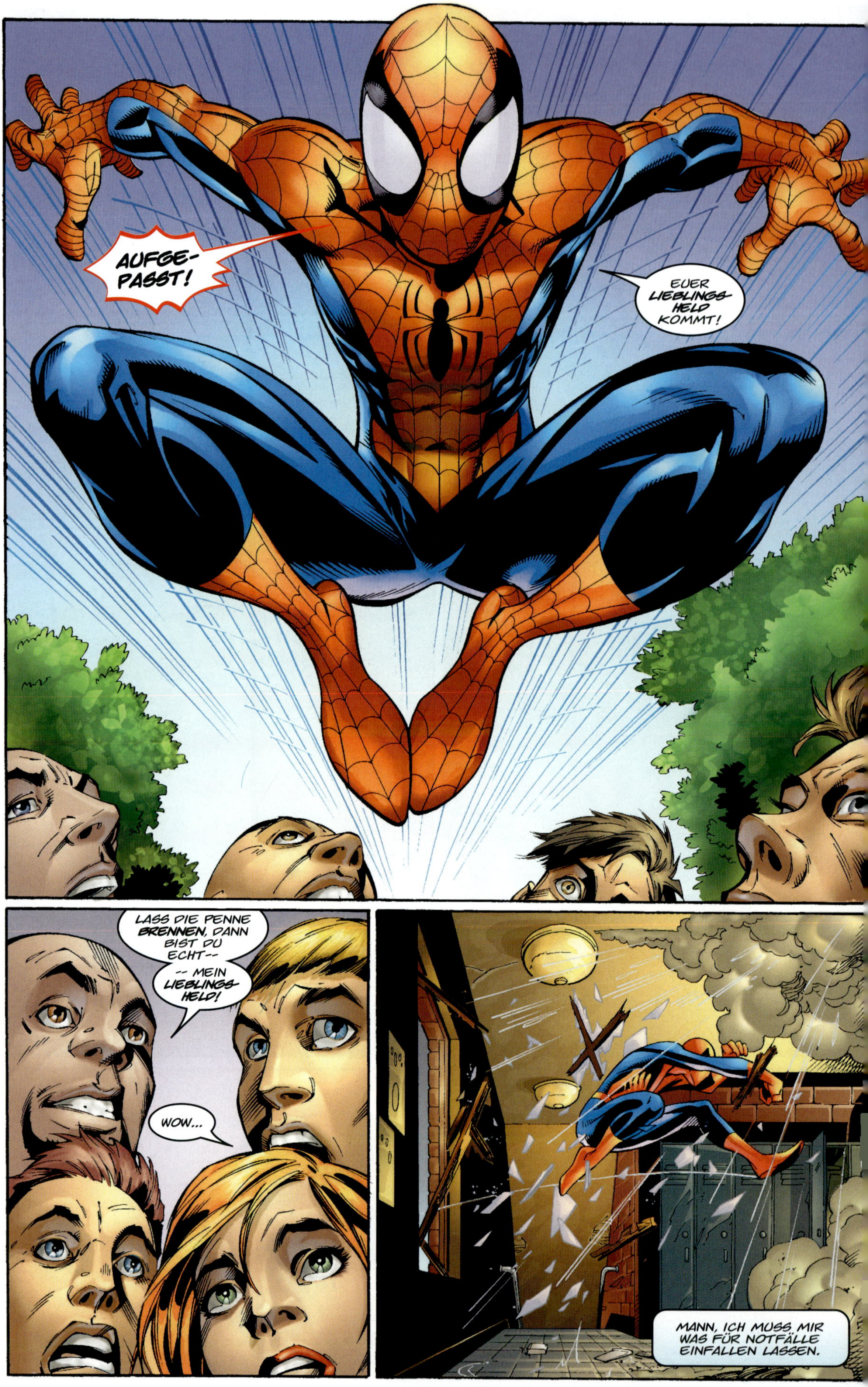
AUFGE-
PASST!
EUER
LIEBLINGS-
HELD
KOMMT!
LASS DIE PENNE
BRENNEN, DANN
BIST DU
ECHT--
-- MEIN
LIEBLINGS-
HELD!
WOW...
MANN, ICH MUSS MIR
WAS FÜR NOTFÄLLE
EINFALLEN LASSEN.

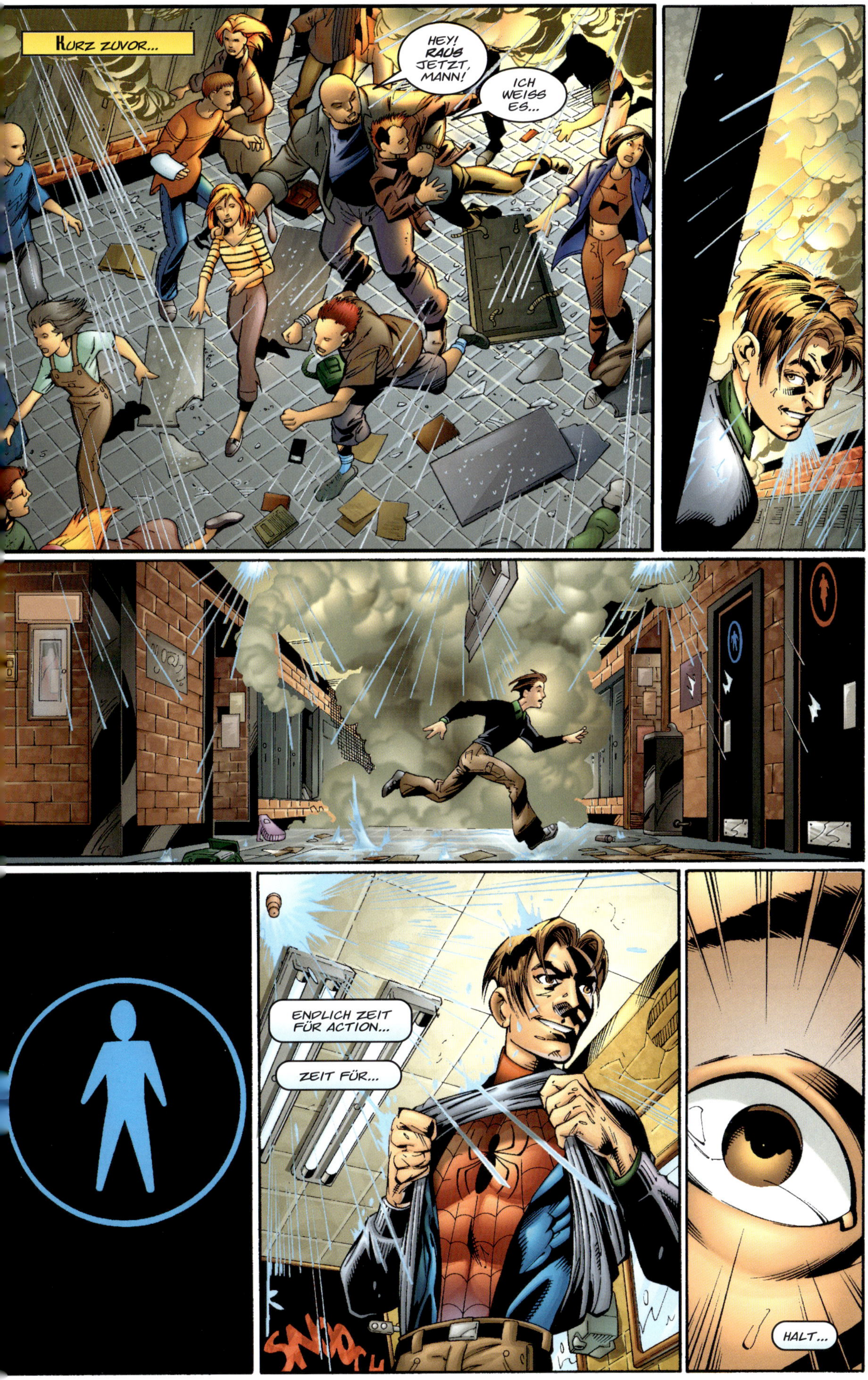
KURZ ZUVOR...
HEY! RAUS JETZT, MANN!
ICH WEISS ES...
ENDLICH ZEIT FÜR ACTION...
ZEIT FÜR...
HALT...

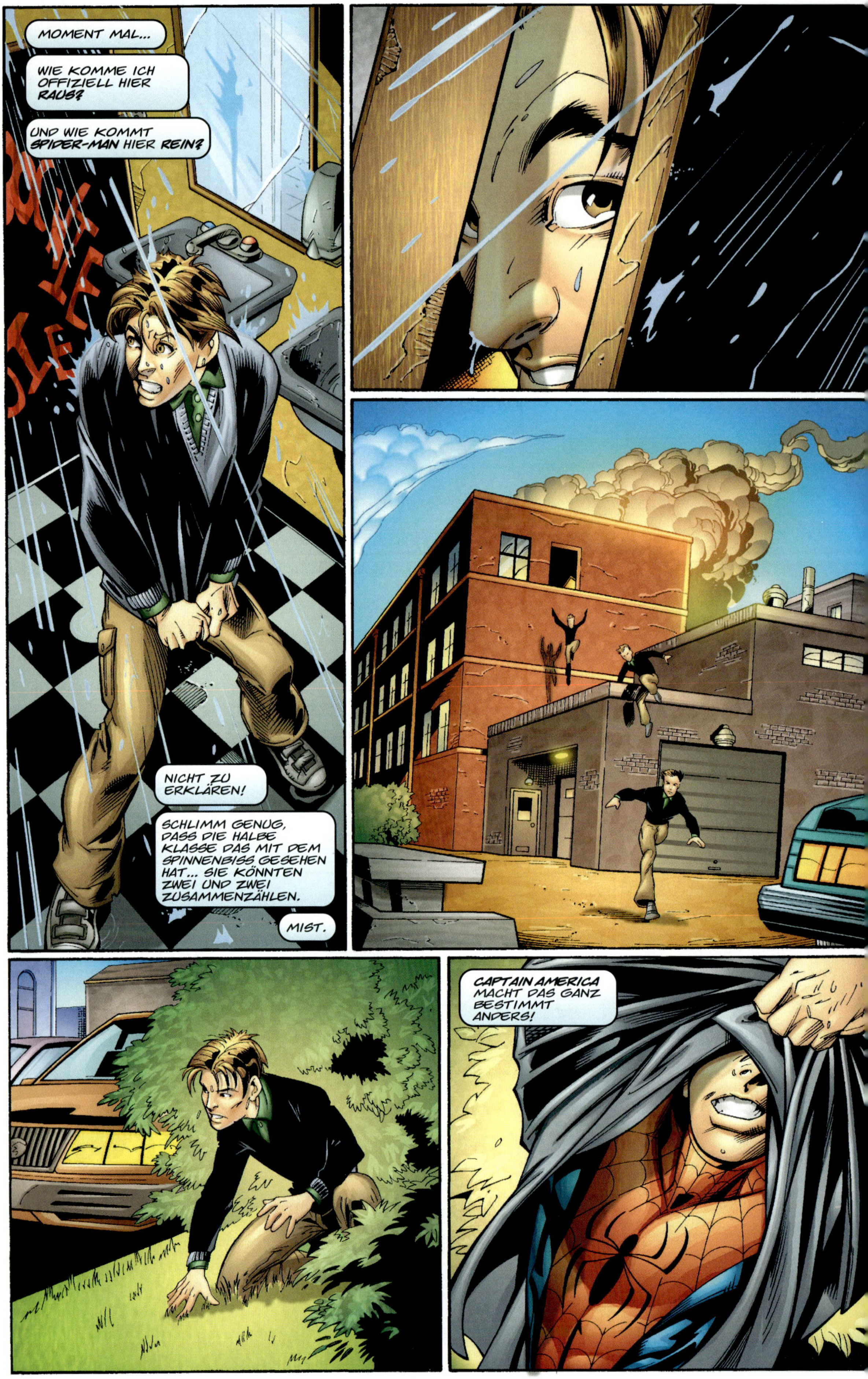
MOMENT MAL...
WIE KOMME ICH OFFIZIELL HIER RAUS?
UND WIE KOMMT SPIDER-MAN HIER REIN?
NICHT ZU ERKLÄREN!
SCHLIMM GENUG, DASS DIE HALBE KLASSE DAS MIT DEM SPINNENBISS GESEHEN HAT... SIE KÖNNTEN ZWEI UND ZWEI ZUSAMMENZÄHLEN.
MIST.
CAPTAIN AMERICA MACHT DAS GANZ BESTIMMT ANDERS!

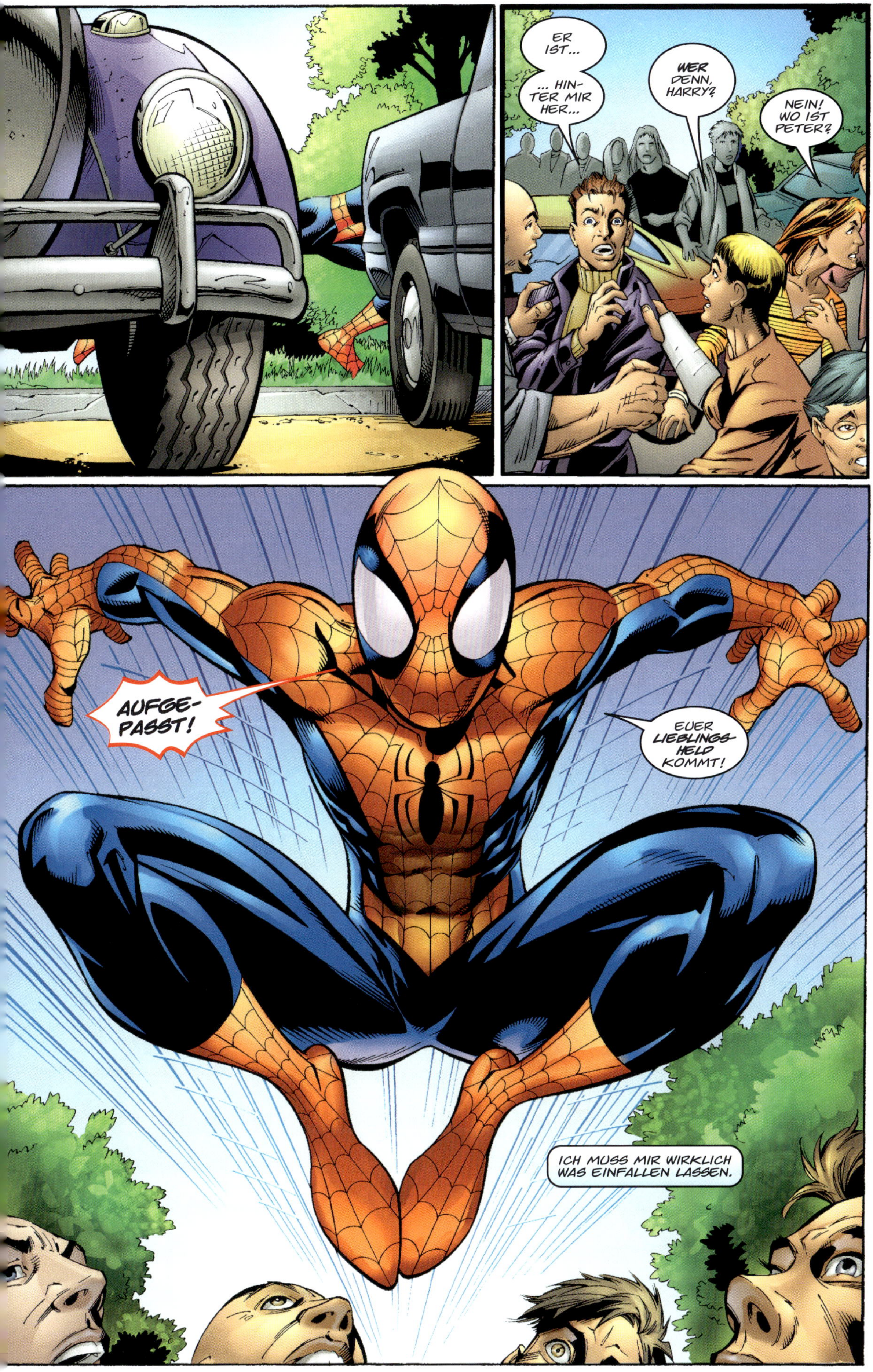
ER IST...
... HINTER MIR HER...
WER DENN, HARRY?
NEIN! WO IST PETER?
AUFGEPASST!
EUER LIEBLINGSHELD KOMMT!
ICH MUSS MIR WIRKLICH WAS EINFALLEN LASSEN.

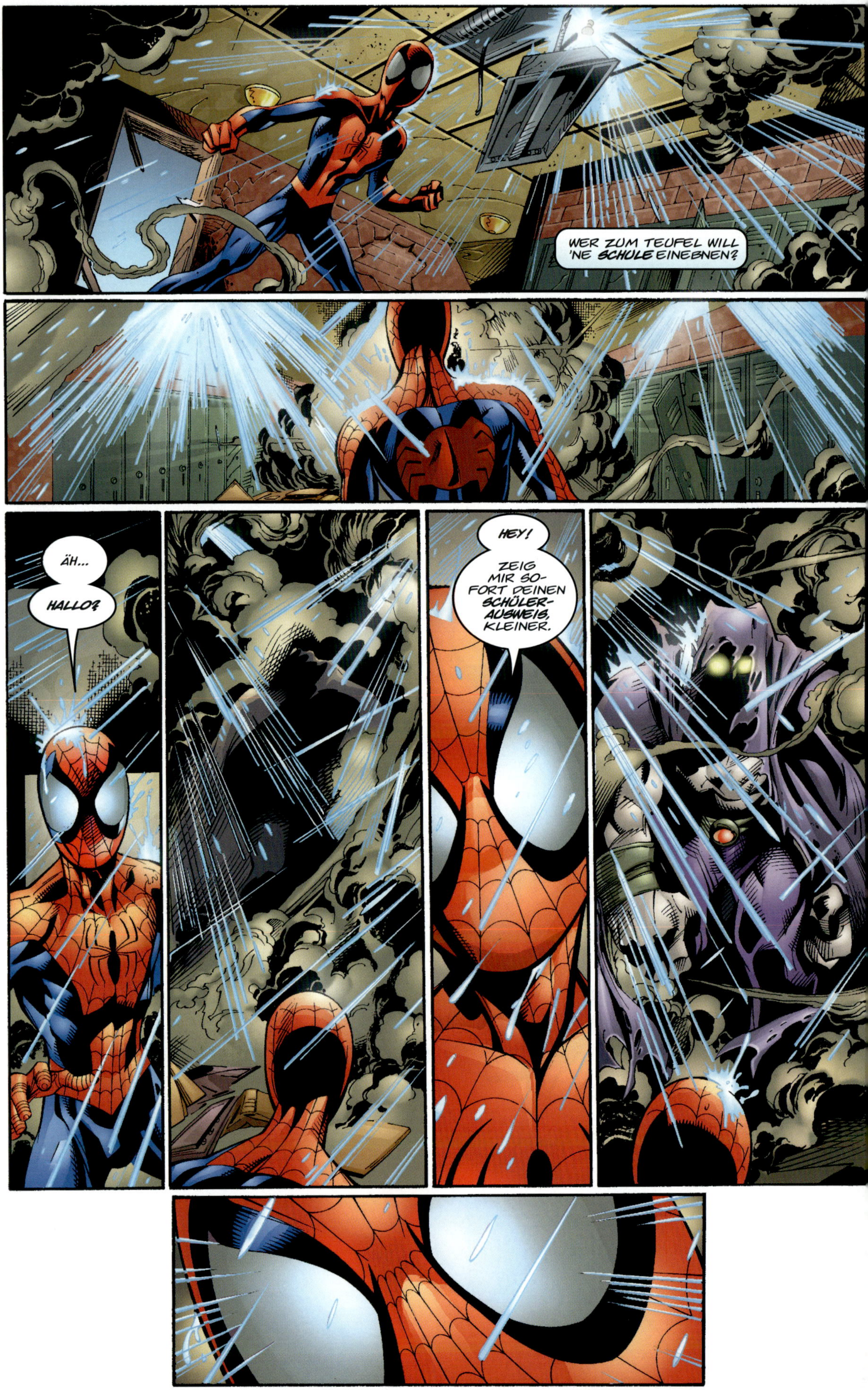
WER ZUM TEUFEL WILL 'NE SCHULE EINEBNEN?
ÄH...
HALLO?
HEY!
ZEIG MIR SO-FORT DEINEN SCHÜLER-AUSWEIS, KLEINER.

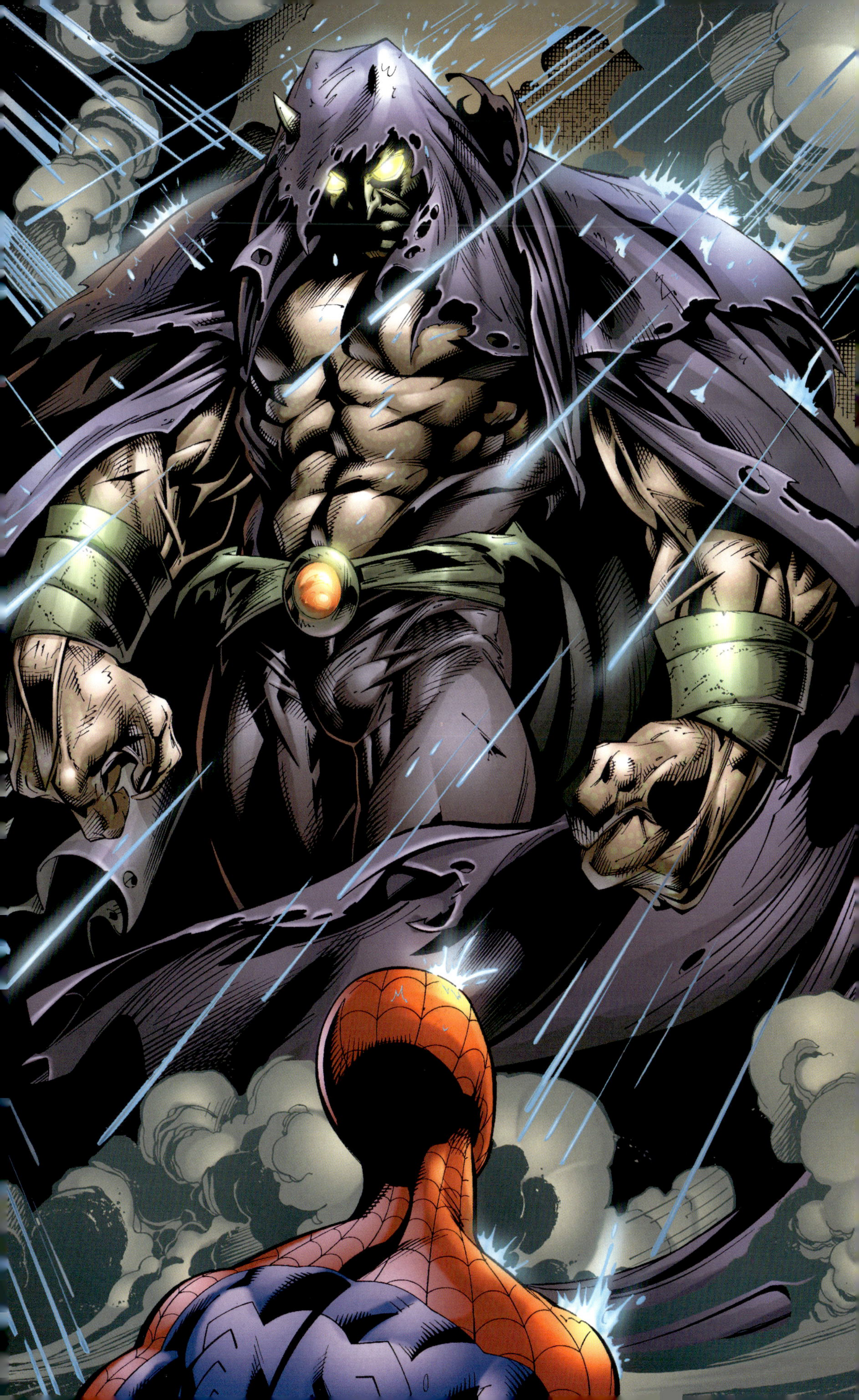

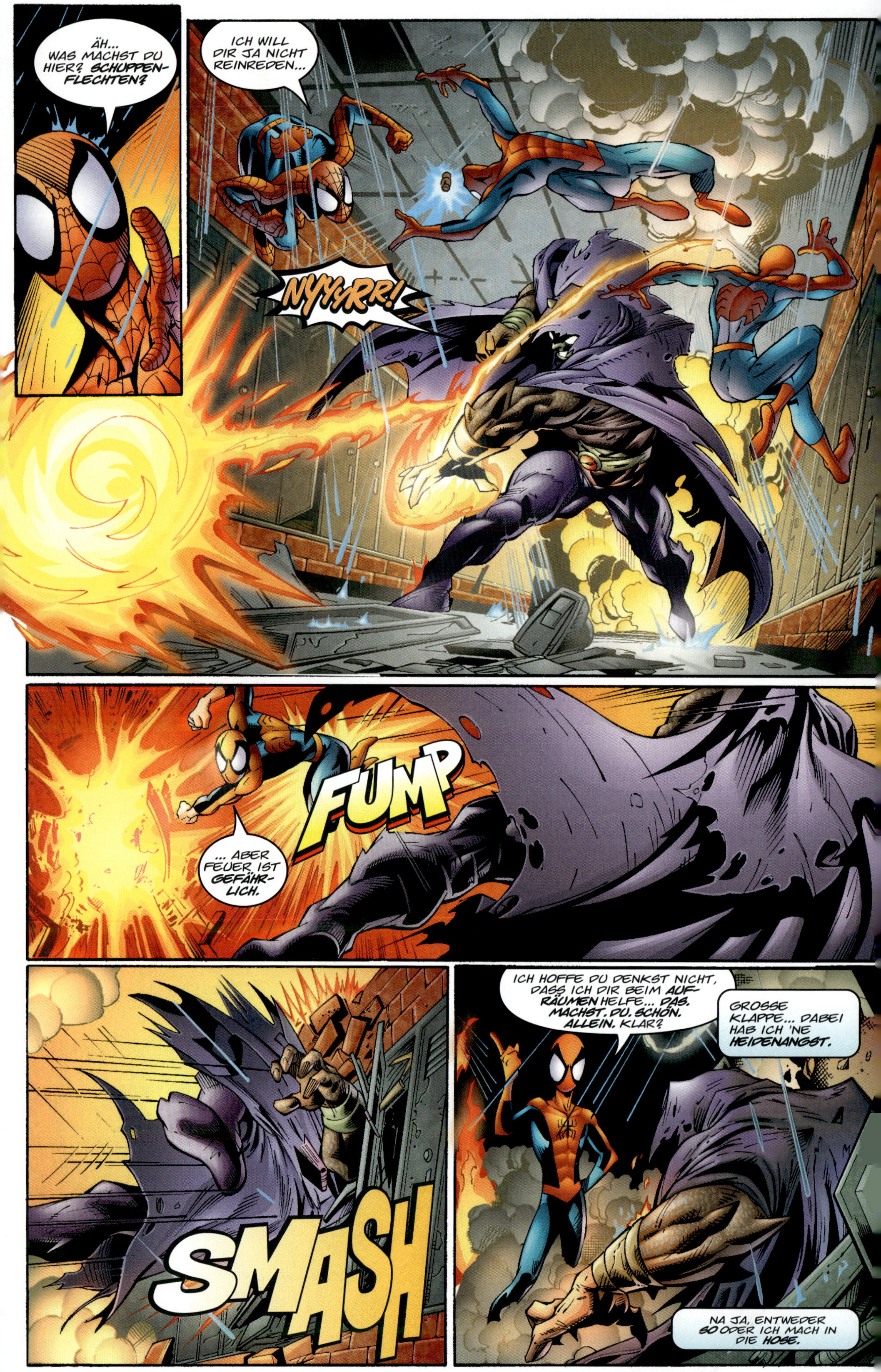
ÄH... WAS MACHST DU HIER? SCHUPPEN-FLECHTEN?
ICH WILL DIR JA NICHT REINREDEN...
NYYYRR!
FUMP
... ABER FEUER IST GEFÄHR-LICH.
SMASH
ICH HOFFE DU DENKST NICHT, DASS ICH DIR BEIM AUF-RÄUMEN HELFE... DAS. MACHST. DU. SCHÖN. ALLEIN. KLAR?
GROSSE KLAPPE... DABEI HAB ICH 'NE HEIDENANGST.
NA JA, ENTWEDER SO ODER ICH MACH IN DIE HOSE.

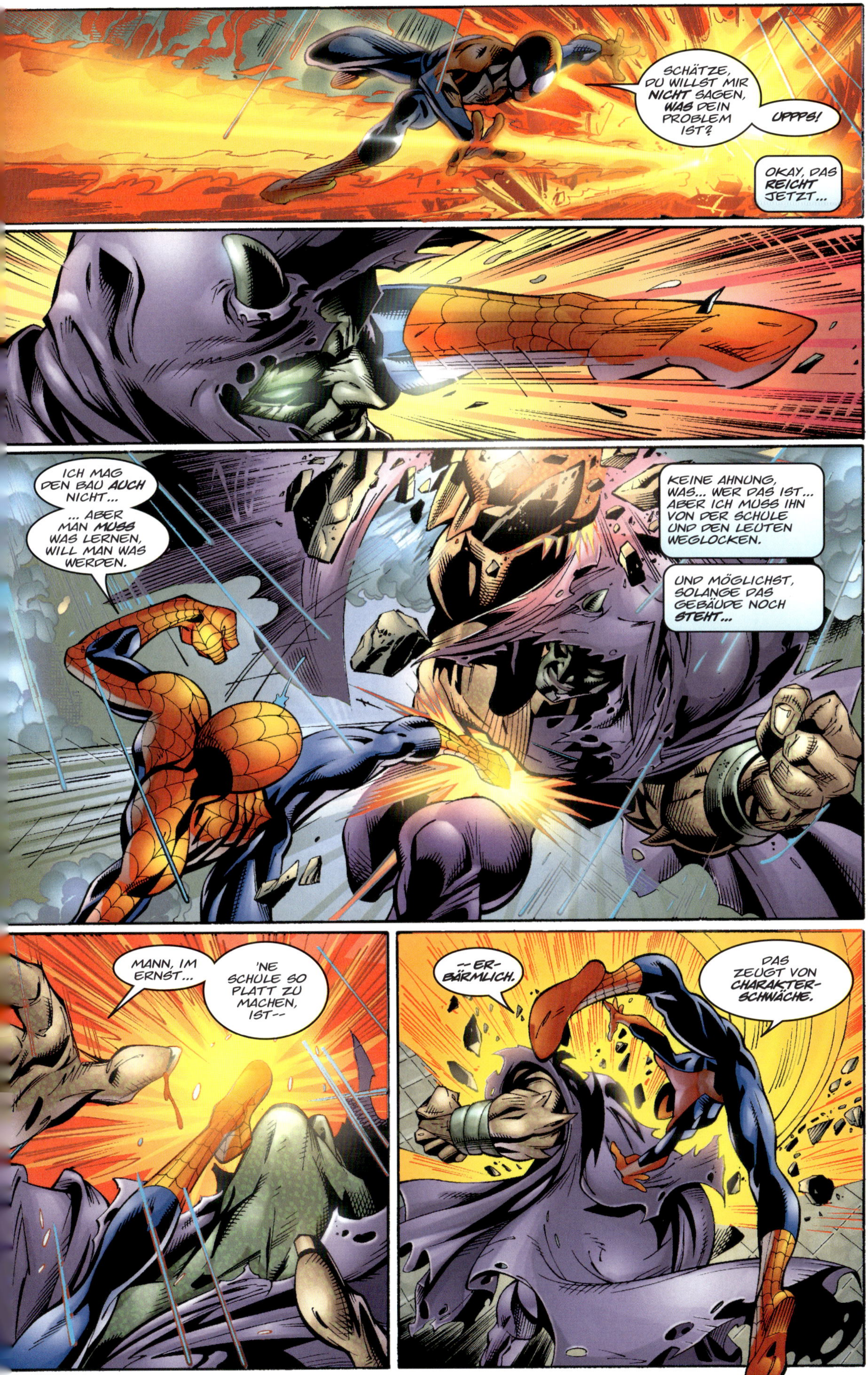
SCHÄTZE, DU WILLST MIR NICHT SAGEN, WAS DEIN PROBLEM IST?
UPPPS!
OKAY, DAS REICHT JETZT...
ICH MAG DEN BAU AUCH NICHT...
... ABER MAN MUSS WAS LERNEN, WILL MAN WAS WERDEN.
KEINE AHNUNG, WAS... WER DAS IST... ABER ICH MUSS IHN VON DER SCHULE UND DEN LEUTEN WEGLOCKEN.
UND MÖGLICHST, SOLANGE DAS GEBÄUDE NOCH STEHT...
MANN, IM ERNST...
'NE SCHULE SO PLATT ZU MACHEN, IST--
--ERBÄRMLICH.
DAS ZEUGT VON CHARAKTERSCHWÄCHE.

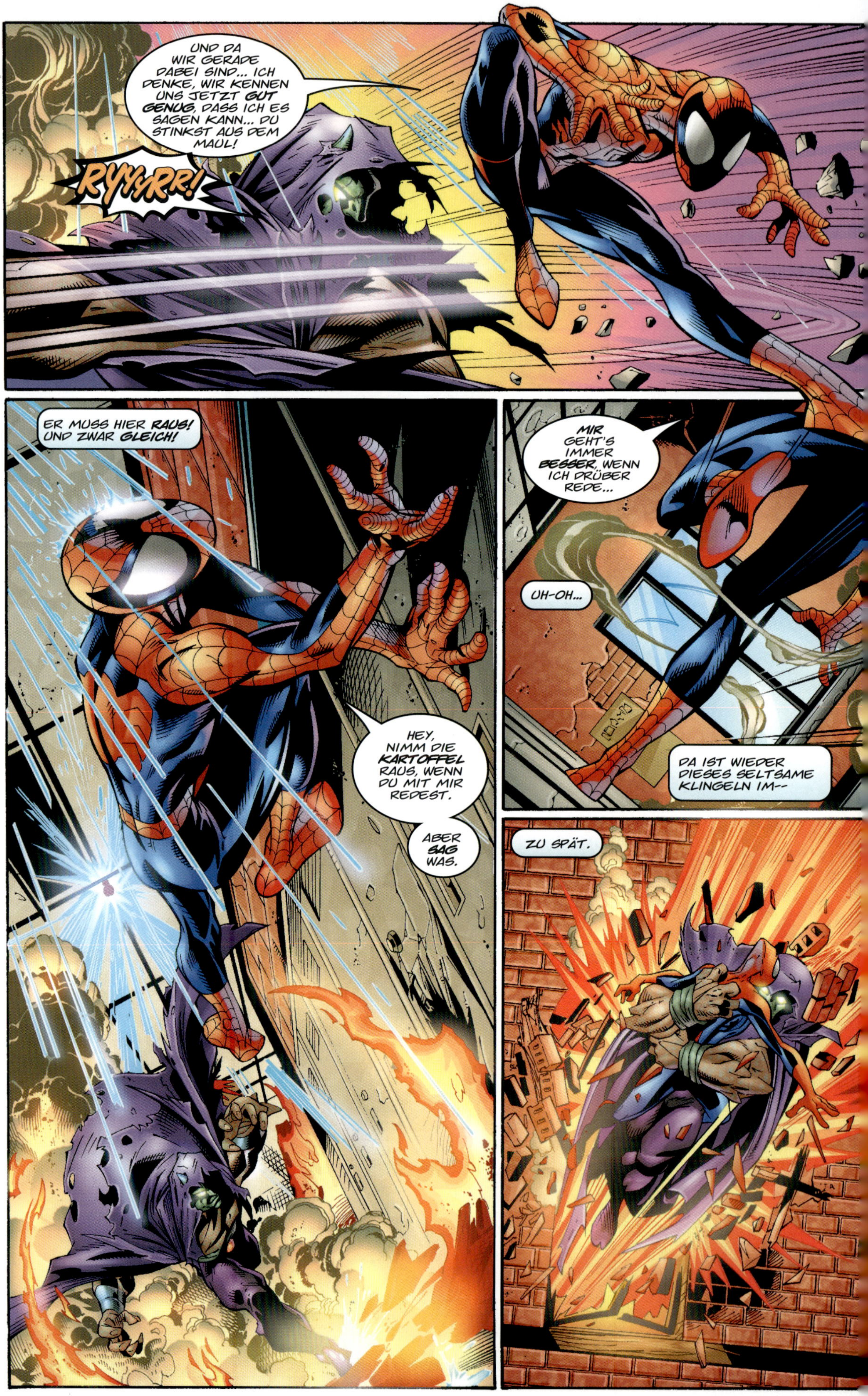
UND DA WIR GERADE DABEI SIND... ICH DENKE, WIR KENNEN UNS JETZT GUT GENUG, DASS ICH ES SAGEN KANN... DU STINKST AUS DEM MAUL!
RYYYRR!
ER MUSS HIER RAUS! UND ZWAR GLEICH!
HEY, NIMM DIE KARTOFFEL RAUS, WENN DU MIT MIR REDEST.
ABER SAG WAS.
MIR GEHT'S IMMER BESSER, WENN ICH DRÜBER REDE...
UH-OH...
DA IST WIEDER DIESES SELTSAME KLINGELN IM--
ZU SPÄT.

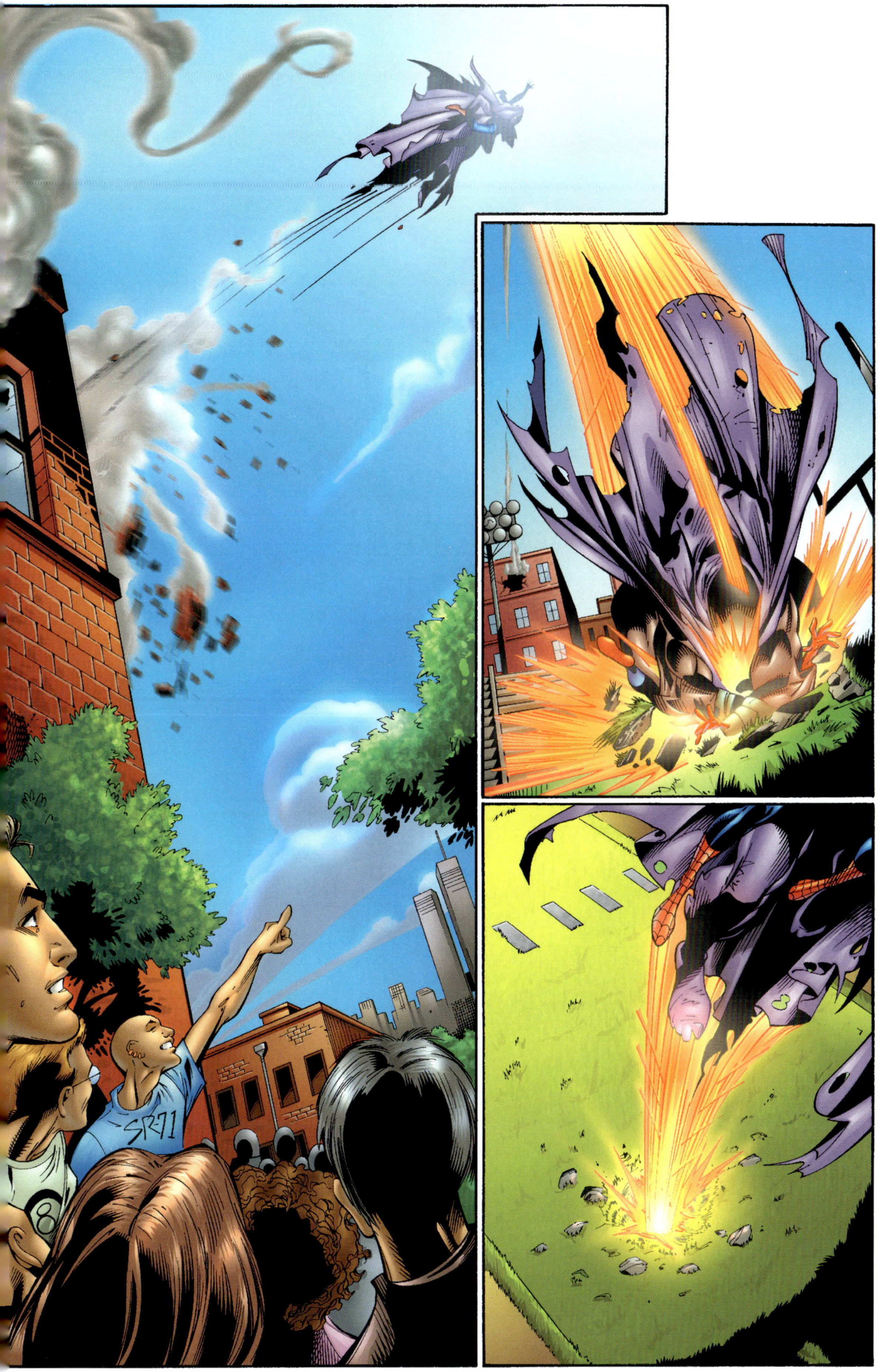
SR71

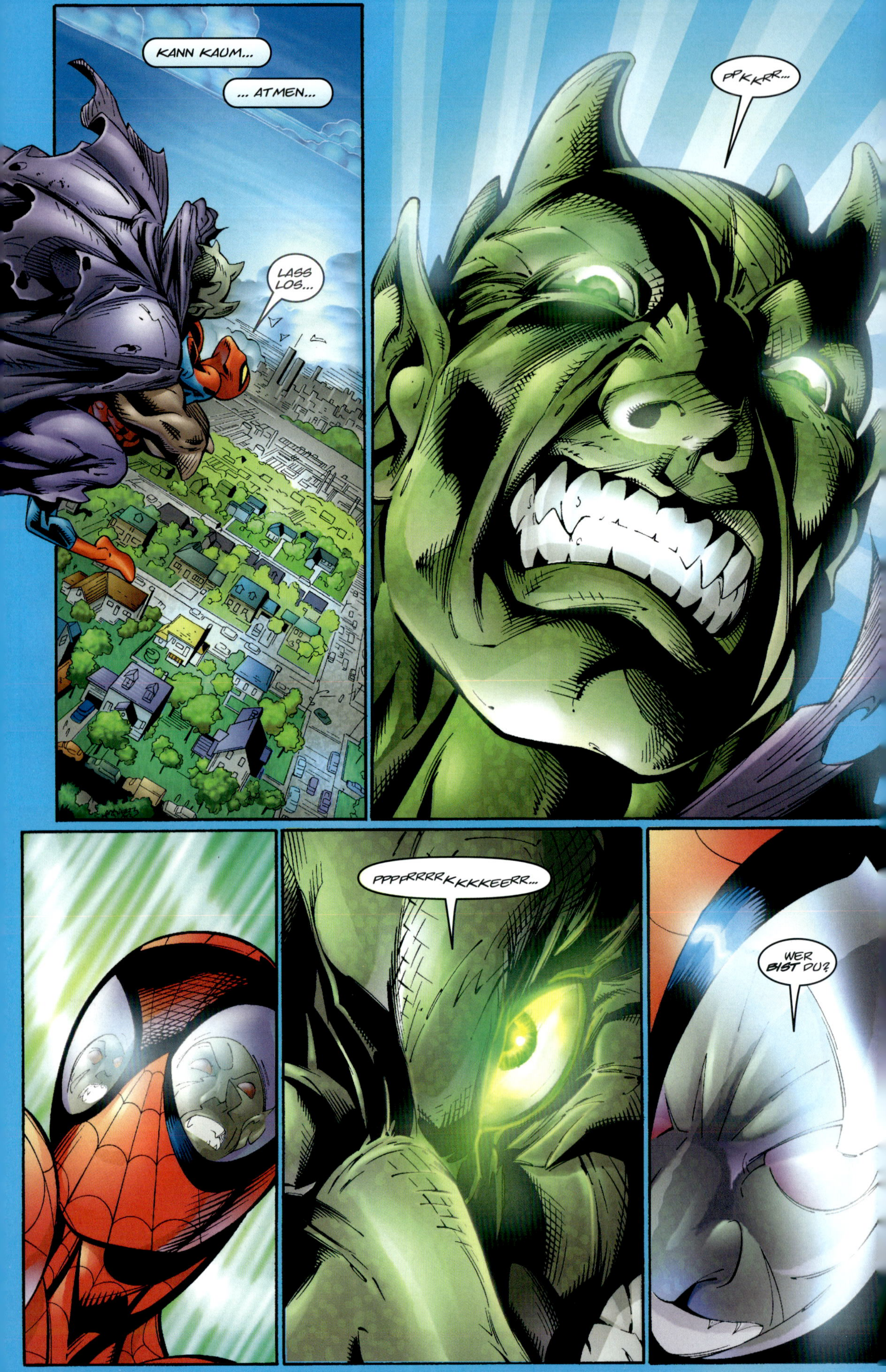
KANN KAUM...
... ATMEN...
LASS LOS...
PPKKRR...
PPPPRRRRKKKKEERR...
WER BIST DU?

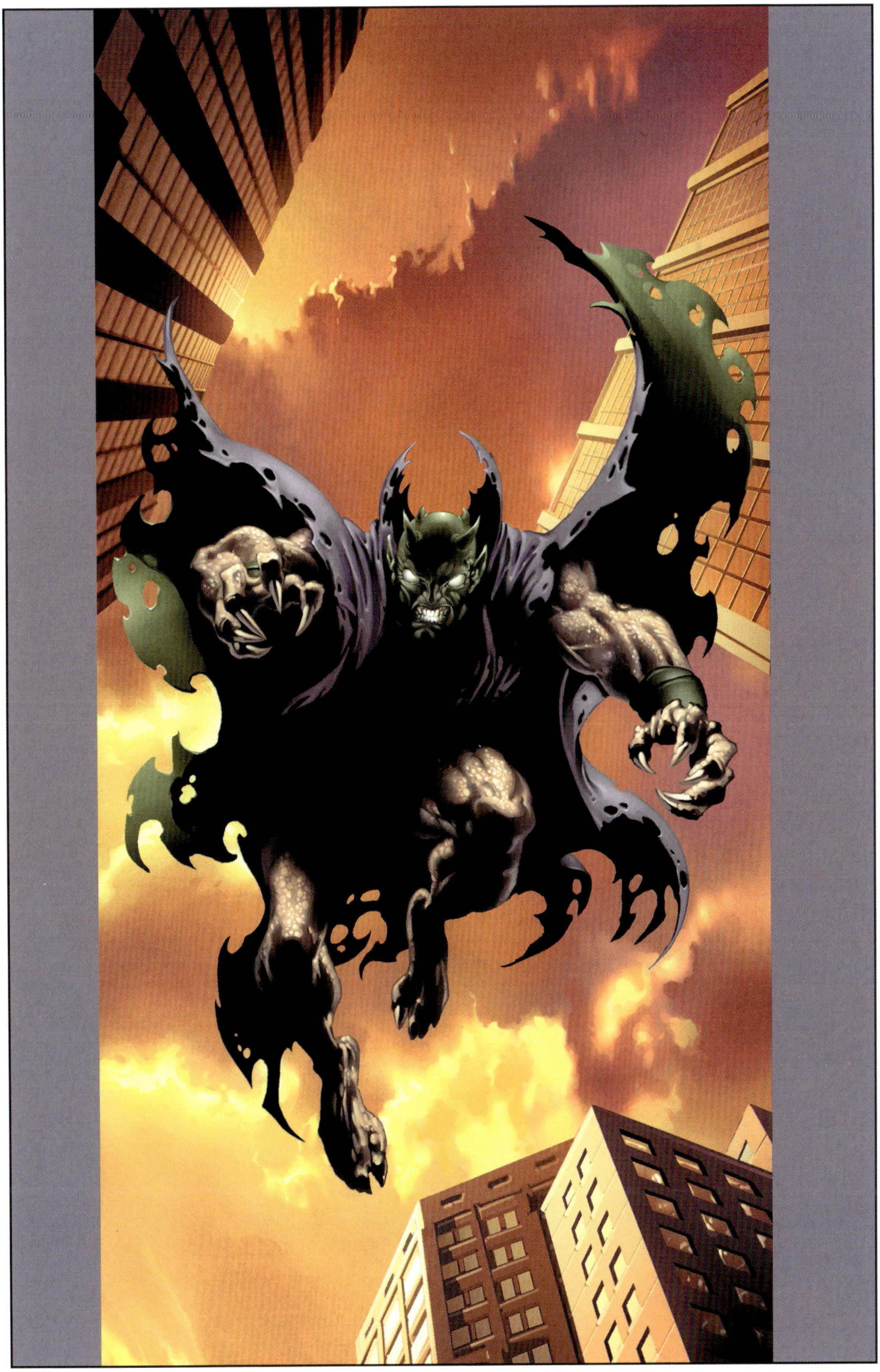

Ultimate Spider-Man (2000) 7
Cover von **MARK BAGLEY**

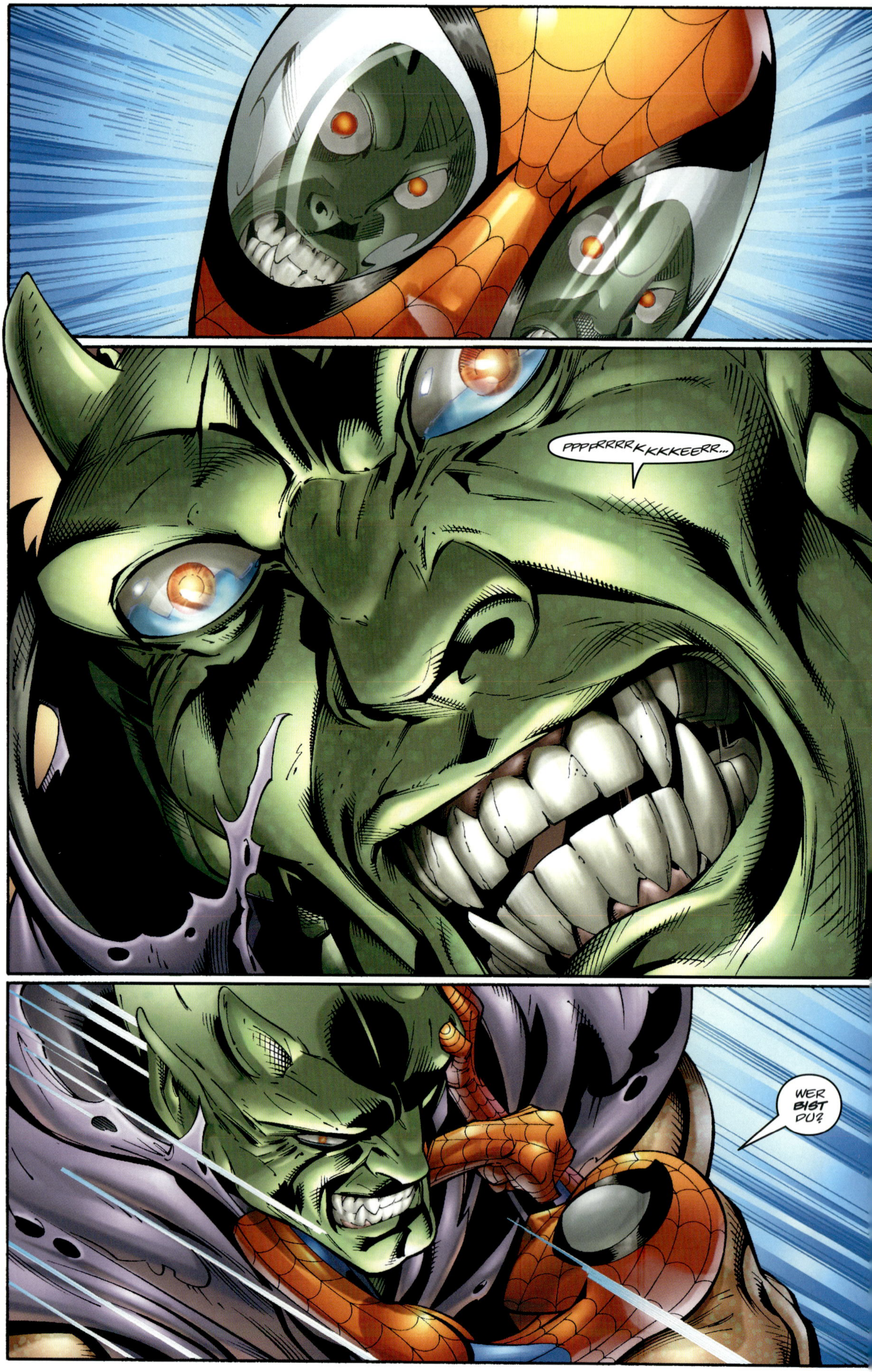
PPPRRRRKKKKEERR...
WER BIST DU?

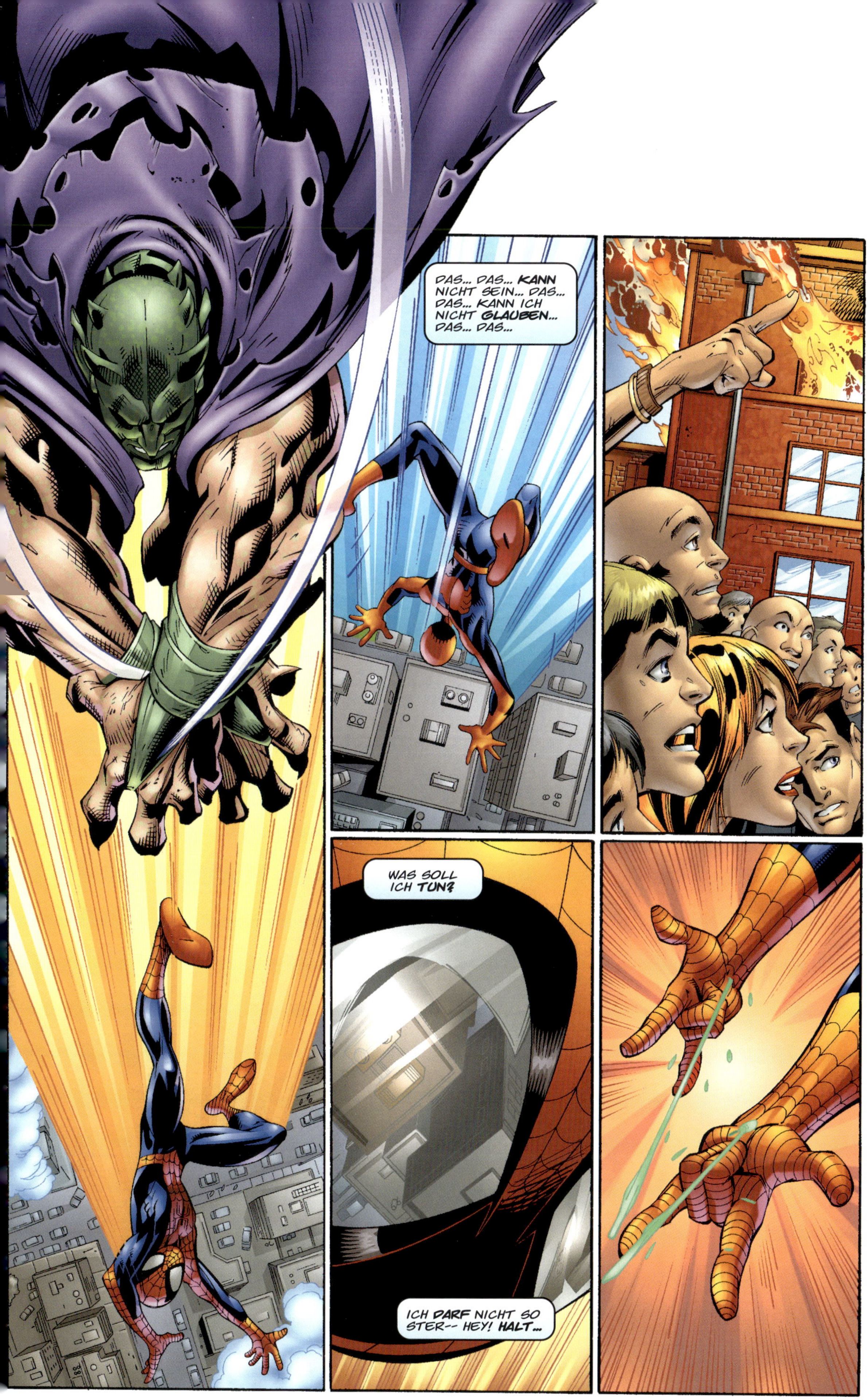
DAS... DAS... KANN NICHT SEIN... DAS... DAS... KANN ICH NICHT GLAUBEN... DAS... DAS...
WAS SOLL ICH TUN?
ICH DARF NICHT SO STER-- HEY! HALT...

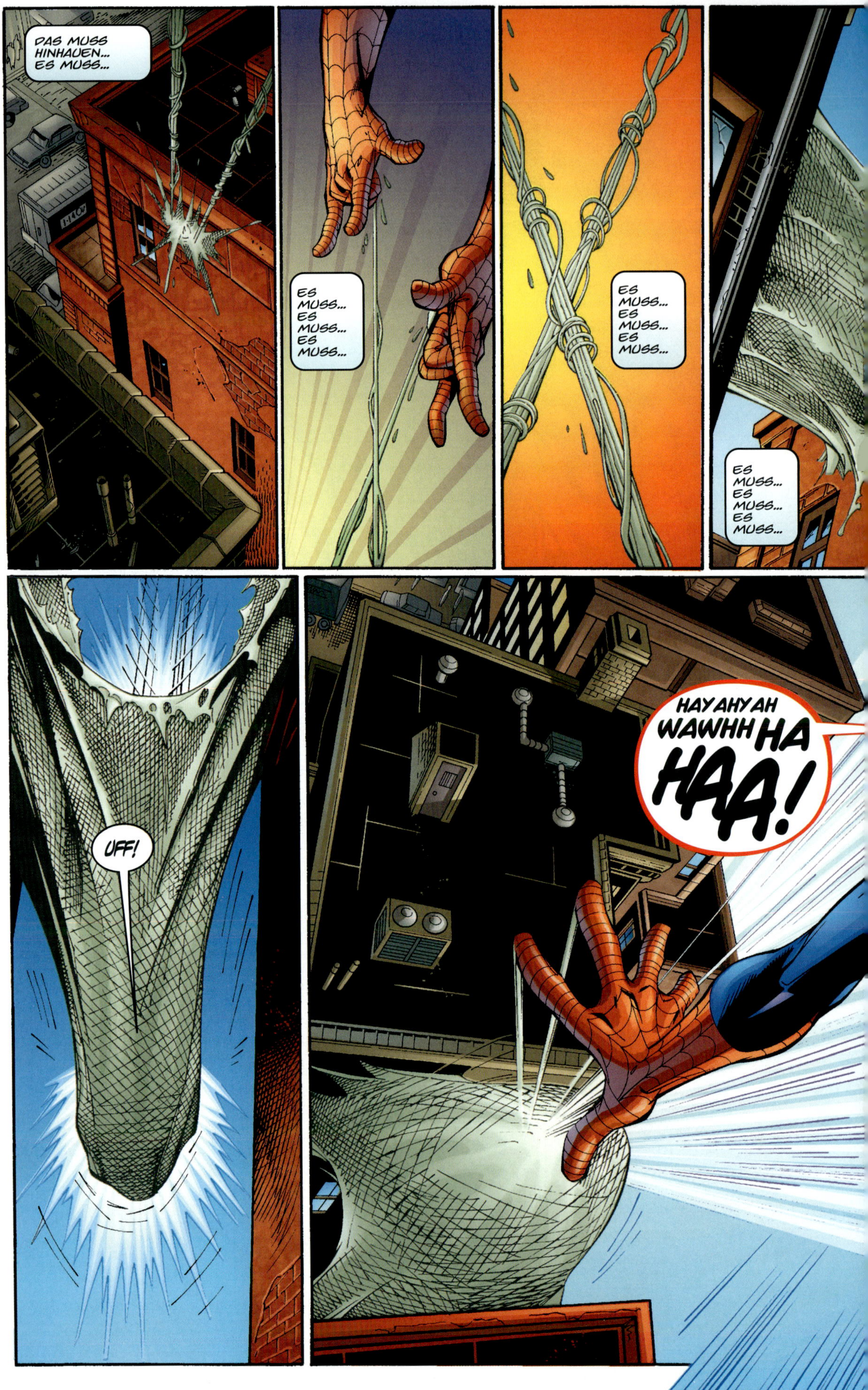
DAS MUSS HINHAUEN... ES MUSS...
ES MUSS... ES MUSS... ES MUSS...
ES MUSS... ES MUSS... ES MUSS...
ES MUSS... ES MUSS... ES MUSS...
UFF!
HAYAHYAH WAWHH HA HAA!

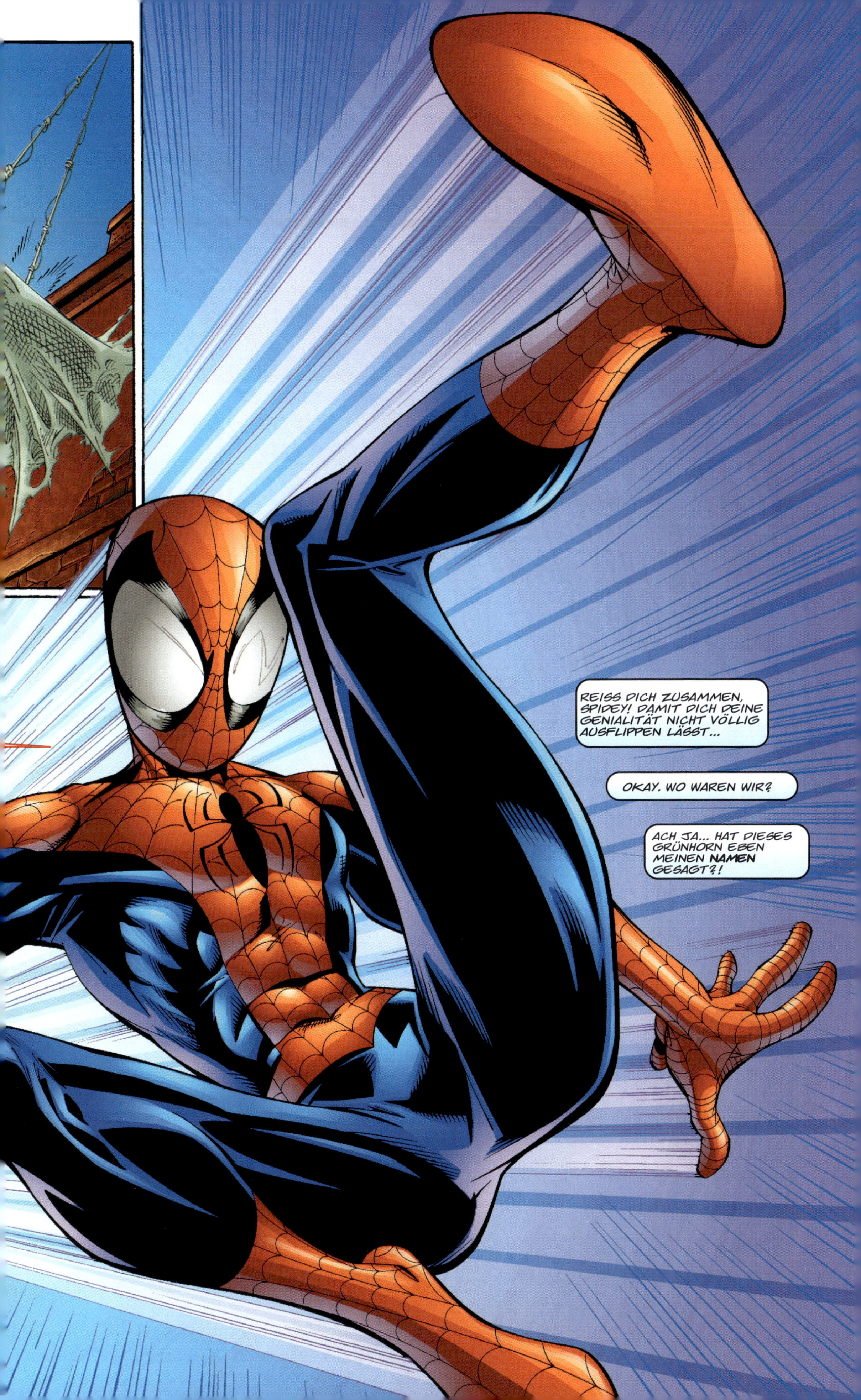
REISS DICH ZUSAMMEN, SPIDEY! DAMIT DICH DEINE GENIALITÄT NICHT VÖLLIG AUSFLIPPEN LÄSST...
OKAY. WO WAREN WIR?
ACH JA... HAT DIESES GRÜNHORN EBEN MEINEN **NAMEN** GESAGT?!

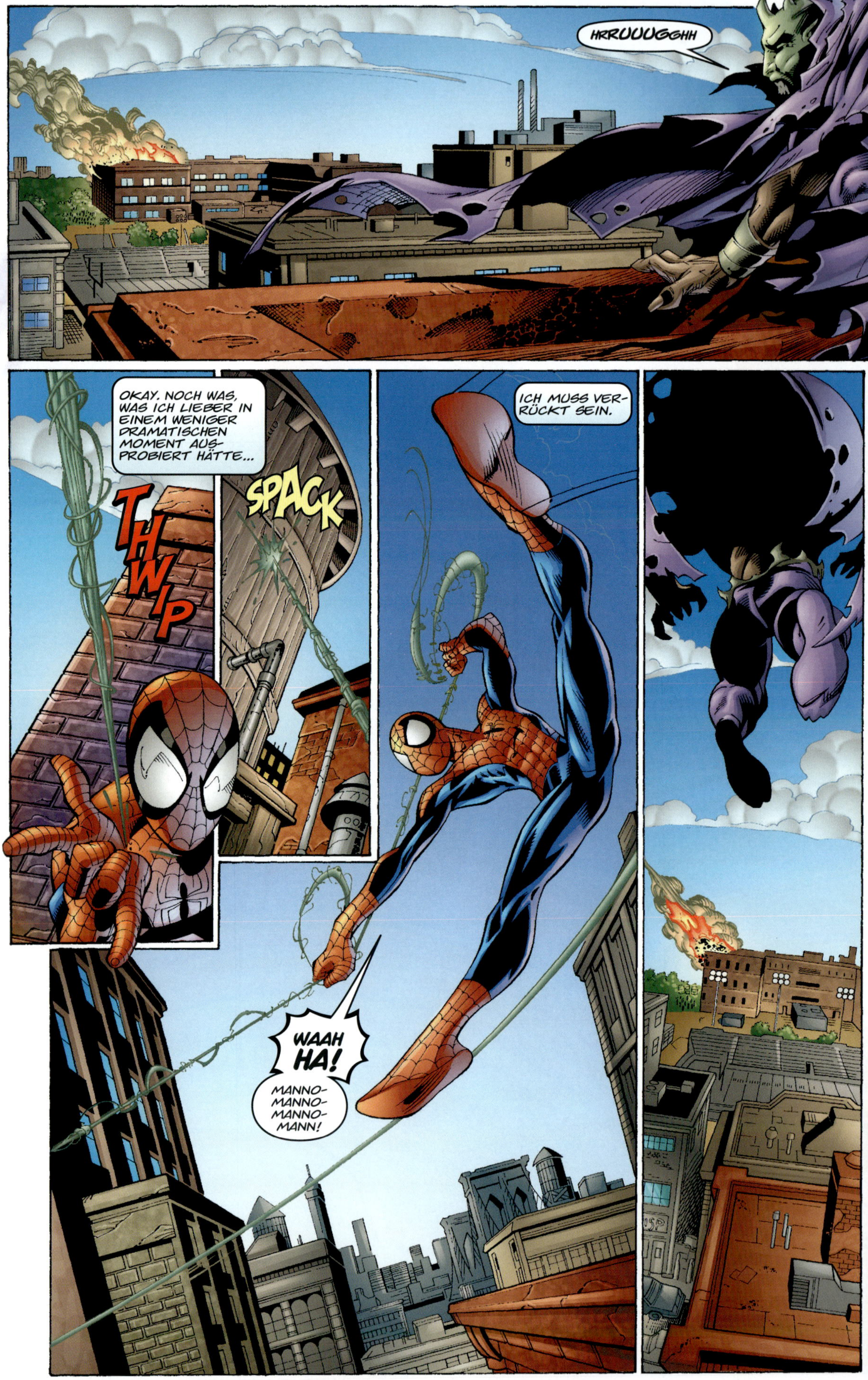
HRRUUUGGHH
OKAY. NOCH WAS, WAS ICH LIEBER IN EINEM WENIGER DRAMATISCHEN MOMENT AUSPROBIERT HÄTTE...
THWIP
SPACK
ICH MUSS VERRÜCKT SEIN.
WAAH HA!
MANNO-MANNO-MANNO-MANN!

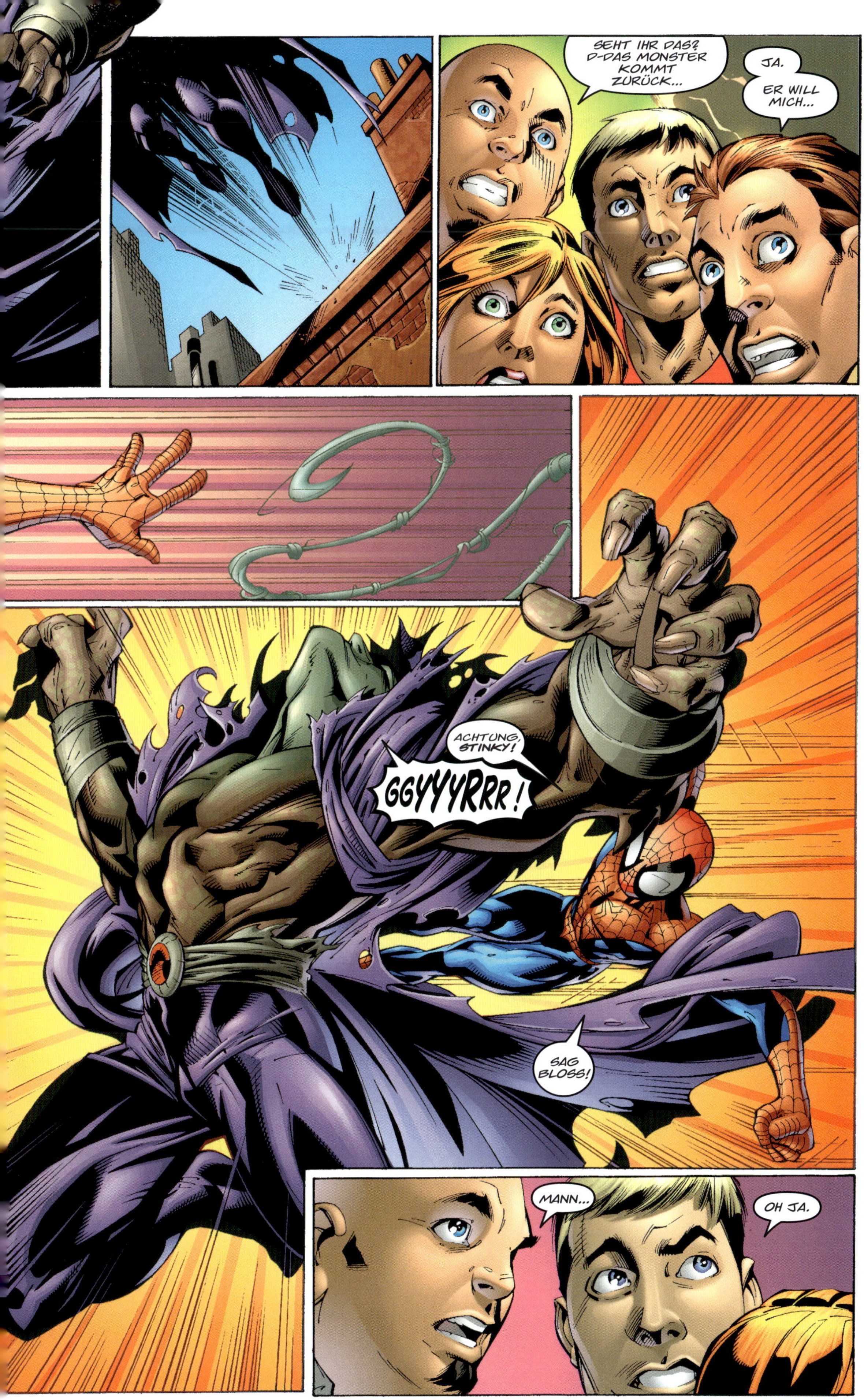
SEHT IHR DAS? D-DAS MONSTER KOMMT ZURÜCK...
JA.
ER WILL MICH...
ACHTUNG, STINKY!
GGYYYRRR!
SAG BLOSS!
MANN...
OH JA.

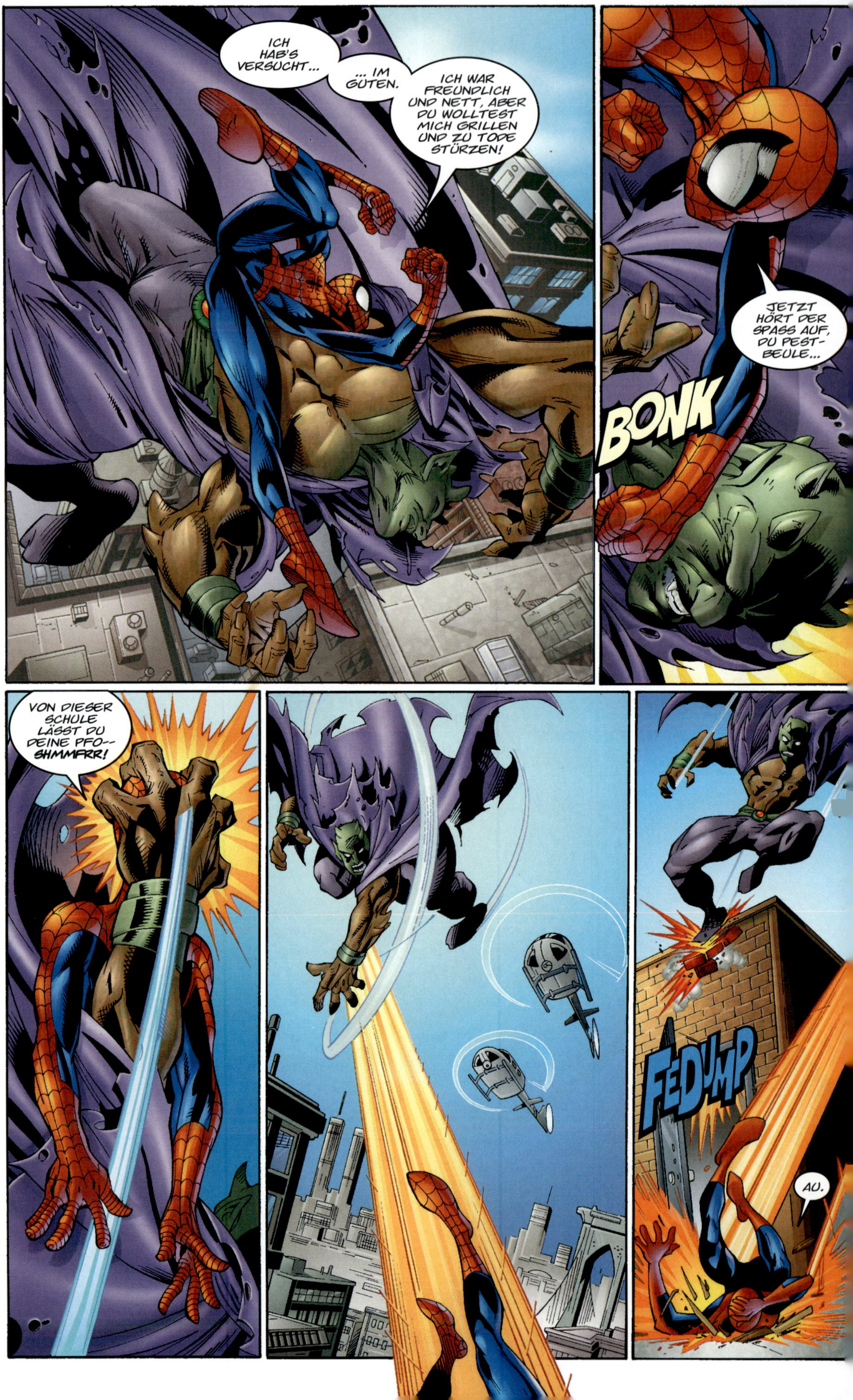
ICH HAB'S VERSUCHT...
... IM GUTEN.
ICH WAR FREUNDLICH UND NETT, ABER DU WOLLTEST MICH GRILLEN UND ZU TODE STÜRZEN!
JETZT HÖRT DER SPASS AUF, DU PEST-BEULE...
BONK
VON DIESER SCHULE LÄSST DU DEINE PFO-- SHMMFRR!
FEDUMP
AU.

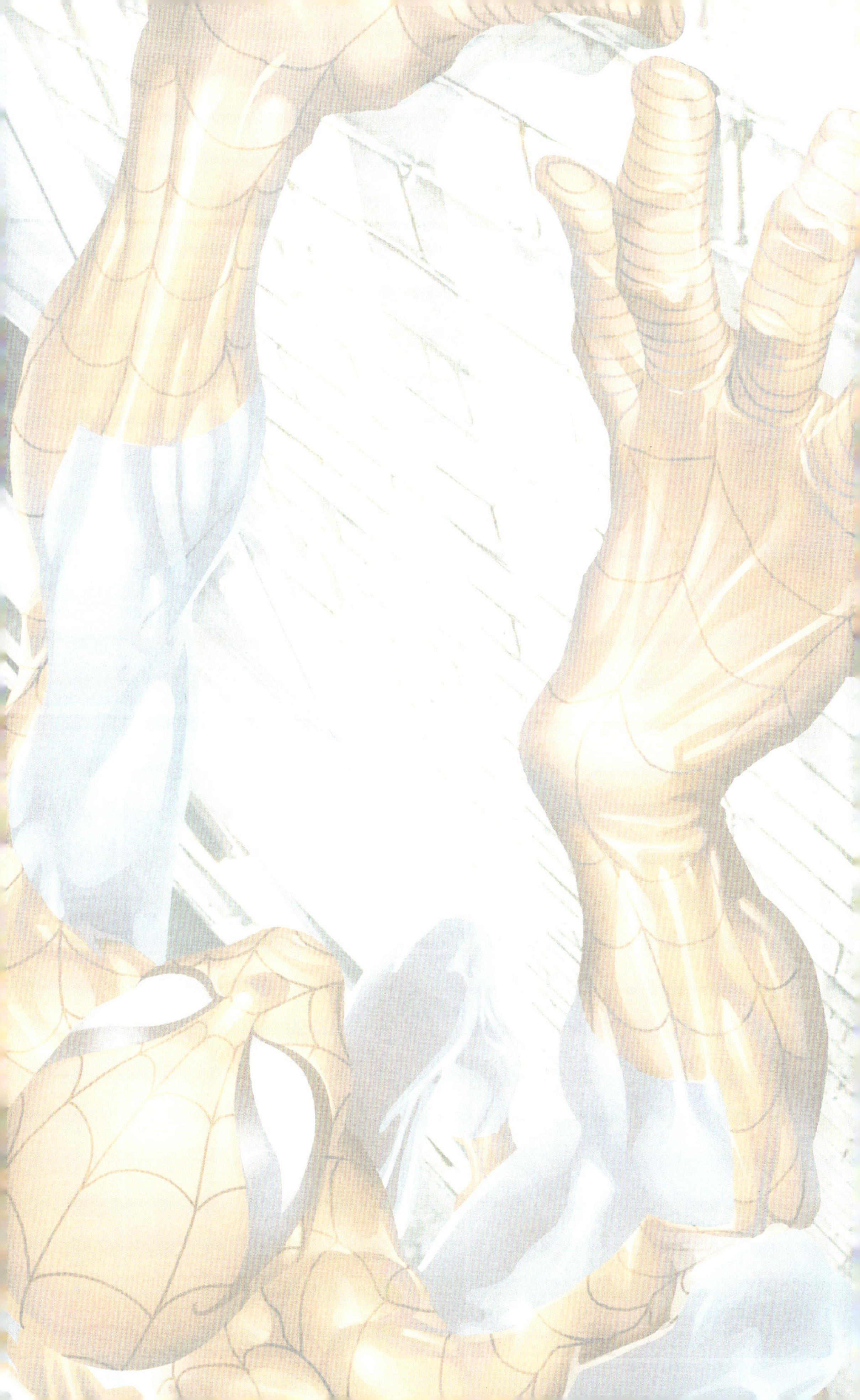

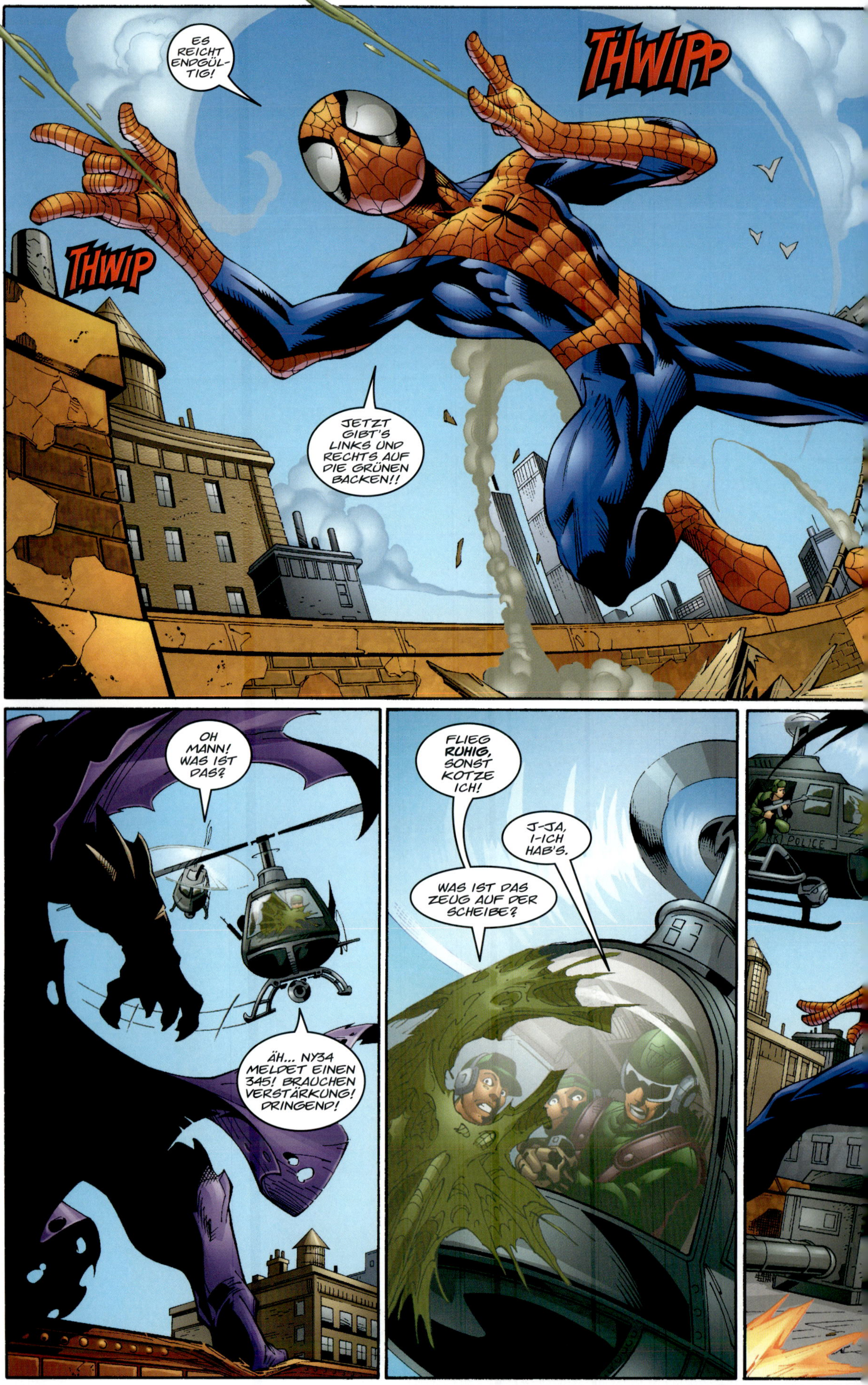
ES REICHT ENDGÜLTIG!
THWIPP
THWIP
JETZT GIBT'S LINKS UND RECHTS AUF DIE GRÜNEN BACKEN!!
OH MANN! WAS IST DAS?
ÄH... NY34 MELDET EINEN 345! BRAUCHEN VERSTÄRKUNG! DRINGEND!
FLIEG RUHIG, SONST KOTZE ICH!
J-JA, I-ICH HAB'S.
WAS IST DAS ZEUG AUF DER SCHEIBE?

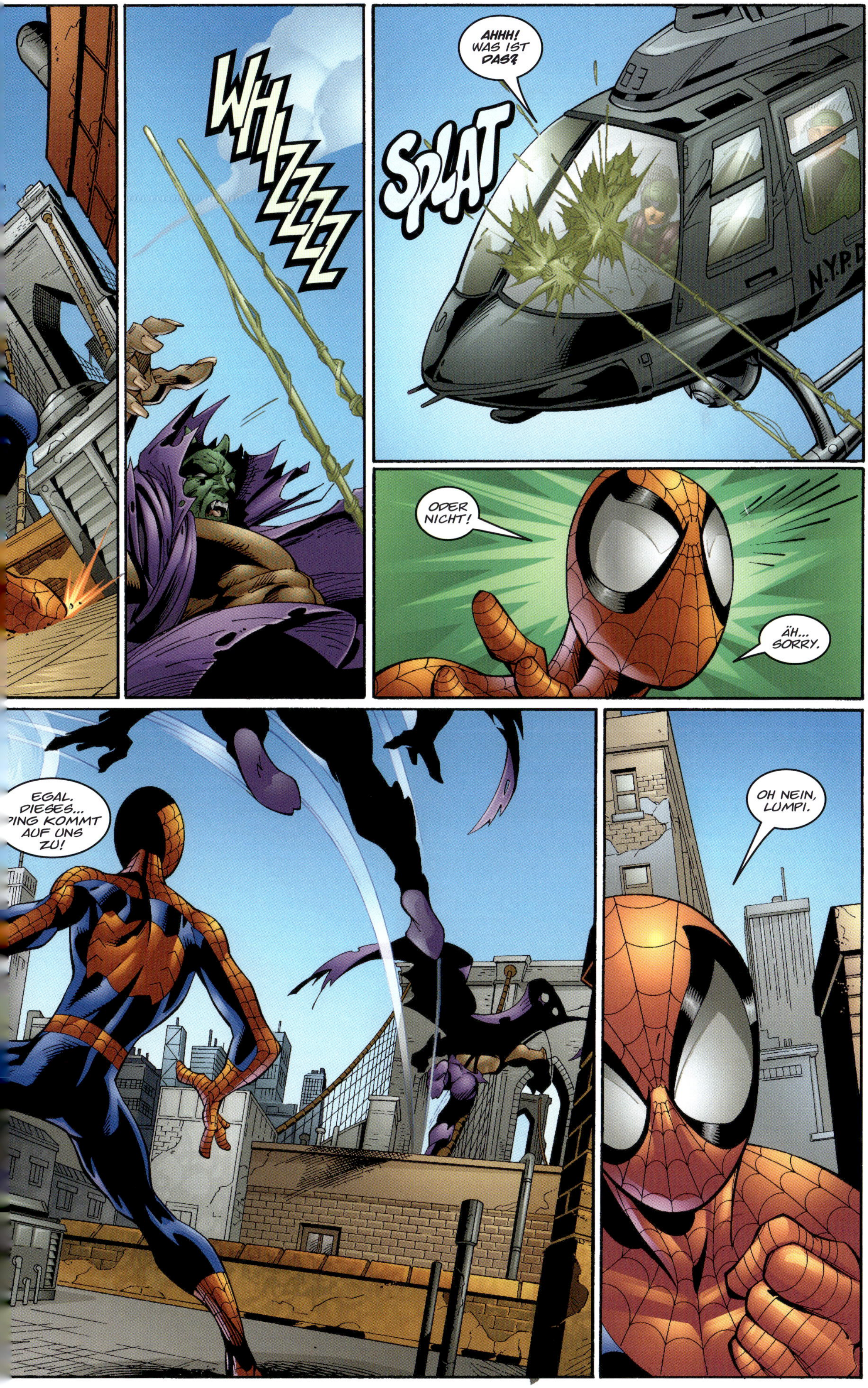
WHIZZZZZ
AHHH! WAS IST DAS?
SPLAT
ODER NICHT!
ÄH... SORRY.
EGAL. DIESES... DING KOMMT AUF UNS ZU!
OH NEIN, LUMPI.

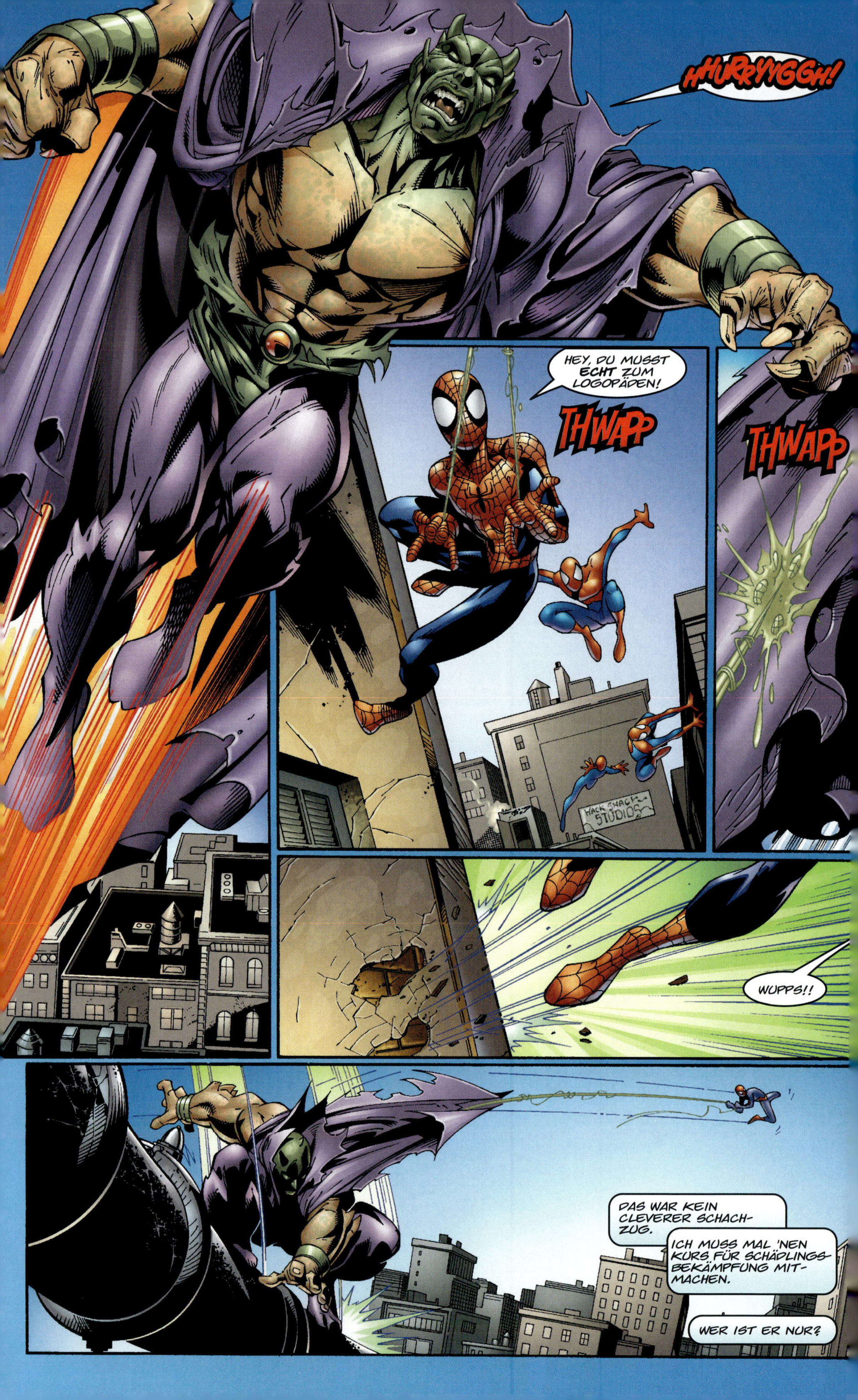
HHURRYYGGH!
HEY, DU MUSST ECHT ZUM LOGOPÄDEN!
THWAPP
THWAPP
HACK SHACK STUDIOS
WUPPS!!
DAS WAR KEIN CLEVERER SCHACHZUG.
ICH MUSS MAL 'NEN KURS FÜR SCHÄDLINGSBEKÄMPFUNG MITMACHEN.
WER IST ER NUR?

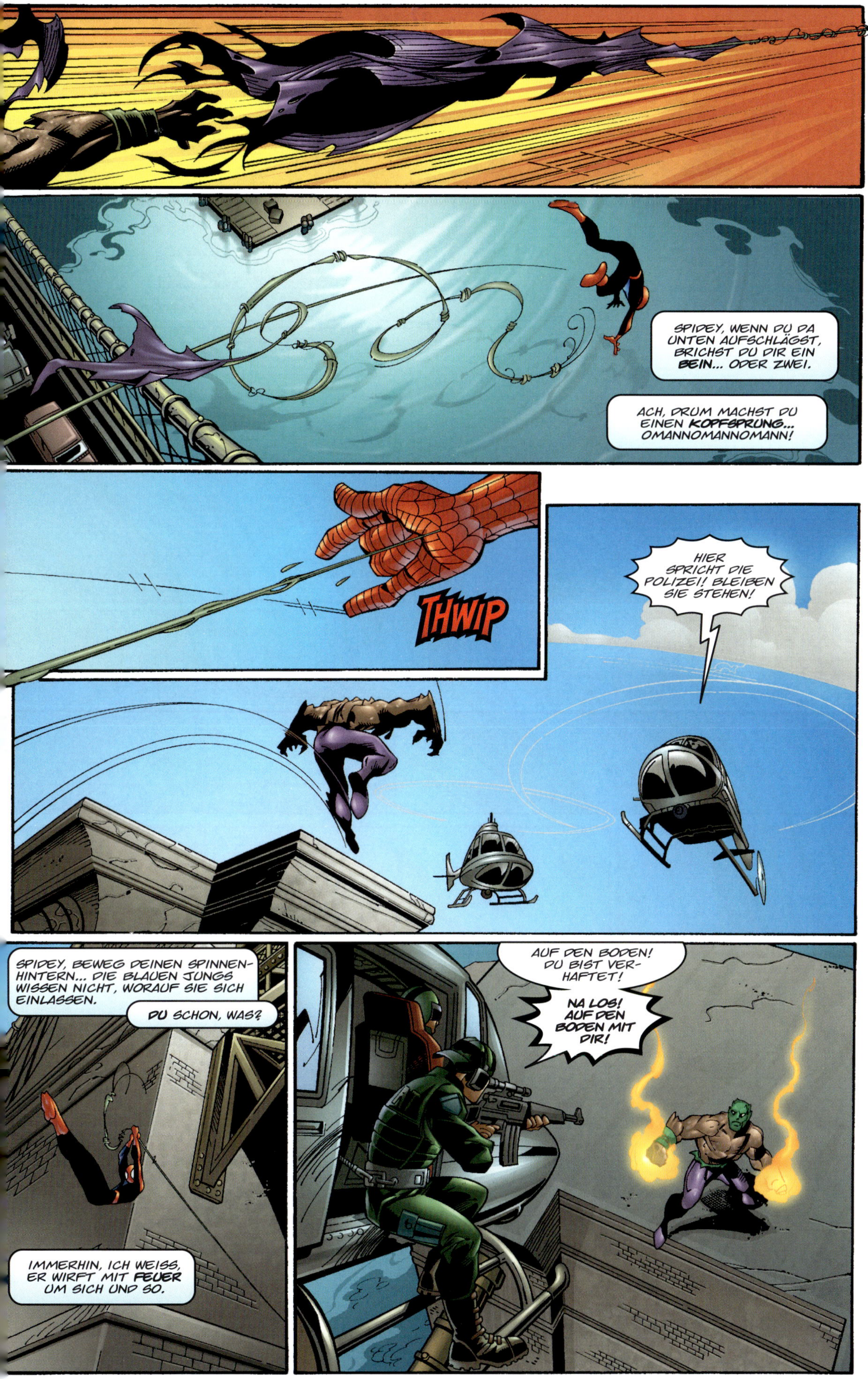
SPIDEY, WENN DU DA UNTEN AUFSCHLÄGST, BRICHST DU DIR EIN **BEIN**... ODER ZWEI.
ACH, DRUM MACHST DU EINEN **KOPFSPRUNG**... OMANNOMANNOMANN!
THWIP
HIER SPRICHT DIE POLIZEI! BLEIBEN SIE STEHEN!
SPIDEY, BEWEG DEINEN SPINNENHINTERN... DIE BLAUEN JUNGS WISSEN NICHT, WORAUF SIE SICH EINLASSEN.
DU SCHON, WAS?
IMMERHIN, ICH WEISS, ER WIRFT MIT **FEUER** UM SICH UND SO.
AUF DEN BODEN! DU BIST VERHAFTET!
NA LOS! AUF DEN BODEN MIT DIR!

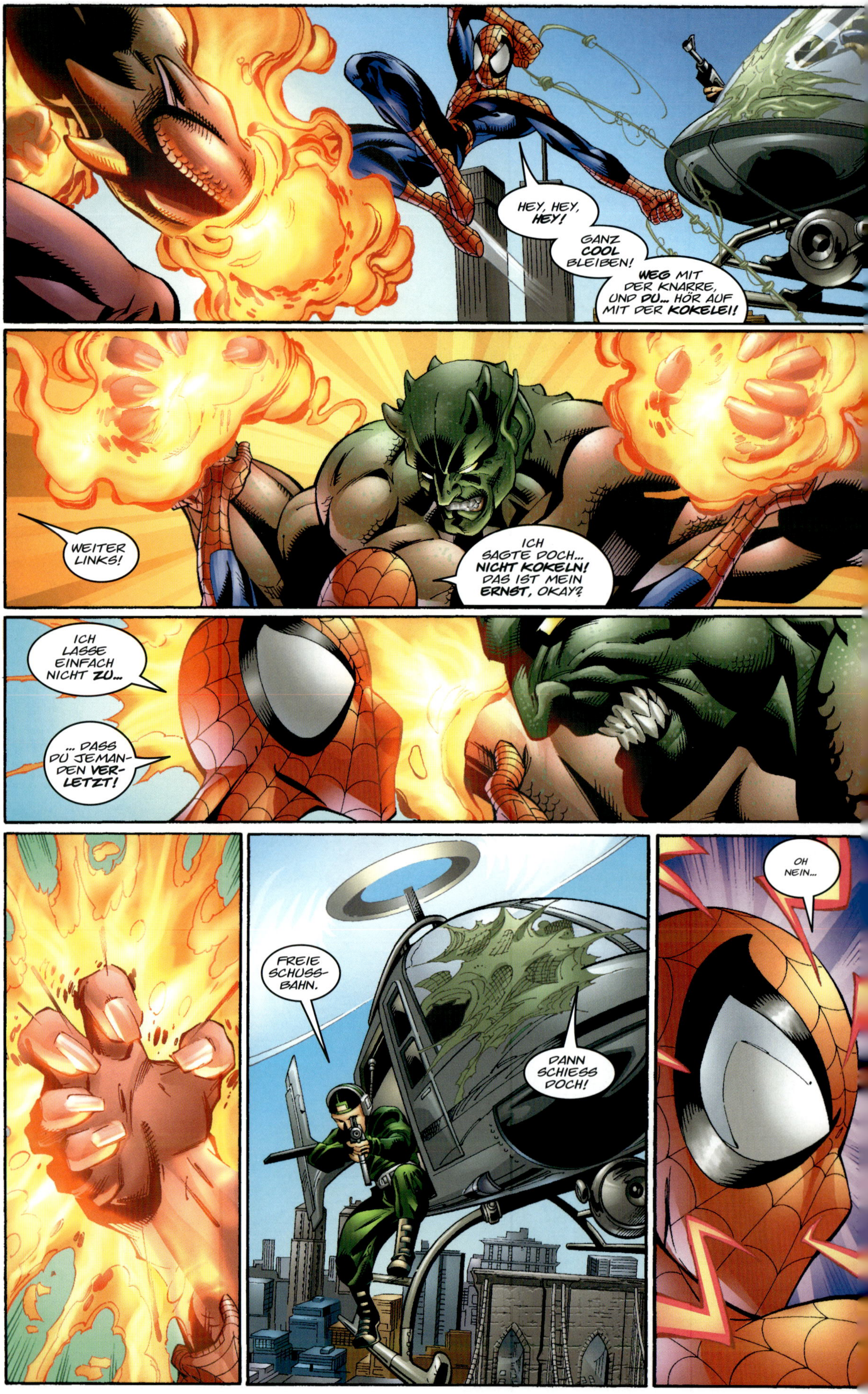
HEY, HEY, HEY!
GANZ COOL BLEIBEN!
WEG MIT DER KNARRE, UND DU... HÖR AUF MIT DER KOKELEI!
WEITER LINKS!
ICH SAGTE DOCH... NICHT KOKELN! DAS IST MEIN ERNST, OKAY?
ICH LASSE EINFACH NICHT ZU...
... DASS DU JEMANDEN VERLETZT!
FREIE SCHUSSBAHN.
DANN SCHIESS DOCH!
OH NEIN...

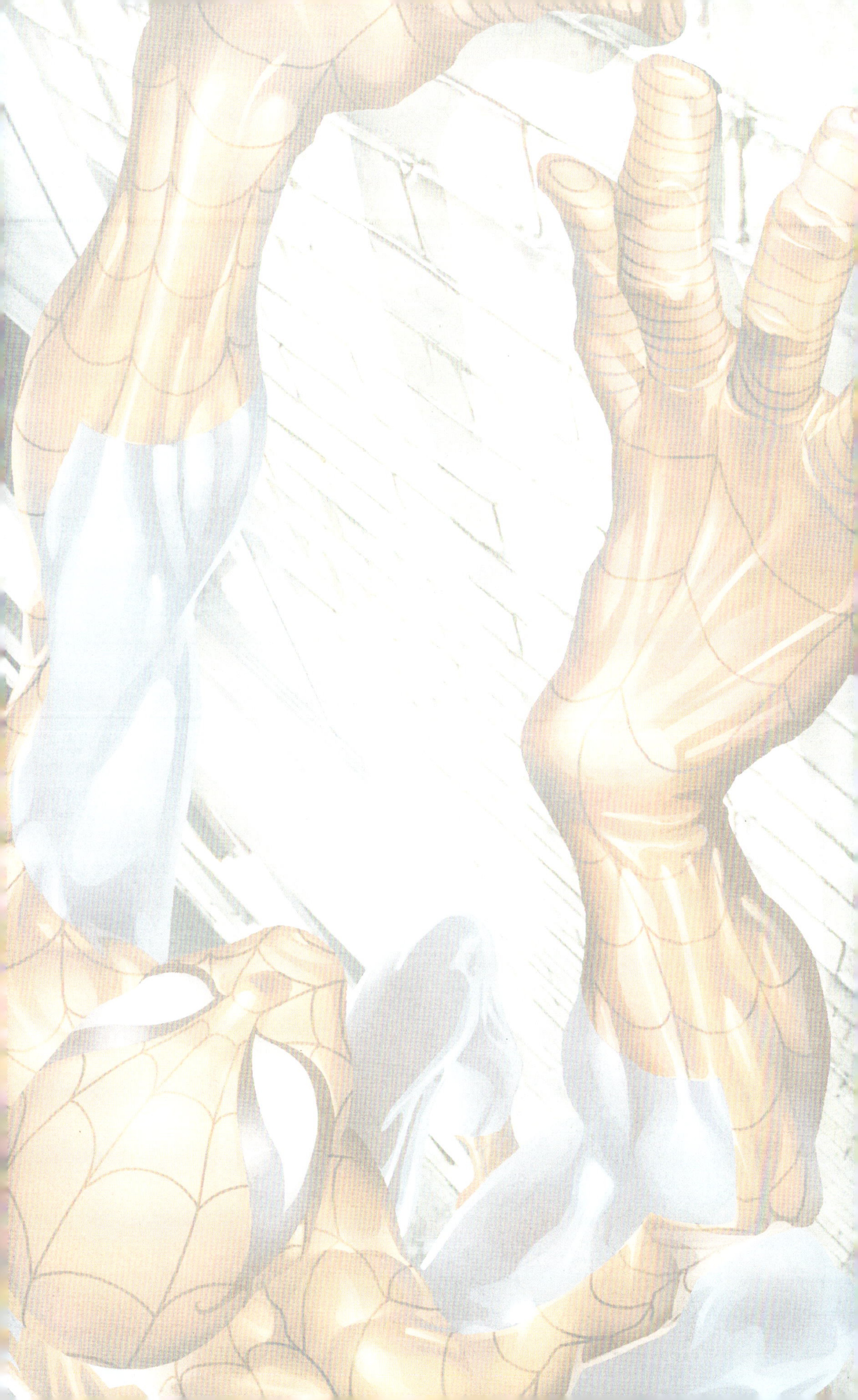

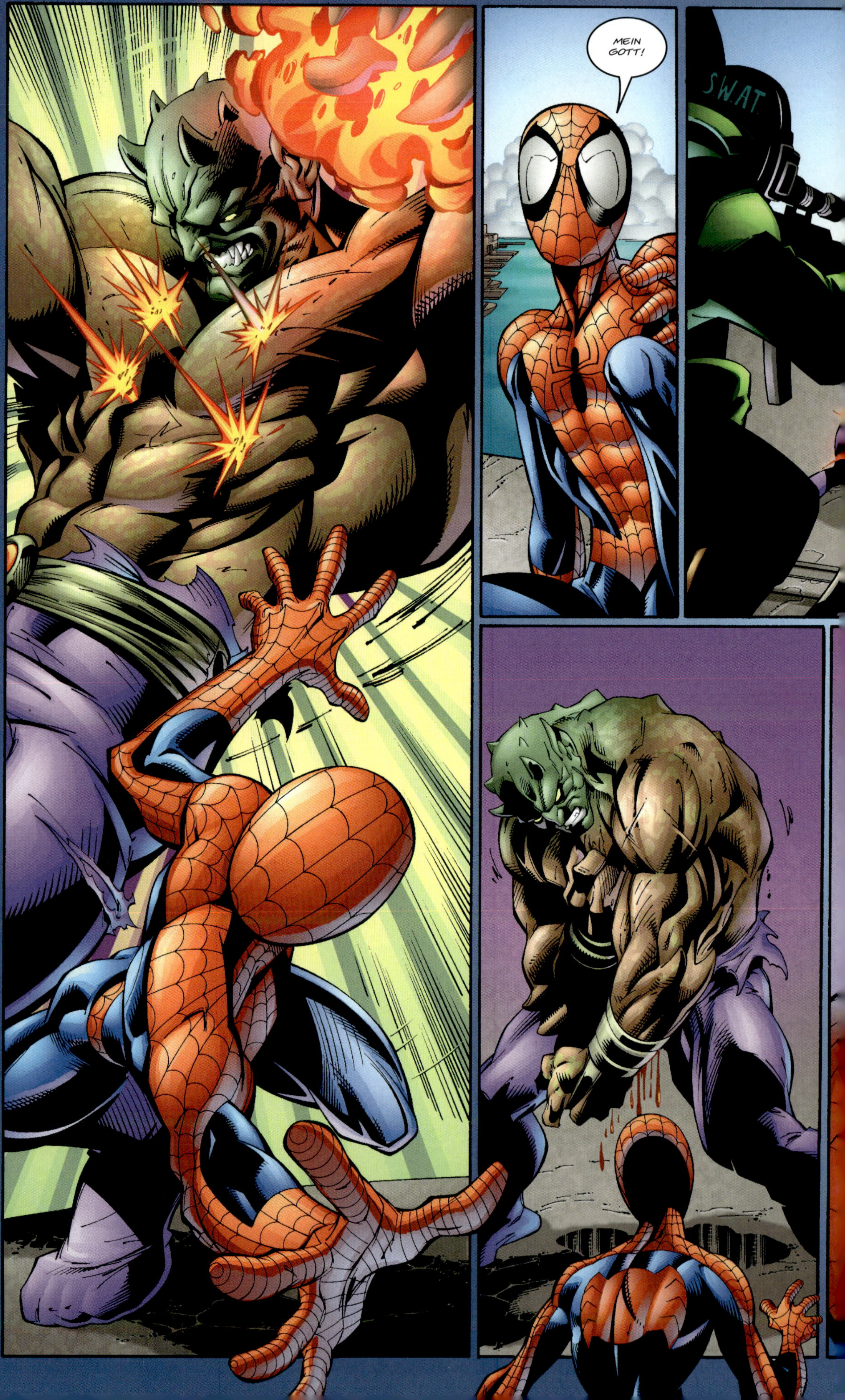
MEIN GOTT!
S.W.A.T.

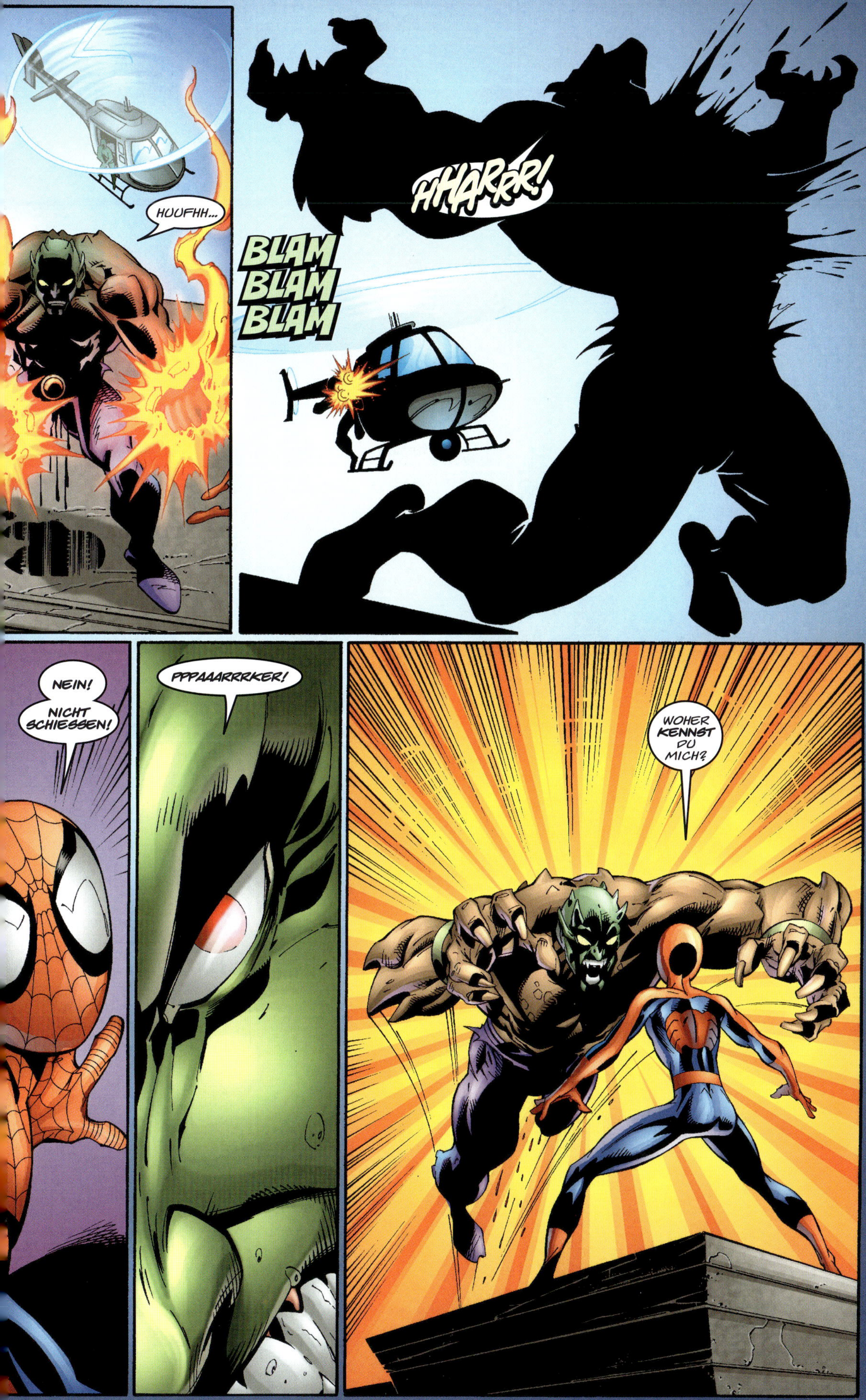
HUUFHH...
HHARRR!
BLAM
BLAM
BLAM
NEIN!
NICHT SCHIESSEN!
PPPAAARRRKER!
WOHER KENNST DU MICH?

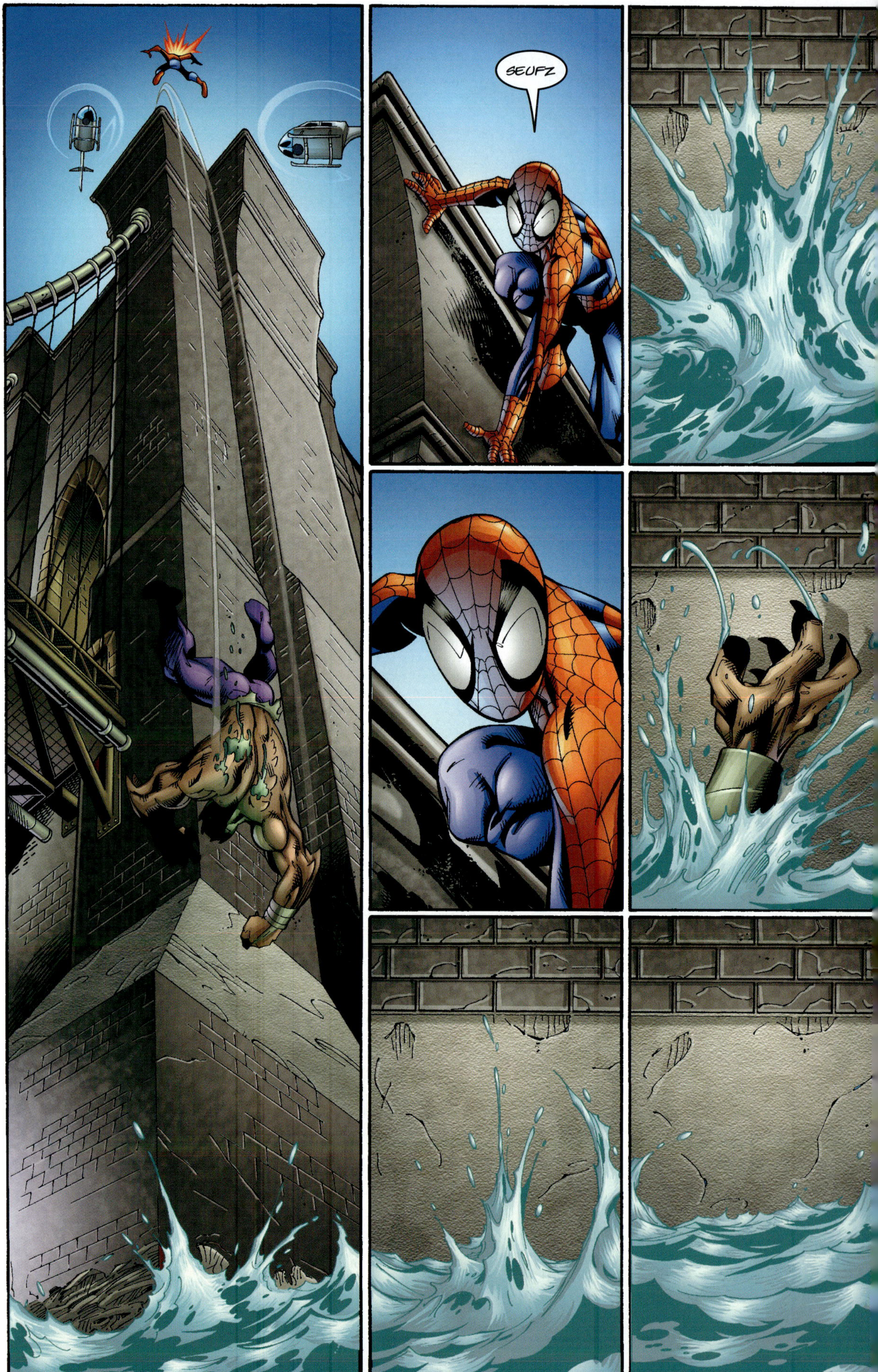
SEUFZ

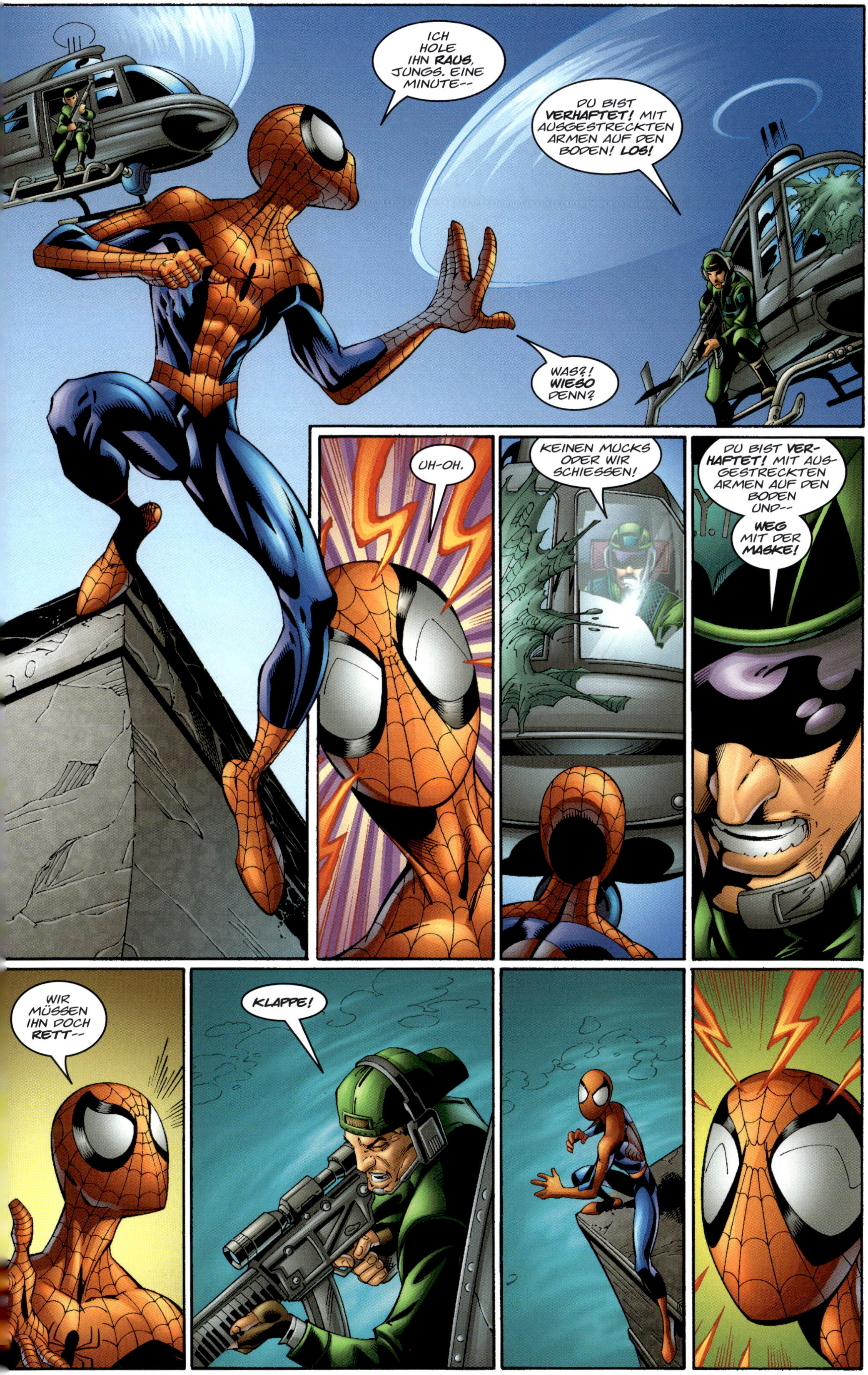
ICH HOLE IHN RAUS, JUNGS. EINE MINUTE--
DU BIST VERHAFTET! MIT AUSGESTRECKTEN ARMEN AUF DEN BODEN! LOS!
WAS?! WIESO DENN?
UH-OH.
KEINEN MUCKS ODER WIR SCHIESSEN!
DU BIST VERHAFTET! MIT AUSGESTRECKTEN ARMEN AUF DEN BODEN UND--
WEG MIT DER MASKE!
WIR MÜSSEN IHN DOCH RETT--
KLAPPE!

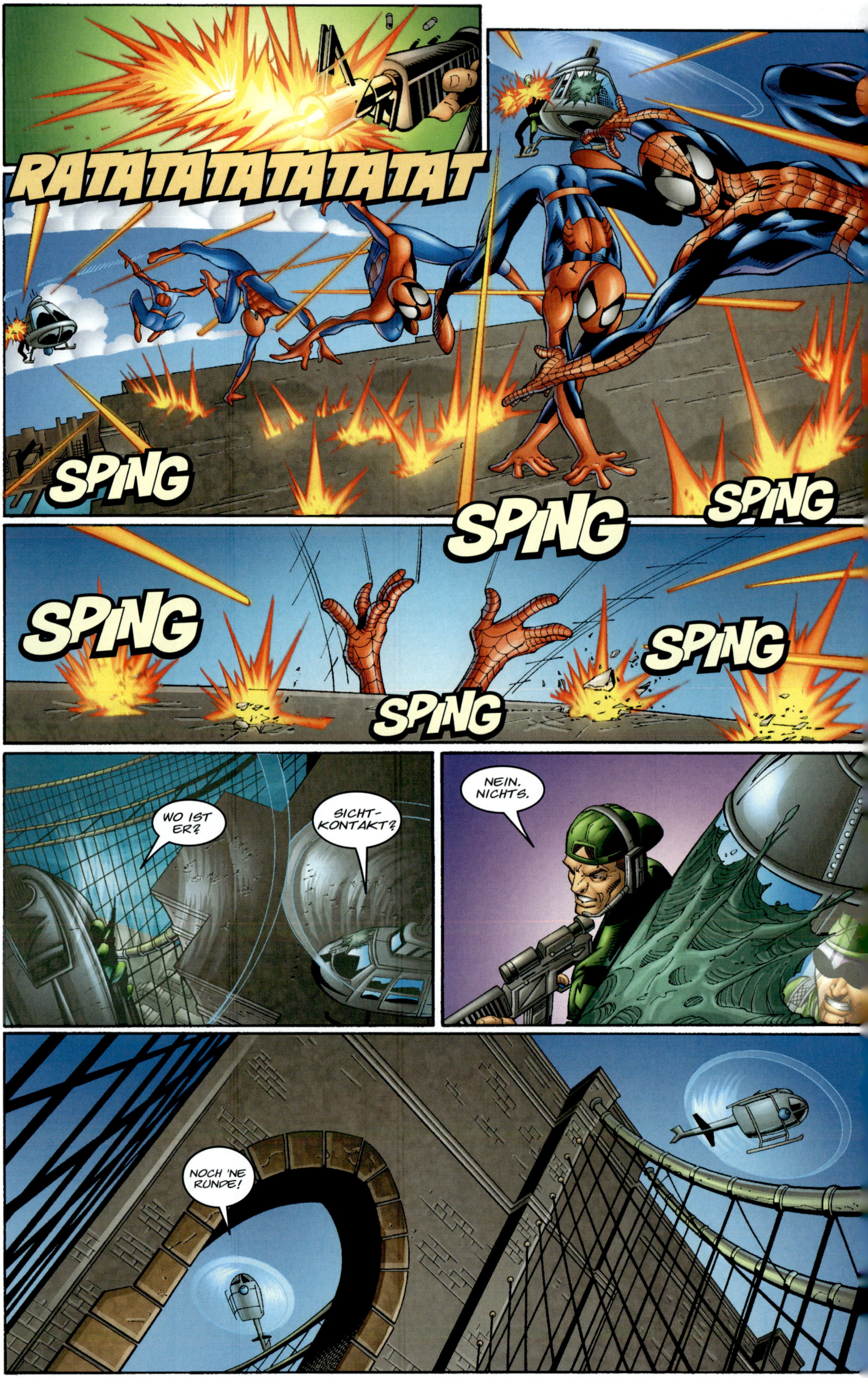
RATATATATATATATAT
SPING
SPING
SPING
SPING
SPING
SPING
WO IST ER?
SICHT-KONTAKT?
NEIN. NICHTS.
NOCH 'NE RUNDE!

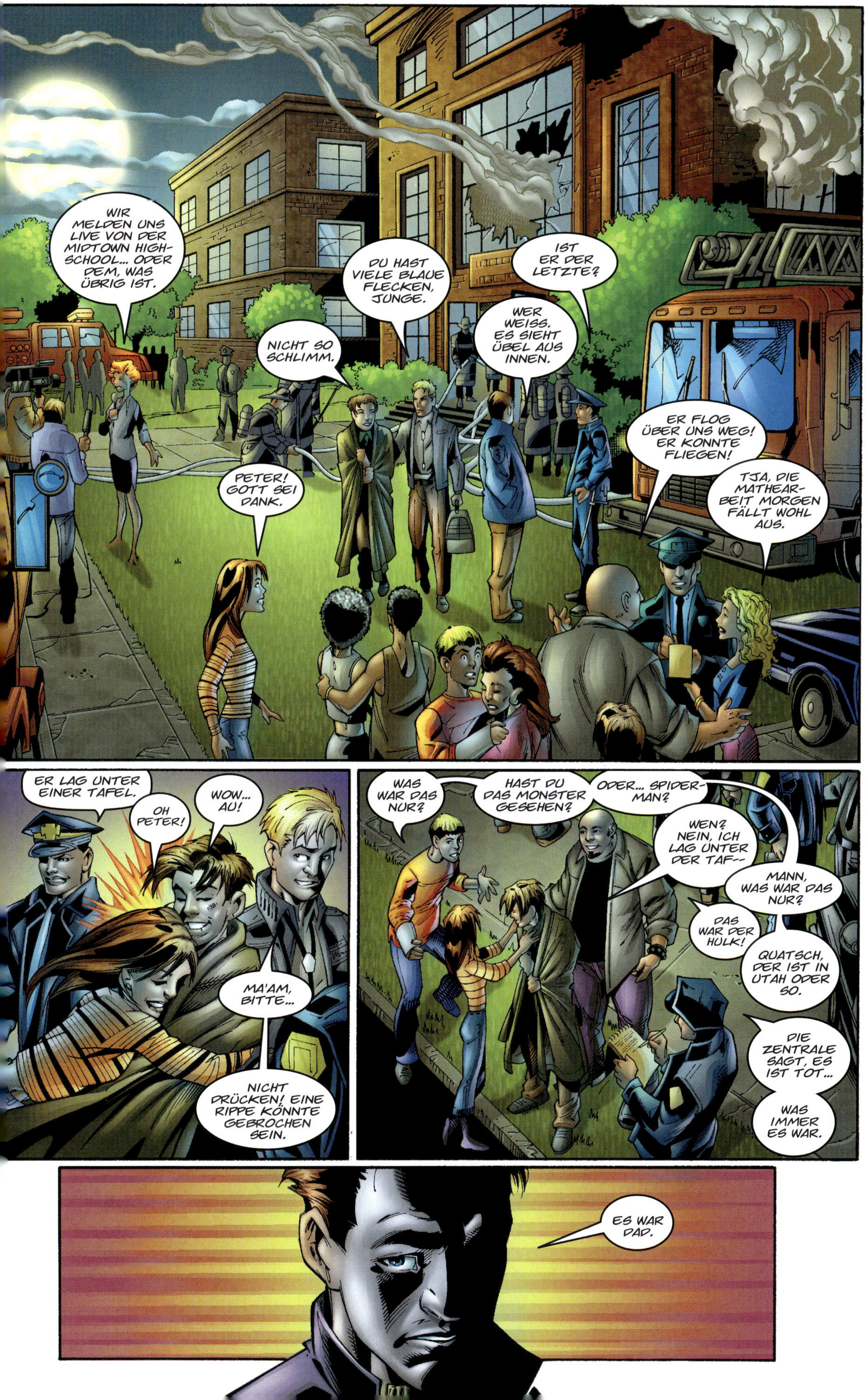
WIR MELDEN UNS LIVE VON DER MIDTOWN HIGH-SCHOOL... ODER DEM, WAS ÜBRIG IST.
DU HAST VIELE BLAUE FLECKEN, JUNGE.
NICHT SO SCHLIMM.
IST ER DER LETZTE?
WER WEISS. ES SIEHT ÜBEL AUS INNEN.
ER FLOG ÜBER UNS WEG! ER KONNTE FLIEGEN!
TJA, DIE MATHEAR-BEIT MORGEN FÄLLT WOHL AUS.
PETER! GOTT SEI DANK.
ER LAG UNTER EINER TAFEL.
OH PETER!
WOW... AU!
MA'AM, BITTE...
NICHT DRÜCKEN! EINE RIPPE KÖNNTE GEBROCHEN SEIN.
WAS WAR DAS NUR?
HAST DU DAS MONSTER GESEHEN?
ODER... SPIDER-MAN?
WEN? NEIN, ICH LAG UNTER DER TAF--
MANN, WAS WAR DAS NUR?
DAS WAR DER HULK!
QUATSCH, DER IST IN UTAH ODER SO.
DIE ZENTRALE SAGT, ES IST TOT...
WAS IMMER ES WAR.
ES WAR DAD.

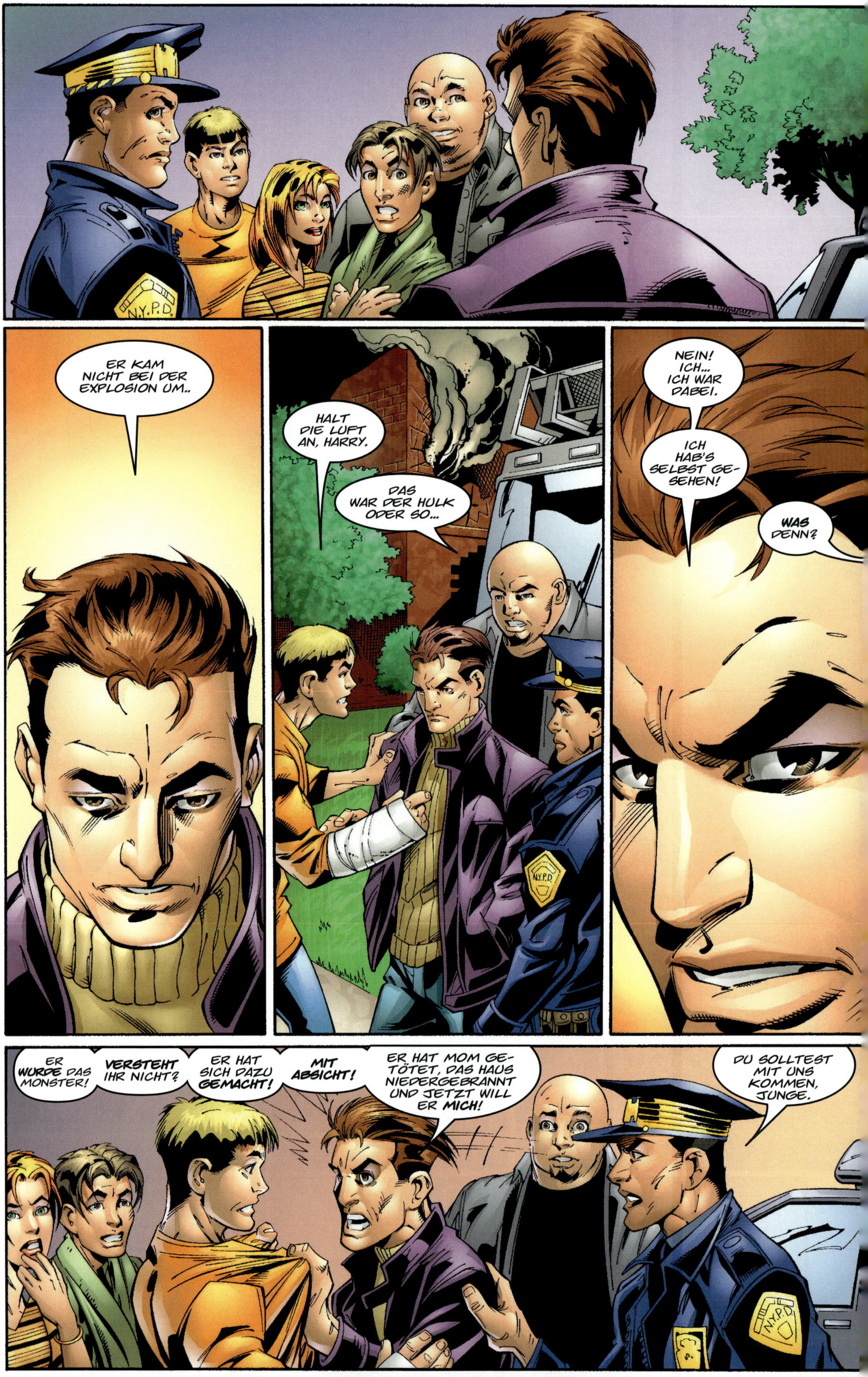
ER KAM NICHT BEI DER EXPLOSION UM..
HALT DIE LUFT AN, HARRY.
DAS WAR DER HULK ODER SO...
NEIN! ICH... ICH WAR DABEI.
ICH HAB'S SELBST GESEHEN!
WAS DENN?
ER WURDE DAS MONSTER!
VERSTEHT IHR NICHT?
ER HAT SICH DAZU GEMACHT!
MIT ABSICHT!
ER HAT MOM GETÖTET, DAS HAUS NIEDERGEBRANNT UND JETZT WILL ER MICH!
DU SOLLTEST MIT UNS KOMMEN, JUNGE.

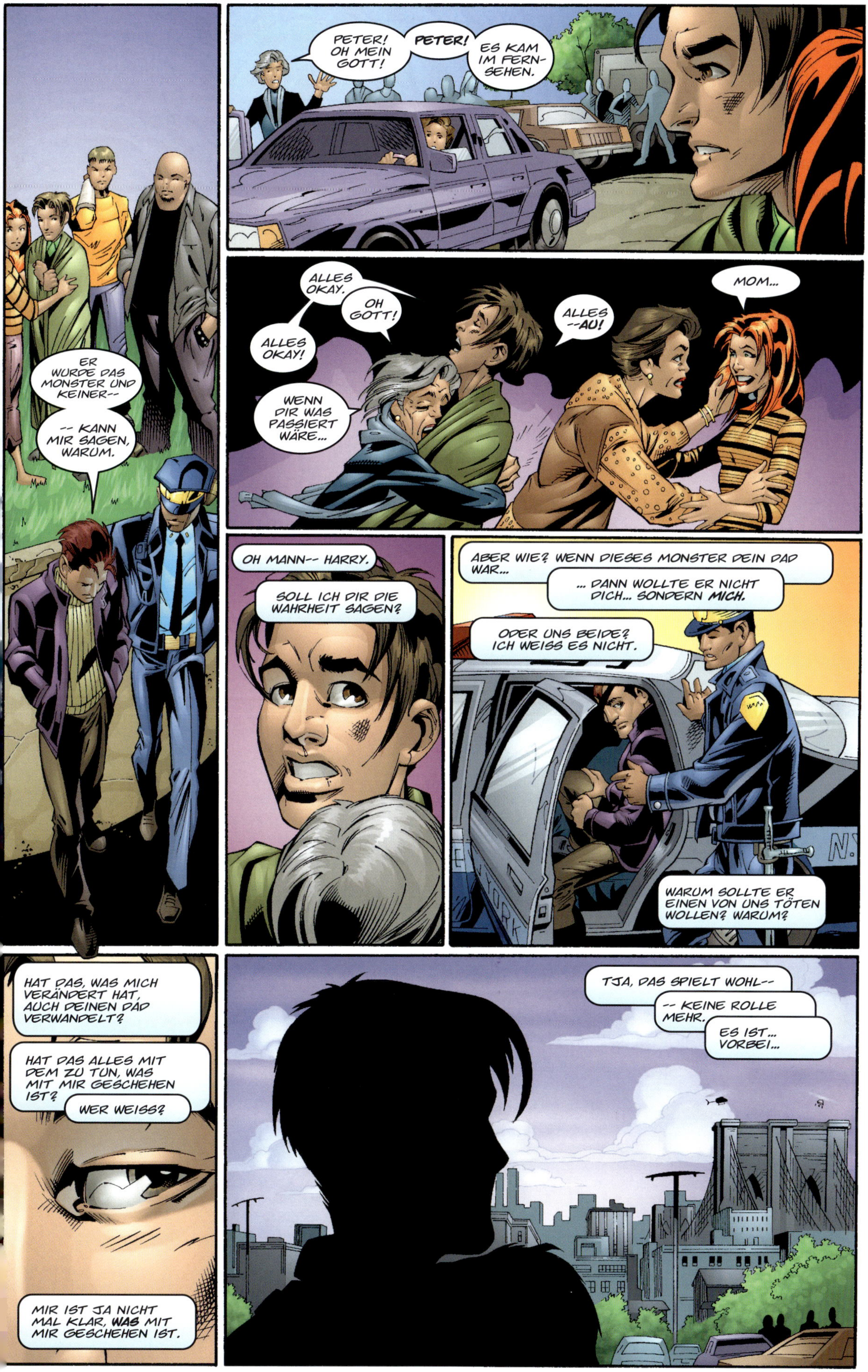

PETER! OH MEIN GOTT!
PETER!
ES KAM IM FERNSEHEN.
ALLES OKAY.
OH GOTT!
ALLES OKAY!
WENN DIR WAS PASSIERT WÄRE...
ALLES --AU!
MOM...
ER WURDE DAS MONSTER UND KEINER--
-- KANN MIR SAGEN, WARUM.
OH MANN-- HARRY.
SOLL ICH DIR DIE WAHRHEIT SAGEN?
ABER WIE? WENN DIESES MONSTER DEIN DAD WAR...
... DANN WOLLTE ER NICHT DICH... SONDERN MICH.
ODER UNS BEIDE? ICH WEISS ES NICHT.
WARUM SOLLTE ER EINEN VON UNS TÖTEN WOLLEN? WARUM?
HAT DAS, WAS MICH VERÄNDERT HAT, AUCH DEINEN DAD VERWANDELT?
HAT DAS ALLES MIT DEM ZU TUN, WAS MIT MIR GESCHEHEN IST?
WER WEISS?
MIR IST JA NICHT MAL KLAR, WAS MIT MIR GESCHEHEN IST.
TJA, DAS SPIELT WOHL--
-- KEINE ROLLE MEHR.
ES IST... VORBEI...

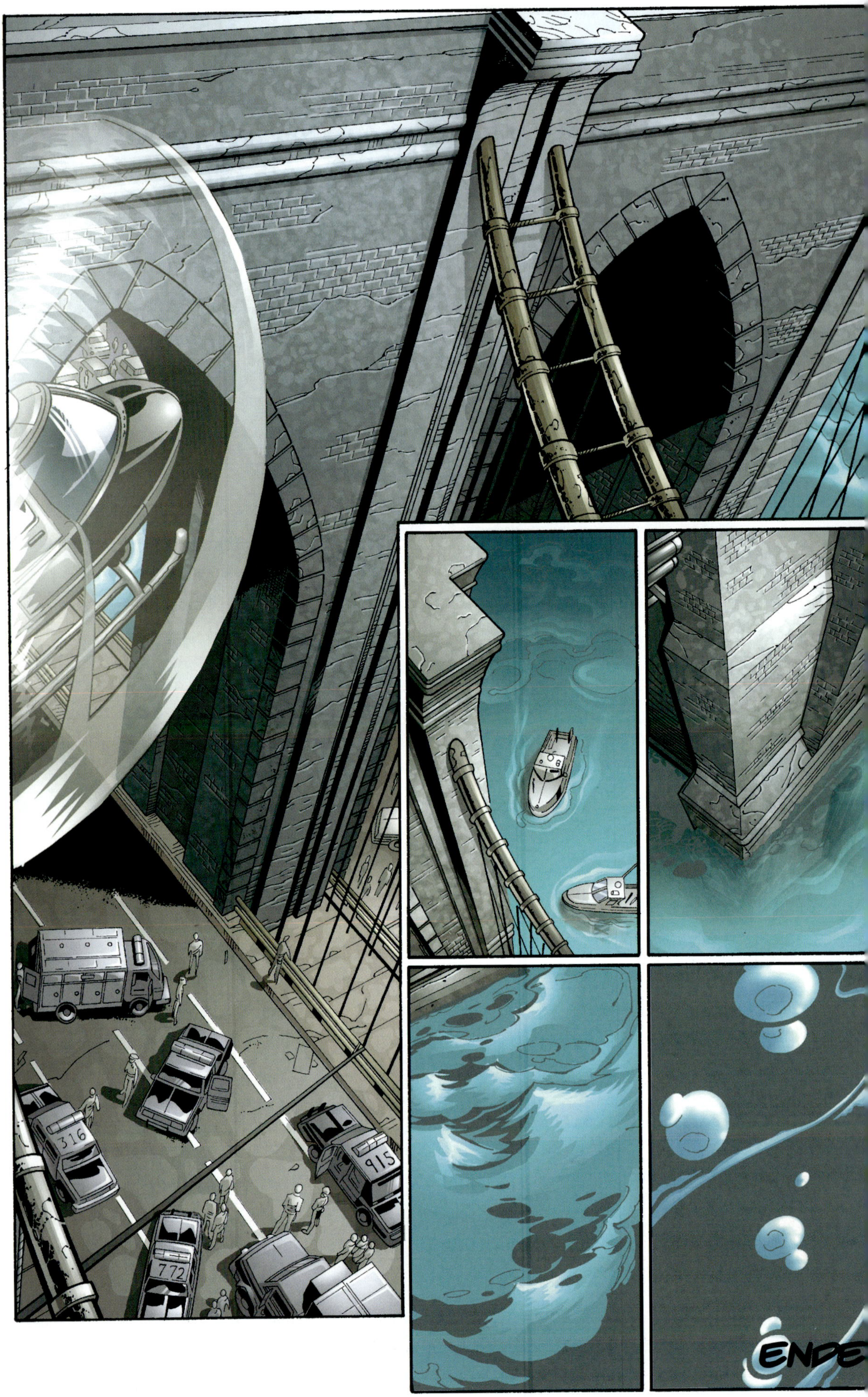
ENDE

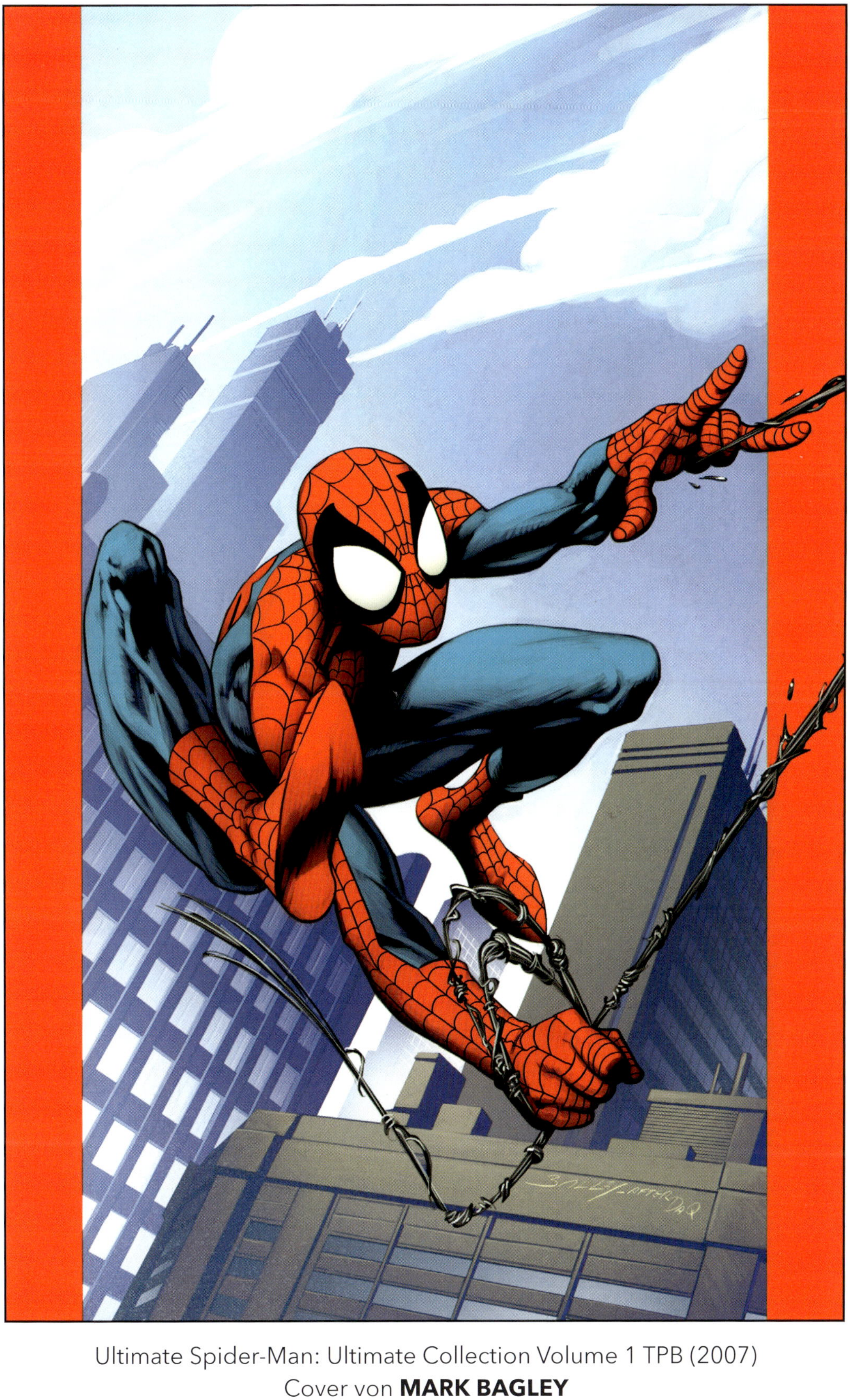

Ultimate Spider-Man: Ultimate Collection Volume 1 TPB (2007)
Cover von **MARK BAGLEY**

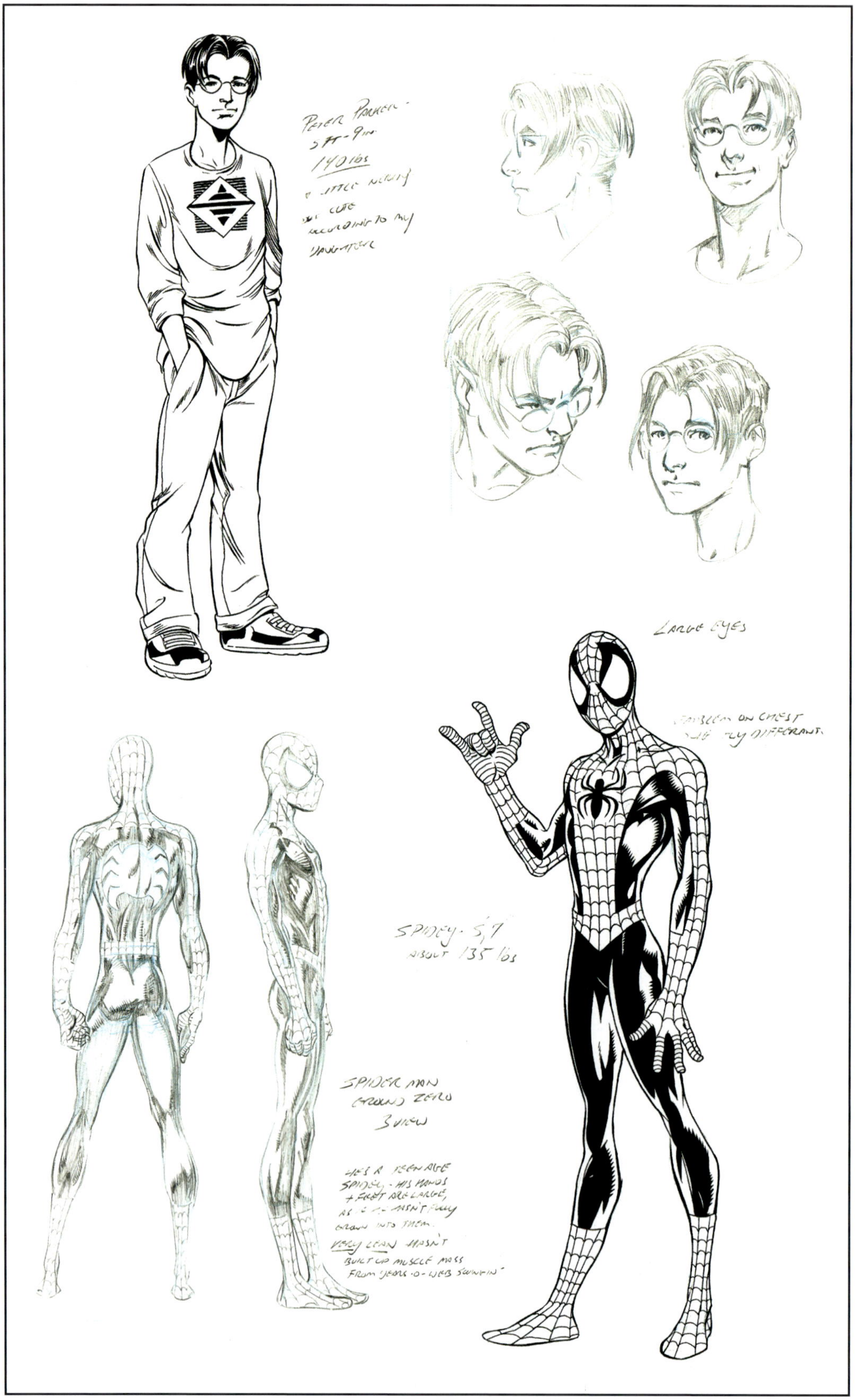

Skizzen zu Peter Parker und Spider-Man von **MARK BAGLEY**

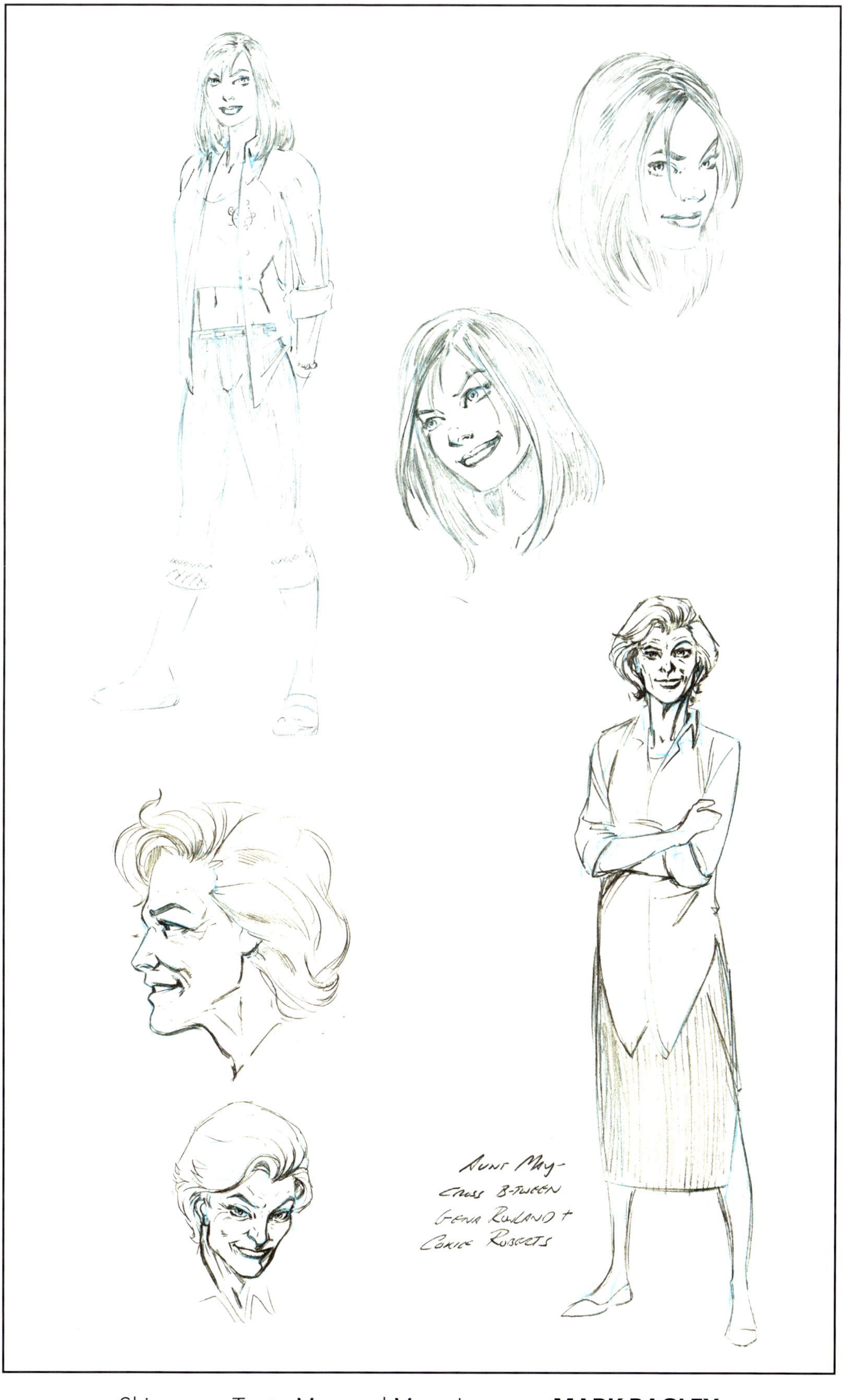

Skizzen zu Tante May und Mary Jane von **MARK BAGLEY**

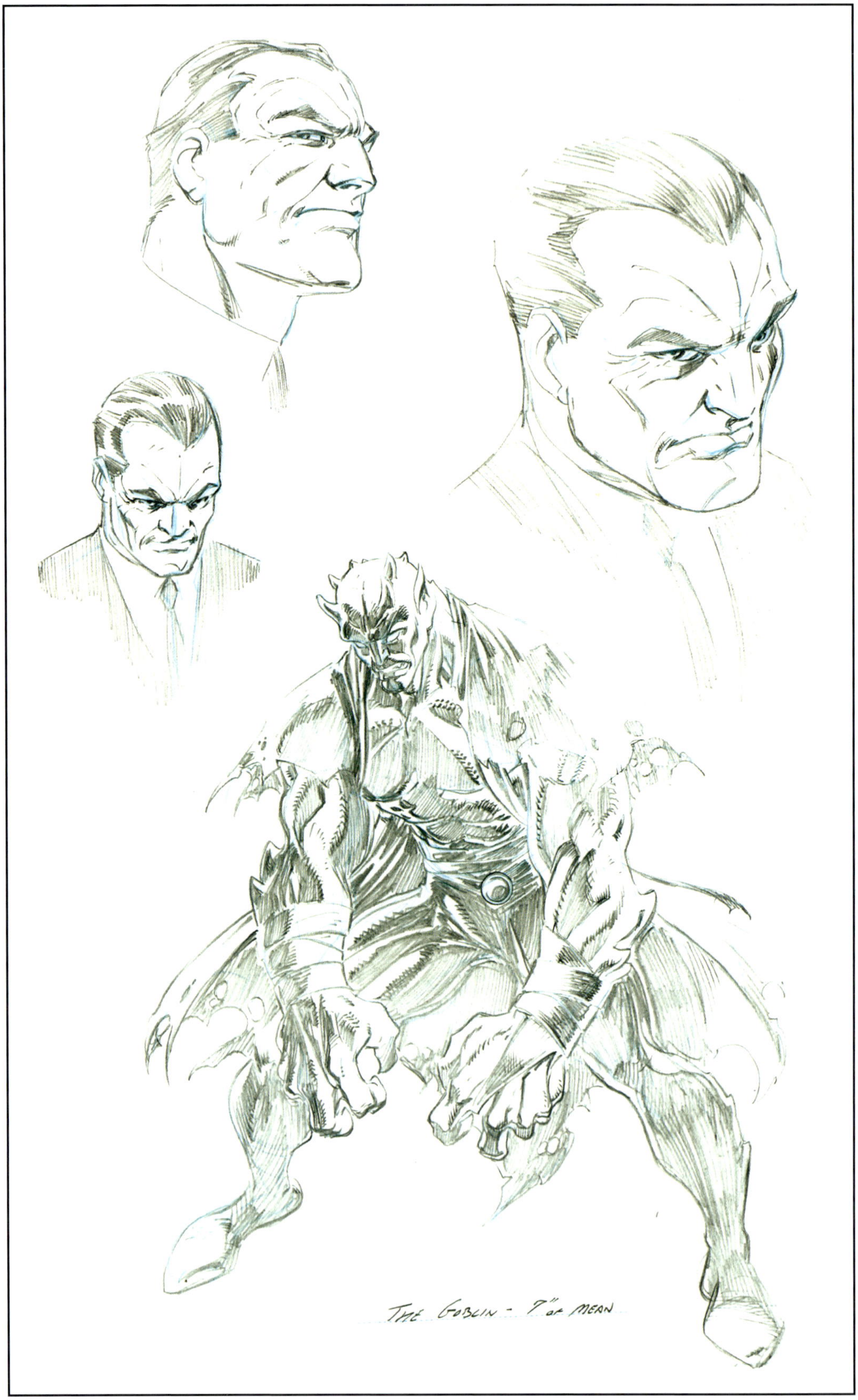

Skizzen zu Norman Osborn und Goblin von **MARK BAGLEY**

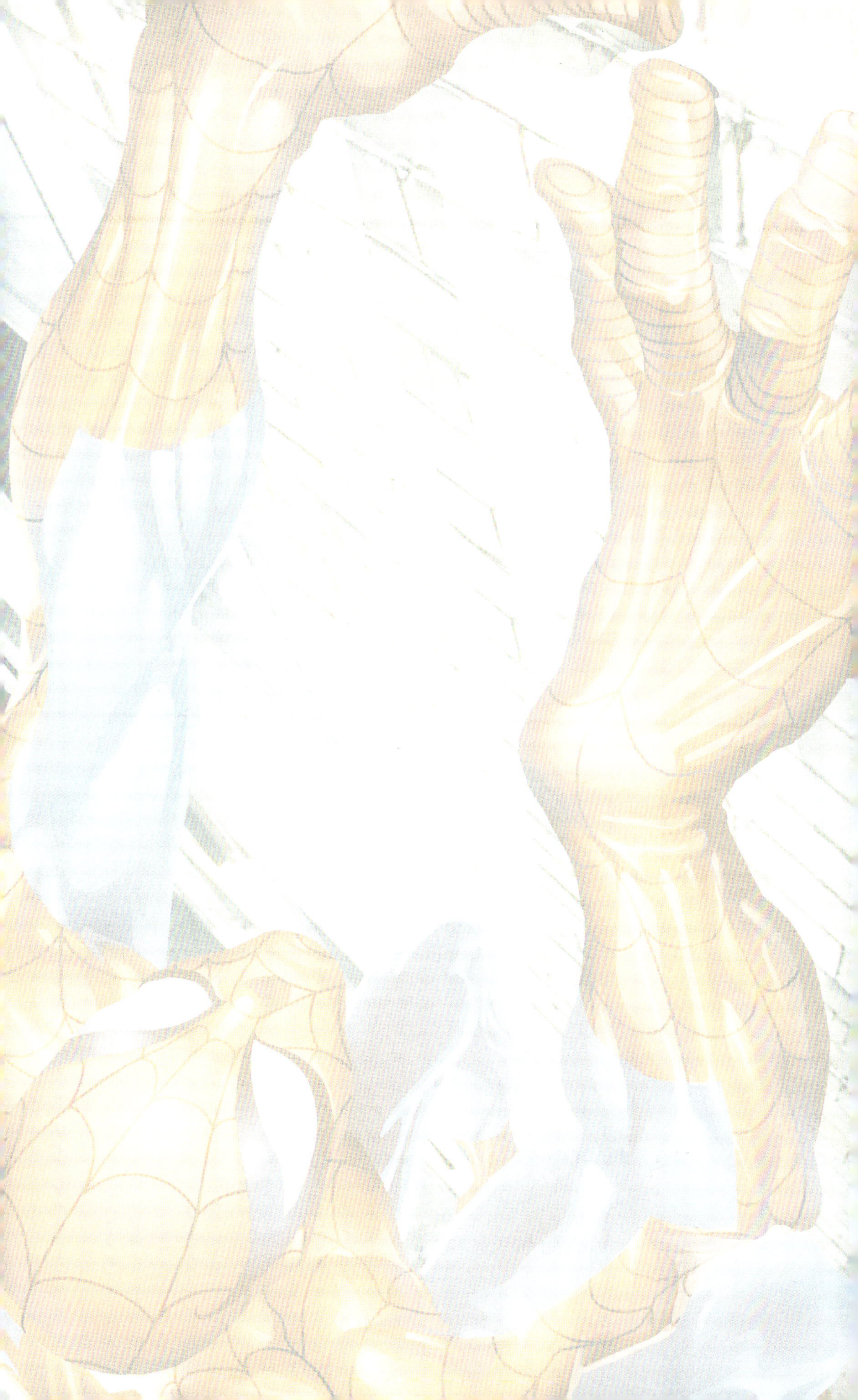

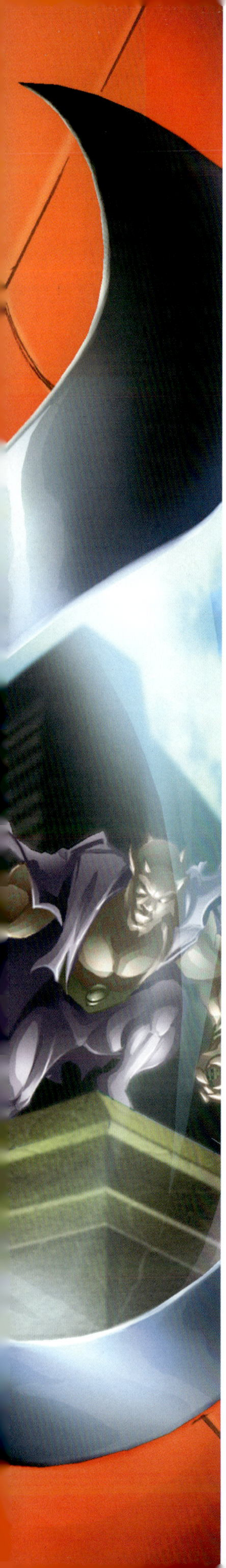

DIE MACHER

BRIAN MICHAEL BENDIS startete seine große Karriere mit mehreren von ihm geschriebenen und bebilderten Comic-Krimis. Dazu kam ein witziger autobiografischer Comic über seinen Versuch, als Drehbuchautor Hollywood zu erobern. Ende der 1990er kümmerte sich der 1967 geborene Amerikaner als Autor dann um *Sam and Twitch* aus dem SPAWN-Kosmos und legte mit Michael Avon Oeming die ersten Kapitel der eigenständigen, langlebigen und als TV-Serie adaptierten Superhelden-Cop-Serie POWERS vor. Von 2000 bis 2018 war Bendis schließlich einer der wichtigsten Autoren bei Marvel. Er half dabei, das Ultimative Universum zu erschaffen, und schrieb mehrere lange, viel beachtete Sagas mit dem Ultimativen Spider-Man, aber auch Titel wie DAREDEVIL, AVENGERS, NEW AVENGERS, DARK AVENGERS, GUARDIANS OF THE GALAXY, IRON MAN, DIE NEUEN X-MEN, SECRET INVASION, HOUSE OF M, AVENGERS VS. X-MEN, AGE OF ULTRON, CIVIL WAR II und SPIDER-MEN. Außerdem ersann er die Publikumslieblinge Jessica Jones und Miles Morales. Weitere Comics aus seiner Feder sind *Takio*, HALO und SCARLET. 2018 wechselte Bendis, der mit seiner Familie in Portland lebt, zu DC, wo der mehrfache Eisner Award-Gewinner die Traditionstitel SUPERMAN und SUPERMAN – ACTION COMICS übernahm. Des Weiteren verfasste er LEVIATHAN, YOUNG JUSTICE, BATMAN: DIE JAGD DES DUNKLEN RITTERS und JUSTICE LEAGUE. Bendis arbeitete bereits an diversen Videogames, Filmen und Fernsehserien um die Marvel-Helden mit und veröffentlichte mit *Words for Pictures* obendrein ein Sachbuch über das Comic-Schreiben.

MARK BAGLEY wurde 1957 als Soldatenkind in Frankfurt geboren, wuchs jedoch in den USA auf. Seine Comic-Karriere nahm in den frühen 1980ern ihren Lauf, als Bagley einen großen Marvel-Talentwettbewerb gewann. Nachdem er sich anfangs länger den Abenteuern der New Warriors gewidmet hatte, wurde Bagley Ende der 1980er und noch mehr in den 1990ern zu einem der beliebtesten SPIDER-MAN-Zeichner aller Zeiten, der Netzschwinger-Meilensteine wie DIE KLONSAGA, MAXIMUM CARNAGE, SPIDER-MAN/BATMAN, den Tod von Tante May in der Jubiläumsausgabe *Amazing Spider-Man* 400 oder die erste Venom-Soloserie VENOM: TÖDLICHER BESCHÜTZER bebilderte. Zudem starteten Bagley und Autor Kurt Busiek 1997 die erste Inkarnation der Serie THUNDERBOLTS. Mit Brian Michael Bendis verwirklichte Bagley neben DER ULTIMATIVE SPIDER-MAN noch *Brilliant* und AVENGERS & GUARDIANS OF THE GALAXY, außerdem steuerte er Artwork zu JESSICA JONES bei. Für DC zeichnete Bagley unterdessen TRINITY, BATMAN und JUSTICE LEAGUE OF AMERICA, während er für Marvel in den letzten Jahren FANTASTIC FOUR, DIE NEUEN X-MEN, SPIDER-MAN von Nick Spencer, VENOM von Donny Cates und SPIDER-MAN: DIE GESCHICHTE EINES LEBENS von Chip Zdarsky illustrierte.

BILL JEMAS war jahrelang eine treibende Kraft hinter den Kulissen von Marvel, der vor und nach dem Jahrtausendwechsel großen Einfluss auf die Ausrichtung des Hauses der Ideen hatte. Als Autor wirkte der Mitschöpfer des Ultimativen Universums noch an Comics wie WOLVERINE: ORIGIN, *Namor* und *Marville* mit.

BONUSTEIL

ULTIMATE SPIDER-MAN

LEKTIONEN FÜRS LEBEN

- **HINTER DEN KULISSEN**
- **TIMELINE**
- **WEITERE LEKTÜRE**
- **ANMERKUNGEN**
- **WEITERE MUST-HAVE-TITEL**

Das Jahr 2000 bescherte uns nicht nur ein neues Jahrtausend und ein neues Jahrhundert, sondern auch ein ganz neues Marvel-Universum, denn *Ultimate Spider-Man* war nur der Vorbote einer neuen Reihe von Ultimate-Serien. In diesem ersten Titel taten sich **Brian Michael Bendis** und der erfahrene **Spider-Man**-Zeichner **Mark Bagley** zusammen, um einige der berühmtesten Figuren der modernen Comic-Geschichte neu zu erfinden, dabei jedoch gleichzeitig dem Geist der Originale treu zu bleiben.

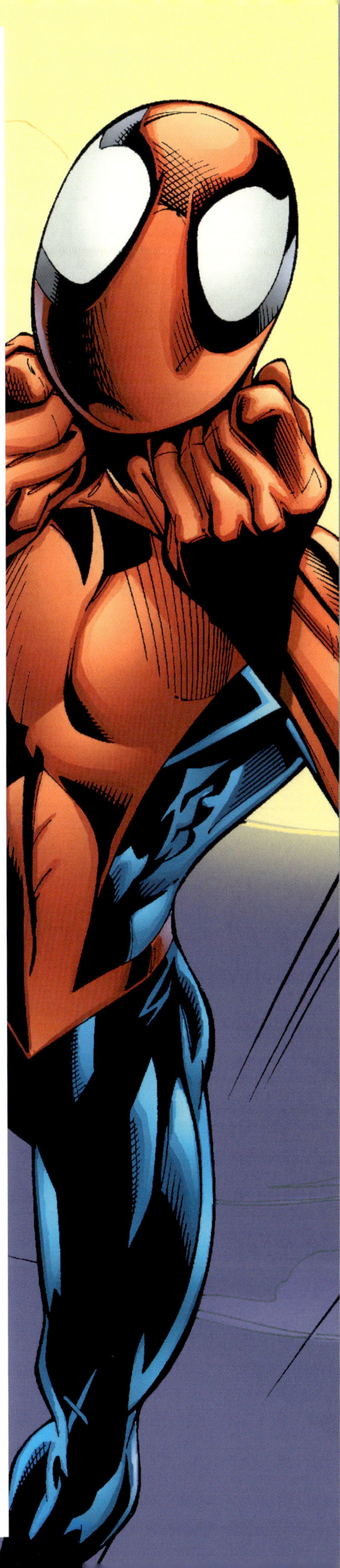

Die Schöpfung eines neuen Universums

Die frühen Jahre des 21. Jahrhunderts läuteten den Beginn eines brandneuen Marvel-Universums ein, das heute als **Ultimatives Universum** bekannt ist. Am Anfang dieser Idee standen der damalige Marvel-Verleger **Bill Jemas** und **Joe Quesada**, der zu dieser Zeit Marvels Chefredakteur war. Jemas war davon überzeugt, dass eines der größten Probleme des Marvel-Universums der Umstand war, dass Figuren, die man als Jugendliche kennengelernt hatte, nun mit Bart und Kindern herumliefen. Er erkundigte sich bei seinen Kollegen, was man tun sollte. Jemas erinnert sich: „Jeder bei Marvel wollte, dass **Spider-Man** ein Jugendlicher ist. Jeder wollte, dass Marvel Teenager ansprach und dachte, dass die Figuren ihre beste Zeit hatten, als sie noch jung waren. Joe Quesada war einer der wenigen in der kreativen Community, der den Mut hatte zu sagen: ‚Ich will das ermöglichen. Wie kann ich dabei helfen?'"

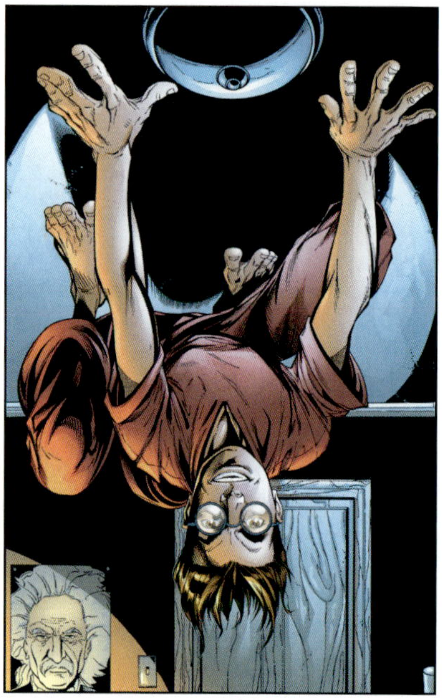

Mark Bagleys Arbeit für *Ultimate Spider-Man* zementierte seinen Status als einer der besten Spidey-Zeichner aller Zeiten.

In dieser frühen Planungsphase wurden viele Ideen hin und her gewälzt, darunter auch die drastische Maßnahme, das ganze Marvel-Universum zu zerstören und bei Null anzufangen. Damals befand sich die ganze Branche in einer Krise und man entschied sich schließlich, etwas anderes zu versuchen. Quesada und Jemas suchten einen Autor, der für die Aufgabe infrage kam. Und ihre Suche führte sie zu **Brian Michael Bendis**, der gerade erst bei Marvel angefangen hatte. Bendis erinnert sich: „Ich hatte die ersten beiden Ausgaben von *Daredevil* geschrieben, als Joe (Quesada) anrief und sagte: ‚Hör zu, Bill Jemas ist der Verleger von Marvel. Er wird dich anrufen und mit dir über einen Neustart von Spider-Man sprechen wollen.'"

Unter Comic-Fans grassierte eine allgemeine Angst, dass Bendis alles Vorhergeschehene einfach in die Tonne treten oder die alten Geschichten nur modernisiert nacherzählen würde. Bendis ließ sich von dieser Sorge jedoch nicht beeindrucken und sagte: „Ich weiß, dass sie sich irren. Und ich glaube, dass viele dieser Fans sich die Serie kaufen werden. Ich bin also glücklich, wenn sie die Hefte lesen und die Geschichte für sich sprechen lassen.

▶ **Mark Bagley** und Brian Michael Bendis entwickelten sich schnell zu einem regelrechten Dream-Team, gemeinsam schufen sie sagenhafte 117 Hefte für *Ultimate Spider-Man* (Nr. 1-111, 156-160 und ein Special, das die Nr. ½ trug) und lösten damit die bisherigen Rekordhalter Stan Lee und **Jack Kirby** ab, die zuvor am längsten an einer Marvel-Serie zusammengearbeitet hatten, nämlich für *Fantastic Four*.

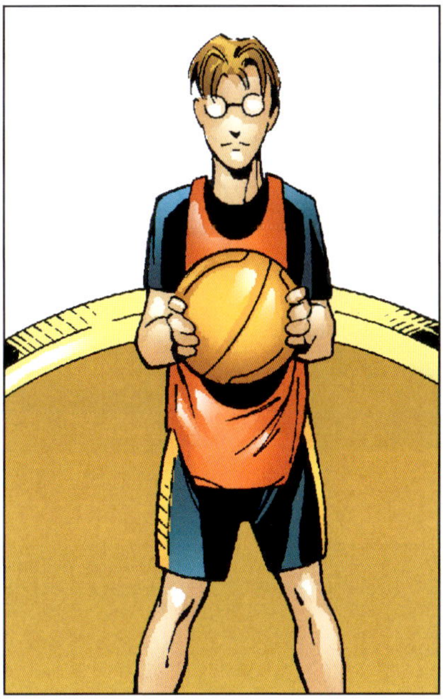

Bendis und Bagley zeigen den Lesern ausführlich, wer Peter war, bevor er Spider-Man wurde. Zeichnung von Mark Bagley.

Menschen mögen Veränderungen meistens nicht, denn es kann einem Angst machen, und oft sind Veränderungen negativ. Oft biedert sich eine Idee, die vom Marketing ausgeheckt wurde, zu sehr an und macht niemanden glücklich. Aber ich glaube, dass schon ab Seite 1 klar wird, dass das hier nicht der Fall ist."

Bendis machte sich daran, die grundlegende Spider-Man-Geschichte neu zu erzählen, die einst **Stan Lee** und **Steve Ditko** verfasst hatten, jedoch ohne sich sklavisch an das Ausgangsmaterial zu halten. Er sagte: „Wenn man die Storys vergleicht – und ich würde mich freuen, wenn man das täte –, wird man sehen, dass wir die alte Geschichte quasi fürs Kino adaptieren … wir fangen die Essenz der Szenen und Figuren ein." Und weiter: „Comics sind heute einfach erwachsener als damals in den 1960ern. Man kann und muss viel mehr zum Ausdruck bringen, um eine vielschichtigere Geschichte zu erzählen. Die ursprüngliche Story in *Amazing Fantasy* 15 hat nur elf Seiten, während wir dieselbe Geschichte auf sechs Hefte gestreckt zum Besten geben."

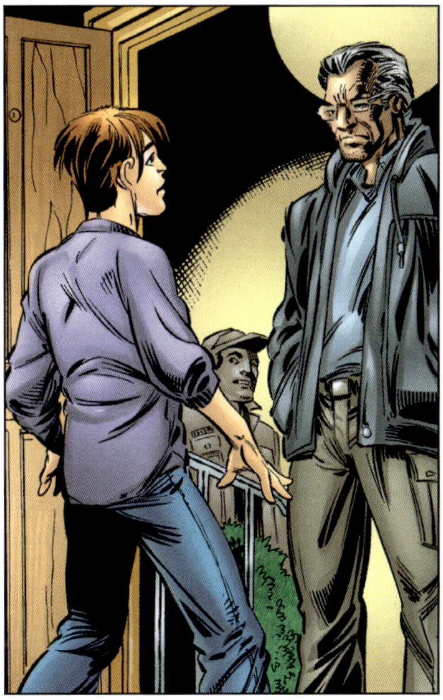

Brian Michael Bendis wollte die Beziehung zwischen Peter Parker und Onkel Ben erkunden. Zeichnung von Mark Bagley.

Der Autor ging noch näher ein auf die Unterschiede zwischen dieser und der ursprünglichen Spider-Man-Story. „Wir möchten ein Gefühl davon vermitteln, wie das Leben für **Peter** war, bevor er Spider-Man wurde. Im Original sagt jemand: ‚Hey, Parker, du Loser!', dann geht er ins Labor und wird von der Spinne gebissen. Und **Onkel Ben** sehen wir vor seinem Tod nur in einem einzigen Panel. Heute kommt man damit nicht mehr so einfach davon. Wir müssen Peters Beziehung zu seinem Onkel ausarbeiten, damit die Wirkung, wenn das Unglück geschieht, entsprechend niederschmetternd ist."

Bendis brachte seine Hoffnungen für die Serie so auf den Punkt: „Teenager wollen nicht, dass man sie von oben herab behandelt. Wenn man eine ehrliche Geschichte erzählt und veröffentlicht, wird sie auch gelesen. Aber wenn man anfängt, sich anzubiedern? Mann, das hassen die Leute! Wir biedern uns nicht an. Wir erzählen eine sehr liebenswerte Geschichte."

Ultimate Spider-Man überzeugte die Zweifler schnell und wurde darüber hinaus ein kommerzieller Erfolg. Binnen weniger Monate wurde das Ultimative Universum ausgedehnt um *Ultimate X-Men, Ultimate Fantastic Four, Ultimates* und viele andere Reihen.

TIMELINE

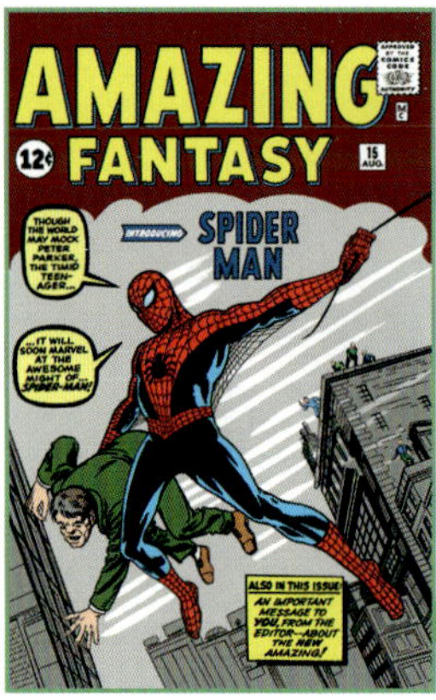

***Amazing Fantasy* 15 (1962)**
STAN LEE
STEVE DITKO
Hier hat alles begonnen. Entdeckt das Ausgangsmaterial und ***Spider-Mans*** *ersten Auftritt in dieser klassischen 11-seitigen Origin-Geschichte.*

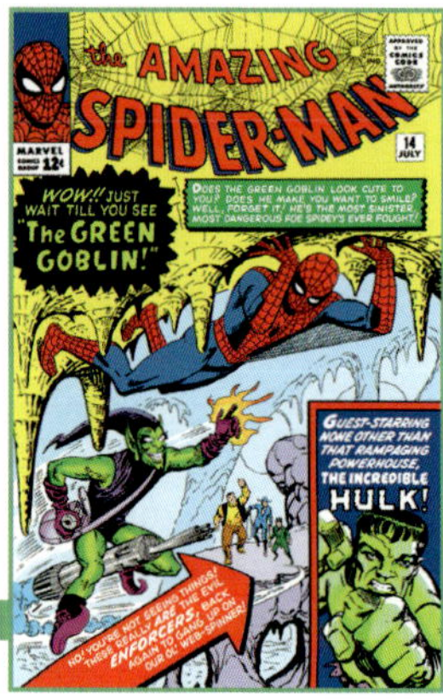

***Amazing Spider-Man* 14 (1964)**
STAN LEE
STEVE DITKO
1964 tauchte Spider-Mans Erzfeind ***Green Goblin*** *erstmals auf. Doch es dauerte noch zwei Jahre, bis die Leser seine wahre Identität erfuhren.*

ULTIMATE SPIDER-MAN
LEKTIONEN FÜRS LEBEN

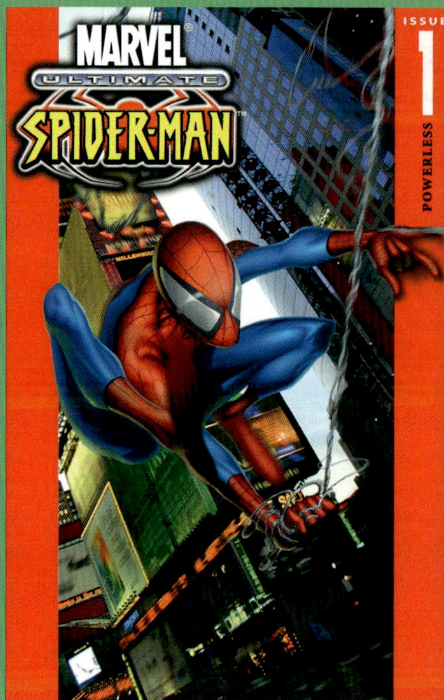

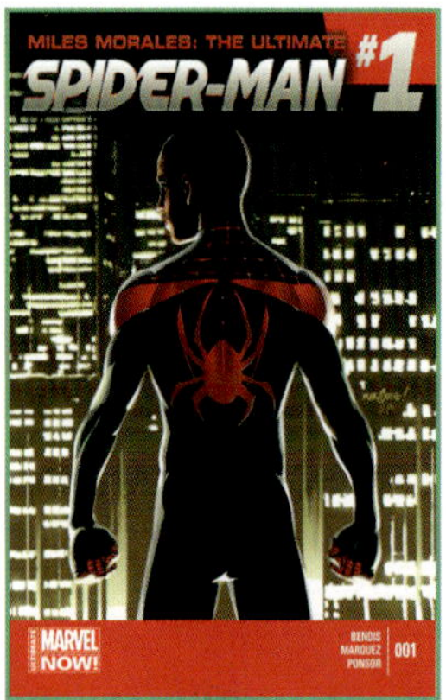

***Miles Morales: The Ultimate Spider-Man* 1 (2014)**
BRIAN MICHAEL BENDIS
DAVID MARQUEZ
Peter Parker kehrt am Beginn von Revival *zurück und will, dass Miles ihm seine Netzdüsen wiedergibt.*

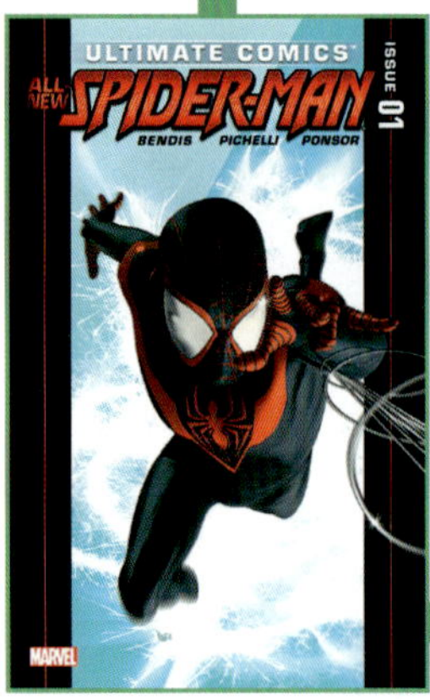

***Ultimate Comics: All-New Spider-Man* 1 (2011)**
BRIAN MICHAEL BENDIS
SARA PICHELLI
Peter Parker fiel im Kampf, und die Welt lernt ***Miles Morales*** *kennen, den neuen Spider-Man.*

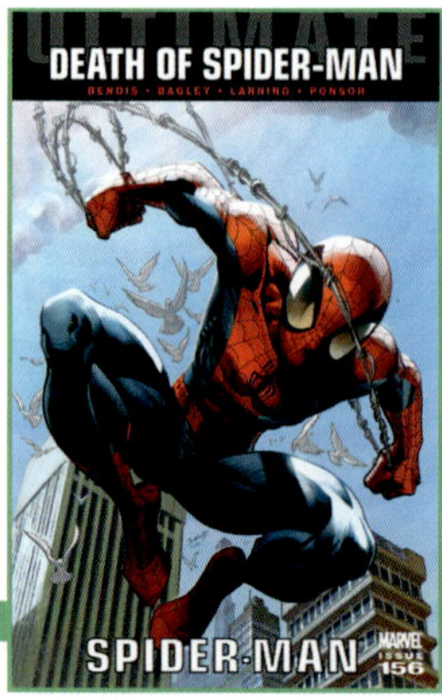

***Ultimate Spider-Man* 156 (2011)**
BRIAN MICHAEL BENDIS
MARK BAGLEY
Für Death of Spider-Man *taten sich Bagley und Bendis erneut zusammen. In dieser unglaublichen Story fand* ***Peter Parker*** *(angeblich) den Tod und Green Goblin reckte erneut sein garstiges Haupt.*

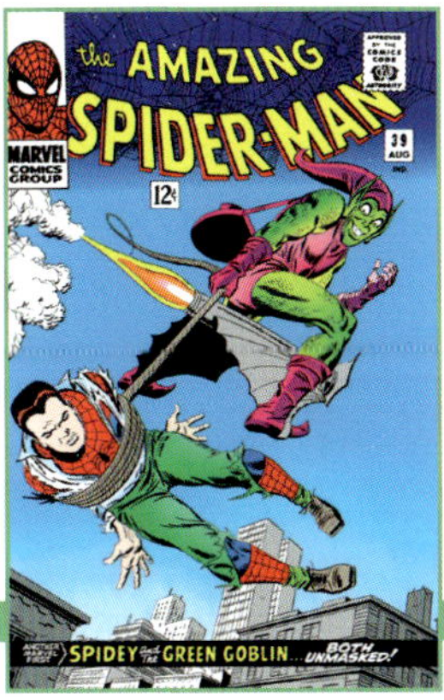

***Amazing Spider-Man* 39 (1966)**
STAN LEE
JOHN ROMITA SR.
In diesem Heft wurde ***Steve Ditko*** *von* ***John Romita Sr.*** *als Zeichner abgelöst. Und außerdem erfuhr man, dass sich hinter der Maske von Green Goblin* ***Norman Osborn*** *verbirgt.*

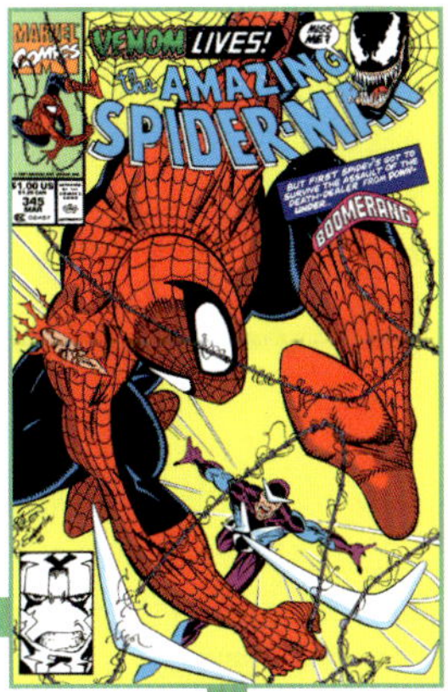

***Amazing Spider-Man* 345 (1991)**
DAVID MICHELINIE
MARK BAGLEY
Mark Bagley *übernahm den Job als Zeichner von* Amazing Spider-Man. *Und in diesem Heft verband sich der Serienmörder* ***Cletus Kasady*** *mit einem Teil des* ***Venom****-Symbionten und wurde zu* ***Carnage****.*

Ultimate Spider-Man: Power and Responsibility legte die Saat für ein ganzes neues Marvel-Universum. Die Geschichte schöpfte aus der Vergangenheit und wurde zum Muster für die Zukunft. Einerseits war sie eine liebevoll angefertigte Hommage an das Vorhergehende – und doch viel mehr –, aber zugleich bereitete sie den Weg für eine neue, stark am Film orientierte Erzählweise. Und sie setzte Ereignisse in Gang, die bis heute – über 20 Jahre später – wichtig sind.

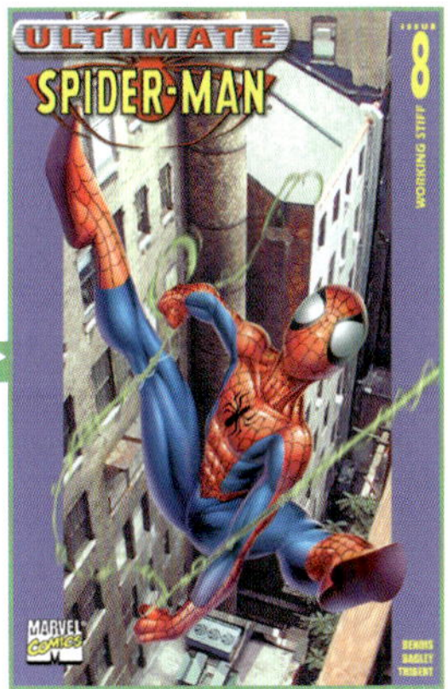

***Ultimate Spider-Man* 8 (2001)**
BRIAN MICHAEL BENDIS
MARK BAGLEY
Hier beginnt Learning Curve. *In dieser Geschichte werden der* ***Kingpin*** *und die* ***Enforcers*** *des* ***Ultimativen Universums*** *eingeführt.*

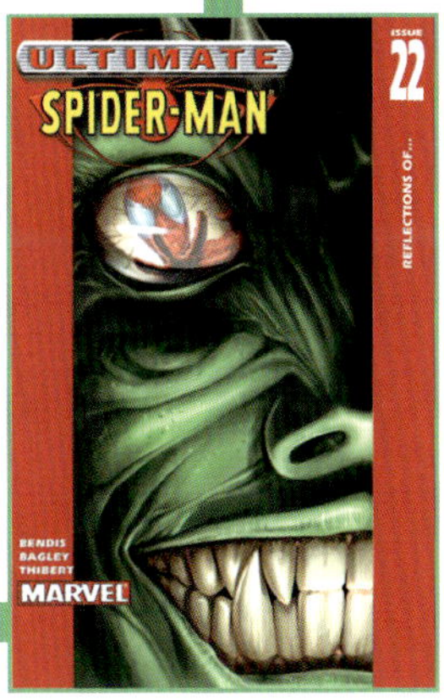

***Ultimate Spider-Man* 22 (2002)**
BRIAN MICHAEL BENDIS
MARK BAGLEY
Norman Osborn kehrt in der Legacy*-Story zurück, in der Goblin* ***Mary Jane*** *entführt und Spidey von Normans Sohn* ***Harry*** *gerettet wird.*

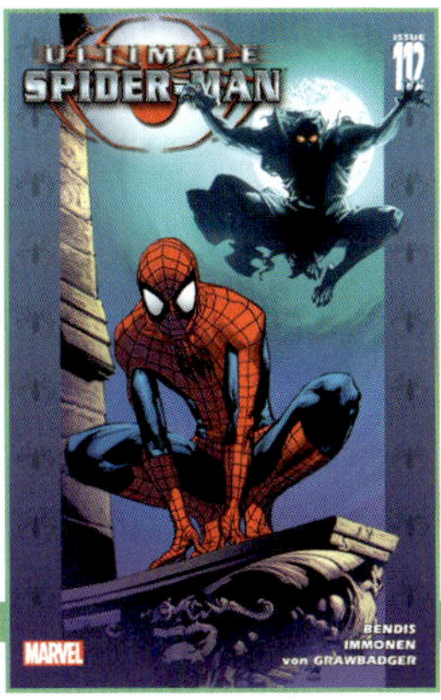

***Ultimate Spider-Man* 112 (2007)**
BRIAN MICHAEL BENDIS
STUART IMMONEN
Green Goblin entkommt aus dem Gewahrsam von ***SHIELD*** *und verursacht erneut Chaos. Doch* Death of a Goblin *endet mit dem Tod seines Sohnes Harry.*

Ganz normale Probleme

Eins der Dinge, die **Spider-Man** von jedem anderen Superhelden schon seit seinem Debüt 1962 unterschied, war das Leben des Menschen hinter der Maske: **Peter Parker**. Bis dahin waren die meisten Superhelden und ihr ziviles Ebenbild ziemlich austauschbar gewesen. Aber Peter war einer der ersten, der auch ganz normale Probleme hatte. Er war auch einer der ersten mit einem Privatleben, das ebenso interessant war wie seine abenteuerlichen Erlebnisse als Kämpfer gegen das Verbrechen. Dies war eine Eigenschaft, auf die **Brian Michael Bendis** mit einigem Elan zurückgriff, als er Peter im **Ultimativen Universum** zurück zu seinen Wurzeln als Teenager führte.

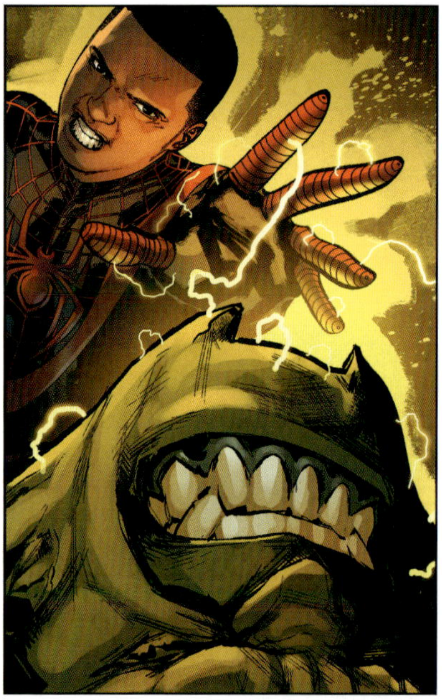

Green Goblin war der Dorn im Fleisch vieler Spider-Men. Zeichnung von **David Marquez**.

Nach den Ereignissen in *Power and Responsibility* begann der Sechsteiler *Learning Curve*, in dem Parker sein Einkommen als Computertechniker beim **Daily Bugle** aufbessert. In dieser Geschichte brachte er den **Kingpin** der Unterwelt sowie die **Enforcers** und **Electro** zur Strecke. Und er beichtete **Mary Jane** sein Geheimnis.

In der *Legacy*-Story, die in *Ultimate Spider-Man* 22 begann, brachte Bendis **Norman Osborn** als **Green Goblin** zurück. Osborn stellte Peter ein Ultimatum: Entweder er hängt das Kostüm an den Nagel und wird Osborns Besitz, oder er muss zusehen, wie seine **Tante May** und Mary Jane den Tod finden. Spider-Man wäre in diesem Kampf gestorben, hätten nicht **Harry Osborn** und **SHIELD** eingegriffen.

Die Rivalität zwischen Goblin und Spider-Man erreichte ihr katastrophales Finale in *Death of Spider-Man*. Osborn konnte aus dem Gewahrsam von SHIELD entkommen und verhalf **Dr. Octopus**, Electro, **Sandman**, **Kraven** und **Vulture** zur Flucht aus dem Gefängnis, damit sie ihm helfen konnten, seinen Feind zu besiegen. Die letzte Schlacht fand vor den Augen von Peters Freunden und Familie statt und gipfelte darin, dass Spidey und Goblin bei der Explosion eines Vans – vermeintlich – ums Leben kamen.

▶ Brian Michael Bendis holte Peter Parker schließlich in *Revival* zurück, einer Geschichte, in der **Miles Morales** Peters Spider-Man-Karriere fortsetzte. Die Story zeigte nicht nur, dass Peter noch lebte, sondern auch Green Goblin. Es schien so, als hätte die OZ-Formel beide unsterblich gemacht. Es brauchte schließlich Peter und Miles, um Osborn endgültig zur Strecke zu bringen.

Es bleibt in der Familie

Familie hat im Leben von jedem **Spider-Man** immer eine große Rolle gespielt und für den Spidey im **Ultimativen Universum** gilt das ebenfalls. Da haben wir zunächst **Peter Parkers** eigene Familie und Freunde: Sowohl **Onkel Ben** als auch **Tante May** hatten großen Einfluss auf ihn. Ben wurde zwar früh ermordet, doch sein Credo sollte das Ethos von Peters Karriere als Spider-Man bilden.

Dann haben wir Tante May, seinen Anker. In dieser Realität ist May jünger als die Tante, die die Leser aus dem Marvel-Hauptuniversum kennen. Diese May Parker basiert auf **Brian Michael Bendis'** eigener Mutter; sie ist eine starke und unabhängige Frau. Wie ihr Pendant im Hauptuniversum leidet sie jedoch an einer Herzschwäche. Nachdem **Gwen Stacy** sich in **Carnage** verwandelt hat, erleidet sie einen Herzinfarkt und überlebt nur, weil **Sue Storm** zur Stelle ist. May kommt wieder auf die Beine, doch ein weiterer Schicksalsschlag erwartet sie, als sie sieht, wie ihr Neffe von **Green Goblin** getötet wird – jedenfalls scheinbar. Doch sie kann aufatmen, als Peter von den Toten aufersteht und Goblin, gemeinsam mit **Miles Morales**, endgültig besiegt.

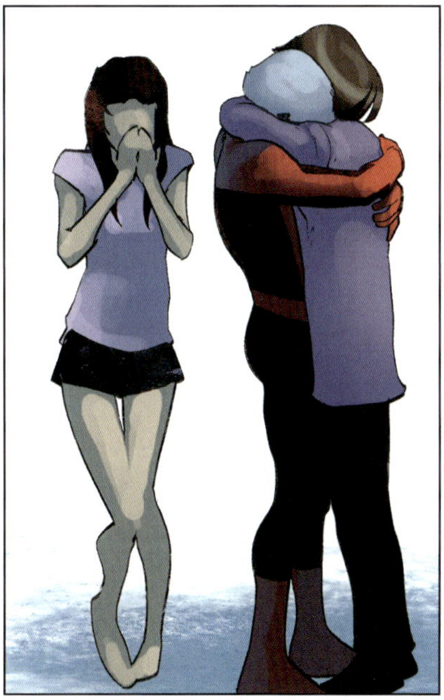

Tante May war immer wie ein Anker für Peter. Zeichnung von **David Marquez**.

Die Familie **Osborn** ist das genaue Gegenteil des Parker-Clans. Die Beziehung zwischen **Harry** und seinem Vater **Norman** war – gelinde gesagt – schwierig, selbst ohne die Wirkung der OZ-Formel. In den folgenden Geschichten verpasst **Dr. Miles Warren**, auf Geheiß von Norman, Harry eine Gehirnwäsche, damit er den Goblin vergisst.

Harry rettet Spider-Man vor dem sicheren Tod, als er den tobenden Goblin aufspießt. Ihre Beziehung verschlechtert sich jedoch, nachdem Harry der OZ-Formel ausgesetzt wird und sich in das Monster **Hobgoblin** verwandelt. Das – zusammen mit der Hypnose, die Warren ihm verpasst hat – lässt Harry völlig durchdrehen. Er kämpft gegen den Zustand an und stellt sich in *Death of a Goblin* seinem Vater, um Peter zu retten. Außer sich vor Zorn schlägt Norman seinen Sohn unter dem Einfluss von OZ tot.

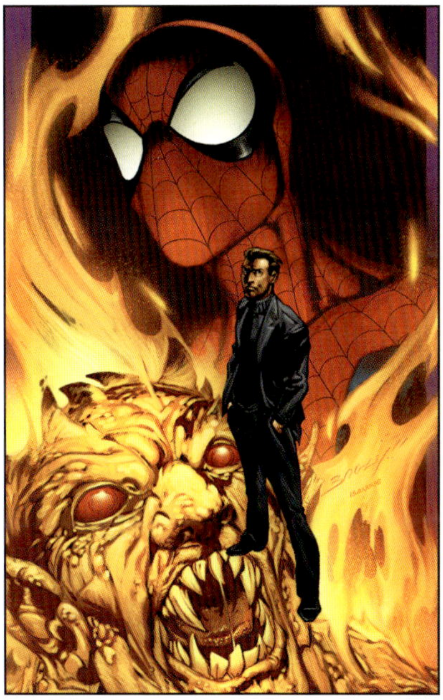

Harry Osborn verwandelte sich in Hobgoblin. Zeichnung von **Mark Bagley**.

WEITERE MUST-HAVE-TITEL

BEREITS ERHÄLTLICH

CIVIL WAR
AVENGERS: HELDENFALL
SPIDER-MAN: SPIDER-VERSE
WOLVERINE: OLD MAN LOGAN
DEADPOOL KILLT DAS MARVEL-UNIVERSUM
THANOS: DIE GEBURT EINES MONSTERS
DAREDEVIL: DER MANN OHNE FURCHT
MILES MORALES: ULTIMATE SPIDER-MAN
MS. MARVEL: META-MORPHOSE
DER TOD VON WOLVERINE
INFINITY GAUNTLET: DIE EWIGE FEHDE
PLANET HULK
X-MEN: DIE DARK PHOENIX SAGA
VENOM: DARK ORIGIN
IRON MAN: EXTREMIS
FANTASTIC FOUR – 4
PUNISHER: FRANK IST ZURÜCK!
MARVEL KNIGHTS SPIDER-MAN
BLACK PANTHER: WER IST BLACK PANTHER?
X-MEN: EIN NEUER ANFANG
FANTASTIC FOUR: ALLES GELÖST?!
SPIDER-MAN: HEIMKEHR
CAPTAIN AMERICA: WINTER SOLDIER
ASTONISHING X-MEN: BEGABT
SPIDER-MAN: KRAVENS LETZTE JAGD
HOUSE OF M
DEADPOOL: WEIBER, WUMMEN UND WADE WILSON
AVENGERS: AUSBRUCH

JETZT ERHÄLTLICH

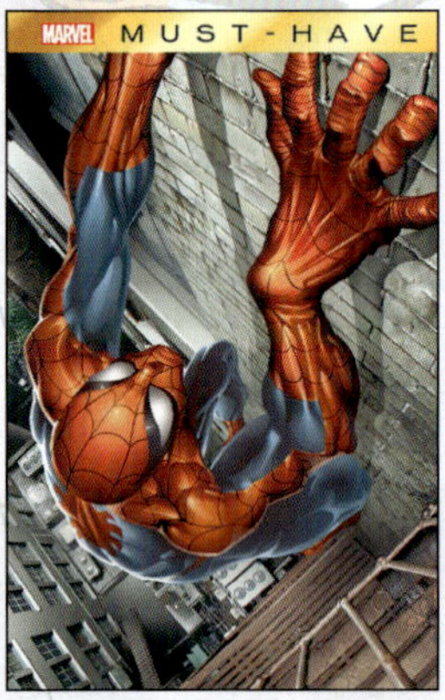

ULTIMATE SPIDER-MAN: LEKTIONEN FÜRS LEBEN

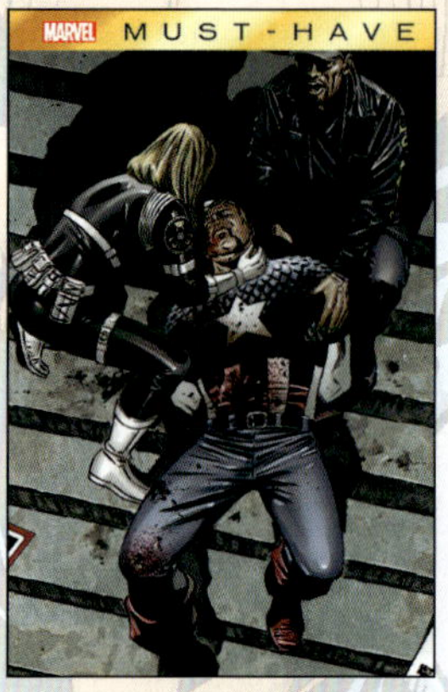

DER TOD VON CAPTAIN AMERICA

DEMNÄCHST

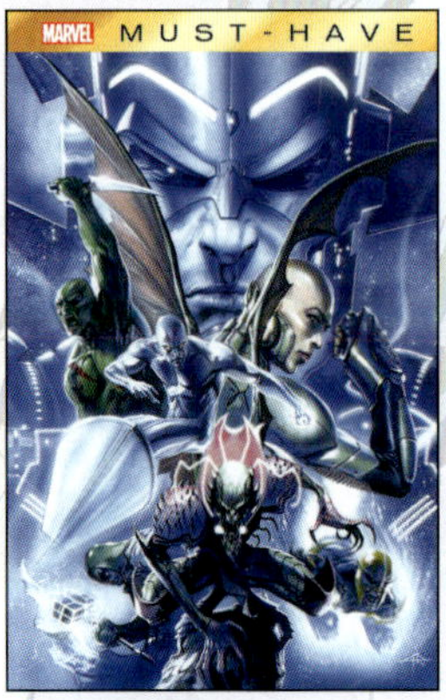

ANNIHILATION

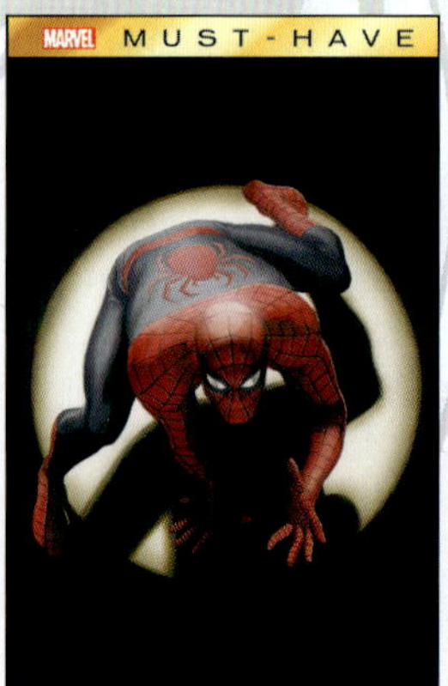

MARVELS